Müller / Stein
Erziehung als Herausforderung

Thomas Müller
Roland Stein
(Hrsg.)

Erziehung als Herausforderung

Grundlagen für die Pädagogik
bei Verhaltensstörungen

Verlag Julius Klinkhardt
Bad Heilbrunn • 2018

Dieser Titel wurde in das Programm des Verlages mittels eines Peer-Review-Verfahrens aufgenommen. Für weitere Informationen siehe www.klinkhardt.de.

Bibliografische Information der Deutschen Nationalbibliothek
Die Deutsche Nationalbibliothek verzeichnet diese Publikation
in der Deutschen Nationalbibliografie; detaillierte bibliografische Daten
sind im Internet abrufbar über http://dnb.d-nb.de.

2018.r. © by Julius Klinkhardt.
Das Werk ist einschließlich aller seiner Teile urheberrechtlich geschützt.
Jede Verwertung außerhalb der engen Grenzen des Urheberrechtsgesetzes ist ohne Zustimmung des Verlages unzulässig und strafbar. Das gilt insbesondere für Vervielfältigungen, Übersetzungen, Mikroverfilmungen und die Einspeicherung und Verarbeitung in elektronischen Systemen.

Druck und Bindung: AZ Druck und Datentechnik, Kempten.
Printed in Germany 2018.
Gedruckt auf chlorfrei gebleichtem alterungsbeständigem Papier.

ISBN 978-3-7815-2246-6

Inhaltsverzeichnis

1 **Einleitung** 7
Thomas Müller und Roland Stein

2 **Erziehung als Herausforderung: zur Gegenstandsbestimmung** 11
Thomas Müller
2.1 Erziehung als Herausforderung: Gegenstandsbestimmung und
Fragen einer Theorie der Erziehung 13
Roland Stein
2.2 Erziehung und Fragen der Moralität

3 **Bedingungsfelder und Faktoren von Erziehung als Herausforderung** ... 61
Charlotte Hanisch und Thomas Hennemann
3.1 Elterliche Erziehung – Aspekte, Herausforderungen und Probleme 63
Werner Bleher und Martina Hoanzl
3.2 Schulische Erziehung – Aspekte, Herausforderungen und Probleme 82
Birgit Herz
3.3 Außerschulische Erziehung –
Aspekte, Herausforderungen und Probleme 119

4 **Erziehungsverhältnisse – spezifische Herausforderungen mit
verhaltensauffälligen Kindern und Jugendlichen** 143
Andrea Dlugosch
4.1 Macht und Ohnmacht 145
Markus Dederich
4.2 Anerkennung und Beschämung 158
Bernd Ahrbeck
4.3 Selbsttätigkeit und Fremdbestimmung 169
Stephan Gingelmaier
4.4 Nähe zulassen, die Balance halten, Distanz wahren 178

5 Erziehung – eine gefährdete Aufgabe **191**

Marc Willmann
5.1 Erziehungsschwierigkeiten im Fokus der Disziplin:
der Fachdiskurs an den Universitätslehrstühlen in Deutschland
von der Gründung bis in die Gegenwart 193

Heinrich Ricking
5.2 Grenzen und Scheitern in Erziehungsprozessen 209

Rolf Göppel
5.3 Erziehung und Therapie 220

David Zimmermann
5.4 Ein erzieherisches Setting?
Das therapeutische Milieu gestern und heute 234

6 Erziehung als Herausforderung: besondere Lösungsversuche **253**

Kerstin Popp
6.1 Erziehung durch Programme und Trainings:
Potentiale und Grenzen 255

Anne Kaplan
6.2 Erziehung durch besondere Maßnahmen und Konzepte 271

Stephanie Blatz
6.3 Zur vermeintlichen Einfachheit von Erziehung –
Kritik der Erziehungsratgeberliteratur 286

Stichwortverzeichnis **299**

Autorinnen und Autoren im Überblick **301**

Thomas Müller und Roland Stein

1 Einleitung

Erziehung ist eines der Kernthemen der Heil- und Sonderpädagogik und im Besonderen der Pädagogik bei Verhaltensstörungen. Als wissenschaftliche Teildisziplin bezieht sie sich historisch auf einflussreiche Pädagogen wie Francke, Pestalozzi, Wichern, Trüper, Aichhorn, Bettelheim und andere, die sich mit Kindern und Jugendlichen auseinandersetzten, mit denen erzieherische Prozesse nicht ohne weiteres gelangen. Ihr Wirken steht daher einerseits für die Realisierung von Erziehung unter erschwerten Bedingungen und andererseits auch für ein immer wieder auszumachendes Scheitern in dieser Herausforderung.

Dort, wo sich die Pädagogik bei Verhaltensstörungen auf schulische Erziehung bezieht, beruft sie sich historisch auf die Einrichtung so genannter Erziehungsklassen in Berlin und Zürich im frühen 20. Jahrhundert – und aktueller auf die Schule, mit der sie sich in den vergangenen Jahrzehnten wesentlich befasste: die Schule für Erziehungshilfe, auch wenn diese im Zuge des Bemühens um eine Umsetzung der Behindertenrechtskonvention in manchen Bundesländern auf dem Rückzug sein sollte, Umbenennungen unterzogen wird oder neuen Beschulungsformen weicht. Außerschulisch befasst sich die sonderpädagogische Teildisziplin Pädagogik bei Verhaltensstörungen mit den Hilfen zur Erziehung, die im Sozialgesetzbuch und im Kinder- und Jugendhilfegesetz geregelt sind und mit einer entsprechenden Beschulung oft in enger Verbindung stehen – aber beispielsweise auch mit den erzieherischen Intentionen des Jugendgerichtsgesetzes.

Heil- und Sonderpädagogik und im Speziellen die Pädagogik bei Verhaltensstörungen sehen sich in ihrem Anspruch, professionell Aussagen zu Erziehungsprozessen in schwierigen, erschwerten, krisenhaften und belasteten Situationen zu treffen, verstärkt mit einer öffentlichen Meinung zu Erziehungsfragen konfrontiert, die stark von einzelnen, teils sehr umstrittenen, auch populistischen, nicht aber fachwissenschaftlich fundierten Publikationen mitgeprägt wird. Diese öffentliche Diskussion droht durch Moralisierungen und Verkürzungen immer wieder zu Lasten der Kinder und Jugendlichen zu gehen, für welche sich Sonderpädagogik als zuständig ansieht.

Betrachtet man diese hier nur angerissenen Aspekte, so wird bereits deutlich, dass Erziehung tatsächlich ein Kernthema darstellt. Erziehungsprozesse unter besonderen Bedingungen zum Wohle von Kindern und Jugendlichen zu gestalten ist möglicherweise sogar so etwas wie das Fundament dieser Teildisziplin. Umso mehr erstaunt es, dass es vor allem der Pädagogik bei Verhaltensstörungen bis heute nicht gelungen ist, einen eigenständigen, fachwissenschaftlich fundierten Erziehungsbegriff zu umreißen und dadurch ihre Zuständigkeit für eine ganz spezifische Gruppe von Kindern und Jugendlichen sowie ihren Eltern und Familien zu untermauern – nicht um diese zu bevormunden, sondern um mit ihnen diese existentielle Lebensaufgabe gemeinsam zu gestalten und zu erfüllen, wo und wann immer sie gefährdet ist. Warum es der Pädagogik bei Verhaltensstörungen bislang nicht möglich war, ein solches eigenes Erziehungsverständnis zu profilieren oder zumindest Aspekte eines solchen Verständnisses nachhaltig herauszustellen, darüber lässt sich nur spekulieren: Zum einen ist sie eine sehr junge Teildisziplin der Sonderpädagogik, in der sich viele verschiedene, zum Teil miteinander konkurrierende Strömungen ausmachen lassen. Zum zweiten könnte es sein, dass sie befürchtet, man könne ihr mit einem solchen Unterfangen paternalistische Absichten unterstellen. Zum dritten könnte dies auch daran liegen, dass der historisch enge Bezug der Pädagogik bei Verhaltensstörungen auf andere Fachwissenschaften – oder Teile dieser – wie etwa Psychologie oder Psychotherapie durch diese wesentlich beeinflusst ist, was sich so nicht ohne weiteres und einfach zusammenführen lässt.

Mit dem vorliegenden Band „Erziehung als Herausforderung" soll daher – und auch gerade deswegen – der Versuch unternommen werden, ein grundlegendes Verständnis dessen zu charakterisieren, was Erziehung aus Sicht der Pädagogik bei Verhaltensstörungen sowie in dieser Hinsicht ausmachen könnte und welche Aspekte dabei zu berücksichtigen wären. In einer Zeit, in der die öffentliche Meinung zu Erziehung durch sehr unterschiedliche Ansichten, aber auch durch wirtschaftliche Interessen stark geprägt wird, erscheint es mehr denn je bedeutsam, im Sinne von Kindern und Jugendlichen, deren Erziehungsprozesse immer wieder gefährdet sind, professionell Stellung zu beziehen.

Dass dieses Buch als Herausgabe erscheint, trägt dem Gedanken Rechnung, dass man sehr unterschiedlich auf Erziehung und Problemverhalten blicken kann. Dies wird nicht nur über den Aufbau des Buches deutlich, sondern auch durch die Perspektiven, die deutschlandweit von Fachvertretern an verschiedenen sonderpädagogischen Lehrstühlen sowie auch über diese engere Fachszene hinaus und in unterschiedlichsten Institutionen eingenommen und diskutiert werden. Dieser Multiperspektivität soll im Sinne der Verantwortung für die sonderpädagogische Disziplin, aber auch die betroffenen Kinder, Jugendlichen und ihre Eltern und Familien Rechnung getragen werden. So wird es auch möglich, die enorme Reichhaltigkeit und Vielfalt dieser Fachszene, ihrer Sichtweisen und Erkenntnisse mit einzubinden.

Auch wenn das Buch also durch Herausgeber gerahmt wird, folgt es einem strukturierten inhaltlichen Aufbau, welcher der Gesamtarbeit als Gefüge unterlegt wurde und an dem sich die beteiligten Autoren orientiert haben.

Ein sehr herzlicher Dank geht zum einen an die beteiligten Autoren für ihre Bereitschaft, sich zu beteiligen, ihr Engagement und die hervorragende Zusammenarbeit – sowie dem Klinkhardt-Verlag für die gleichermaßen bewährte, vertrauensvolle und sehr professionelle Kooperation mit den Herausgebern. Frau Sabrina Fischer gilt ein besonderer Dank für die Mühen, die sie mit der formalen Bearbeitung des Buches hatte.

2 Erziehung als Herausforderung: zur Gegenstandsbestimmung

Thomas Müller

2.1 Erziehung als Herausforderung: Gegenstandsbestimmung und Fragen einer Theorie der Erziehung

2.1.1 Erziehung – wozu eine Gegenstandsbestimmung?

Erziehungsgeschehen zwischen Eltern und Kindern, Lehrern und Schülern, außerschulischen Erziehern und den ihnen Anvertrauten ereignet sich permanent. Darüber hinaus beeinflussen Geschwister, Freunde, Vereine, Politik, Kirchen und Medien das Aufwachsen von Kindern und Jugendlichen und erziehen diese mit. Ob Erziehung mit der Volljährigkeit oder dem Schulabschluss endet, ist eher fraglich, womöglich sind Menschen ein Leben lang erzieherischen Prozessen ausgesetzt oder lassen sich auf diese durch eine die eigene Person, ihr Verhalten und Erleben reflektierende Auseinandersetzung ein. Wenn Erziehung derart stark mit dem Leben und Erleben von Menschen verbunden ist, stellt sich die Frage, wozu es eine Theorie von Erziehung benötigt? Reichen die Erfahrungen, die einerseits von Generation zu Generation gemacht und weitergegeben werden und die sich andererseits aus dem Zeitgeschehen und den situativen Umständen, in denen jemand aufwächst, ergeben, nicht aus, um über Erziehung zu sprechen? Wozu benötigt es eine Theorie der Erziehung, wenn sich das Erziehungsgeschehen als praktisches Tun vollzieht, bestenfalls reflektiert wird, dann aber nicht in Hinsicht auf eine theoretische Grundlage, sondern mit Blick auf die gemachten Erfahrungen, mögliche Gelingensbedingungen ebenso wie erlebtes oder befürchtetes Scheitern?

Erziehung ist intentional, sie geschieht nicht einfach nur so nebenbei, auch wenn es oft so wirken mag. Sie muss gewollt sein und angestrengt werden, denn anders als Tiere verfügen Menschen nicht in dem Maße über angeborene Instinkte, mit denen sie sich sofort in ihrer Lebenswelt zurechtfinden können. Mit jedem Erziehungsgeschehen verbinden sich, abhängig davon, wie man dieses Sich-Zurechtfinden versteht oder wie es angesichts der Lebensumstände möglich ist, mehr oder weniger bewusst Absichten und Ziele. Damit hat Erziehung immer einen Gegenstand. Erziehung kann demnach als Ausdruck für die Erwartung und Hoffnung gelten, dass sich jemand auf ein bestimmtes Ziel hin verhält oder entwickelt. Diese Erwartung ist stets mit einem moralischen Anspruch verbunden, da ein Sollen des zu Erziehenden mit Blick auf die Zukunft in den Blick genommen wird. Dieser moralische Anspruch ist einerseits bedeutsam, da er die zu erziehende Person, insbesondere Kinder und Jugendliche, vor Entwicklungen und Einflüssen schützen soll, die sie in ihrem Sein und Werden gefährden könnten. Andererseits

zeigt die Geschichte, dass dieser moralische Anspruch zugleich auch problematisch werden kann, wenn er politisch funktionalisiert und von Ideologisierung überzogen wird. Der Missbrauch der Idee der Erziehung ist vielfältig und lässt sich historisch gerade am erzieherischen Umgang mit Kindern und Jugendlichen ablesen, die ‚nur' aufgrund bestimmter politischer und ideologischer Vorstellungen als erziehungsschwierig galten und gelten. Für den Kontext der Pädagogik bei Verhaltensstörungen ist hier insbesondere auf die Zeit des Nationalsozialismus und die Jugendlichen-Konzentrationslager in Moringen und der Uckermark (vgl. Müller 2014) zu verweisen, aber auch auf den Umgang der DDR mit so genannten verhaltensabweichenden Jugendlichen in Jugendwerkhöfen und im Geschlossenen Jugendwerkhof Torgau (vgl. Baier, Strobl & Müller 2016). Auch die Geschichte der Heimerziehung, oft in kirchlicher Trägerschaft, der 50er und 60er Jahre des letzten Jahrhunderts zeigt, wie Erziehung in die Katastrophe führen kann. Es benötigt also eine Theorie der Erziehung, um mindestens
- jenseits der Praxis eine Grundlage für die Reflexion der eigenen erzieherischen Haltung zu haben;
- über die Intention und den Gegenstand von Erziehung nachdenken und Rechenschaft ablegen zu können;
- den mit Erziehung verbundenen moralischen Anspruch zu reflektieren;
- Erziehung als historisches Geschehen begreifen zu können und aus den Fehlern der Geschichte zu lernen.

2.1.2 Zum Verhältnis von Theorie und Praxis der Erziehung

Es deutet sich an, dass und weshalb es einer Theorie der Erziehung bedarf. Zugleich sind die alltagspraktischen Kontexte, die zeitgeschichtlichen Bedingungen und moralischen Ansprüche von Erziehung derart vielfältig, dass es kaum so etwas wie *eine* Theorie der Erziehung geben kann. Zumindest aber benötigt es theoretische Fundierungen und Auseinandersetzungen, um nicht in ein bloßes Machen, in puren durch Intuition geleiteten Aktionismus zu geraten, den Kinder und Jugendliche in Folge zu erleiden hätten. Erziehung jenseits des bloßen Machens und jenseits von Machbarkeitsvorstellungen versteht sich als ein erzieherisches Handeln, an dem sich Erziehungsziele festmachen und begründen lassen. Dies führt zur Auseinandersetzung darüber, in welchem Verhältnis Theorie und Praxis der Erziehung zueinander stehen.
Die Begriffe von Theorie und Praxis beziehen sich, historisch betrachtet, auf die Gestaltung unterschiedlicher Lebensweisen, worauf Böhm (1985) mit Blick auf die Bedeutung der beiden Begriffe als Paar in der griechischen Dichtung hinweist (vgl. ebd., 16ff.). Mit Aristoteles wird der Begriff ‚Theorie' zur Bezeichnung von Wissenschaft, wobei er diese selbst in drei Formen unterschied: „Die erste bezeichnete er als praktische, die zweite als poietische, die dritte als theoretische Wissenschaft, und nur diese letzte bringt er in einen unmittelbaren Bezug zur

Theorie" (ebd., 19). Entscheidend für das Verhältnis von Theorie und Praxis mit Blick auf Erziehung ist der Unterschied von Poiesis und Praxis in diesem, dem aristotelischen Verständnis. Das Poietische hat den Charakter des Macherischen, strebt stets etwas Produkthaftes an und erfährt seinen Sinn und damit seine Berechtigung erst durch das Ergebnis, das Werk, das hergestellte Produkt. Folgte man einem solchem Verständnis, so wäre Erziehung immer erst dann Erziehung, wenn Erziehungsprozesse an ein Ende gekommen sind und die Ergebnisse dieser Prozesse im Sinne der intendierten Gegenstände und Ziele als erreicht gelten können. Es wurde aber bereits deutlich, dass es zumindest fraglich ist, ob Erziehung überhaupt jemals an ein Ende kommen kann und selbst, wenn dies möglich wäre, ob dies dann auch im Sinne der Lern- und Entwicklungsfähigkeit des Menschen wünschenswert wäre. Praxis dagegen ist kein Machen, sondern ein Handeln, welche ihren Sinn schon in sich trägt und daher stärker als prozesshaft charakterisiert werden kann. Praxis bezieht sich auf das selbstverantwortete und selbstbestimmte Handeln eines Menschen, ohne von vorneherein auf ein mögliches Endergebnis zu schielen.

> „Praxis heißt also nicht jedes beliebige Agieren und ebenso wenig irgendein Hantieren, nicht einfach das, was mehr oder weniger zufällig eintritt oder sich hier und da ereignet, sondern Praxis meint das auf das Gute hin bezogene sittliche und das auf das Gemeinwohl ausgerichtete politische Handeln des Menschen" (ebd., 22).

Damit kommt ein so verstandener Praxisbegriff den oben beschriebenen Aspekten von Erziehung deutlich näher als der Poiesisbegriff. Mit Descartes und Bacon veränderte sich jedoch das antike Theorie-Praxis-Verständnis hin zu einem neuzeitlichen. Bacon verkürzte das Verständnis von Kosmos auf das physikalische Universum und verkündete, dass „dessen kausale Ursachen und Verlaufsprozesse zu erforschen, (…) die einzige Aufgabe der wissenschaftlichen Erkenntnis" (ebd., 43) sei. Die Frage nach dem Funktionieren und damit nach dem ‚Wie' einer Sache oder eines Zusammenhangs wird damit wichtiger als die Frage nach dem eigentlich ‚Was', ‚Warum' und ‚Wohin' von Welt und Mensch.

> „Der Begriff ‚Praxis' erfährt eine noch viel weitreichendere Umdeutung. Als Gegenbegriff zu einer ‚Theorie', die sich ausschließlich darauf richtet, wie und durch welche Mittel und Vorgänge etwas entstanden ist und wie sich diese Vorgänge rekonstruieren und nachmachen lassen, kann nicht mehr eine ‚Praxis' im Sinne des klassisch-christlichen Verständnisses stehen. Einer operativen Theorie und einem instrumentellen know how korrespondiert nicht das menschliche Handeln, sondern das herstellende Machen" (ebd., 46).

Was ursprünglich einmal mit Praxis gemeint war, wendet sich im neuzeitlichen Denken in Poiesis. Aus erziehungswissenschaftlicher Sicht wird das neue Theorie-Praxis-Verständnis mit John Locke relevant, als dieser das Kind als Forschungsgegenstand ‚entdeckt' und Fragen nach der Machbarkeit des Erzieherischen aufwirft. Böhm weist darauf hin, dass Locke dadurch der Pädagogik eine Gestalt verleiht, die man als „Instrument der Persönlichkeitsformung" (ebd., 54) bezeichnen kann – eine Idee, der insbesondere Kinder und Jugendliche mit auffälligen Verhaltensweisen immer wieder ausgesetzt waren und werden. Diese Gestalt wird auch durch die Fragen nach der Messbarkeit von Schulqualität und Schulerfolg im 21. Jahrhundert besonders deutlich. Ergebnisse von Studien scheinen bedeutsamer als die Frage nach den Inhalten, die zur Grundlage dieser Studien werden, geschweige denn der Prozesse der Auseinandersetzung und Aneignung. Dass einem solchem Vorgehen keine Theorie der (schulischen) Erziehung zugrunde liegt, kann man daran ablesen, wie wenig die Intentionen und moralischen Ansprüche reflektiert werden, die mit einem solchen Vorgehen verbunden sind.

Mindestens zwei für die Pädagogik wichtige Fragen resultieren aus diesen Entwicklungen: Wenn Praxis nicht mehr Praxis im eigentlich historischen Sinne ist, sondern sich ins Poietische wandelte, was und wo ist dann Praxis? Und zweitens: Ist Erziehung Poiesis oder Praxis? Böhm weist nach, dass sich diese Fragen ebenso eindeutig beantworten wie auch nicht beantworten lassen. So finden sich durchaus Argumente, die dafür sprechen, dass Erziehung Poiesis ist, während andere, stark an der Person orientierte Argumente, Erziehung als Praxis ausweisen.

> „Unter Verweis auf das oben Gesagte ist daran festzuhalten, dass Praxis ‚handelnde Auseinandersetzung mit der Welt' ist und nicht nur Intention/Modifikation; sie ist auch mehr und anderes als Praktik/Technik. Für die heilpädagogische [und sonderpädagogische] Praxis beruflichen Handelns lässt sie sich als Verwirklichung von Handlungskonzepten bestimmen; diese bilden eine je eigentümliche und individuell wie intersubjektiv vermittelte (‚gebrochene') Mischung aus theona, praxis und poiesis" (Gröschke 1997, 140).

Relevant für eine Gegenstandsbestimmung von Erziehung im Kontext der Pädagogik bei Verhaltensstörungen erscheint die Frage, ob man im Hinblick auf erzieherische Handlungen auch aus heil- und sonderpädagogischem Verständnis heraus von einer Praxis sprechen kann.

Allgemein, den pädagogischen Kontext betreffend, wird von Praxis nur im Hinblick auf den Menschen gesprochen, denn Pflanzen oder Tiere haben kein Verhalten, das man als Praxis bezeichnen könnte. Praxis hat grundsätzlich zwei Bedeutungen, die miteinander verbunden sind: zum einen umfasst sie diejenigen Handlungen, die aufgrund einer Willensleistung entstehen. Zum zweiten bezieht sich eine Praxis immer auch auf das, was sie bewirkt, verändert oder beabsichtigt. Beide Aspekte sind Momente der oben vorgenommenen Charakteristik von Erziehung. Erziehung muss gewollt werden, sie ereignet sich nicht einfach als Ergebnis von Instinkten und die Betroffenen müssen sich auf erzieherische Prozesse auch einlassen wollen. Zudem ist ein Erziehungsgeschehen eben immer auf

das Werden eines Menschen ausgerichtet und erzeugt demnach Wirkungen und Veränderungen, bei den zu Erziehenden ebenso wie bei den Erziehenden und der Umwelt, über die beide Seiten miteinander verbunden sind.
Aus pädagogischer Sicht müssen zwei weitere, grundsätzliche Bedingungen erfüllt sein, damit von Praxis gesprochen werden kann. Zum einen stellt sich die Frage, ob die jeweilige Tätigkeit in Zusammenhang mit der Imperfektheit des Menschen steht und gesehen wird, der durch seine eigene Praxis seine Bestimmung und damit seine Sinnhaftigkeit im Leben findet. Zum zweiten ist diese Bestimmung, die der Mensch durch seine Praxis erreicht, seine substantielle oder existentielle Bestimmung.

„Eine Tätigkeit kann dann als Praxis bezeichnet werden, wenn sie erstens in einer Imperfektheit des Menschen ihren Ursprung, ihre Notwendigkeit hat, diese Not wendet, die Imperfektheit aber nicht aufhebt, und wenn sie zweitens den Menschen in einer Weise bestimmt, dass diese Bestimmung durch die Tätigkeit selber erst hervorgebracht wird, also nicht unmittelbar aus der Imperfektheit resultiert" (Benner 1980, 486).

Die Basis für Benners Überlegungen bildet eine anthropologisch-philosophische Bestimmung menschlichen Handelns, die er in der menschlichen Existenz und Koexistenz begründet sieht. Der Mensch steht aus dem Blickwinkel der praktischen Philosophie aufgrund seiner leiblichen, freien, geschichtlichen und sprachlichen Existenz und Koexistenz einerseits vor der Notwendigkeit, durch Handeln sein Überleben zu sichern und besitzt andererseits zugleich die Möglichkeit, durch eigenes willentliches Handeln seinem Leben eine Bestimmung zu geben (vgl. Benner 2010, 27). Die pädagogische Praxis wird dann mittels zweier konstitutiver und zweier regulativer Prinzipien charakterisiert.
Die beiden konstitutiven Prinzipien beschreiben die wesentlichen Merkmale der pädagogischen Interaktion, wozu das Prinzip der Bildsamkeit und das Prinzip der Aufforderung zur Selbsttätigkeit zählen. Der Mensch wird dabei als Wesen begriffen, welches notwendigerweise an seiner Menschwerdung aktiv mitwirken muss. Das Prinzip der Bildsamkeit charakterisiert die pädagogische Interaktion als eine unterstützende, die dem Heranwachsenden grundsätzlich die Fähigkeit zugesteht, an seinem eigenen Bildungsprozess selbsttätig mitzuwirken – auch dann, wenn er dies aus eigener Kraft (allein) noch nicht vermag. Der pädagogische Grundbegriff der Bildsamkeit sieht den Menschen weder durch eine natürliche Veranlagung noch durch die gesellschaftlichen Rahmenbedingungen seiner Lebenssituation in irgendeiner Weise für sein zukünftiges Leben festgelegt. Er beschreibt vielmehr die Fähigkeit des Menschen, Fähigkeiten auszubilden – und dies jenseits von Normen und moralischen Bewertungen (vgl. Herbart 1835). Bildsamkeit kann verstanden werden als die Gabe eines jeden Menschen, eigene Handlungen zu entwerfen und auszuführen und durch diese Handlungen die Notwendigkeiten des eigenen Lebens selbst immer wieder aufs Neue zu meistern. Ob dies im Rahmen gesellschaft-

lich gültiger Normen und Werte geschieht, ist damit noch nicht klar. Gerade für die Sonderpädagogik ist die Bildsamkeitsannahme hoch relevant, bedenkt man, wie vielen Kindern und Jugendlichen bis heute, auch in Europa, aufgrund ihrer Behinderungen der Zugang zu (schulischer) Bildung deshalb verweigert wird, weil ihre Bildsamkeit in Frage gestellt wird. Und die Pädagogik bei Verhaltensstörungen weiß um Jugendliche, die ihre Bildsamkeit durch übergriffige oder andere schädigende Handlungen zu erfüllen wissen und muss sich daher im Besonderen mit dem Verhältnis von Bildsamkeit und Erziehung auseinandersetzen.

Erziehung kommt mit Blick auf die Bildsamkeitsannahme die Funktion zu, Menschen so zu unterstützen und zu begleiten, dass sich ihre Bildsamkeit erfüllt und sie an der Bearbeitung der Problemstellungen des menschlichen Zusammenlebens mitzuwirken im Stande sind. Das Problem besteht für die Erziehung aber darin, dass das Kind nicht nur bildsam ist, sondern zugleich mit seiner Geburt für eine lange Zeit auf fremde Hilfe angewiesen ist, um zu überleben und eigene Wünsche zu realisieren. Die Interaktion zwischen Erzieher und Kind muss daher darauf abzielen, dem Kind die Gelegenheit zu geben „zu lernen sich selbst zu helfen" (ebd., 74), auch wenn damit die Gefahr paternalistischen Handelns noch nicht grundsätzlich ausgeschlossen ist. Das Kind muss dabei in einer Weise unterstützt werden, die es ihm erlaubt, durch eigenes Tätig-Sein seine Hilfsbedürftigkeit Schritt für Schritt abzubauen und seine Fähigkeiten Schritt für Schritt aufzubauen. Hier geht das Prinzip der Bildsamkeit in das Prinzip der Aufforderung zu Selbsttätigkeit über. Sie wird als eine menschliche Handlung gekennzeichnet, in der zwei unterschiedliche Tätigkeiten bewusst zusammenwirken: Denk- und Welttätigkeit (vgl. ebd. 84ff.). Sie unterscheiden sich darin, dass in der Denktätigkeit Handlungen entworfen werden, aber auch Erfahrungen mit der Welt reflektiert sowie die eigene Stellung in der Welt verändert wird. In der Welttätigkeit setzt sich der Mensch dagegen nicht mit sich selbst und seinen Erfahrungen auseinander, sondern mit der ihn umgebenden Welt, und das zunächst in einer naiven Weise und ohne Beteiligung der eigenen Denktätigkeit oder des eigenen Bewusstseins. Ob das in dieser Trennung möglich ist, bleibt allerdings kritisch zu reflektieren. Das Ziel der pädagogischen Praxis besteht darin, den Heranwachsenden schrittweise in die Lage zu versetzen, Denk- und Welttätigkeit bewusst aufeinander zu beziehen und aufeinander abzustimmen, um so schrittweise selbsttätig werden zu können: Erziehung gelingt demnach dann, wenn Kinder und Jugendliche unterstützt werden, eigene willentliche Handlungen gedanklich zu entwerfen und diese auch in konkreten Handlungen (Welttätigkeit) zu verwirklichen. Dazu gilt es für Pädagogen, darauf zu achten, dass das Resultat auch als Ergebnis der eigenen Denk- und Welttätigkeit bewertet werden kann (vgl. ebd., 86). Es gilt daher, dem Kind soweit wie moralisch möglich hinsichtlich seiner Entwürfe Handlungsfreiheit und hinsichtlich seiner Erfahrung Meinungsfreiheit zu gewähren. Erziehung als Praxis ist daher als Fremdaufforderung zur Selbsttätigkeit zu verstehen.

Die beiden regulativen Prinzipien pädagogischen Denkens thematisieren die Beziehung zwischen Erziehung bzw. Bildung und Gesellschaft. Zu ihnen zählen die Überführung gesellschaftlicher Determinationen in pädagogische Determinationen durch pädagogische Transformation sowie der nichthierarchische Ordnungszusammenhang der menschlichen Gesamtpraxis. Die verschiedenen Einzelpraxen einer Gesellschaft, wie beispielsweise Politik, Religion und Ökonomie, stellen wichtige Bezugsgrößen für die pädagogische Praxis dar. Sie legen wichtige Vorgaben und Anforderungen fest, denen heranwachsende Kinder und Jugendliche entsprechen sollen, um als Erwachsene eigenverantwortlich handeln zu können und am gesellschaftlichen Leben teilhaben und mitwirken zu können. Zudem stellt die Gesellschaft die Rahmenbedingungen, in denen pädagogische Praxis stattfindet. Doch die gesellschaftlichen Gegebenheiten entsprechen nicht immer der Eigenlogik der pädagogischen Praxis und nicht alle Aspekte der Einzelpraxen einer Gesellschaft erweisen sich auf Dauer als sinnhaft und tragfähig für die nächste Generation oder Teile dieser. Die Pädagogik bei Verhaltensstörungen kennt dieses Problem, besonders wenn es um die Bewertung und Einordnung auffälligen oder als störend empfundenen Verhaltens geht und Kategorien und Empfindungen von Normalität aufeinanderprallen. Umso bedeutsamer erscheint das Prinzip der pädagogischen Transformation, das die Notwendigkeit bezeichnet, gesellschaftliche Anforderungen und Einwirkungen daraufhin zu überprüfen, ob diese sich nach den konstitutiven Prinzipien pädagogischer Praxis transformieren lassen und so sinnstiftende Lernprozesse ermöglichen oder aber nicht. Im Idealfall werden dann aus

„Sitten und Gebräuchen der Erwachsenen Üblichkeiten, an denen Kinder teilhaben, erfährt Erwachsenenschrift Transformation in Kindersprache und Kinderschrift, transformieren sich Kunst und Malerei in Kinderzeichnung und Gottesdienste in Kindergottesdienste" (ebd., 104).

Pädagogische Praxis dient so einerseits der Reproduktion gesellschaftlicher Strukturen, aber nicht nur, sondern sie ist immer auch Produktion sozialer Wirklichkeit durch eine Interaktion zwischen Erwachsenen und Heranwachsenden im Rahmen einer gemeinsamen Lebensgestaltung, worauf Kobi (2005) in seinen Überlegungen zu Erziehung besonders hinweist.
Das Prinzip des nichthierarchischen Ordnungszusammenhangs der menschlichen Gesamtpraxis bezieht sich stärker auf eine Theorie der Bildung als der Erziehung. Es meint, dass gesellschaftliche Tatbestände nicht ungebrochen in pädagogische Imperative verwandelt werden dürfen und können. Es meint aber auch, dass die Pädagogik die gesellschaftlichen Bedingungen und Praxen nicht nur auf Entwicklungsbedingungen für die nachwachsende Generation reduzieren und normieren darf. Zudem gilt es die Vormachtstellung gesellschaftlicher Praxen wie der Ökonomie und Politik zu problematisieren.

Die von Benner als „nicht-affirmativ" (ebd., 146) bezeichnete Erziehung versteht ihre Aufgabe von pädagogischen Interaktionen darin, die Wahrnehmungs- und Bewusstseinshorizonte der Heranwachsenden durch die Aufforderung zur Selbsttätigkeit für eine Mitwirkung an der menschlichen Gesamtpraxis zu öffnen und die Gesamtpraxis einer Gesellschaft für die schrittweise Mitwirkung von Heranwachsenden zu öffnen. Wo dies gelingt, erfahren sich Kinder und Jugendliche im Sinne Specks (1997) als autonom. Doch das Kind durchläuft nicht ‚einfach' nur Stufen der Autonomiebildung, sondern dafür sind besonders die Intentionen von Pädagogen daraufhin zu überprüfen, ob sie die Selbsttätigkeit des Kindes anregen und gesellschaftliche Gegebenheiten daraufhin zu überprüfen, ob sie eine Mitgestaltung durch Heranwachsende ermöglichen oder erschweren. Wie können

> „Heranwachsende, ohne dass ihnen die Verantwortung für die Folgewirkung ihrer Sozialisation einfach zugewiesen wird, so zur Selbsttätigkeit aufgefordert werden (…), dass sich ihre künftige Bestimmung nicht als unmittelbares Resultat ihrer Sozialisation einstellt, sondern über deren Reflexion vermittelt wird" (Benner 2010, 144)?

Erziehung ist demnach zweifelsohne eine Praxis, weil mit allen Handlungen, die mit ihr verbunden sind, auf die Imperfektheit des Menschen reagiert werden soll, ohne dass diese Imperfektheit jemals gänzlich aufgehoben werden könnte. Erziehung trägt somit zur Verwirklichung des Seins, des Werdens und Sollens eines Menschen in Gemeinschaft bei, ohne an ein Ende zu geraten. Dies soll jedoch nicht als ungelöstes Problem der Erziehungspraxis verstanden werden, sondern muss als Qualität verstanden werden, da genau dadurch der Mensch in seiner personalen Freiheit erhalten bleibt und nicht durch Erziehungsgeschehen in dieser eingeschränkt wird. Eine Theorie der Erziehung hilft demnach wesentlich dabei, Erziehung als Praxis zu bestimmen und zugleich offenzulegen, worauf es dieser ankommt: die Realisierung der anthropologisch begründbaren Freiheit des Menschen.

2.1.3 Erziehung und ihr moralischer Anspruch

Es wurde bereits deutlich, dass Erziehung in der Gefahr steht, gegen die zu Erziehenden gewendet zu werden und diese zu gefährden, statt aus einer unverschuldeten Imperfektheit heraus zu Freiheit zu führen. Erziehung wird immer wieder mit dem Zielanspruch versehen, dass sich Menschen verantwortungsvoll sich und anderen gegenüber verhalten und moralisch handeln. Und dennoch: auch Menschen, denen man attestieren würde, sie seien gut erzogen, können sich unmoralisch verhalten und tun dies auch. Erziehung ist „immer eine positive Wirkungsbehauptung" (Oelkers 2001, 23), die meist im Zusammenhang mit spezifischen Zielen aufgestellt wird. Und obwohl Erziehung immer wieder konkret zu misslingen scheint und generell ein Wagnis bleibt, weil begründet durch die Freiheit des Menschen und die daraus erwachsende Möglichkeit, sich entziehen zu können, Erziehung Scheitern impliziert (vgl. Bollnow 1959), wird an Erziehung als solcher in ihrer Wirksamkeit, aber auch ihrer Notwendigkeit kaum gezweifelt. Ganz im Gegenteil: je mehr Erziehungsbedürftigkeit an einem Kind oder Jugendlichen ausgemacht wird, umso mehr gerät Erziehung als Wirkmittel in den Fokus. Umso scheinbar unmoralischer sich jemand verhält, umso mehr wird mit Erziehung die Erwartung verbunden, dass sittliche Verantwortlichkeit entsteht. Dies zeigt, weshalb Erziehung gerade für die Pädagogik bei Verhaltensstörungen so ein zentrales Thema ist: je erziehungsschwieriger sich das Verhältnis zu einem Kind oder Jugendlichen gestaltet, desto mehr Erziehung sei notwendig, so ließe sich unterstellen und nicht selten wird genau dies auch als Anspruch an die Disziplin Pädagogik bei Verhaltensstörungen formuliert. Über die Qualität, die Ziele und Mittel ist dabei jedoch noch nichts ausgesagt. Wie Erziehungsprozesse aussehen und gestaltet werden sollten, darüber gibt es keine einheitlichen Aussagen, nur über die Ziele herrscht zumeist eine einheitliche Erwartung im Sinne eines moralischen Anspruchs: Mündigkeit, Selbstbestimmung, Autonomie, Verantwortung, Sittlichkeit etc. Legitimiert sind diese Erziehungsziele darüber aber noch nicht. Und: eine Kausalität wird so oder so unterstellt: egal, ob davon ausgegangen wird, man solle im Sinne einer Antipädagogik möglichst gar nicht auf Kinder einwirken und sie in Ruhe lassen, oder ob bestimmte Mittel zum Einsatz kommen und Erziehungsgeschehen sehr intentional (vgl. Brezinka 1990) gestaltet wird – Erziehung wird stets eine Wirkkraft mit Blick auf die Ziele als Ausdruck eines moralischen Anspruchs unterstellt. Nicht zuletzt daher sind mit Erziehungsprozessen stets hohe Erwartungen verbunden. Ob dies berechtigt ist, wird sich mit Blick auf den Gegenstandsbereich der Pädagogik bei Verhaltensstörungen und die mit ihm verbundenen Erziehungsaufgaben unter „erschwerten Bedingungen" (Speck 1987, 15) zeigen müssen. Aber auch die Frage, woran sich Moral orientieren soll bzw. was genau unter dieser verstanden werden kann, lässt sich nicht ohne weiteres klären. Soll sich Erziehung psychologistisch an der moralischen Urteilsbildung und den Stufen der Moralentwicklung, wie sie Piaget (1986) und Kohlberg (1987) beschrieben, orientieren? Oder sind damit ‚nur' Prozesse des Sich-moralisch-verhalten-Könnens und seiner Entwicklung beschrieben, nicht aber die Inhalte von Moral und damit die möglichen Ziele einer Erziehung? Eine andere Möglichkeit der Orientierung stellte die Analyse zeitgeschichtlich aktueller Werte und Normen dar, aus denen sich ableiten ließe, was es bedeutet, sich moralisch oder unmoralisch zu verhalten. Sich verändernde gesellschaftliche Hintergründe zögen dann jeweils sich verändernde moralische Vorstellungen und damit ebenso neue Erziehungsziele nach sich. In diesem Zuge wird seit Generationen „Erziehungsvergessenheit" (Schwarte 2002) beklagt und eine Rückkehr zu den vermeintlich ‚guten' oder traditionellen Werten gefordert. Besonders der Ruf nach „Disziplin" (Bueb 2008) als Ziel von Erziehung erhielt in den letzten Jahren eine streitbare Aufmerksamkeit:

> „Der Erziehung ist vor Jahrzehnten das Fundament weggebrochen: die Anerkennung von Autorität und Disziplin. Wer heute als Erziehender tätig wird, kann einer erziehungsfeindlichen Umwelt, geprägt von einem aggressiven Materialismus, wenig entgegensetzen. Viele irren ziel- und führungslos durchs Land. Denn der Konsens, wie man Kinder und Jugendliche erziehen soll, ist einem beliebigen, individuell geprägten Erziehungsstil gewichen. Es gibt keine Übereinkunft über die Notwendigkeit, die Legitimation und Ausübung von Autorität und Disziplin" (ebd., 7).

Wer so oder so ähnlich zu argumentieren versucht, der verneint nicht nur das zumindest in Deutschland erheblich belastete Verhältnis zu Führung und Autorität sowie die damit verbundene Verantwortung eines hoch sensiblen Umgangs mit derartigen Begriffen und Ideen, sondern unterstellt auch, dass es einst einen Konsens über die Ziele und Mittel von Erziehung gegeben habe. Ein Blick in die Geschichte der Erziehung von Kindern und Jugendlichen lehrt, dass es diesen Konsens nie gab, auch wenn unzählige Kinder und Jugendliche unter den Ideen von Autorität und Disziplin in Formen schwärzester Pädagogik zu leiden hatten – insbesondere Kinder und Jugendliche aus dem Gegenstandsbereich der Pädagogik bei Verhaltensstörungen (vgl. Göppel 1989). Mit Moral und moralischer Erziehung hat das wenig zu tun – wohl aber damit, dass Moral und Moralisierung schnell verwechselt werden. Moral fragt danach, wie man gut mit sich und anderen leben kann, Moralisierung dagegen schränkt die personale Freiheit ein, indem sie, oft sehr subtil, Druck ausübt und erpresserisch wirkt. Folgte man populistischen Rufen und damit einem derartigen moralischen Verständnis und der Orientierung von Erziehung an diesem, so ließe sich nichts Grundsätzliches über Erziehung und ihr Verhältnis zu Moral aussagen, außer dass sich dieses inhaltlich verändert. Moral als Teil einer Theorie der Erziehung hätte kaum Bestand. Folgt Erziehung einem moralischen Verständnis, das in ethischer Auseinandersetzung begründet ist, so lassen sich durchaus Inhalte und damit Ziele von Erziehung ausmachen. Speck (1996) arbeitet für die moralische Dimension von Erziehung „Achtung als Grundprinzip von Moral" (ebd., 79) heraus:

> „Im Hintergrund aller Beschreibungen von Moralentwicklung lässt sich immer wieder der alle Moral mitbegründende Begriff der Achtung feststellen. Er steht in einem unmittelbaren Zusammenhang mit einer Auffassung von Moral, die sich auf die zentrale Bedeutung der sittlichen Autonomie oder der moralischen Selbstbestimmung bezieht. Aus dem Autonomieprinzip, das die Verantwortung und Selbstverpflichtung des Einzelnen beinhaltet, folgert das Prinzip der Achtung gegenüber dem Anderen" (ebd.).

Speck bezieht sich in seiner Analyse auf aufklärerisches Denken, wie die Schriften von Kant, aber auch auf verantwortungsethisch motivierte Pädagogen wie Pestalozzi bis hin zur Philosophie von Lévinas und dessen Überlegungen zu einem „Humanismus des anderen Menschen" (2005) und einer Ethik vom Anderen her. Für den hier vorzunehmenden Versuch einer Gegenstandsbestimmung kann unter Berücksichtigung des Fokus auf die Pädagogik bei Verhaltensstörungen festgehalten werden, dass Achtung vor sich selbst, aber auch vor anderen durchaus als zentrales moralisches Prinzip von Erziehung gelten kann. Denn die von Speck aufgeführten

> „drei Extrem-Phänomene, die (…) einen Verlust an Achtung signalisieren:
> - Selbstsucht und soziale Angst,
> - Mangel an Regeln und Konventionen und
> - erhöhte Aggressivität"

wirken nicht nur massiv auf das Erziehungsgeschehen ein, sondern können durchaus als ‚charakteristisch' für viele Kinder und Jugendliche gelten, die in den Gegenstandsbereich der Pädagogik bei Verhaltensstörungen fallen (vgl. Stein, Müller 2015, 16ff.). Selbstachtung und Achtung vor dem Anderen lassen sich als allgemeine Grundprinzipien der moralischen Dimension von Erziehung mit Blick auf alle Kinder und Jugendlichen begründen. Vor dem Hintergrund der lebensgeschichtlich oft hoch belasteten Handlungs- und Erlebensweisen verhaltensauffälliger Kinder und Jugendlicher werden sie als Ziele unverzichtbar. Damit jedoch steigen die Erwartungen an das, was Erziehung leisten soll. Gleichzeitig wird deutlich, wie sehr die Pädagogik bei Verhaltensstörungen herausgefordert ist, solche Ziele zu verwirklichen, weiß sie doch allzu gut um Kinder und Jugendliche, die sich nicht selbst achten können oder sich dies sogar verbieten müssen, um ihre fragile Identität nicht noch weiter zu beschädigen. Wo Achtung für sich selbst nicht gelingen kann und/oder darf, erscheint das Erziehungsziel, die Bedürfnisse und Ansprüche anderer achten zu können und zu sollen, schier unerreichbar. Damit wird ein grundsätzlicheres Problem offenbar, dem sich auch und im Besonderen die Pädagogik bei Verhaltensstörungen zu stellen hat: Ist es richtig und sinnvoll, Achtung und Autonomie als Erziehungsziele in den Blick zu nehmen, bei gleichzeitiger Anerkennung der aus anthropologischer Perspektive unauflösbaren „Begrenztheit, Bedürftigkeit, Endlichkeit und Abhängigkeit" (Gröschke 2002, 88) des Menschen, die gerade über konkret belastende biographische Erfahrungen verhaltensauffälliger Kinder und Jugendlicher besonders deutlich zu Tage tritt? Der seit Beginn des Jahrtausends unter dem Stichwort „Vulnerabilität" (Burghardt, Dziabel & Höhne et al. 2017) sich auch in der Sonderpädagogik abzeichnende Diskurs um Verletzbarkeit und Verletztheit, um Anerkennung statt Überwindung dieser, führt auch zu Überlegungen, inwieweit es sich bei der Propagierung eines autonomen Subjekts um einen heiligen „Gral abendländischer Metaphysik und ihrer Anthropologien" (Gröschke 2000, 88) handelt, der die Verletzbarkeit und Fragilität des Menschseins verdrängt und Autonomie als Idee überhöht. Umgekehrt ließe sich überlegen, ob es nicht gerade Ausdruck von Autonomie wäre, sich der eigenen Verletzbarkeit bewusst zu sein und sich mit dieser zu ‚versöhnen' statt sie zu verdrängen oder zu leugnen. Für die Legitimierung von Erziehungszielen ist dieser Diskurs gerade mit Blick auf den Gegenstandsbereich der Pädagogik bei Verhaltensstörungen hoch bedeutsam und hat gerade erst begonnen.

2.1.4 Erziehung und die mit ihr verbundenen Erwartungen

Oelkers (2001) verweist darauf, dass Erziehung in theoretischer Perspektive mit drei historischen Erwartungen zu tun habe: „Erziehung ist einmal ein Prozess, der nicht früh genug beginnen kann, zweitens eine linear aufsteigende Verknüpfung und drittens ein nicht limitierbarer Gesamteffekt" (ebd., 25). Unabhängig von historischen Kontexten und erzieherischen Ideen der Vergangenheit geht es beim ersten Aspekt darum, dass man mit Erziehung so früh wie möglich beginnen müsse, dass man sie wollen muss und dass allem, was gelingt, unterstellt wird, positive Auswirkungen auf das weitere Leben zu haben, während das, was nicht gelingt, auch nicht mehr nachgeholt werden könne. Durch Einwirkung von außen soll also im Sinne eines zu erreichenden Zieles, das aber oft unbestimmt bleibt, das Innere eines Kindes geprägt oder beeinflusst werden. Das Außen ist dabei nicht die unbestimmte Welt, die dies irgendwie, mehr oder weniger zufällig tut, sondern das Außen sind andere Personen, denen Erziehungsfähigkeit, erzieherischer Vorbildcharakter etc. unterstellt wird – sei es einerseits durch die Rolle, die sie einnehmen: Eltern und Lehrkräfte beispielsweise, oder sei es andererseits durch einen besonders hohen moralischen Status, den man ihnen zuschreibt.

> „Erziehung ist dann eine überzeugende Größe, wenn sie auf den Handlungskreis von Personen bezogen werden kann, aber dann kann es sich nicht um eine generelle Kur gesellschaftlicher Übel handeln, weil verschiedene Personen nie gleichsinnig handeln können. Auf der anderen Seite ist ein Gesamteffekt ‚Erziehung' nur als umfassende Kausalität denkbar, die bei weitem übersteigt, was einzelne Personen bewirken können" (ebd., 27).

Spätestens mit Deweys (1994) Auseinandersetzungen zu Erziehung und Erfahrung und der Frage danach, was alles erzieht: nicht nur Personen, die geeignet erscheinen, sondern eben auch viele andere Erfahrungen, Milieus, Nicht-Vorbilder, politische Systeme etc., ist klar, dass eine Theorie der Erziehung aus pädagogischer Sicht eine verengte oder eingeschränkte Idee von Erziehung kennt, z.B. in Formen schulischer Erziehung. Kinder und Jugendliche, die in den Gegenstandsbereich der Pädagogik bei Verhaltensstörungen fallen, wachsen oftmals in Familienbedingungen auf, in denen ambivalente Erziehungsverhältnisse herrschen (müssen), beeinflusst beispielsweise durch die psychische Erkrankung von Elternteilen, durch das Fehlen dieser oder den häufigen Wechsel von Lebenspartnern. Aber auch Erfahrungen eines Aufwachsens in sozial benachteiligenden Verhältnissen, das Erleben von Gewalt, Vernachlässigung und Verwahrlosung zählen hierzu. All dies sind Beispiele einer Kinder und Jugendliche erziehenden Umwelt, die sich negativ auf sie auswirkt und die pädagogische begrenzte Ideen von Erziehung schwierig werden lässt, weil sich verschiedene Normen und Wertvorstellungen nicht ohne Weiteres miteinander vereinbaren lassen und verschiedene Sozialisationssysteme nicht konfliktfrei nebeneinander bestehen können. Damit wird einmal mehr deutlich, warum es eine Theorie der Erziehung an und für sich nicht geben kann, theoretische Fundierungen jedoch für pädagogisch professionelle Erziehung dringend notwendig sind, um die Herausforderungen an den Schnittstellen all derer und dessen, die und das erziehen oder erziehend einwirken, deutlich zu machen. Was Erziehung selbst ist, bleibt trotz alledem, was bislang dargestellt wurde, unscharf. Oelkers hat dies in seiner Kritik am Systematisierungsversuch Mollenhauers (1982) deutlich gemacht:

> „,Erziehung' ist mal Dialog, mal Handlung; ‚Erziehung' ist Kommunikation, Einwirkung oder Entwicklung; ‚Erziehung' ist der Prozess und das Produkt; ‚Erziehung' ist die Situation, die Transmission und die Ereignisse auf dem Weg; ‚Erziehung' ist Begrenzung und Ausweitung der Ereignisse; Dialog zwischen Personen oder mit und über Medien (…). Eine klare Begriffsreferenz ist bei alledem nicht zu erkennen" (ebd., 33).

Die meisten Auseinandersetzungen um Erziehung beziehen sich hinsichtlich eines Erziehungszieles auf Sittlichkeit und/oder Moralität. Erziehung wird also unterstellt, dass sie aus Kindern gute, sittliche Kinder macht. Zumindest aber muss verhindert werden, dass sie sich nicht unsittlich oder unmoralisch verhalten. Weil Sittlichkeit und Moral aber einem ständigen Wandel unterliegen, ist es so schwierig, eine Theorie der Erziehung zu entwerfen bzw. sich auf eine solche zu beziehen. Hinzu kommt: Die Minimalerwartung an Erziehung ist eben zumeist eine ex-negativo-Erwartung. Das macht es problematisch, eine Theorie der Erziehung zu entwickeln – zumindest, wenn man davon ausgeht, was nicht sein soll, was verhindert werden soll. Darüber hinaus ist Moral als Begriff nicht unbedingt positiv besetzt, weil allzu oft gerade in der Erziehungspraxis und bei der Wahl der Erziehungsmittel nicht zwischen Moral und Moralisierung unterschieden wird. Oder aber beide Phänomene werden verwechselt, und man versucht, Moral durch Moralisierungen zu erzeugen, was zumeist zum Scheitern verurteilt ist oder geradezu das Gegenteil der Intention hervorzubringen geeignet ist. Erziehung als Begriff hat daher eben nicht den Nimbus des Notwendigen, Wünschenswerten, sondern eher den eines unausweichlichen Übels, dem man eben irgendwie nicht entkommen kann. Was einer Theorie der Erziehung dann noch bleibt, ist, auf Zielerfüllung zu setzen. Die Erwartung, dass Erziehung am Ende gelingt, dass Ziele erreicht werden, muss unausweichlich Teil einer Theorie sein, da sie sich sonst nicht rechtfertigen ließe, doch die Erziehungspraxis sieht oft anders aus – die Erfahrungen aus dem immer wieder gefährdeten erzieherischen Umgang mit verhaltensauffälligen Kindern und Jugendlichen belegen dies in besonderer Art und Weise. Wie sähe dann aber ein Kompromiss aus und dürfte sich die Pädagogik bei Verhaltensstörungen mit einem solchen begnügen? Eine Theorie der Erziehung ist vermutlich gut beraten, Erziehungsziele nicht als fixe Endzustände zu beschreiben und normativ einzufordern, sondern als gut begründete Wert- und Zielvorstellungen, denen man sich im Erziehungsprozess anzunähern versucht. Dies würde eine Theorie der Erziehung auch davon befreien, Kinder und Jugendliche im Erziehungsprozess zu funktionalisieren, sie zu trainieren und zu dressieren, sie als Erfüllungsgehilfen hoher moralischer Zielvorstellungen zu sehen, an denen man letztlich eigentlich nur scheitern kann: beide – zu Erziehende wie auch Erziehende.

2.1.5 Professionelle Erziehung: Gefahr übersteigerter Erwartungen

Anliegen professioneller Erziehung ist es einerseits, dazu beizutragen, elterliche Erziehung zu entlasten und andererseits, das Erziehungsgeschehen inhaltlich über jenes in der Familie hinauszuführen. Durch die Art und Weise jedoch, wie seitens Professioneller Zielvorstellungen von Erziehung definiert werden, scheinen sie die Erwartung an Erziehung eher zu steigern – ein Druck, von dem sich viele Familien mit Blick auf ihre Erwartungen an pädagogische Institutionen wieder zu entlasten suchen. Ein Versuch, der ihnen schnell vorgeworfen wird oder aber der als unzumutbar im Sinne des ‚zu viel', ‚Was denn noch alles' abgewehrt wird. Oelkers (2001) führt als Beispiele für diese Erwartungen auf:

- „ein dialogisches Verhältnis,
- echte Kommunikation,
- hohes und ungetrübtes Verständnis,
- unbedingtes Vertrauen und Offenheit,
- Nachsicht und Fehlertoleranz,
- Beziehungen ohne Niederlagen,
- Ganzheitlichkeit oder
- das Ausschöpfen der Potentiale" (ebd., 200).

Die übersteigerten Erwartungen an Erziehung werden hier mit Blick auf die getroffenen Formulierungen deutlich. Weder sind sie auf Erziehungsziele hin formuliert, noch wird klar, wie diese Erwartungen durch professionelle Erziehung realisiert werden könnten. Erziehungsziele sind oft abstrakt und pauschal zugleich formuliert, was der Unschärfe dessen zuzuschreiben ist, was sich unter Moral verstehen lässt: Was beispielsweise genau Mündigkeit, Selbstverantwortung oder Autonomie ausmacht und woran man erkennen kann, dass diese Ziele erreicht sind, wird oft nicht beantwortet – auch wenn sich beispielsweise Speck (1997) durch seine Ausführungen zu Autonomie um eine solche begründete Antwort bemüht. Eine Theorie der Erziehung muss sich daher um Konkretisierung ihrer Ziele kümmern, wenn sie nicht dazu beitragen will, Kinder und Jugendliche in eine offene Unbestimmtheit hinein zu erziehen.

„Erziehungstheorien haben trotz der bis zur Unkenntlichkeit verschiedenen Ansätze einige gemeinsame Merkmale. Sie lassen sich so zusammenfassen: Unabhängig von der je gegebenen Philosophie konzentrieren sich Erziehungstheorien auf Moral, beziehen ihre Ziele oder Ansprüche auf Personen und setzen mehr oder weniger pauschal Asymmetrie voraus. (…) Die Moral wird universell und einheitlich erwartet, die Personen sind einerseits kompetent, andererseits bedürftig, die Asymmetrie ist zugleich funktional und notwendig. Sie hat Defizite zur Voraussetzung, die ausgeglichen werden sollen. Dabei wird eine Art Austausch vorgestellt. Die eine Person liefert, was die andere nicht hat und aber haben muss, wenn sie in irgendeiner Hinsicht vollständig sein will" (ebd., 255).

Damit kommt ein weiterer Aspekt in die Auseinandersetzung um eine Gegenstandsbestimmung von Erziehung hinein: das Verhältnis der Erziehenden zu den zu Erziehenden, was Oelkers als asymmetrisch bezeichnete. Zugleich ist damit eine der grundsätzlichen Legitimationsproblematiken von Erziehung verbunden.

2.1.6 Erziehung – ein asymmetrisches Verhältnis

Kobi (2005) weist in seiner Beschreibung von Erziehung auf einige Aspekte hin, denen man als professionell erziehende Person durchaus zustimmen mag. Sein Erziehungsbegriff setzt an der Vorstellung davon an, dass Erziehung grundsätzlich zu einer „Verbesserung, Vervollkommnung und Werterhöhung" (ebd., 72) führen müsse, womit einmal mehr deutlich wird, dass Erziehung sich dadurch auszeichnet, dass sie an Ziele gebunden ist. Diese Ziele sind nicht objektivierbar, sondern wertorientiert am Individuum ausgerichtet.

„Erziehung ist eine entschiedene, wertbestimmte und wertvermittelnde (mediale) Haltung, innerhalb und bezüglich menschlicher Lebensverhältnisse. Erziehung ist wertorientierte, sinngemäße Daseinsdeutung und -gestaltung. Erzogenheit findet ihren Ausdruck in interpersonal gestalteten Beziehungs-, Lebens- und Daseinsformen" (ebd.)

– ein Anspruch, der besonders für die Pädagogik bei Verhaltensstörungen relevant erscheint, bedenkt man, dass sie es in hohem Maße mit sozialen Förderbedarfen zu tun hat. Aus diesen Überlegungen heraus folgert Kobi logisch, dass Erziehung demnach „eine Haltung und keine spezifische Tätigkeit" (ebd., 73) sein müsse. Es geht ihm demnach nicht um die Vielfalt der Tätigkeiten und Mittel, mit denen sich erzieherisch wirken lässt, sondern vielmehr um eine subjektbezogene, wertbegründete Haltung, auf deren Grundlage sich das jeweilige Tun ereignet. Damit ist Reflexion über das eigene Tun in Bezug zur eingenommenen oder intendierten Haltung ein wesentliches Charakteristikum des Erziehungsgeschehens, worauf mit Benner bereits hingewiesen wurde. Für die Pädagogik bei Verhaltensstörungen wird dabei wichtig, dass eine so verstandene erzieherische Haltung dadurch charakterisiert ist, „dass sie persönliches Sein und Verhalten aufschließt, dem Anderen durchsichtig und nachvollziehbar macht" (ebd., 74). Dies erscheint besonders mit Blick auf Kinder und Jugendliche, die Willkür und Unüberschaubarkeit in ihrer familiären Erziehung ausgesetzt sind, zentral.

„Über diese erzieherische, auf das Miteinander ausgerichtete Haltung kann einem Kind ein Angebot gemacht werden; sie kann für ein Kind eine Herausforderung sein; sie kann ein Kind unter Zugzwang bringen und es in Schranken halten: Sie hält es jedoch in jedem Moment agil, d.h. handlungs- und geschäftsfähig im Rahmen seiner Daseinsgestaltungsmöglichkeiten" (ebd.).

Genau daher versteht Kobi den Erziehungsprozess dann als „gemeinsam vollzogenen Gestaltungsprozess und nicht als einseitiges Tun oder Erleiden" (ebd.). Erziehung behandelt nicht, so wie das beispielsweise therapeutische Prozesse charakterisiert, sondern sie verhandelt und handelt aus. Dort, wo sie gelingen soll, müsse sie „ein gegenseitiges Aushandeln von Gestaltungsmöglichkeiten" sein und „keine einseitige Durchsetzung von Machtansprüchen" (ebd., 76). Dies setzt so etwas wie Erziehungswilligkeit voraus, obgleich sich das Kind oft nicht gegen die natürlich gegebenen familiären und später institutionellen Formen der Erziehung wehren oder nur mit in massive Konflikte führenden Mitteln entziehen kann, die sich zumeist zum eigenen Schaden auswirken. Bei aller Anerkennung der Erziehungsbedürftigkeit eines Menschen stellt dies eine, wenn auch geringe, Einschränkung mit Blick auf die Gegenseitigkeit dar.

„Ein Erziehungsverhältnis beruht zwar nicht unbedingt auf einer ausdrücklichen und reflektierten Willensentscheidung, benötigt jedoch ein Minimum an Anteilnahme und Anteilnehmenlassen an der personalen Daseinsgestaltung und mithin an partnerschaftlicher Empathie und Aufmerksamkeit" (ebd., 77).

Man mag Kobi hier aus der Sicht auf Erziehung als Haltung beipflichten; mit Blick auf die Performanz-Probleme verhaltensauffälliger Kinder und Jugendlicher verkompliziert sich das Erziehungsgeschehen jedoch durchaus: So weiß die Pädagogik bei Verhaltensstörungen einerseits um Kinder und Jugendliche, denen es keinesfalls an Willen mangelt, sich auf Erziehungsprozesse einzulassen, denen aber beim besten Willen das Vermögen dazu fehlt, aus dem Wollen ein Können werden zu lassen. Darüber hinaus weiß sie aber auch um die biographischen Situationen von Kindern und Jugendlichen, die durchaus über das Vermögen verfügen, sich auf Erziehungsverhältnisse einzulassen, es aber nicht wollen, sich geradezu verbieten (müssen), weil sie durch biographische Erfahrungen lernen mussten, anderen nicht zu vertrauen (vgl. Müller 2017), sich auf Erwachsene nicht einzulassen und die Kontrolle über die eigene Daseinsgestaltung alleine in der Hand behalten zu wollen. Nicht zuletzt die Bindungstheorie (vgl. Bowlby 2008) macht ein solches Verhalten nachvollziehbar. Umgekehrt verhilft möglicherweise gerade mit Blick auf Kinder und Jugendliche mit diesen oder anderen Perfomanzproblematiken eine erzieherische Haltung wie die von Kobi ausgeführte dazu, nicht vorschnell auf scheinbar unwilliges, als ‚bockig' oder ‚trotzig' interpretiertes Verhalten ‚hereinzufallen', sondern sich diesem in größerer Handlungsoffenheit annähern zu können. Daher mag man Kobi auch aus Sicht der Pädagogik bei Verhaltensstörungen wiederum zustimmen, wenn er Erziehung als „themenzentrierte[n] Diskurs" und nicht als „gegenstandsbezogene Produktion" (Kobi 2005, 78) charakterisiert. Es geht eben nicht darum, dass Erziehung dazu führt, aus dem scheinbar unwilligen Kind ein williges Kind zu ‚machen', es dazu zu trainieren, sondern sich mit dem „gemeinsamen Thema der Daseinsgestaltung zwischen den Subjekten" (ebd.) zu befassen – und dies kann auch ein Nicht-Können oder ein Nicht-Wollen sein. Daher lässt sich

> „diese Thematik als Praxis und der Pädagogik als Theorie und Deutungsmuster (…) unter den Begriffen
> - Interesse, verstanden als Seins-Modus
> - Dialektik, verstanden als Betrachtungs-Modus
> - Dialogik, verstanden als Umgangs-Modus fassen" (ebd.).

Eine derart aufgefasstes und praktiziertes Erziehungsgeschehen führt in Folge zu einem „bilateralen Beziehungswandel und erfüllt sich nicht nur in kindseitiger Verhaltensänderung" (ebd., 86), was insbesondere für die Pädagogik bei Verhaltensstörungen wichtig erscheint. Nicht jede Verhaltensänderung, die Kinder und Jugendliche an den Tag legen, entspricht den erzieherischen Intentionen und erfordert daher nicht nur die Reflexion seitens der Erziehenden, sondern eben auch deren Verhaltensveränderungen. Darüber erschließt sich auch ein Erziehungsverständnis für die Pädagogik bei Verhaltensstörungen, dem es nicht nur um Grenzsetzung, Konsequenzen, Lob und Strafe, Tadel und Ermahnung, Konfliktlösung und Anpassung geht, sondern auch um Erfahrungs- und Erprobungsräume für Verhaltensveränderungen, um das Hervorbringen kreativer Potentiale und die Kultivierung eines eigenen Willens als Ausdruck personaler Freiheit.

> „Erziehung gründet in einer intersubjektiven Beziehung, innerhalb derer eine wertorientierte Handlungsfähigkeit zu einer als sinnvoll erachteten Form der Lebensbewältigung und Daseinsgestaltung erworben und vermittelt wird. Erziehung ist ein psychosoziales Arrangement, in welchem ein verbindendes Muster, eine Textur, zur gemeinsamen Daseinsgestaltung gesucht wird" (ebd., 92).

Die Charakteristik des Erziehungsprozesses als eines grundsätzlich asymmetrischen ist damit jedoch keinesfalls aufgehoben. Worin besteht die Asymmetrie im Erziehungsprozess und warum ist dies besonders für die Pädagogik bei Verhaltensstörungen relevant?

Oelkers (2001) meint, dass nur dann berechtigt die Rede von Erziehung sein könne, wenn

- „ein begründetes Defizit vorliegt,
- Möglichkeiten der Beseitigung des Defizits vorhanden sind,
- Diese Möglichkeiten durch Dritte angeboten werden,
- Eine Pauschalisierung des Defizits vermieden wird,
- frühere Irrtümer im Erziehungsangebot erkannt und bearbeitet werden konnten,
- die Defizitbearbeitung zeitlich befristet erfolgt und
- Resultatkontrollen möglich sind" (ebd., 267).

Das, was Oelkers hier als Defizit bezeichnet und sich bei Benner in ähnlicher Gedankenführung (1980) als „Imperfektheit des Menschen" beschrieben findet, zielt darauf ab, dass sich Erziehung legitimiert, weil der Mensch im Hinblick auf seine Entwicklung als Person aber auch seine Sozialisation im Gegensatz zu allen anderen Lebewesen auf Erziehung angewiesen ist. Er findet sich nicht sofort zurecht, kommt nicht ohne Unterstützung anderer aus und benötigt Orientierung, Anleitung und Erprobungsräume, um sich als Person aber eben auch als Teil von Gemeinschaft entwickeln und entfalten zu können. Eine Asymmetrie im Erziehungsgeschehen ist demnach immer vorhanden, weil einerseits der zu erziehende Mensch von Natur aus ‚Defizite' in spezifischer Hinsicht aufweist, andererseits die zu Erziehenden älter sind, mehr Lebenserfahrung aufzuweisen haben, ihnen ein größerer Überblick über das Leben unterstellt wird, ebenso wie Orientierungswissen und die Fähigkeit, Strukturen zum Aufwachsen und zur Entfaltung der zu Erziehenden anbieten zu können. Hinzu kommt, dass sie zumeist auch die Mächtigeren im Erziehungsprozess sind: in Konflikten können sie sich leichter entziehen oder diese regulieren, als dies den zu Erziehenden möglich ist. In der professionellen Erziehung, die zumeist an Institutionen gebunden ist, verstärkt sich dieser Machtaspekt durch die Charakteristika von Institutionen noch und muss stets kritisch reflektiert werden (vgl. Goffman 1994). Konfliktbeladene, erschwerte Erziehungssituationen im Feld der Pädagogik bei Verhaltensstörungen sind oft dadurch gekennzeichnet, dass sich dieses asymmetrische Verhältnis so nicht abbildet und sich Machtrollen sogar umkehren: zumeist, weil Eltern dem für Erziehung anscheinend notwendigen Machtgefälle nicht gerecht werden können: psychische Belastungen und Erkrankungen, eigene Erziehungserfahrungen, aber auch der Bildungsstand und das Reflexionsvermögen können hier als ursächlich angesehen werden, ohne dass damit ein moralisches Urteil über die betroffenen Familien gefällt würde. Anerkennt man die Notwendigkeit der Erziehung von Kindern und Jugendlichen, so lässt sich auch die Gefahr legitimieren, dass es durch das im Erziehungsprozess gegebene Machtgefälle zu Überschreitungen kommt: Die Geschichte der institutionellen, aber auch der familiären Erziehung ist voll von „Unfällen der Erziehung" (Ertle, Möckel 1981), in denen Macht miss-

braucht wurde und Kinder und Jugendliche nicht zur Autonomie geführt wurden, sondern Demütigung und Beschämung ihr Aufwachsen bestimmte. Dies bringt die Erziehung in ein Dilemma: einerseits scheint sie existentiell nötig zu sein und zu ihrem Gelingen ein asymmetrisches Verhältnis wesentlich beizutragen, andererseits läuft sie permanent Gefahr, über dieses asymmetrische Verhältnis Kinder und Jugendliche nachhaltig zu gefährden. Was legitimiert Erziehung dann?
Es ist wohl einzig und allein die Tatsache, dass Erziehungsziele so begründet, angestrebt und in ihren Erreichensprozessen so reflektiert werden, dass die Antizipation von Symmetrie (vgl. Zirfas 1999) gerechtfertigt erscheint. Gelingt Erziehung, so die Erwartung, löst sich das asymmetrische Verhältnis nach und nach auf und wird in ein symmetrisches überführt, welches sich durch Verantwortung für sich und das eigene Leben, aber auch für die Menschen, mit denen man in Gemeinschaften und als Gesellschaft lebt, auszeichnet. Dies ist es, was Speck (1997) meint, wenn er davon spricht, Kinder aus dem unverschuldeten „Chaos zu Autonomie" zu führen. Und dies meint Kobi (2005), wenn er den Erziehungsprozess als „gemeinsame Daseinsgestaltung" charakterisiert. Es geht ihm nicht darum, die notwendige Asymmetrie zugunsten sozialromantischer Erziehungsphantasien zu leugnen, sondern die Antizipation von Symmetrie in einem asymmetrischen Erziehungsverhältnis bringt ihn dazu, Charakteristika zu formulieren, die den Erziehungsprozess leiten könnten, um die Antizipation in Realität zu überführen: Dazu darf Erziehung dann eben kein einseitiges Tun oder Erleiden darstellen, sondern muss sich um eine gemeinsame Daseinsgestaltung mühen. Ob ein gegenseitiges Aushandeln dabei immer förderlich ist, wäre jedoch kritisch zu reflektieren, betrachtet man die Notwendigkeit des asymmetrischen Verhältnisses im Sinne von Orientierungswissen und Lebensüberblick im Hinblick auf Kinder und Jugendliche aus ‚ungeordneten' Lebensumständen.
Die Pädagogik bei Verhaltensstörungen hat es aber nicht nur mit der für jede pädagogische Teildisziplin geltenden und notwendigen Auseinandersetzung mit Asymmetrie im Erziehungsprozess zu tun, sondern im Besonderen mit Kindern und Jugendlichen, die des Öfteren aus Erziehungsmilieus und Familien zu kommen scheinen, in denen wenig bis nichts darauf hindeutet, dass das asymmetrische Verhältnis, das zwischen schutzbedürftigem und auf Fürsorge angewiesenem Kind und entsprechend verantwortlichen Eltern(teilen) besteht, darauf angelegt ist, sich in ein symmetrisches Beziehungsgefüge zu verwandeln. Ganz im Gegenteil: Ohnmachtsgefühle und -erleben am unteren Ende einer familiär-biographischen Asymmetrieachse scheinen die Realität zu sein.
Eine dritte Asymmetrieachse wurde bereits angedeutet und ließe sich im Zusammenhang mit professioneller und zumeist institutionell organisierter Erziehung ausmachen. Die Totalität von Institutionen und ihre Wirkungen auf Betroffene sind hinreichend bekannt, beschrieben und durch die Geschichte vielfältig negativ belegt (vgl. Goffman 1973; Göbel 2012). Auch wenn die Pädagogik bei

Verhaltensstörungen weit davon entfernt ist, eine eigene Theorie der Erziehung zu entwerfen und begründet zu vertreten, so lässt sich damit dennoch ein mögliches Spezifikum ausmachen: sie hat mehr denn andere pädagogische Teildisziplinen drei Asymmetrieachsen zu berücksichtigen – die im Erziehungsprozess als solchem enthaltene, jene, welche aus der biographischen Erfahrungen resultiert und sich manifestiert und die, welche in der institutionell organisierten Erziehung begründet liegt. Im Zusammenwirken dieser drei Asymmetrien wird Erziehung als Herausforderung über konkrete, individuell-situative Erziehungsschwierigkeiten hinaus deutlich. Damit muss sich die Pädagogik bei Verhaltensstörungen möglicherweise mehr als andere pädagogische Teildisziplinen mit der Frage der Legitimierung von Erziehung auseinandersetzen: ist es zu verantworten, dass Kinder und Jugendliche, die aufgrund ihrer biographischen Erfahrungen oft schon am untersten Ende einer Beziehungsachse stehen und sich ohnmächtig fühlen, sich auf institutionelle Erziehung und die darin enthaltene zweifach Asymmetrie einlassen sollen oder liegt genau darin eine begründete Notwendigkeit und die ausgesprochene Verantwortung der Pädagogik bei Verhaltensstörungen in der Gestaltung von Erziehungsprozessen?

Umgekehrt könnte gerade die Pädagogik bei Verhaltensstörungen mit der von Oelkers vorgenommenen Beschreibung des Defizitären in der Erziehung Schwierigkeiten haben: Wo von „Chaos" (Speck 1997), Ohnmacht und Asymmetrie die Rede ist, da scheinen auch defizitäre Beschreibungen kindlicher Individualität oft nicht weit, auch wenn es bisweilen mehr die Umstände sind, in denen betroffene Kinder und Jugendliche aufwachsen, die so charakterisiert werden könnten, als die Kinder selbst. Zudem ließen sich und wurden solche Beschreibungen auch missbraucht, um so genannte Erziehungspraktiken zu legitimieren, unter denen nicht nur verhaltensauffällige Kinder und Jugendliche zu leiden hatten – sei es das ‚gut erzogene deutsche' Kind während der Zeit des Nationalsozialismus oder auch das ‚sozialistisch vorbildliche' Kind während der Zeit der DDR. Scheinbare Defizite lassen sich aufgrund der gegebenen Asymmetrie leider jederzeit willkürlich und von verschiedenen Perspektiven und Intention her vordergründig belegen und daher auch entsprechende Praktiken rechtfertigen: seien es die Jugendlichenkonzentrationslager oder seien es Jugendwerkhöfe. Doch das Objekt der Erziehung ist eben auch zugleich das Subjekt. Und das Subjekt-Sein schließt deutlich mehr ein, als defizitärer Empfänger von Erziehung am tieferen Ende der Symmetrie-Asymmetriewaage zu sein.

Dennoch oder vielleicht auch gerade deswegen hat sich die Sonderpädagogik in den letzten Jahren die Rede von Defiziten verboten und den Blick auf Ressourcen und Stärken von Kindern zu richten versucht. Aber: Im Zusammenhang mit Erziehung ist hier eine grundlegend anthropologische „Imperfektheit" (Benner 1980) des Menschen gemeint, die mit individuellen Stärken und Schwächen zunächst gar nichts zu tun hat. Allerdings können spezifische Lebensumstände und biographische Erfahrungen Erziehung als Prozess, den Menschen aus Imperfektheit oder Chaos heraus zu führen hin zu Autonomie und Mündigkeit, deutlich erschweren oder herausfordern. Hier hat die Pädagogik bei Verhaltensstörungen sicher auch eine Verantwortung, diese Umstände zu erkennen und zu benennen, will sie ihrem Erziehungsauftrag im Sinne von Kindern und Jugendlichen gerecht werden.

Literatur

Baier, C., Strobl, C. & Müller, T. (2016): „Hier kommste nicht raus". Geschlossener Jugendwerkhof Torgau: Endpunkt erzieherischer Willkür der SED gegenüber verhaltensabweichenden Jugendlichen. Hohengehren

Benner, D. (1980): Das Theorie-Praxis-Problem in der Erziehungswissenschaft und die Frage nach Prinzipien pädagogischen Denkens und Handelns. In: Zeitschrift für Pädagogik, Vol. 26, Nr. 4, 485-497

Böhm, W. (1985): Theorie und Praxis. Würzburg

Bollnow, O. F. (1959): Existenzphilosophie und Pädagogik. Stuttgart

Bowlby, J. (2008): Bindung als sichere Basis. München

Brezinka, W. (1990): Grundbegriffe der Erziehungswissenschaft. München

Bueb, B. (2008): Lob der Disziplin. Berlin

Burghardt, D., Dziabel, H., Höhne, T. et al. (2017): Vulnerabilität. Pädagogische Herausforderungen. Stuttgart

Dewey, J., Schreier, H. (1994): Erziehung durch und für Erfahrung: (Theoriegeschichtliche Quellen zur Pädagogik). Stuttgart

Ertle, Ch., Möckel, A. (1981): Fälle und Unfälle der Erziehung. Stuttgart

Goffman, E. (1973): Asyle. Über die soziale Situation psychiatrischer Patienten und anderer Insassen. Frankfurt a. M.

Goffman, E. (1994): Stigma. Über Techniken der Bewältigung beschädigter Identität. Frankfurt a. M.

Göbel, F. (2012): Die stationäre Behindertenarbeit: Begriffe, Vergleiche, Ausblicke. Saarbrücken

Göppel, R. (1989): „Der Friederich, der Friederich...". Das Bild des erziehungsschwierigen Kindes im 19. und 20. Jahrhundert. Würzburg

Gröschke, D. (1997): Praxiskonzepte der Heilpädagogik: anthropologische, ethische und pragmatische Dimensionen. Göttingen

Gröschke, D. (2002): Leiblichkeit, Interpersonalität und Verantwortung – Perspektiven der Heilpädagogik. In: Schnell, M. (Hrsg.): Pflege und Philosophie. Bern u.a., 81-108

Herbart, J.-F. (1835): Umriss pädagogischer Vorlesungen. Göttingen

Kobi, E. (2005): Grundfragen der Heilpädagogik. Eine Einführung in heilpädagogisches Denken. Bern

Kohlberg, J. (1987): Moralische Entwicklung und demokratische Erziehung. In: Lind, G., Raschert, J. (Hrsg.): Eine Auseinandersetzung mit L. Kohlberg. Weinheim, Basel

Lévinas, E. (2005): Humanismus des anderen Menschen. Hamburg

Mollenhauer, K. (1982): Theorien zum Erziehungsprozeß. München

Müller, T. (2014): Sonderschule für Erziehungshilfe. In: Wember, Franz, Stein, Roland, Heimlich, Ulrich (Hrsg.): Handlexikon Lernschwierigkeiten und Verhaltensstörungen. Stuttgart. 224-226

Müller, T. (2017): „Ich kann niemandem mehr vertrauen." Konzepte von Vertrauen und ihre Relevanz für die Pädagogik bei Verhaltensstörungen. Bad Heilbrunn

Oelkers, J. (2001): Einführung in die Theorie der Erziehung. Weinheim, Basel

Piaget, J. (1986): Das moralische Urteil beim Kinde. München

Schwarte, J. (2002): Der werdende Mensch. Persönlichkeitsentwicklung und Gesellschaft heute. Wiesbaden

Speck, O. (1987): Konzepte und Organisationsformen sonderpädagogischer Hilfe im Bildungssystem – Rückblick und zukünftige Entwicklung. In: Sonderpädagogik heute – Bewährtes und Neues. Referate des Sonderpädagogischen Forums Berlin. Fachtagung vom 23. bis 25. November 1987. Berlin, 11-30

Speck, O. (1996): Erziehung und Achtung vor dem Anderen. Zur moralischen Dimension der Erziehung. München

Speck. O. (1997): Chaos und Autonomie in der Erziehung. München

Stein, R., Müller, T. (2015): Verhaltensstörungen und emotional-soziale Entwicklung: zum Gegenstand. In. Stein, R., Müller, T. (Hrsg.): Inklusion im Förderschwerpunkt emotional-soziale Entwicklung. Stuttgart. 16-31

Zirfas, J. (1999): Die Lehre der Ethik. Zur moralischen Begründung pädagogischen Denkens und Handelns. Weinheim

Roland Stein

2.2 Erziehung und Fragen der Moralität

2.2.1 Einleitung

Im Rahmen der Diskussion um Erziehung kommen Fragen der Moralität erstaunlich wenig zur Sprache. Gerade die jüngere (sonder-)pädagogische Auseinandersetzung um ‚Evidenzbasierung' auch in Erziehungs- und Bildungskontexten, in deren Rahmen intensiv an Förderprogrammen und wissenschaftlich evaluierten Trainings gearbeitet wird, lässt diesen Aspekt fast durchweg vermissen: Allzu schnell geht es um Kompetenzen, deren mangelnde Ausprägung und deren Förderung. Erziehung, Erziehungsschwierigkeiten und der Umgang mit (massiven) Verhaltensauffälligkeiten scheinen zu einem reinen Kompetenzproblem zu werden, zu einer Frage der Förderung entwicklungsbedürftiger Kompetenzen. Moralität scheint sich diesem Kompetenzverständnis zu entziehen, sie wird entweder negiert oder aber vorausgesetzt.

Dabei stellen sich durchaus, direkt bezogen auf das Thema, zwei Fragen:

- zum einen die Frage der Voraussetzungen ‚im Individuum' dahingehend, ob es hier nur um Kompetenzen und Fertigkeiten gehe und welche Rolle darüber hinaus Einstellungen, Werte und intern aufgebaute Leitlinien des eigenen Handelns einnehmen – und
- zum anderen die Frage der Unterscheidung dieses ‚im Individuum' Verfügbaren sowie seiner Realisierung in konkreten (sozialen) Handlungsbezügen.

Die Annäherung an diese Frage kann sich insbesondere an zwei Quellen orientieren: an der Auseinandersetzung mit Fragen der Werteerziehung und der Moralität selbst – sowie an Fragen der Diskussion solcher Fragestellung in Pädagogik und Sonderpädagogik, insbesondere in der Disziplin Pädagogik bei Verhaltensstörungen. Wird man im erstgenannten Bereich, der Auseinandersetzung mit Werteerziehung und Moralität selbst, noch reichhaltig fündig – insbesondere aus der Tradition der Arbeiten um Lawrence Kohlberg heraus, seinen Nachfolgern (vgl. etwa Lind 2015), aber auch von der Auseinandersetzung mit Werteerziehung her (vgl. etwa Zierer 2010, 2013; Fellmann 2000) – so findet sich für den zweiten Quellenbereich der Diskussion im Fach eher weniger; besonders in die Aufmerksamkeit treten dabei Arbeiten von Speck (1991; 1996), die sich sehr direkt mit dieser Thematik beschäftigen (indirekter auch Ahrbeck 2004).

Allzu schnell gerät man dabei – ganz analog zu den Trends der ‚evidenzbasierten Förderprogramme' – wiederum in eine Engführung: den Blick auf Fragen der Entwicklung und der Förderung von Kindern und Jugendlichen. Eine solche

Engführung soll hier vermieden werden, denn so würde zu wenig bedacht, woher mögliche Probleme der moralischen Orientierung und des moralischen Handelns entstammen: Kinder und Jugendliche wachsen unter bestimmten gesellschaftlichen Bedingungen auf, und konkreter entwickeln sie sich in wechselseitiger erzieherischer Interaktion mit Eltern und in den Familien, die wiederum Teil gesellschaftlicher Strukturen und Systeme sind.

Insofern ergeben sich, die Engführung vermeidend, vier Perspektiven auf Moralität:

- die Perspektive der Gesellschaft, der Rolle von Moralität, von moralischen Kriterien, moralischen Überlegungen und moralischem Handeln in der Gesellschaft;
- der Blick auf die Erwachsenen und insbesondere die Eltern – einerseits eingewoben in gesellschaftliche Bedingungen und Bezüge, zugleich andererseits primäre Erziehungspersonen für Kinder und Jugendliche;
- die Perspektive der Kinder und Jugendlichen, wiederum eingebettet in das Aufwachsen unter bestimmten gesellschaftlichen Bedingungen und in bestimmen Erziehungsumständen, zugleich als Selbstgestalter ihrer Welt und ihrer Entwicklung, damit auch ihres eigenen Umganges mit Fragen der Moralität;
- schließlich auch die pädagogisch relevanten Institutionen als professioneller Rahmen von Erziehung, mit Blick auf ihre Verantwortung, ihre Möglichkeiten und Grenzen, einschließlich des professionellen Personals und Fragen des Modell- und Vorbildcharakters.

Diese vier Perspektiven sollen im Folgenden nicht systematisch ‚abgearbeitet' werden, sondern den gedanklichen Hintergrund zu Überlegungen hinsichtlich Moralität und diese berücksichtigendem, insbesondere professionellem erzieherischem Handeln darstellen. Es sind Perspektiven, die den Horizont des Themas zu öffnen helfen.

2.2.2 Erziehung und Moralität: das Szenario

Aus einer „neuen Unübersichtlichkeit" (Habermas 1985) hat sich eine gesellschaftliche Situation entwickelt, die hochkomplex ist und zudem von großer Dynamik gekennzeichnet, für Individuen zunehmend schwer zu durchschauen und im Hinblick auf Zukunftsentwicklung noch schwerer ‚berechenbar'. Im Hinblick auf die Frage der Erziehung von Kindern zeichnete dies Ahrbeck (vgl. 2004, 127ff.) bereits vor eineinhalb Jahrzehnten nach; gut zehn Jahre früher diskutierte bereits Speck (1991, 47ff.) soziale Entkoppelungsprozesse, gesellschaftliche Zwänge, Lockerung und Segmentierung von Lebensordnungen, familiäre Entkoppelungen, disparate Normensysteme sowie auch Phänomene einer subkulturellen Verwilderung. Speck (1996, 19) konstatierte eine „Verflüchtigung der moralischen Dimension" – und eine Auseinandersetzung mit den von ihm hierunter gefassten Aspekten lässt nicht den Eindruck einer ‚fernen Zeit' vor gut zwei Jahrzehnten aufkommen. Zentrale Bedingungsfelder, die beide beschreiben, gelten auch heute noch, haben sich aber ausdifferenziert und verstärkt – und müssen durch Aspekte ergänzt werden, die vor 15 oder 25 Jahren kaum voraussehbar waren: Im Vordergrund gesellschaftlicher Verunsicherungen und problematischer Prozesse, die alle betreffen, manche Gruppen allerdings stärker als andere, stehen als ‚große gesellschaftliche Prozesse'

- die zunehmende Dominanz einer unbeschränkten und globalisierten Marktwirtschaft bzw. eines dementsprechenden neoliberal und kapitalistisch orientierten Systems,
- die Unsicherheit der Arbeits- und Beschäftigungsverhältnisse mit entsprechenden Ängsten bis in die gesellschaftliche Mitte hinein,
- eine große Wertepluralität und zugleich eine Erosion der wertbezogenen Bindungen,
- die Kollateralschäden der fortgeschrittenen und weiter fortschreitenden Digitalisierung von „Blasen" sozialer Interaktion, virtuellen Welten, stetiger Zunahme der Schnelligkeit von (kommunikativen) gesellschaftlichen Prozessen.

Hinzugedacht oder auch vertieft gedacht werden müssen solche Aspekte dieser gesellschaftlichen Dynamik, welche eine direkte Verbindung zu Fragen von Moralität aufweisen, zu Werten und ihrer Vermittlung. Hier lässt sich durchaus eine Erosion feststellen: eine Erosion der Glaubenssysteme und der großen Kirchen, ein Verlust von klassischen Autoritäten in Politik, Wirtschaft, Schule, ein Auseinanderfallen der Gesellschaft in Teilgruppen, darunter auch einer zunehmenden Gruppe der ‚Abgehängten' und entsprechenden Ängsten derer, die sich knapp darüber halten, einer Gesellschaft, die genährt ist von der Allverfügbarkeit und Unübersichtlichkeit von Informationen in internationaler Vernetzung, von Unsicherheiten im Hinblick auf Wahrheit im Rahmen von ‚fake news', social media sowie den oben schon angesprochenen, zunehmend sich herausbildenden ‚Netzwerkblasen', in denen Menschen das bekommen, was ohnedies zu ihnen passt (unsere Apps fragen dies unverdrossen ab) und in zunehmend geschlossenen sozialen Gruppen kommunizieren. Es entstehen kurzfristige, aber extrem oszillierende Stürme der Aufgeregtheit, die einen permanenten Wechsel aufweisen.

Man mag dieser Skizze vorwerfen, ein ‚Horrorszenario' zu entwickeln, und nach wie vor gilt, dass die Menschen gerade in Deutschland in einer sehr freien Gesellschaft leben, die prosperiert wie kaum zuvor, hohe Bildungsstandards entwickelt hat und auch im Rahmen ihrer wirtschaftlichen und technischen Entwicklung Befreiungspotenziale enthält. Das gilt, aber ebenso ist nicht übersehbar, dass all dies von den oben skizzierten Prozessen überschattet wird, durchaus auch zunehmend.

All diesen Unsicherheiten und großen Dynamiken stellt Ahrbeck (2004, 140) ein „grundlegendes menschliches Bedürfnis nach Kontinuität" gegenüber. Er erörtert ein „Ende der Erziehung?" (ebd., 137ff.) und klagt in der Folge ein neues, klares Verständnis des Bedürfnisses nach und der Notwendigkeit von Erziehung und einer Übernahme einer entschiedenen Erzieherrolle ein. Auch Speck (1991; 1996) fokussierte etwa ein Jahrzehnt zuvor die zentrale Funktion von Erziehung angesichts all der angedeuteten Prozesse – und ein Neudenken von Erziehung zugleich. Im Vordergrund steht bei ihm der Gedanke der Achtung vor dem anderen (Speck 1996). In beiden Entwürfen erscheinen Fragen der Moralität als zentrale Dimensionen.

Etwas ermutigen mag die Forschung zu Wertorientierungen in der Jugend, wie sie etwa die Shell-Jugendstudien seit Jahrzehnten regelmäßig untersuchen. Gensicke (2015) ermittelt hier als dominante Wertorientierungen bei 12- bis 25-Jährigen, in der Reihenfolge ihrer Bedeutung, folgende zwölf dominante Orientierungen: gute Freunde haben, die einen anerkennen; einen Partner haben, dem man vertrauen kann; ein gutes Familienleben führen; eigenverantwortlich leben und handeln; viele Kontakte zu anderen Menschen haben; von anderen Menschen unabhängig sein; fleißig und ehrgeizig sein; Gesetz und Ordnung respektieren; seine Phantasie und Kreativität entwickeln; nach Sicherheit streben; das Leben in vollen Zügen genießen; gesundheitsbewusst leben (vgl. ebd., 239). Fasst man dies zusammen, dann steht deutlich vorne eine enge Orientierung am sozialen Nahraum, Autonomie, Fleiß und Ehrgeiz, die Ausrichtung an Recht und Gesetz sowie eine Fokussierung auf sich selbst, auf Genuss und Gesundheit. Auch wenn die Autoren der Studie dies positiv bewerten, erscheint hier ganz vorne in der Hierarchie kaum eine Orientierung an grundlegenden moralischen Werten, wie sie etwa das (unter 2.2.4 diskutierte) Entwicklungsmodell von Kohlberg auf den Stufen 5 und 6 fasst. Diese Aspekte folgen allerdings – durchaus – in der Hierarchie mit geringeren Bewertungen weiter unten: Umweltbewusstsein, Hilfe für gesellschaftliche Randgruppen, Toleranz für andere Meinungen, an Gott glauben, politisches Engagement. Gerade die beiden letztgenannten Orientierungen beurteilt nur ein Drittel als „wichtig" (vgl. ebd., 243). Eine Tendenz zum sozialen Nahraum ist deutlich erkennbar: „Die Shell Jugendstudien haben gezeigt, wie dieser soziale Nahraum von der Jugend in Zeiten des wirtschaftlichen und sozialen Drucks auch als ein schützendes Nest empfunden wurden" (ebd., 240). Infrage steht, inwiefern dieses schützende Nest wirklich Schutz bietet oder eine Illusion und eine Einigelung gegenüber äußeren Prozessen bedeutet, welche früher oder später auch diese Naräume direkt betreffen werden.

2.2.3 Die konzeptionelle Basis: Moral – Ethik – Tugend – Normen – Werte

Wie sind Orientierungen, die eine Art Moralität ausmachen, in einen konzeptionellen Gesamtkontext zu stellen? Während unter Ethik die wissenschaftliche, insbesondere philosophische, Auseinandersetzung mit Fragen der Moral verstanden wird – es handelt sich ja auch um eine Subdisziplin der Philosophie –, kann man als Moral die normativen Leitlinien eines Individuums sehen, auch im Sinne einer Art Leitfaden für die Gestaltung des eigenen Lebens (vgl. Bayertz 2004, 34). Allerdings stehen hinter dieser individuellen Orientierung auch gesellschaftliche Priorisierungen, und so sieht Hurna (2017) wiederum Moral als gesellschaftliches Ordnungssystem.

Es werden zwei Formen moralischer Urteile unterschieden: Pflichten (in dem Sinne, was man tun sollte) sowie Handlungsziele (in dem Sinne, was gut oder erstrebenswert sei) (vgl. Hügli, Lübcke 1997, 190). Wichtige Bedingungen moralischer Urteile sind ihre Begründetheit (im Sinne von Argumentation und Legitimation) sowie ihre Systematisierung (im Sinne eines reflektierten und konsistenten Gesamtzusammenhanges, der möglichst widerspruchsfrei ist, was zugleich die Problematik von Dilemma deutlich macht).

Fragen der Ethik beziehen sich auf die ‚richtige' Moral, ihre Begründung sowie auf die Abgrenzung moralischer von nicht-moralischen Phänomenen. Umstritten ist dabei, inwiefern normativ Moralität vorgeschrieben werden dürfe und welches Verhältnis zwischen inneren Pflichten (‚Gesinnung') einerseits sowie der Berücksichtigung der Folgen des Handelns andererseits bestehe. Dabei werden teilweise Ethik und Moral auch synonym gesetzt (vgl. Hügli, Lübcke 1998, 189ff.).

Parameter moralischer Orientierungen sind zum einen Normen, zum anderen Werte. Standop (2005) sieht Normen als Verhaltenserwartungen, Werte hingegen als dahinterstehende Orientierungen. Dabei unterscheidet sie zwei Arten von Werten: Güterwerte (als Werteigenschaft eines Gutes für ein wertendes Individuum) – sowie Orientierungswerte (im Sinne von Idealen oder Leitbegriffen) (vgl. ebd., 13). Werte basieren auf „Wertungen" (Riedel, Seubert 2015, 145). Wiater 2010 (7) sieht Werte als „Ideen oder Objekte (...), die motivierende und normierende Qualität haben". Insofern stünden Werte hinter der Etablierung von Normen; zugleich werden Normen aber auch auf anderem Wege generiert, beispielsweise statistisch: ‚normal' wäre dann das, was besonders häufig auftritt. Im Hinblick auf moralische Fragen können solche Kriterien allerdings nicht ausreichen und erweisen sich teilweise sogar als problematisch, indem sie sich gegen wertorientierte Kriterien von Normen sperren und zu diesen widersprüchlich sein können: etwa, wenn eine Mehrheit von Menschen die Finanzbehörden betrügt oder sich im Straßenverkehr gefährdend verhalten würde.

Normative Leitlinien können zugleich singulär betrachtet werden, stehen jedoch im Hinblick auf Herausforderungen wie Systematisierung oder Widerspruchsfreiheit fast notwendig in einem Gesamtzusammenhang. Dieser kann als „Gewissen" eines Menschen bezeichnet werden. Dabei unterscheidet sich das „Gewissen" durchaus vom „Wissen" (Riedel, Seubert 2015, 133).

Zugleich tugend- und prinzipienethisch argumentiert sind

> „Tugenden (...) aus der Sicht der Prinzipienethik die motivationale Schnittstelle zwischen Prinzipien und Handlungen, zwischen dem Erkennen des Rechten und der Be-

reitschaft, in Übereinstimmung mit diesen Prinzipien zu handeln (...) Tugenden disponieren die Menschen dazu, sich so zu verhalten, wie es die Prinzipien des Rechten vorschreiben" (Pauer-Studer 2015, 82).

Das jeweilige Ethos harrt der Realisierung; dies ist keine zwingende Notwendigkeit, aber eine naheliegende Möglichkeit: „(...) das Sein des Ethos nennen wir Leben (bios). Leben aber vollzieht sich als Praxis, es ist durch Handeln bestimmt" (Riedel, Seubert 2015, 132). Dies wird noch zu diskutieren sein als die Frage des „moralisch" orientierten Urteilens einerseits und Handelns andererseits.

Inhaltliche Werte und Wertorientierungen sowie damit auch Moralität erweisen sich als deutlich kulturell geprägt. Darauf macht beispielsweise Miller (2000) in ihrem kulturvergleichenden Ansatz aufmerksam. Sie vertritt die These, dass westliche Kulturen mit ihrer individualistischen Orientierung auch entsprechend stärker individuumzentrierte Moralvorstellungen transportieren – östliche Kulturen mit vernetzt gesehenen und geprägten Selbstkonzepten hingegen stärker pflichtbasierte moralische Orientierungen.

Aber was könnten und sollten solche inhaltlichen Orientierungen in der heutigen Welt sein; was findet sich für unsere Kultur an Wesentlichem in der ‚Verpackung', auf der ‚Werte' steht? Dies ist in einer zunehmend multikulturellen Gesellschaft nicht einfach bestimmbar. Speck (1991) skizziert diesbezüglich, religions- und kulturübergreifend, wichtige zentrale inhaltliche Werte:

> „Die heute am stärksten wirksamen und weithin anerkannten normativen Inhalte beziehen sich auf die Lebenssicherung auf der Erde, auf das ökologische Überleben, auf den Ausgleich der Differenzen der ökonomischen Lebensbedingungen, auf die Humanisierung des Zusammenlebens, auf die gegenseitige Anerkennung autonomer, also unterschiedlicher Lebenssysteme und Weltanschauungen, und auf mehr Verständigung und die Erhaltung des Friedens" (ebd., 157).

Mit Blick auf die globale Situation im Jahr 2018 könnte man dies kaum besser zusammenfassen. Respekt gegenüber dem Leben, gegenüber dem Anderen sowie eine demokratische Grundorientierung bilden dabei Eckpunkte. Dabei ist demokratische Orientierung weder mit dem unbedingten Recht der Mehrheit noch mit dem unbedingten Recht der Minderheit zu übersetzen, sondern als Aushandlungsprozess, der möglichst alle berücksichtigt und mitnimmt.

2.2.4 Zur Theorie der Moralentwicklung sowie des moralischen Urteilens und Handelns

Vor Beleuchtung des Zusammenhanges zwischen Moral und Moralität einerseits und Erziehung andererseits stellt sich die Frage, wie moralisches Denken und Handeln, wie die Orientierung an Werten und wie sich die Gewissensbildung überhaupt beim Menschen entwickelt. Diese Frage soll nun betrachtet werden.

Grundlegende Gedanken
Die Entwicklung des moralischen Bewusstseins vollzieht sich in Bedingungsfeldern. Dies sind zunächst, entwicklungspsychologisch betrachtet, private Räume, insbesondere die elterliche Erziehung. Es stellt sich dabei die Frage, inwiefern hier auch eine Moralerziehung stattfindet. Das ist je nach Elternhaus ganz unterschiedlich. Stein (2010) diskutiert dies – und nimmt zugleich einen wesentlichen weiteren Bedingungsbereich dieses privaten Nahraumes hinzu: die Wirkung der Peers, der Gruppe der (mehr oder weniger) Gleichaltrigen (vgl. ebd., 134f.) als den „heimlichen Miterziehern" (ebd., 128). Sie unterscheidet eine intentionale (direkte) sowie eine funktionale (indirekte) Werteerziehung. Für die Letztgenannte, mithin die indirekte Wirkung eines situativen ‚Settings', nennt sie entscheidende Faktoren, die zunächst insbesondere, jenseits der je spezifischen Frage direkt vermittelter Werte, auf die Entwicklung von Kindern wirken:

> „Als Hauptdeterminanten wirken auf Seiten des indirekten Werteerlebens die erfahrene Wärme im Umgang in Elternhaus und Schule sowie die Regeln und Forderungen, die an die jungen Menschen gestellt werden. Je wärmer das Interaktionsklima ist und je eindeutiger Regeln formuliert sind, desto besser ist die Möglichkeit von Wertefestigung und Werteerleben. Nach Jörg-Dieter Wächter bestehen in Elternhaus und Schule vier Elemente einer indirekten moralischen Erziehung, nämlich das Zulassen von Mitwirkung, die Vorbildfunktion von Eltern und Lehrkräften, die Sicherung einer stabilen Zugehörigkeit zur Familien- und Schulgemeinschaft sowie die Möglichkeit, Begegnungen in und außerhalb von Familie und Schule zu erfahren" (Stein 2010, 129).

Nachdem neben dem Elternhaus hier auch die Schule direkte Erwähnung findet, gilt es diese Faktoren auch zu bedenken, wenn über ein professionelles Setting wie eben etwa die Schule nachzudenken sein wird, auch über die Frage einer moralische Orientierung bietenden Lernkultur. Zugleich ergeben sich aus den hier genannten Bedingungsfaktoren, negativ gewendet, auch problematische Voraussetzungen, die zu mangelnder moralischer Orientierung oder zu Verhaltensauffälligkeiten und psychischen Problematiken führen können. Mangelnde Mitwirkung und geringe Anerkennung untereinander beschreibt auch die Schulklima-Forschung als problematische Faktoren („poor school climate"; Somersalo 2002), die mit psychischen Störungen ‚problematisch' korrelieren (Stein 2017, 70). Neben der indirekten kommt aber auch der direkten Werteerziehung in der Familie große Bedeutung zu, dabei auch den Erziehungsstilen und den Erziehungsmitteln (vgl. Stein 2010, 129ff.).
Stein (2010) verweist allerdings, neben dem Elternhaus, auf die wichtige Funktion der Gruppe der Gleichaltrigen, indem hier, im Unterschied zur Eltern-Kind-Beziehung, Interaktionen ‚auf Augenhöhe' erfolgen. Im Vergleich beider Sozialisationsbereiche arbeitet sie Für und Wider heraus:

"Aufgrund der grundsätzlichen Gleichberechtigung in Peergruppen sind diese Beziehungen zwar einerseits von der Option auf größere Autonomie gekennzeichnet, da sie anders als Familienbeziehungen bewusst gewählt werden können, andererseits kann auf die Mitglieder der Gruppe größerer Konformitätsdruck ausgeübt werden, da der einzelne auf die Zustimmung der Gruppe verwiesen ist beziehungsweise bestimmte Werte und Normen Charakteristikum der Beziehung und Gruppe sind. Dem entgegen sind Familienbeziehungen zwar nicht freiwillig aufgesucht, bieten jedoch durch die biologische, emotionale und rechtliche Stabilität die Möglichkeit, Werte abweichend von der Norm zu vertreten ohne den Abbruch der Beziehung fürchten zu müssen" (ebd., 135).

Nähert man sich Theorien der Entwicklung von Moralität, dann kommt man an einer Erwähnung der Psychoanalyse nicht vorbei. Hier hat Freud in seiner Instanzenlehre die Werte im „Über-Ich" verortet (vgl. Freud 1933/1998, 60ff; 1997). Über ein Jahrhundert der Forschung hinweg haben sich die entsprechenden Konzeptionen weiterentwickelt, und es stellen sich heute die noch zu betrachtenden Fragen der kognitiven und der emotionalen Anteile eines solchen ‚Gewissens' zum einen – und der Übernahme (auch den ‚Introjekten') von Werten versus der eigenständigen Erarbeitung zum anderen (vgl. Mead 1971; Marcia et al. 1993). Wenn Speck (1991; 1996) Autonomie als Ziel bestimmt, so meint er damit auch das selbst erarbeitete „Gesetz in mir". Nida-Rümelin (2015, 85) geht von erarbeiteter Erfahrung aus und spricht von *„phronesis"* im Sinne eines Menschen, „der aus Lebenserfahrung urteilssicher ist" (ebd.).

Kohlbergs Theorie der Entwicklung moralischen Urteilens
Wegweisend und grundlegend sind auch heute noch die Beiträge der Arbeitsgruppe um Kohlberg seit den 1970er Jahren. Kohlberg war Schüler Piagets; seine Arbeiten basierten auf dessen Unterscheidung dreier Stufen moralischen Urteilens (Stein 2011, 212):
- „moralischer Realismus" (‚gut' ist, was lustvoll ist, belohnt oder nicht bestraft wird);
- „heteronome" Moral (verinnerlichte Moralvorstellungen der Erziehungspersonen);
- „autonome" Moral (eigenständiges System von Vorstellungen).

Kohlberg entwickelte dieses Konzept auf Basis eigener Untersuchungen weiter. Dabei nutzte er selbst konstruierte moralische Dilemma-Situationen, die er Kindern und Jugendlichen vorgab. Bekannt ist beispielsweise das „Heinz-Dilemma" – der Zwiespalt eines Mannes, der ein teures Medikament nicht zahlen kann, das seine todkranke Frau retten würde: sollte er es stehlen, um sie zu retten? Kohlberg interessierte dabei weniger das endgültige Urteil als vielmehr die moralische Argumentation.

Blesenkemper (2015, 179f.) folgend sind Dilemmata gekennzeichnet durch einen Entscheidungszwang zwischen zwei Handlungsoptionen. Dabei könnte eine Option mit erwünschten und unerwünschten Konsequenzen verbunden sein oder „die Konsequenzen einer Option sind zwar positiv, schließen aber auch erwünschte positive Konsequenzen der anderen, nicht gewählten Option aus" (ebd., 179). Sellmaier (2011) sieht dem entsprechend moralische Dilemmata als normative Konflikte,

> „die in der Sprache einer ethischen Theorie beziehungsweise eines einheitlichen Wertsystems formuliert sind und Situationen kennzeichnen, in denen nach sorgfältiger Prüfung mindestens zwei moralische Forderungen bestehen, die nicht zugleich befolgt werden können" (ebd., 12).

Blesenkemper schließt hier allerdings, in einem weiteren Verständnis, auch Rollenkonflikte und den Zwiespalt zwischen moralischen Forderungen einerseits und egoistischen Neigungen andererseits mit ein – Dilemmata sind für ihn demzufolge konflikthafte Situationen, in denen sich unvereinbare Interessen und Werte gegenüberstehen und für die jede wählbare Handlungsmöglichkeit letztlich falsch zu sein scheint (vgl. ebd., 182).Kohlberg beschreibt in seinem Kernkonzept moralischer Entwicklung drei Niveaus moralischen Urteilens mit jeweils zwei Teilstufen (Kohlberg 1995):

Tab. 01: Stufen des moralischen Urteilens nach Kohlberg

„Vorkonventionelles" oder „vormoralisches" Niveau
Stufe I: Orientierung an Konsequenzen, Strafe und Gehorsam
Stufe II: Orientierung an eigenen Bedürfnissen und einfachen Austauschprinzipien
„Konventionelles" oder „konformistisches" Niveau
Stufe III: Erhaltung wichtiger enger Sozialbeziehungen
Stufe IV: Gehorsam im „System" bzw. gegenüber dem „System"
„Postkonventionelles" Niveau
Stufe V: Verständnis von „Gesellschaftsverträgen"
Stufe VI: Suche nach allgemeingültigen ethischen Prinzipien

Auf Basis von Kohlbergs „Moral Judgement Interview" (Kohlberg 1996, 495ff.) wurden über die Jahre verschiedene andere und weiterführende Instrumente entwickelt – siehe die Zusammenstellung bei Gielen, Ley 1996; für den deutschen Sprachraum sind die Weiterentwicklungen des MUT und des MUT-Grund (Zierer 2013, 106ff.) sowie MKT (Lind 2015, 51ff.) besonders erwähnenswert.
Das Stufenmodell von Kohlberg ist viel diskutiert worden (siehe beispielsweise Speck 1991, 203ff.); unter anderem wurde, auch im Diskurs zwischen Kohlberg und Habermas, der Sinn der sechsten Stufe ebenso kritisch erörtert wie die mögliche Hinzunahme einer siebten Stufe. Auch die mit dem Modell verbundene ‚Wertung' der Stufen kann kritisch betrachtet werden: Ist etwa eine familienbezogene

Orientierung, wie sie in Stufe III angedacht ist, grundsätzlich auf einem ‚niedrigeren' Niveau angesiedelt als ein sklavisch an den Gesetzen orientierter „law-and-order"-Moralismus der Stufe IV? – Schon lange ist zudem klar, dass keineswegs alle Erwachsenen diese Stufen bis zum Ende durchlaufen – und stattdessen häufig auf Stufe IV argumentieren (vgl. Colby et al. 1983). Dabei ist allerdings zu bedenken, dass die Argumentation als solche nicht mit der grundsätzlichen Fähigkeit hierzu gleichzusetzen ist (vgl. Yussen 1976); es scheint bei Menschen auch eine Entscheidung für eine Stufe möglich zu sein, obwohl ihr kognitives Potenzial darüber hinausreichen könnte. All dies macht deutlich, dass die Realisierung moralischen Urteilens keineswegs nur auf kognitiven Kompetenzen beruht, sondern auch Entscheidungen, Wollen, emotionale und möglicherweise auch unbewusste Aspekte und Prozesse eine Rolle spielen.

Weiterführende Fragen an eine Theorie der Moralität und erzieherisches Handeln
Über diese Fragen an Kohlbergs Ansatz hinaus, die eher das Modell als solches betreffen, aber aus diesen heraus ergeben sich vier grundsätzliche kritische Nachfragen, die direkte Konsequenzen für die Frage einer Erziehung zu Moralität nach sich ziehen:

Kognitive und emotionale Aspekte
Erstens ist das Modell stark an kognitiven Aspekten und Prozessen sowie ihrer Entwicklung ausgerichtet. Moralität wird damit stark rational gesehen und betrachtet, und so stellt Speck (1991, 204) die Frage, ob dies „die sozio-emotionale Komponente der Moralentwicklung (Ich-Entwicklung, Beziehung, Liebe, Solidarität)" (Speck 1991, 204) ausreichend bedenke. Zwar verweist Heidbrink (1996, 23ff.) auf die moralpsychologische Position, dass jeder Kognition auch eine bestimmte affektive Valenz zukomme, kontrastiert dies jedoch zugleich mit der eigenen Komplexität von Emotionen, die auch mit anderen – etwa physiologischen – Zuständen zusammenhänge. Der (zu gering berücksichtigte) Aspekt der Emotionalität war und ist ein zentrales Thema der Folgeforschung zu Kohlberg. Explizit nimmt diese Frage Lind (vgl. 2015) in seinen Weiterentwicklungen des Kohlberg'schen Ansatzes auf, indem er von einem „Zwei-Aspekte-zwei-Schichten-Modell" ausgeht – aus moralischen Orientierungen als affektivem Aspekt heraus sowie einer entwickelten moralischen Kompetenz resultiere konkretes Verhalten:

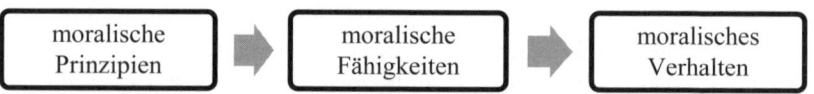

Abb. 01: Zwei-Aspekte-Modell nach Georg Lind; leicht modifiziert aus Zierer 2013, 48

Affektiver und kognitiver Aspekt sind zugleich in zwei ‚Schichten' zu sehen:

Tab. 02: das Zwei-Aspekte-Zwei-Schichten-Modell des moralischen Selbst (leicht modifiziert aus Lind 2015, 50)

	affektiver Aspekt	kognitiver Aspekt
bewusste, verbalisierbare Schicht des Selbst: Ethik	ethische Prinzipien	ethisches Urteil und Reflexion
unbewusste Schicht der Gefühle: Moral	moralische Orientierungen, die sich im Verhalten zeigen	moralische Kompetenz, die sich im Verhalten zeigt

Die Zuordnung von Verhalten zu einer „unbewussten Schicht der Gefühle" muss hier kritisch betrachtet werden. Auch wäre der für Verhalten mitentscheidende Aspekt der Situationen zu bedenken. Sehr bedeutsam ist allerdings, jenseits davon, Linds Erweiterung des stark kognitiv orientierten Ansatzes um emotionale Anteile.
Das Gewissen setzt sich aus Erkenntnis und Gefühl zusammen (auch Fellmann 2000). Dies gilt im Hinblick auf das Gewissen selbst – aber auch bezogen auf die Frage der erzieherischen Auseinandersetzung mit Fragen von Moralität.

Moralität als interaktionistisches Phänomen
Zweitens fokussiert der gesamte Ansatz mit seiner Kompetenzausrichtung stark auf die Individuen, auf Kinder und Jugendliche, ihren Entwicklungsstand und ihre persönliche Weiterentwicklung. Dabei wird die Verankerung der Person mit ihrem Erleben und ihren Handlungen in jeweilige situative Bedingungen außer Acht gelassen. So unterscheidet die Theorie der Selbst- und Handlungsregulation (vgl. Seitz 1998; Stein 2002; Stein, Stein 2014, 42ff.; Stein 2017, 94ff.) zwei Aspekte von Moralität:
- erstens den normativ-empathischen Aspekt: die Frage, inwiefern zum einen moralische Richtlinien, zum anderen die Fähigkeit zu Empathie und sozialer Sensibilität (bzw. „Achtsamkeit", Speck 1991) im Individuum angelegt sind bzw. dieses sie sogar selbst erarbeitet hat;
- zweitens die Ebene der Einstellungen und Glaubenssysteme im konkreten Handlungsvollzug: die Frage, ob und inwiefern die bestehenden moralischen Richtlinien und die Kompetenz zu Empathie auch ‚abgerufen', also aktiviert, herangezogen und für die Frage des eigenen Handelns umgesetzt und genutzt werden. Dies wiederum hängt von vielen Faktoren in erheblicher Komplexität ab: etwa vom Druck der Situation (schnell zu handeln), von äußeren Einflüssen (wie Peers, die ein bestimmtes Verhalten erwarten und verstärken), aber auch von der eigenen emotionalen und motivationalen Lage.

Aus diesem Blickwinkel heraus entsteht eine enge Interaktion zwischen einem Individuum sowie dessen Fähigkeiten und auch Bereitschaften zu moralischem Urteilen und Handeln zum einen – und situativen Bedingungen zum anderen. Moralisches Urteilen und Handeln ergeben sich dann nicht allein von den personalen Voraussetzungen her, sondern ebenso ausgehend von den Situationen, mit denen sich Menschen auseinandersetzen müssen. Wertungen von Handlungsrichtlinien müssen dem zufolge jeweils spezifisch reflektiert und erarbeitet werden:

> „Die Befolgung einer Norm, die in einer Situation moralisch richtig ist, kann in einer anderen ganz verkehrt sein (…). Das gilt insbesondere dann, wenn mehrere Normen- und Wertsysteme für eine Entscheidung relevant sind, z.b. moralische und rechtliche, religiöse und politische" (Riedel, Seubert 2015, 148).

Letztlich nimmt allerdings auch Kohlberg selbst, über die Fokussierung auf die Person und ihre Voraussetzungen, diesen Gedanken der situativen Bedingungen im Rahmen der Diskussion um Gerechte Gemeinschaften auf (siehe 2.2.5).

Moralität und Kultur
Drittens formuliert Kohlberg zwar keine direkten Werte im Sinne von Zielorientierungen moralischen Urteilens, aber er wertet das Niveau der Ausrichtung des moralischen Urteilens selbst, indem er es in Stufen ordnet. Aus einer kulturvergleichenden Perspektive heraus, wie sie etwa, wie bereits oben erwähnt, Miller (2000) einnimmt, wäre eine solche universalistische und kulturunabhängige Strukturierung und stufenbezogene Wertung kritisch zu hinterfragen. Dies gilt gerade im Hinblick auf Stufe III – und wenn dieser Orientierung an engen Sozialbeziehungen andere Stufen und Orientierungen wertend übergeordnet werden. Eine zentrale Unterscheidung ist diejenige zwischen Scham- und Schuldkulturen (vgl. Ellinger 2006): Schamkulturen sind Ehrkulturen mit starker Gemeinschaftsorientierung; Ehre und Schande sind zentrale Werte, wobei Schamgefühle durch die individuelle oder auch kollektive Verletzung von dominanten Normen und Sitten ausgelöst werden. Schuldkulturen oder auch Gewissenskulturen sind stark individualistisch orientiert; Schuldgefühle resultieren aus eigenem Vergehen. Aus der Unterscheidung ergeben sich in multikulturellen Gesellschaften auch Spannungen oder Konflikte für diejenigen, die ‚zwischen den Kulturen' stehen (vgl. ebd., 399ff.). Eine differenzierte Analyse findet sich bei Hofstede, Hofstede (2005), die in unterschiedlichen Kulturen vier Grundprobleme beschreiben: soziale Ungleichheit und das Verhältnis zu Macht und Autorität, die Beziehung zwischen Individuum und Gesellschaft (Individualismus-Kollektivismus), die Vorstellungen von Maskulinität und Femininität und der jeweilige Umgang mit Konflikten und Unsicherheiten (Unsicherheitsvermeidung), ergänzt durch die Frage der Lang- oder Kurzzeitorientierung der Menschen in den unterschiedlichen Kulturen (vgl. Helfrich 2013, 66ff.).

Die Berücksichtigung kultureller Hintergründe und auch möglicher interkultureller Spannungen im intrapsychischen Erleben hat in der Folge erhebliche Bedeutung für pädagogisches Handeln.

Moralisches Urteilen und moralisches Handeln
Viertens hat die Forschung Kohlbergs und seiner Schüler selbst gezeigt, dass moralisches Urteilen einerseits sowie Handeln andererseits keineswegs gleich laufen müssen (vgl. Kohlberg 1996, 248ff.; 373ff.). Der Aufbau eines Gewissens sowie auch moralisches Urteilen selbst sind notwendige, aber nicht hinreichende Bedingungen für ein entsprechendes Handeln.
So weist auch Spiegel (2015) im Rahmen der Diskussion einer Förderung von Empathie darauf hin, dass Empathie als solche nicht genüge, sondern es der „Compassion" bedürfe, der „Fähigkeit, Empathie in prosoziales Handeln umzusetzen (vgl. ebd., 250). Sie bindet auch diese Komponente in ein „Empathie- und Compassion-Training" ein (siehe 5.1).
Eine Einordnung moralischen Urteilens einerseits und moralischen Handelns andererseits ermöglicht – wiederum – die Theorie der Selbst- und Handlungsregulation. Handeln wird hier als Auseinandersetzung einer Person mit Herausforderungen betrachtet (vgl. Stein 2017, 94ff.). Dieses Handeln vollzieht sich dann in verschiedenen Phasen: von der Einschätzung einer Situation bzw. Herausforderung über die Reflexion möglicher Handlungsoptionen, die Realisierung einer Option sowie eine Interpretation des Handelns im Nachhinein. Zugleich werden hierbei unterschiedliche Bewusstseinsniveaus aktiviert: von hoch-automatisierten Verhaltensweisen, seien sie stärker reflexhaft oder gelernt, über ein bewusstes, reflektiertes Handeln in der Situation bis hin zur Reflexion des Handelns außerhalb von konkreten Situationen (etwa im Nachhinein oder zur Vorbereitung auf eine bestimmte Herausforderung). Jenseits dieser Ebenen sind eigene Einstellungen und Glaubenssysteme einzuordnen. Diese werden im konkreten Handeln gegebenenfalls abgerufen (oder eben nicht) und können das Handeln entsprechend beeinflussen.
Dabei werden diese Einstellungen und Glaubenssysteme, wie zuvor schon dargestellt, zweifach relevant: zum einen als grundsätzlich aufgebaute, erarbeitete oder erworbene Orientierungen und Überzeugungen (als dauerhaftes ‚Potenzial' der Person), zum anderen im Rahmen ihres konkreten Abrufes, bei dem die im Hintergrund stehenden Einstellungen in den Vordergrund – und damit ins Bewusstsein – geholt werden. Dieser Abruf ist sowohl relevant für die Urteilsbildung als auch für das konkrete Verhalten. Ob und inwiefern der Abruf erfolgt, hat jedoch erheblichen Einfluss auf die Wirkung der eigenen Überzeugungen. Für diesen Abruf sind unterschiedliche Faktoren von Bedeutung: die Kompetenz zur bewussten Reflexion und Vergegenwärtigung eigener moralischer Vorstellungen in der aktuellen Situation, die Bereitschaft, sich gemäß eigenen Standards zu verhalten – aber

ebenso auch Aspekte der Situation selbst, etwa großer Zeit- und Handlungsdruck, der Reflexionen limitiert, oder Aspekte der Situation, die für ein Handeln jenseits moralischer Überzeugungen sprechen. So weisen auch Riedel, Seubert (2015, 148f.) für „praktische Urteilskraft" darauf hin, dass jeweils die Situation ausgelegt oder interpretiert wird, indem es keine allgemeingültigen Normen gibt, die in jeder Situation als sichere Richtschnur des Handelns gelten können.

„‚Interpretieren' heißt, ein Besonderes, das nach dem Schema der Subsumption von Fällen unter ein vorgegebenes Allgemeines unbestimmbar bleibt, im Hinblick auf ein aufgegebenes (‚mögliches') Allgemeines auszulegen und umgekehrt jenes aus dem Einzelnen auslegend zu bestimmen. Was damit ausgelegt oder interpretiert wird, ist mit der Anwendungsfähigkeit des Allgemeinen die *Situation*, in der sich das Handeln vollzieht" (Riedel, Seubert 2015, 148f.).

Es geht dann letztlich um die Anwendung allgemeingültiger Normen und Werte auf eine Situation, „die sich subsumierenden Verfahren entzieht und gleichwohl der Verallgemeinerung bedarf" (ebd., 148).
Moralische Überzeugungen haben ihre Bedeutung durchaus über die Zeit und über unterschiedliche Situationen hinweg, nicht jedoch notwendig bezogen auf jede Situation.

Fazit
Gegen all diese hier ausdifferenzierten Kritikpunkte und zu äußernden Bedenken steht allerdings die theoretische Fundierung und empirische Untersuchung des Ansatzes von Kohlberg (Oser 1981), der nach wie vor das fundierteste Modell der Entwicklung moralischen Urteilens sein dürfte, insbesondere mit entsprechenden, aus der Kritik heraus erfolgenden Ausdifferenzierungen und Weiterentwicklungen (Lind 2015). Aus Grundlagen wie aus den kritischen Aspekten und der Weiterentwicklung ergeben sich Folgerungen für Fragen der Erziehung zu Moralität, die nachfolgend unter 2.2.5 entwickelt werden sollen.
Im Hinblick auf Erziehung, auch Erziehung zu moralischem Urteilen und Handeln sowie der Erarbeitung von eigenen Wertorientierungen in einer demokratischen Gesellschaft (und für diese) sind grundlegende Voraussetzungen von Bedeutung, wie sie Blesenklemper (2015) unter Bezug auf Pfeifer nennt: die Fähigkeit zu Selbstreflexion, Empathie, Kommunikation und Argumentation, die Entwicklung einer rationalen Argumentationshaltung sowie eine gewisse Ambiguitätstoleranz gegenüber erlebten Widersprüchen und Spannungen. Allerdings muss zur Kompetenz auch die Bereitschaft hinzukommen, die entsprechenden Kompetenzen angesichts von moralischen Dilemmata auch abzurufen und einzusetzen. Dies gilt gleichermaßen für professionelle Erzieher in ihrer Vorbildfunktion wie für junge Menschen in Erziehungsprozessen und dem, was eine Entwicklung zu Autonomie anbelangt (vgl. Speck 1991, 78ff.; 128ff.).

2.2.5 Erziehung zu moralisch orientiertem Urteilen und Handeln sowie Konzepte der Umsetzung in unterschiedlichen Kontexten

Die große und unausweichliche Bedeutung moralischer Erziehung ergibt sich zum einen aus der grundsätzlichen Bedeutung von Moral:

> „Moral ist Teil unseres alltäglichen Orientierungswissens, sie ist vergleichbar mit der Alltagsphysik, die es uns erlaubt mit mittelgroßen festen Gegenständen richtig umzugehen oder der *folk psychology*, die es uns erlaubt, Überzeugungen, Intentionen und Einstellungen anderer Menschen richtig einzuschätzen" (Nida-Rümelin 2015, 92).

Diese Bedeutung ergibt sich andererseits aber auch, sozusagen ex negativo, angesichts von allgemeinen gesellschaftlichen sowie konkreten sozialen, etwa familiären Bedingungen der „Entmoralisierung" (Speck 1991, 206). Gerade hier gilt jedoch andererseits auch: „Der pädagogische Weg zu einer Neuverankerung des Moralischen wird mühsam sein" (ebd.) – zumal dort, wo es weniger um eine Neudenn um eine Erstverankerung gehen mag.

Im Hinblick auf eine solche „(Neu-) Verankerung" rückt sehr rasch der Fokus auf die Kinder und Jugendlichen in den Blick: an ihnen (und dabei ggf. mit ihnen) zu arbeiten, um moralisches Bewusstsein und ein entsprechendes Handeln direkt zu fördern. So setzen auch die entsprechenden Konzepte an, sei es eine Förderung moralischen Urteilens in der Tradition von Kohlberg – oder auch eine „Werteerziehung", wie sie etwa Zierer (vgl. 2010; 2013) fordert und entwickelt.

Der Blick soll jedoch hier geweitet werden im Hinblick auf unterschiedliche Ansatzpunkte: neben der direkten Erziehung in institutionalisierten Kontexten wie etwa der Schule müssen auch die Erzieher mit ihren Voraussetzungen und in ihrer Vorbildfunktion in den Blick genommen werden, die Kooperation von pädagogischen Institutionen mit Familie und Elternhaus – sowie schließlich auch die Einrichtungen als erzieherische Umwelten selbst, im Hinblick auf ihre Lernkultur.

Erziehung junger Menschen zu moralisch orientiertem Urteilen und Handeln?

Folgt man der Denkrichtung aus der Tradition Kohlbergs, und will man dem entsprechend das moralische Urteilen, auch als Grundlage entsprechenden Handelns, in pädagogischen Kontexten in den Fokus nehmen, so ergibt sich die Frage einer recht direkten moralischen Erziehung des Individuums. Geht man von den Arbeiten Kohlbergs und seiner Schüler aus, so können für die pädagogische Arbeit einige Konsequenzen gezogen werden:

- Eine gezielte Förderung ist eher dann möglich ist, wenn man weiß, auf welchem Niveau ein Kind oder Jugendlicher moralisch argumentiert bzw. wie es mit den entsprechenden aktuellen Fähigkeiten bestellt ist.
- Auf Grundlage solcher Informationen könnte auch das nächste Zielniveau für eine Person bestimmt werden.

- Die argumentative Auseinandersetzung sollte leicht über dem Niveau erfolgen, auf dem sich das Kind aktuell befindet – die Kohlberg-Gruppe geht von einer halben bis zu einer Stufe aus. Darüber hinausreichende Argumentationen können unter Umständen nicht nachvollzogen werden und erweisen sich dann als wenig hilfreich. Jenseits der entsprechenden Strategien von Pädagogen wirken dabei insbesondere stufenheterogene Diskussionsgruppen moralisch stimulierend (vgl. Heidbrink 1996, 125f.);
- Im Hinblick auf die Förderung sind nicht nur kognitive Kompetenzen, sondern auch emotionale Aspekte, insbesondere als ‚Bindung' an Werte und Orientierungen, zu bedenken (vgl. Lind 2015).

Der Bedarf von Diskursen zu Moral ergibt sich aber, jenseits der spezifischen Prägung einer Einrichtung als „Just Community", aus vielen alltäglichen Erziehungssituationen heraus – sei es im Sportunterricht, beim Spiel, angesichts von Konflikten auf dem Pausenhof oder in einer Heimgruppe sowie im Elternhaus. Solche Gelegenheiten können ergriffen werden, im Sinne einer Moralerziehung des täglichen Lebens. Mögliche Ansatzpunkte sind dabei Dilemmadiskussionen zu verschiedenen Themen, die konstruiert und vorgegeben sein, aber auch aus realen und konkreten Kontexten stammen können (vgl. Blesenklemper 2015), aber auch Debatten, insbesondere in Fächern wie Ethik oder Philosophie (vgl. Montag 2015). Ergänzend ermöglichen spezifische Diskurse das gezielte Fokussieren der Auseinandersetzung mit Moral. Hierzu bieten sich besondere Kurse an, aber auch die Diskussion von konkret seitens der Pädagogen vorgegebenen Fragestellungen und Dilemmata (vgl. Oser 1987).

Einen strukturierten Ansatz hat Lind (2015, 93) mit der „Konstanzer Methode der Dilemma-Diskussion" (KMDD) entwickelt und auch didaktisch differenziert ausgearbeitet. Sein Anspruch ist es, dieses Verfahren auch auf seine Wirksamkeit hin zu überprüfen und aus solchen Erkenntnissen heraus kontinuierlich zu verbessern und weiterzuentwickeln (vgl. ebd., 105ff.). Einen Vorschlag zur Erweiterung des Prinzips der Dilemma-Diskussion machen Patry, Weinberger & Weyringer (2010) mit dem Ansatz einer „Values and Knowledge Education" (VaKE). Dieser Ansatz fokussiert auch die Beziehungskultur in der Schulklasse und steht insofern zwischen individueller Ausrichtung der Erziehungsarbeit und „Just-Community"-Ansätzen (siehe nachfolgend). Der konstruktivistisch orientierte „VaKe-Unterricht" folgt elf Schritten von der Einführung eines Dilemmas bis zur Generalisierung. ‚Grundpfeiler' von VaKE sind die Dilemmageschichten, die Diskussion der Problematik, die Entscheidung für oder gegen einen möglichen Lösungsweg, die Begründung der eigenen Entscheidung und die Informationssuche zwecks sachbegründeter Stützung des eigenen Standpunktes. Der Ansatz wurde in Studien untersucht, so etwa in der Hochbegabtenförderung (vgl. ebd., 186).

Bestimmte schulische Fächer sind aus ihrer Thematik heraus ‚Brennpunkte' wert- und moralorientierter Erziehung: Philosophie, Ethik, Religion, aber auch Sozial-

kunde. Debatten, etwa die ‚amerikanische Debatte' (vgl. Montag 2015), bieten hier einen Ansatzpunkt; die enge Verankerung am überzeugenden Argumentieren macht Montag (vgl. ebd., 202ff.) am Beispiel des Philosophie- und Ethikunterrichts deutlich. In jüngerer Zeit hat sich ‚Philosophieren mit Kindern' verbreitet, welches auch das Philosophieren zu ethischen Fragen einschließt (vgl. Nida-Rümelin, Spiegel & Tiedemann 2015a, 131ff.). Für den Religionsunterricht liegen Arbeiten in der Folge von Kohlberg vor (vgl. Kuhmerker 1996).
Ansätze zur Moral- und Werteerziehung sowie einem wertbezogenen Unterricht hat Zierer (vgl. 2013) entwickelt und auch empirisch untersucht. Er bindet dabei auch die Arbeit mit Dilemmata ein (vgl. ebd., 115ff.) sowie auch das Philosophieren mit Kindern, etwa über Aspekte des Glücks (vgl. ebd., 89ff.).
Spiegel (vgl. 2015) stellt ein spezifisches „Empathie- und Compassiontraining" vor, welches davon ausgeht, dass Empathie auch prosozial umgesetzt werden muss (‚Compassion'; vgl. 2.2.4). Das Empathieverständnis ist dabei eng verwoben mit der aktuellen Diskussion um ‚Achtsamkeit'. Das auf US-amerikanischen Arbeiten basierende Programm besteht aus sechs Modulen: „Achtsamkeit entwickeln", „Selbstempathie kultivieren", „Unvoreingenommenheit entwickeln", Interdependenz entdecken", „Empathie entwickeln" sowie, in einem letzten Schritt, „Compassion fördern" (ebd.). Es wurden zwar empirische Überprüfungen der Wirksamkeit durchgeführt, aber ob und wie all diese Aspekte wirklich nachhaltig über ein Training erreicht werden können, ist durchaus diskutierbar und harrt der weiteren empirischen Überprüfung.
Als Basis all dieser gemeinsamen Auseinandersetzung mit moralischen Fragen kann eine Diskursethik (Habermas 2015) dienen. Sie ist die Grundlage einer Moral gleicher Achtung und der solidarischen Verantwortung füreinander. „Der reziprok gleichmäßige Respekt für jeden, den der differenzempfindliche Universalismus verlangt, ist von der Art einer *nicht-nivellierenden* und *nicht beschlagnahmenden* Einbeziehung des Anderen *in seiner Andersheit*" (ebd., 75). Habermas (ebd., 76) formuliert hierfür Schritte: „Normen dürfen Gültigkeit beanspruchen, die in praktischen Diskursen die Zustimmung aller Betroffenen finden könnten (…). Auf intuitive Weise wissen die Beteiligten auch, wie man an Argumentationen teilnimmt (…)". Dabei fordert Habermas einen kooperativen Wettbewerb um die besseren Argumente, was aus seiner Sicht für die Argumentationsprozesse folgendes voraussetzt:

> „(a) niemand, der einen relevanten Beitrag machen könnte, darf von der Teilnahme ausgeschlossen werden; (b) allen wird die gleiche Chance gegeben, Beiträge zu leisten; (c) die Teilnehmer müssen meinen, was sie sagen; (d) die Kommunikation muss derart von äußeren und inneren Zwängen frei sein, dass die Ja/Nein-Stellungnahmen zu kritisierbaren Geltungsansprüchen allein durch die Überzeugungskraft besserer Gründe motiviert sind" (ebd. 77).

– Dies stellt durchaus ein Idealmodell der Kommunikation dar – und insofern ist es ein Zielhorizont und keine trivial herstellbare Interaktionssituation. Folgt man solchen Ansprüchen, so gelten sie nicht nur für die direkte wert- und moralorientierte Erziehung von Kindern und Jugendlichen, sondern auch für die Gestaltung von Lernkulturen (siehe weiter unten).

Moralität – eine Anforderung an Erzieher?
Zwischen der Erziehung der Kinder und Jugendlichen hin zu sittlichem Urteilen und Handeln zum einen und der moralischen Kultur einer Einrichtung lässt sich ein Bindeglied identifizieren – und qua Funktion personifizieren: die Person des Erziehers. Diese repräsentiert durch ihr Handeln und durch ihre (sittlich orientierte) Argumentation die Konkretisierung der jeweiligen Einrichtung im erzieherischen Handeln und im moralischen Diskurs. „Damit sich Kinder und Jugendliche gut entwickeln können, brauchen sie Eltern, Lehrer und Erzieher, die ihnen von einer reifen Position aus den Weg ins Erwachsenenleben weisen" (Ahrbeck 2004, 139). Von besonderer Bedeutung ist dabei ihre bereits zuvor mehrfach als bedeutsam angesprochene Vorbildfunktion und Vorbildwirkung. Sie leben zum einen die Praxis moralischer Reflexion als solcher vor, zum anderen aber auch die Konsequenz der Verbindung zwischen Urteilen zum einen sowie eigenem Handeln und konkretem Verhalten zum anderen. Sie leben über ihr Handeln und ihr Argumentieren vor, welche Pflichten und Handlungsziele von Bedeutung sein können – und warum.

Maier (1986) orientiert sich im Hinblick auf ‚moralische Erziehung' eng an Brezinkas grundlegender Auffassung von Erziehung: „Moralische Erziehung sind Handlungen, durch die Menschen versuchen, die Persönlichkeit anderer Menschen hinsichtlich ihrer Moralität zu fördern" (ebd., 11). Damit wird die Intentionalität erzieherischen Handelns und letztlich auch der direkte Zugriff auf die Veränderung des anderen, des Zu-Erziehenden, stark in den Vordergrund gestellt, allerdings wiederum zurückgenommen auf ein ‚Versuchshandeln'. Böhm (2005, 186) sieht Erziehung als Hinleitung zu Autonomie und Mündigkeit; eine solche zurückhaltendere Bestimmung der Erzieherrolle verlangt allerdings von diesem die Erarbeitung eigener Autonomie und Mündigkeit – und die Entwicklung eines „Gesetzes in mir" (Speck 1991).

Was braucht es dazu konkreter? Es bedarf zunächst auf Erzieherseite einer klaren Orientierung an eigenen moralischen Werten – die im Sinne der Identitätstheorien von Mead (1971) und insbesondere dann von Marcia et al. (1993) *erarbeitet* und nicht einfach übernommen wurden. Aus dieser Orientierung heraus ist es dann wichtig, den Grat zu gehen, diese Werte nicht zurückzuhalten, sie engagiert zu vertreten – dabei aber Indoktrination zu vermeiden, welche bei Kindern und Jugendlichen zum einen Reaktanz und Abwehrtendenzen auslösen, zum anderen zu ‚Wertintrojekten' führen könnte, die dann wiederum eine eigene Erarbeitung verhindern. Dabei ist, jenseits der Frage der Indoktrination, die Vorbildfunktion nicht zu unterschätzen, die Standop (2010, 141) vor allem auf den Aspekt der Achtung und Verantwortung für den anderen bezieht.

Moralität – der Ansatz bei den Eltern
Stein (2010) weist, wie unter 2.2.4 angesprochen, auf den starken Einfluss der Elternhäuser auf die wertbezogene Entwicklung der Kinder hin. Dabei unterscheidet sie intentionale (direkte) sowie eine funktionale (indirekte) Werteerziehung. Ein Einfluss professioneller Pädagogen auf die intentionale Erziehung wird schwierig sein und ist zudem problematisch im Hinblick auf das Recht elterlicher Erziehung in einer offenen Gesellschaft. Eher möglich ist allerdings die grundsätzliche Kooperation im Hinblick auf die Familienatmosphäre und die Erziehungsstile im Sinne einer Kultur funktionaler Werteerziehung: wie erzogen wird und in welchem familiären Klima.

Seit Ende der 1990er Jahre sind zwei Präventionsprogramme im Hinblick auf Verhaltensauffälligkeiten entwickelt worden, die sich zwar nicht direkt auf Werte- und Moral-Erziehung richten, aber dennoch in diesem Kontext beispielgebende Funktion haben können, indem sie auf die Bedeutung einer engen Kooperation zwischen Schule und Lehrkräften einerseits sowie den Elternhäusern andererseits setzen – der Name ist jeweils Programm: FAST TRACK (Conduct Problems Prevention Research Group US (1999a; 1999b; Bierman u.a. 2013; Dodge u.a. 2015) steht für „Families And Schools Together", LIFT (Eddy, Reid & Feltrow 2000) meint „Linking the Interests of Families and Teachers". Beide Programme sind stark verhaltensmodifikatorisch ausgerichtet, aber zum einen enthalten sie auch Förderkomponenten, die sich direkt an die Eltern richten, zum anderen werden bestimmte Kommunikationskanäle eingeführt, um den Informationsaustausch zwischen schulischer Arbeit und den Elternhäusern herzustellen bzw. zu stärken. Bei FAST TRACK geht es zudem direkter auch um ein Einwirken auf den elterlichen Erziehungsstil sowie auch die Stärkung der Beziehungsebene Eltern-Kinder, etwa im Hinblick auf Unterstützung oder Zuneigung. Damit wird auch die familiäre Atmosphäre in den Fokus genommen, die Stein (2010) als einen bedeutsamen Faktor indirekter Werteerziehung ermittelt.

Jenseits des stark kognitiv-behavioralen Schwerpunktes dieser Programme können sie dennoch als Anregungen dienen für das Ziel, etwa seitens der Schule engere Kontakte mit den Elternhäusern herzustellen, einen intensiven Informationsaustausch zu pflegen, Empfehlungen im Hinblick auf Erziehungsstile und emotionale Aspekte wie Wärme und Zuwendung als Anker der Familienatmosphäre zu geben und damit dieses Fundament einer funktionalen, indirekten Werteerziehung zu stärken. Insofern können die Verfahrensweisen beider Programme mit Medien und Vorgehensweisen des Austauschs sowie, wenn möglich, auch direkten Gruppenangeboten für Eltern hilfreiche Anregungen geben (vgl. http://fasttrackproject.org/).

Lernkulturen der Moralität?
Auch aus der Tradition von Kohlberg heraus tritt, über die Arbeit am und mit dem Individuum, eine ganz andere Ebene in den Blick: Sowohl konsequent als auch potenziell besonders nachhaltig wäre die Gestaltung einer pädagogischen Einrichtung als „Just Community", als „Gerechter Gemeinschaft", die strukturell von moralbezogenen Diskussionen durchdrungen ist. Kohlbergs Gruppe hat hierzu an US-amerikanischen Schulen ganz konkret Modelle erprobt, in denen, vor allem anhand von Konflikten und Regelverletzungen, Diskussionen stattfinden, in welche die gesamte Schulgemeinde miteinbezogen ist (vgl. Higgins 1987; 1989; Kuhmerker, Gielen & Hayes 1996). Direktes Ziel ist der demokratische Umgang mit moralischen Fragen; indirekt zielen solche Modelle darauf ab, optimal förderliche Entwicklungsbedingungen für Kinder und Jugendliche zu schaffen. Die Gemeinschaft folgt dabei Prinzipien der Gerechtigkeit bzw. Fairness, aber auch der Fürsorge (vgl. Heidbrink 1996, 131f.). Die Regeln werden von allen besprochen und gemeinsam festgesetzt, wobei jede Person eine Stimme hat (‚one man one vote') – gleich in welcher Funktion sie steht (Lehrer, Erzieher, Schüler, Heimbewohner, Hausmeister, Sekretärin ...) (‚one person one vote'). Die Gemeinschaft überwacht zudem die Einhaltung der aufgestellten Regeln. So gibt es in regelmäßigen Abständen Treffen aller, bei denen über aktuelle Probleme diskutiert wird. Bei Regelverletzungen sowie auch bei Konflikten bezüglich Regeln finden moralische Diskussionen statt, aus denen Konsequenzen gezogen werden. Zusätzlich bestehen für bestimmte Teilfragen Kleingruppen. Eine besondere Bedeutung hat ein Disziplinausschuss, das ‚Fairness-Komitee'. Im konkreten Beispiel einer Schule (vgl. Schreiner 1989) wurde dieses Komitee aus ein bis zwei Lehrern und sechs bis acht Schülern gebildet. Diese Gruppe bespricht Streitfälle und Disziplinkonflikte und verhängt Sanktionen (welche durchaus auch Pädagogen betreffen können). So sorgt sie zum einen für die Umsetzung von Konsequenzen und Sanktionen – und reflektiert zum anderen auch in einem stetigen Prozess die Überprüfung der Sinnhaftigkeit von Vereinbarungen und Ordnungen. Die Beschlüsse dieses Komitees müssen allerdings von der Gemeinschaftsversammlung bestätigt werden. Wichtig ist zusätzlich, dass die von Sanktionen Betroffenen zukünftig im Hinblick auf die Regeleinhaltung Unterstützung erhalten (was im Kontext Verhaltensstörungen eine besondere Herausforderung darstellen kann). Das zentrale Ziel besteht darin, dass die Lernenden (aber auch die Pädagogen) auf diesem Wege ihre eigenen Werthaltungen – im Hinblick auf Pflichten wie Handlungsziele – weiterentwickeln.
Kohlberg hat sich nicht gescheut, an den Gemeinschaftsdiskussionen auch selbst teil zu nehmen. Die Arbeit einer solchen ‚Gerechten Gemeinschaft' ist häufig recht schwierig und kann auch chaotisch sein, vor allem in der Startphase des Projekts. Begleituntersuchungen haben aber ergeben, dass die beteiligten Kinder und Jugendlichen zumeist sehr zufrieden waren und sich das Niveau ihres moralischen

Urteilens und Argumentierens längerfristig erhöht hat (vgl. etwa Higgins 1987; 1989; Kuhmerker, Gielen & Hayes 1996, 143ff.). Fraglich ist allerdings, inwiefern der Einfluss einer solchen Umwelt den sonstigen Einflüssen auf ein Kind standhalten kann und ob über das konkrete Setting hinaus ein Transfer stattfindet. Hier geht es um die Frage der Entwicklung und Gestaltung einer Art Kultur der jeweiligen Einrichtung, sei es eine Schule oder eine andere (pädagogische) Institution.

Moralität erscheint in Kohlbergs Konzept der ‚Gerechten Gemeinschaft' insbesondere auch implizit: Ein bestimmtes Verständnis von Gerechtigkeit durchzieht die Gerechte Gemeinschaft, auch das Prinzip von Demokratie und letztlich auch des Votums der Mehrheit – aber die zu diskutierenden Werte selbst, die Inhalte eines moralisch anzustrebenden Urteilens und Handelns stehen damit nicht direkt im Fokus, sie bleiben eher im Hintergrund des zugrunde gelegten Stufenmodells und bedürfen der Erarbeitung durch die Gemeinschaft. Damit bleiben auch die moralischen Prinzipien jenseits einer gesetzlichen Ebene, sprich die Argumentationsbasis der Stufen V und VI, recht offen.

Hier treten zugleich demokratietheoretische Überlegungen auf den Plan: Ist das Votum der Mehrheit immer der Königsweg im Hinblick auf Moralität? Ist der Optimismus gerechtfertigt, dass – selbst auf Basis entsprechender Diskussionen – die Mehrheit eine moralisch anspruchsvolle Entscheidung treffe?

Zudem wurde und wird immer wieder der stark idealistische Charakter des Ansatzes kritisiert, der in der Praxis durchaus auf große Schwierigkeiten und Grenzen stößt – insbesondere dahingehend, wie weitreichend die Regeln einer professionellen (pädagogischen) Einrichtung durch die Gemeinschaft und dabei, konsequent gedacht (one person – one vote) durch eine Mehrheit der ‚Zu-Erziehenden' geprägt werden können und dürfen. Optimistisch ist zugleich auch der Grundgedanke, dass sich in der argumentativen Auseinandersetzung immer oder auch nur mehrheitlich ‚höhere' Anspruchsstufen von Moralität durchzusetzen vermögen.

Weiter gefasst und weniger idealistisch ist die Gestaltung einer moral- und wertebezogen förderlichen Einrichtungskultur (vgl. Patry u.a. 2010) mit „moralischer Atmosphäre" (ebd. 180f.). Auf die Bedeutung von Schulkultur und Schulleben wurde bereits unter 2.2.4 hingewiesen, und zentrale Parameter einer solchen Kultur kamen dort zur Sprache, als Aspekte indirekter Werteerziehung (vgl. Stein 2010): emotionale Wärme, klare, gemeinsam vereinbarte Regeln und Forderungen, Möglichkeit der Mitwirkung aller, Vorbildfunktion der Erzieher und letztlich der gesamten Gruppe, Sicherung stabiler Zugehörigkeit zur sozialen Gemeinschaft sowie Möglichkeit von konstruktiven Begegnungen.

‚Moralische Atmosphäre', wie es Patry et al. (2010) bezeichnen, dürfte ein sperriger, auch problematischer, weil ‚moralisierend' wirkender und im Hinblick auf Autonomieentwicklung die Gefahr der impliziten ‚Indoktrinierung' transportierender Begriff sein. Es geht letztlich um die Gestaltung einer Lernkultur, die den

Parametern einer Förderung der Werte-Erarbeitung und des moralisch orientierten Urteilens in kognitiver wie emotionaler Hinsicht gerecht werden müsste. Eine solche Lernkultur könnte den grundsätzlichen Leitlinien „human-demokratisch-vitan" folgen (vgl. Kleber, Stein 2001), im Sinne a) einer Wertschätzung des Humanen und aller Beteiligten, b) der Orientierung an demokratischen Prinzipien und Spielregeln sowie c) dem Gedanken der „Vitanität" als einer Lebens-System-Orientierung, eines Respekts vor allem Lebendigen (vgl. Cohn 1975). Damit kommen auch Werte zusammen, die mit Speck (1991; 1996) unter 2.2.3 als essentiell skizziert wurden: Autonomie, Humanisierung, Lebenssicherung.
Auf noch konkreterer Ebene ‚unterhalb' der Einrichtungsebene – und damit möglicherweise realisierbarer – könnte sich eine ‚Lernkultur der Gruppe' gestalten lassen. Zierer (2013) entwickelt hierzu ein Konzept der Werteerziehung mit ihren Möglichkeiten, das er auch empirisch auf seine Wirkungen hin untersucht (vgl. ebd., 33ff.); er arbeitet mit Dilemma-Diskussionen in der Schulklasse sowie mit spezifischen Methoden wie dem „Werte-Quadrat" (ebd., 82ff.). Einen anderen Ansatz legt Standop (2010, 138ff.) vor. Dabei berücksichtigt sie gerade auch emotionale Aspekte:

> „Den Emotionen kommt in der moralischen Entwicklung eine Schrittmacherfunktion zu, da es Emotionen sind, die die Aufmerksamkeit des Kindes und Jugendlichen steuern und seine Erfahrungen strukturieren. Die Heranwachsenden denken über das nach, was sie betroffen macht" (ebd., 139).

Eckpfeiler ihres Ansatzes sind Anerkennung als Voraussetzung für Selbstachtung, Gemeinschaft als Grundlage gelebter Werte, das pädagogische Verhältnis als Fundament sowie Lehrpersonen als Repräsentanten gelebter Werte. Sie widmet sich auch didaktischen Fragen der Umsetzung.
Eine solche Lernkultur kann den Rahmen für Moralerziehung im erzieherischen Alltag professioneller Einrichtungen bilden, jenseits besonderer Konzepte und Maßnahmen, als Erziehung zu moralischer und Werte-Orientierung im erzieherischen Alltag, denn: „Moralisches Handeln ist lebensweltlich verfasst, so wie empirisches Alltagswissen" (Nida-Rümelin 2015, 92). Es ergibt sich damit auch zentral im pädagogischen Alltag und aus diesem heraus.
Sehr hilfreich dürfte im Rahmen einer entsprechenden Lernkultur auch die Einbindung direkter sozialer Projekte sein, in denen Kinder und Jugendliche tätig werden:

> „Konkrete soziale Projekte verankern und stabilisieren auf reale Art und Weise die Empathie und lassen die Heranwachsenden erfahren, dass es sich nicht nur um ein Ideal handelt, sondern um etwas, das sie selbst mit ihrem Handeln und Engagement bewirken können" (Spiegel 2015, 250).

Basis einer solchen Lernkultur kann, wenn auch als langfristig anzustrebendes Idealmodell, die schon skizzierte Diskursethik nach Habermas (vgl. 2015) sein, denn ihr Rahmen repräsentiert Weg und Ziel eines möglichst herrschaftsfreien, offenen, transparenten und auf Argumentationen und moralische Reflexionen fokussierten Umganges miteinander in der lernenden Gruppe. Allerdings ist die Rolle der Professionellen immer kritisch als eine Besondere zu bedenken, indem über sie ein bestimmtes ‚Herrschaftsmoment' hineinkommt (beispielsweise über das Recht und die Pflicht zur Bewertung und Prüfung), das offen zu diskutieren wäre.

Literatur

Ahrbeck, B. (2004): Kinder brauchen Erziehung. Die vergessene pädagogische Verantwortung. Stuttgart

Bayertz, K. (2004): Warum überhaupt moralisch sein? München

Bierman, K.L., Coie, J., Dodge, K.L. et al. and Conduct Problems Prevention Research Group (2013): School Outcomes of Aggressive-Disruptive Children: Prediction From Kindergarten Risk Factors and Impact of the Fast Track Prevention Program. Aggressive Behavior 39, 114-130

Blesenklemper, K. (2015): Dilemmadiskussion. In: Nida-Rümelin, K., Spiegel, I. & Tiedemann, M. (Hrsg.): Handbuch Philosophie und Ethik. Band I: Didaktik und Methodik. Paderborn. 178-187

Böhm, W. ([16]2005): Wörterbuch der Pädagogik. Stuttgart

Cohn, R.C. (1975): Von der Psychoanalyse zur Themenzentrierten Interaktion. Stuttgart

Colby, A., Kohlberg, L., Gibbs, J. et al. (1983): A longitudinal study of moral judgement. Monograph of the Society for Research in Child Development, 48 (4)

Conduct Problems Prevention Research Group US (1999a): Initial Impact of the Fast Track Prevention Trial for Conduct Problems: I. The High-Risk Sample. In: Journal of Consulting and Clinical Psychology, Vol. 67, No. 5, 631-647

Conduct Problems Prevention Research Group US (1999b): Initial Impact of the Fast Track Prevention Trial for Conduct Problems: II. Classroom Effects. In: Journal of Consulting and Clinical Psychology, Vol. 67, No. 5, 648-657

Dodge, K.A., Bierman, K.L., Coie, J.D.et al. for the Conduct Problems Prevention Research Group (2015): Impact of Early Intervention on Psychopathology, Crime, and Well-Being at Age 25. American Journal for Psychiatry 172, 59-70

Eddy, J. M., Reid, J. B. & Feltrow, R. A. (2000): An Elementary School-Based Prevention Program Targeting Modifiable Antecedents of Youth Delinquency and Violence: Linking the Interests of Families and Teachers (LIFT). In: Journal of Emotional & Behavioral Disorders, Vol. 8, No. 3, 165-177

Ellinger, S. (2006): Zur Bedeutung von Scham- und Schulkultur bei Migrationshintergrund in der Schule. Ergebnisse einer empirischen Studie nach der Grounded Theory. In: Sonderpädagogische Förderung 51 (4), 399-447

Fellmann, F. (2000): Die Angst des Ethiklehrers vor der Klasse. Ist Moral lehrbar? Stuttgart

Freud, S. (1926; [3]1997): Hemmung, Symptom und Angst. Frankfurt a.M.

Freud, S. (1933; [2]1998): Neue Folge der Vorlesungen zur Einführung in die Psychoanalyse. Frankfurt a.M.

Gensicke, T. (2015): Die Wertorientierungen der Jugend (2002-2015). In: Shell Deutschland Holding (Hrsg.): Jugend 2015. Eine pragmatische Generation im Aufbruch. Frankfurt a.M. 237-272

Gielen, U. in Zusammenarbeit mit Lei, T. (1996): Die Messung des moralischen Urteilens. In: Kuhmerker, L., Gielen, U. & Hayes, R.L.: Lawrence Kohlberg. Seine Bedeutung für die pädagogische und psychologische Praxis. München. 90-117

Habermas, J. (1985): Die neue Unübersichtlichkeit. Frankfurt a.M.

Habermas, J. (2015): Diskursethik. In: Nida-Rümelin, K., Spiegel, I. & Tiedemann, M. (Hrsg.): Handbuch Philosophie und Ethik. Band II: Disziplinen und Themen. Paderborn. 74-79

Heidbrink, H. (^{2}1996): Einführung in die Moralpsychologie. Weinheim

Helfrich, H. (2013): Kulturvergleichende Psychologie. Wiesbaden

Henz, H. (^{2}1992): Ethische Erziehung. Ethische Fundamentalpädagogik für Lehrer, Erzieher und Eltern. München

Herrmann, B. (1987): Verständigung über Erziehungswerte. Grundlagen und Praxis für ein Kollegiumsgespräch. Weinheim

Higgins, A. (1987): Moralische Erziehung in der Gerechte Gemeinschaft-Schule – Über schulpraktische Erfahrungen in den USA. In: Lind, G., Raschert, J. (Hrsg.): Moralische Urteilsfähigkeit. Weinheim. 54-72

Higgins, A. (1989): Das Erziehungsprogramm der Gerechten Gemeinschaft: Die Entwicklung moralischer Sensibilität als Ausdruck von Gerechtigkeit und Fürsorge. In: Lind, G., Pollitt-Gerlach, G. (Hrsg.): Moral in „unmoralischer" Zeit. Heidelberg. 101-127

Hofstede, G., Hofstede, G.J. (2005): Lokales Denken, globales Handeln. München http://fasttrackproject.org/(Abruf vom 13.03.2018)

Hügli, A., Lübcke, P. (^{2}1997): Philosophielexikon. Reinbek

Hurna, M. (2017): Was ist, was kann, was will Moral? Wiesbaden

Kleber, E.W., Stein, R. (2001): Lernkultur am Ausgang der Moderne. Baltmannsweiler

Kohlberg, L. (1995): Die Psychologie der Moralentwicklung. Frankfurt

Kuhmerker, L. (1996): Der Einfluß des Religionsunterrichts auf die moralische Entwicklung aus Kohlbergs Perspektive. In: Kuhmerker, L., Gielen, U. & Hayes, R. L.: Lawrence Kohlberg. Seine Bedeutung für die pädagogische und psychologische Praxis. München. 207-222

Kuhmerker, L., Gielen, U. & Hayes, R.L. (1996): Lawrence Kohlberg. Seine Bedeutung für die pädagogische und psychologische Praxis. München

Lind, G. (2015): Moral ist lehrbar. Wie man moralisch-demokratische Kompetenz fördern und damit Gewalt, Betrug und Macht mindern kann. Berlin

Maier, K.E. (1986): Grundriß moralischer Erziehung. Bad Heilbrunn

Marcia, J., Waterman, A., Matteson, D. et al. (Hrsg.) (1993): Ego-Identity: a Handbook for Psychological Research. New York

Mead, M. (1971): Der Konflikt der Generationen. Jugend ohne Vorbild. Freiburg i.Br.

Miller, J.G. (2000): Verträgt sich Gemeinschaft mit Autonomie? Kulturelle Ideale und empirische Wirklichkeiten. In: Edelstein, W., Nunner-Winkler, G. (Hrsg.): Moral im sozialen Kontext. Frankfurt a.M., 338-341

Montag, B. (2015): Debatten im Ethik- und Philosophieunterricht. In: Nida-Rümelin, K., Spiegel, I. & Tiedemann, M. (Hrsg.): Handbuch Philosophie und Ethik. Band I: Didaktik und Methodik. Paderborn.196-205

Nida-Rümelin, J. (2015): Metaethik: Moral, Wissenschaft und Wahrheit. In: Nida-Rümelin, K., Spiegel, I. & Tiedemann, M. (Hrsg.): Handbuch Philosophie und Ethik. Band II: Disziplinen und Themen. Paderborn. 85-93

Nida-Rümelin, K., Spiegel, I. & Tiedemann, M. (Hrsg.) (2015a): Handbuch Philosophie und Ethik. Band I: Didaktik und Methodik. Paderborn

Nida-Rümelin, K.; Spiegel, I. & Tiedemann, M. (Hrsg.) (2015b): Handbuch Philosophie und Ethik. Band II: Disziplinen und Themen. Paderborn

Oser, F. (1981): Moralisches Urteil in Gruppen – soziales Handeln – Verteilungsgerechtigkeit. Frankfurt

Oser, F. (1987): Möglichkeiten und Grenzen der Anwendung des Kohlberg´schen Konzepts der moralischen Erziehung in unseren Schulen. In: Lind, G., Raschert, J. (Hrsg.): Moralische Urteilsfähigkeit. Weinheim. 44-53

Patry, J.-L., Weinberger, A. & Weyringer, S. (2010): Innere Rahmenbedingungen von Unterricht. In: Zierer, K. (Hrsg.): Schulische Werteerziehung. Baltmannsweiler. 178-194

Pauer-Studer, H. (2015): Tugendethik. In: Nida-Rümelin, K., Spiegel, I. & Tiedemann, M. (Hrsg.): Handbuch Philosophie und Ethik. Band II: Disziplinen und Themen. Paderborn. 79-84

Riedel, M., Seubert, H. (2015): Einführung in die Philosophie. Wien: Böhlau

Schreiner, G. (1989): Demokratische Erziehung muß über den Horizont der Kleingruppe hinausgehen! Zu einem Vergleich des Team-Kleingruppen-Modells mit der Gerechten Schulgemeinschaft. In: Lind, G., Pollitt-Gerlach, G. (Hrsg.): Moral in „unmoralischer" Zeit. Heidelberg, 129-152

Sellmaier, S. (2011): Ethik der Konflikte. Über den angemessenen Umgang mit ethischem Dissens und moralischen Dilemmata. Stuttgart

Seitz, W. (1998): Delinquenz von Kindern und Jugendlichen als Folge mangelnder Selbst- und Handlungskontrolle. In: Knab, E., Macsenaere, M. (Hrsg.): Heimerziehung als Lebenshilfe. Festschrift zum 70. Geburtstag von Dr. Peter Flosdorf. Mainz: Eigenverlag des Institutes für Kinder- und Jugendhilfe. 121-150

Somersalo, H. (2002): School environment and children's mental well-being. Academic dissertation, University of Helsinki. Im Internet unter: http://ethesis.helsinki.fi/julkaisut/laa/kliin/vk/somersalo/schoolen.pdf. Abruf vom 13.03.2018

Speck, O. (1991): Chaos und Autonomie in der Erziehung. München

Speck, O. (1996). Erziehung und Achtung vor dem Anderen. München

Spiegel, I. (2015): Empathie- und Compassion-Training. In: Nida-Rümelin, K., Spiegel, I. & Tiedemann, M. (Hrsg.): Handbuch Philosophie und Ethik. Band I: Didaktik und Methodik. Paderborn. 245-251

Standop, J. (2005): Werteerziehung. Einführung in die wichtigsten Konzepte der Werteerziehung. Weinheim

Standop, J. (2010): Innere Rahmenbedingungen von Unterricht. In: Zierer, K. (Hrsg.): Schulische Werteerziehung. Baltmannsweiler. 138-146

Stein, M. (2010): Äußere Rahmenbedingungen von Unterricht. In: Zierer, K. (Hrsg.): Schulische Werteerziehung. Baltmannsweiler. 128-137

Stein, R., Stein, A. (^{2}2014): Unterricht bei Verhaltensstörungen. Bad Heilbrunn

Stein, R. (2002): Selbst- und Handlungsregulation: ein Metamodell für Störungen des Verhaltens und Lernens. In: Wittrock, M., Schröder, U., Rolus-Borgward, S. & Tänzer, U. (Hrsg.): Lernbeeinträchtigung und Verhaltensstörung. Konvergenzen in Theorie und Praxis. Stuttgart. 80-95

Stein R. (^{5}2017): Grundwissen Verhaltensstörungen. Baltmannsweiler

Wallisch, K. (1999): Moralentwicklung im Kulturvergleich. Berlin

Werner, H.-J. (2002): Moral und Erziehung in der pluralistischen Gesellschaft. Darmstadt

Wiater, W. (2010): Terminologische Vorüberlegungen. In: Zierer, K. (Hrsg.): Schulische Werteerziehung. Baltmannsweiler. 6-22

Yussen, S. R. (1976): Moral reasoning from the perspective of others. In: Child Development, 47, 551-555

Zierer, K. (Hrsg.) (2010): Schulische Werteerziehung. Baltmannsweiler

Zierer, K. (2013): Können Kinder Moral lernen? Studien zur Werte- und Moralerziehung. 3. Auflage. Baltmannsweiler

3 Bedingungsfelder und Faktoren von Erziehung als Herausforderung

Charlotte Hanisch und Thomas Hennemann

3.1 Elterliche Erziehung – Aspekte, Herausforderungen und Probleme

3.1.1 Einleitung

Nicht selten wird sowohl in der gesamtgesellschaftlichen Diskussion im Allgemeinen als auch in schulischen Kontexten das elterliche Erziehungsverhalten im Sinne von Erziehungskompetenz oder auch -defiziten im häuslichen Umfeld als die herausragende Einflussvariable auf kindliche (Fehl)Entwicklungen etwa bei der Entstehung einer Verhaltensproblematik angesehen. Zahlreiche entwicklungspsychologische und -pathologische Studien auch im Bereich der Resilienz bestätigen die hohe Bedeutung der elterlichen Erziehung für die Entwicklung des Kindes (vgl. Skala, Bruckner 2014; Dvorsky, Langberg 2016).
Insbesondere in der Kooperation zwischen Schule und Elternhaus kommt es häufig zu einseitigen Schuldzuweisungen gegenüber den Eltern für die gezeigten herausfordernden Verhaltensweisen ihrer Kinder im Unterricht. Für eine angemessene Einordnung des Faktors elterliche Erziehung im Rahmen eines multifaktoriell bedingten Entstehungsmodells kindlicher Verhaltensstörungen bedarf es jedoch eines differenzierteren Verständnisses der oftmals komplexen, mehrdimensionalen Wechselwirkungsprozesse zwischen intrapsychischen sowie interaktionellen Erfahrungen, ökonomischen und soziokulturellen Parametern und den Anforderungen der altersentsprechenden Bildungsinstitutionen.
Im folgenden Beitrag erfolgt daher zunächst ein Blick auf generelle Prinzipien entwicklungsförderlicher elterlicher Erziehung. Besonders betont wird hierbei ein Erziehungsstil, der eine Balance herstellt zwischen den kindlichen Bedürfnissen nach Bindung, nach Struktur und Orientierung sowie nach Autonomie und Selbstwirksamkeit. Im nächsten Schritt werden Risikofaktoren für ungünstiges Erziehungsverhalten auf der Ebene des Kindes, der Eltern und der Umwelt beschrieben. Bei der Entstehung und Aufrechterhaltung von kindlichem Problemverhalten spielt dysfunktionales elterliches Erziehungsverhalten eine zentrale Rolle, so dass sich anschließend zunächst generell mit entwicklungshinderlicher elterlicher Erziehung auseinandergesetzt wird und dann Entwicklungsmodelle von Problemverhalten dargestellt werden, die Kind- und Elternvariablen in einem sich gegenseitig bedingenden Zusammenspiel betrachten. Elterntrainings gelten als evidenzbasierte Intervention zur Steigerung elterlicher Erziehungskompetenz und somit zur Prävention von kindlichen Verhaltensproblemen. Es werden Inhalte, Wirksamkeit und unterschiedliche Formate kognitiv-behavioraler Elterntrai-

nings beschrieben, und es wird ein Ausblick auf neue Entwicklungen in diesem Bereich gegeben. Der Beitrag schließt mit Überlegungen, inwieweit auch im Rahmen professionellen Handelns im schulischen Kontext elterliche Erziehungskompetenz gestärkt werden kann.

3.1.2 Elterliche Erziehungsstile

Die Qualität und das emotionale Klima früher Eltern-Kind-Interaktionen, eine sichere Bindung und positives elterliches Erziehungsverhalten und -einstellungen beeinflussen sich wechselseitig (vgl. Pinquart 2013; Siegler et al. 2016) und gelten als starke Prädiktoren für eine günstige sozial-emotionale Entwicklung (vgl. Schneider, Hasselhorn 2012). Inwieweit der frühen Eltern-Kind-Bindung oder der Qualität der fortdauernden Beziehung zu den Eltern eine jeweils größere Rolle beizumessen ist, wird kontrovers diskutiert.

Für die Entstehung eines positiven emotionalen Klimas und für Bindungssicherheit scheint elterliche Sensitivität oder Feinfühligkeit entscheidend (vgl. Grossmann, Grossmann 2004). Hierunter wird verstanden, dass Eltern die Bedürfnisse des Kleinkindes wahrnehmen und prompt und angemessen darauf reagieren. Durch den Spiegel der eigenen physiologischen und psychologischen Bedürfnisse im Verhalten der Erziehenden entwickelt das Kind ein Verständnis eigenen Erlebens und macht so die Erfahrung von Orientierung, Struktur und Selbstwirksamkeit. Anhand der Interaktionserfahrungen mit primären Bindungspersonen baut es im inneren Arbeitsmodell ein System von Regeln über die Vorhersagbarkeit der Welt auf und darüber, wie verfügbar und hilfreich Erziehende für die Befriedigung eigener Bedürfnisse sind (vgl. Hédervári-Heller 2013). Kindliches Bindungsverhalten richtet sich an diesem inneren Arbeitsmodell aus und stellt somit eine Anpassungsleistung an das elterliche Verhalten dar (vgl. Fearon, Roisman 2017). Kinder, die die Erfahrung gemacht haben, dass Bindungspersonen in ihren Reaktionen verfügbar und verlässlich vorhersagbar sind, lernen über die Äußerung eigener Bedürfnisse die Bindungsperson zur Regulation von körperlichem oder emotionalem Missempfinden zu nutzen und entwickeln eine sichere Bindung (vgl. Grossmann, Grossmann 2004). Sind die Reaktionen der Bindungsperson in der Regel nicht, verspätet oder sehr wechselhaft verfügbar oder bezogen auf das kindliche Bedürfnis nicht passend, machen sie unsicheres-ambivalentes bzw. ein unsicher-vermeidendes Bindungsverhalten wahrscheinlicher (vgl. Murray et al. 2014). Sensitivität oder Responsivität als Ausmaß elterlicher Bereitschaft und Fähigkeit, kindliche Bedürfnisse wahrzunehmen und das Kind in seinen Sorgen zu akzeptieren und zu unterstützen, bildet somit eine erste entscheidende Dimension elterlichen Erziehungsverhaltens.

Auf kognitiver Ebene geht Erziehungsverhalten mit Erziehungseinstellungen und Erziehungszielen einher. Aus der Summe aller bewussten und unbewussten Verhaltensweisen und Erziehungseinstellungen ergibt sich der elterliche Erziehungsstil. Eine viel zitierte und anerkannte Einteilung elterlicher Erziehungsstile von Baumrind (1971) misst neben der Dimension der Responsivität der elterlichen Steuerung eine wichtige Bedeutung bei. Durch jeweils hohe bzw. niedrige Ausprägung beider Dimensionen ergeben sich vier Erziehungsstile. Der autoritäre Erziehungsstil ist gekennzeichnet durch ein hohes Maß an Steuerung und geringe Responsivität, während permissives Erziehen durch geringe Steuerung und hohe Responsivität und ein zurückweisender, vernachlässigender Erziehungsstil durch geringe Steuerung und geringe Responsivität charakterisiert ist. Autoritatives Erziehen umfasst ein hohes Maß an Steuerung bei gleichzeitig stark ausgeprägter elterlicher Responsivität. Eltern, die autoritativ erziehen, haben hohe Anforderungen, setzen klare Grenzen und achten auf deren Einhaltung. Innerhalb dieser Grenzen gewähren sie ein Maximum an Autonomie und unterstützen Selbstständigkeit. Autoritative Erziehung gilt als günstigster Erziehungsstil zur Unterstützung einer freien und werte- und normorientierten Entfaltung der kindlichen Persönlichkeit. Autoritativ erzogene Kinder wurden als selbstbewusst, leistungsorientiert, emotional stabil und sozial kompetent beschrieben (vgl. Schneider, Hasselhorn 2012).

Mit Erziehungsstilen eng verbunden sind Erziehungsziele. Erziehungsziele werden aus Werten abgeleitet und beziehen sich auf verschiedene Bereiche (z.B. emotionale, kognitive, soziale Erziehungsziele). So verfolgt etwa der autoritäre Erziehungsstil das Ziel des Gehorsams und der Konformität, während der autoritative Stil eher mit den Erziehungszielen Autonomie und Eigenständigkeit zu vermitteln verbunden ist (vgl. Maccoby, Martin 1983). Sowohl Erziehungsstile als auch Erziehungsziele sind einem Wandel unterworfen. Der Wandel der Erziehungsziele im Zuge des allgemeinen Wertewandels lässt sich vereinfacht als eine zunehmende Wertschätzung der kindlichen Persönlichkeit beschreiben.

Zwei Kritikpunkte haben die Diskussion um elterliche Erziehungsstile in Baumrinds Sinne geprägt: zum einen sind die postulierten Muster nicht auf alle Eltern anwendbar. Eltern scheinen sich situationsspezifisch unterschiedlich zu verhalten, z.B. tritt permissiv gewährendes Erziehungsverhalten gemeinsam mit in anderen Situationen harsch strafendem Verhalten häufig im Kontext aggressiven kindlichen Verhaltens auf (vgl. Dishion et al. 2016). Zum anderen beeinflussen Kinder elterliches Erziehungsverhalten durch Temperament und eigenes Verhalten. Sicher gebundene Kinder machen es z.B. ihren Eltern leichter, autoritativ zu erziehen (vgl. Schneider, Hasselhorn 2012). Im Sinne eines transaktionalen systemischen Modells wird also von einem komplexen Wechselspiel aus kindlichen und elterlichen Variablen ausgegangen, die gemeinsam elterliches Erziehungsverhalten hervorbringen. Als weiteres Beispiel lässt sich anführen, dass Eltern sich umso mehr aus der Erziehung zurückziehen und den Aufenthalt der Kinder weniger überprüfen, je problematischer das Verhalten der Heranwachsenden wird (vgl. Patterson, Reid & Dishion 1992).

Neben dem Bindungsbedürfnis, das bereits angesprochen wurde und im Zusammenhang mit elterlicher Erziehung eine herausragende Rolle spielt, haben verschiedene Autoren (Grawe 2004; Young et al. 2009) unabhängig voneinander Grundbedürfnisfrustrationsmodelle formuliert, die vier weitere, sich wechselseitig beeinflussende psychologische Grundbedürfnisse postulieren. Die Bedürfnisse nach Bindung, Autonomie/Selbstwirksamkeit, Spaß und Selbstwert/Anerkennung ordnet z.B. Young (2009) auf einer Ebene an, während das Bedürfnis nach Struktur und Ordnung auf einer darüberliegenden Ebene zu verstehen ist. Elterliches Erziehen hat hier die Funktion, eine Balance zwischen den Bedürfnissen bzw. zwischen deren Befriedigung herzustellen. Betrachtet man Erziehung aus der Perspektive kindlicher psychologischer Grundbedürfnisse, so kommt der autoritativen Erziehung ein besonderer Stellenwert zu: ein hohes Maß an elterlicher Responsivität ermöglicht sowohl das Wahrnehmen der Bedürfnisse des Kindes als auch das Herstellen von Bindungssicherheit und somit die Befriedigung des Bindungsbedürfnisses. Gleichzeitig bietet sichere Bindung eine Vorhersagbarkeit und zusammen mit der Lenkungsdimension autoritativer Erziehung ein Verständnis von Orientierung und Struktur an. Flexible, an das Entwicklungsalter angepasste Anforderungen und Freiräume ermöglichen Autonomie, Erfolge und Selbstwirksamkeitserleben.

In Übereinstimmung mit zentralen psychologischen Grundbedürfnissen erweitern empirische Studien zum Zusammenhang zwischen elterlicher Erziehung und kindlicher Entwicklung die ursprünglichen zwei Dimensionen elterlicher Erziehung auf drei. Besonders förderlich scheint elterliche Erziehung zu sein, wenn sie eine Balance herstellt zwischen (1) dem Maß an elterlicher Responsivität (z.B. Wärme und Unterstützung), (2) dem Grad der Anforderung durch die Eltern (Aufsicht, Regeln und Struktur und Anforderung an Anstrengungsbereitschaft) und (3) einem altersgemäßen Gewähren von Freiheit (vs. Überbehütung) (vgl. Steinberg 2010).

Besonders eingehend und viel untersucht sind die Zusammenhänge zwischen Bindung, elterlichem Erziehungsstil und sozial-emotionaler Entwicklung (vgl. Fearon, Roisman 2017). Hierbei scheint Bindungssicherheit stärker mit sozialer Kompetenz und -unsicherheit mit expansiven Verhaltensproblemen verknüpft als mit internalisierendem Problemverhalten (vgl. Groh et al. 2012). Aber auch für den Bereich kognitiver Entwicklung sind signifikante Zusammenhänge belegt: die negative Korrelation zwischen sozioökonomischen Risiken und kognitiver Entwicklung scheint durch eine geringere Sensitivität bei Müttern mit erhöhten Risiken vermittelt (vgl. Firk et al. 2018). Mit anderen Worten hängen sozioökonomische nur dann mit kognitiven Risiken zusammen, wenn die Mütter wenig feinfühlig reagieren.

3.1.3 Risikofaktoren für ungünstiges Erziehungsverhalten

Im vorangegangen Kapitel wurde dargestellt, dass elterliche Erziehung besonders dann entwicklungsförderlich zu sein scheint, wenn sie die Befriedigung psychologischer Grundbedürfnisse, und hier v.a. das Bedürfnis nach Bindung, nach Orientierung und Struktur und nach Autonomie und Selbstwirksamkeitserleben in Balance hält. In diesem Kapitel soll näher betrachtet werden, welche Faktoren elterliche Erziehung herausfordernd machen können. Dabei erscheint es sinnvoll, die identifizierten Risikofaktoren für ungünstiges Erziehungsverhalten auf mindestens drei Ebenen zu systematisieren, die sich wiederum im Sinne des bioökologischen Modells von Bronfenbrenner (1979) gegenseitig beeinflussen: (1) Kindfaktoren, (2) Elternfaktoren und (3) ungünstige Umweltfaktoren. Deren Wirkweisen zu kennen und im Kontext kompensatorischer Erziehungshilfen zu berücksichtigen, stellt insbesondere auch für die Pädagogik bei Verhaltensstörungen eine wesentliche Aufgabe bzw. Ressource für die professionelle pädagogische Arbeit mit Schülern unter erhöhten psychosozialen Risiken dar.

(1) Kindfaktoren
Zahlreiche Risikofaktoren auf der individuellen Ebene des Kindes stehen in engem Zusammenhang zum elterlichen Erziehungsverhalten. So konnten Studien (Narusyte et al. 2008) belegen, dass die negative Einstellung der Mütter gegenüber ihren Kindern sowie auch das Ausmaß an Kontrolle, das sie ausüben, teilweise von der Erbanlage der Kinder beeinflusst wird (z.B. von der Neigung, häufiger negative Emotionen zu erleben und auszudrücken). Weitere empirisch gesicherte Risikofaktoren für die Entwicklung psychischer Störungen, die auch die Eltern-Kind-Interaktionen belasten können, sind nach Döpfner (2006, S. 694) eine Verzögerung in der frühkindlichen Entwicklung, eine unangemessene Emotionsregulation, ein schwieriges Temperament, soziale Inkompetenz, Aufmerksamkeitsprobleme, Exposition gegenüber Aggression und Gewalt sowie schulische Demoralisierung. Zudem neigen unregulierte Kinder, die häufig negative Gefühle erleben, in der Pubertät zu heftigen Konflikten mit ihren Eltern bzgl. häuslicher Pflichten, gegenseitigem Respekt sowie Rücksichtnahmen zwischen Familienmitgliedern. Auch im Kontext Schule lässt sich eine solche negative Interaktion zwischen unregulierten Schülern und ihren Lehrkräften häufig feststellen. Konflikte zwischen Heranwachsenden und ihren Müttern beziehen sich nicht selten auf kriminelle sowie externalisierende Verhaltensweisen der Jugendlichen. Auch ein Rückgang an Vertrautheit zwischen Jugendlichen und Mutter ist erhöht, wenn die Mutter-Kind-Beziehung auch vorher negativ geprägt war.

(2) Elternfaktoren
Während wie oben beschrieben negative mütterliche Einstellung durch genetische Merkmale des Kindes mitbedingt sind, scheint dagegen das Ausmaß ver-

trauten und liebevollen Verhaltens der Mütter dem Kind gegenüber auch auf die genetische Disposition der Mutter selbst zurück zu führen zu sein (vgl. Siegler et al. 2016). Gleichzeitig scheint mütterliche Wärme ein Schutzfaktor gegen die Entwicklung von Problemverhalten zu sein (vgl. Eisenberg et al. 2005). Auf der Ebene Eltern lassen sich ebenfalls empirisch belegte Risikofaktoren für ungünstiges Erziehungsverhalten und somit für die Entstehung einer kindlichen Verhaltensproblematik identifizieren. Nach Döpfner (2006, S. 694) stellen ein geringer Bildungsstand der Eltern, negative familiäre Kommunikationsmuster, aber auch Delinquenz und psychische Erkrankungen der Eltern sowie familiäre Gewalt nachweisbare Risikofaktoren dar. Kuntz et al. (2013) führen ebenfalls einen niedrigen Bildungsstand der Eltern und zudem eine soziale Isolation als potentielle Risikofaktoren auf. Auch eine junge Elternschaft, geringes Selbstvertrauen, eine eher eingeschränkte Sensitivität, eine höhere Impulsivität und Aggression der Eltern sowie Partnerschaftskonflikte können die elterliche Erziehung mittelbar negativ beeinflussen (vgl. Buehler, Gerard 2002).

In der Gruppe von Eltern von Kindern mit psychischen Störungen sind neben den aufgeführten Risikofaktoren häufig die eigenen psychischen Probleme der Eltern zu finden. So ergab eine Studie von Knappe et al. (2013) einen Anteil von 39,4 % mit mindestens einem psychisch kranken Elternteil. Gerade die postpartale Depression scheint sich in mangelnder Sensitivität, Passivität, gehäuftem negativem Affekt und geringerem mimischen Ausdruck zu äußern und so Schwierigkeiten in der Eltern-Kind-Beziehung wahrscheinlicher zu machen (vgl. Timmer et al. 2011). Eltern mit Drogenkonsum weisen häufiger unsichere Bindungsmuster auf und sind aufgrund eines instabilen Selbstwertgefühls weniger gut in der Lage, kindliche Bedürfnisse wahrzunehmen (vgl. Schindler et al. 2005). Drogenkonsum und andere Abhängigkeitserkrankungen scheinen damit über die Generationen hinweg Erziehungsverhalten zu beeinträchtigen (vgl. Pears, Capaldi & Owen 2007).

(3) Umweltfaktoren
Neben den beschriebenen wesentlichen elterlichen Faktoren stellt die Familiendynamik wiederum einen eigenen Einflussfaktor auf das elterliche Erziehungsverhalten dar. So lässt sich empirisch belegen, dass etwa der soziokulturelle Kontext für das Verstehen der jeweiligen Familiendynamik und ihrer möglichen Auswirkungen bedeutsam ist. Welche sozialen Unterstützungssysteme, wie z.B. Verwandte, Freunde, Nachbarn, aber auch soziale Einrichtungen wie Kirchen, Schule oder Vereine, stehen einer Familie in welchem Ausmaß zur Verfügung? Daneben bedingen Änderungen der Dynamiken etwa durch veränderte elterliche Erziehungsansichten, partnerschaftliche Beziehungsprobleme, singuläre Ereignisse (z.B. Scheidung oder Tod eines Familienangehörigen) oder auch Geschwisterstreitereien das elterliche Erziehungsverhalten.

Ebenfalls bedeutsame Einflussfaktoren sind die sozioökonomischen Rahmenbedingungen, unter denen Familien ihr Leben gestalten. Neben einem geringen Einkommen, das zu dauerhaftem Stresserleben der Eltern führen kann, hängen jedoch die gewählten Erziehungspraktiken und -ziele ebenfalls unmittelbar vom sozioökonomischen Status der Eltern ab. So nutzen Eltern mit einem niedrigen sozioökonomischen Status häufiger autoritäre und strafende Erziehungspraktiken gegenüber ihren Kindern. Im Gegensatz zu sozial schwächer gestellten Eltern finden bei Müttern mit höherem sozioökonomischerem Status seltener Kontrolle sowie Missbilligungen in der Interaktion mit ihren Kindern statt (vgl. Siegler et al. 2016). Sie bieten diesen mehr Gesprächsbeteiligungen und Gelegenheiten an, über Emotionen zu kommunizieren und reagieren unmittelbar auf das Gesagte ihrer Kinder. Zudem besteht ebenfalls ein Zusammenhang zwischen dem sozioökonomischen Status der Eltern und deren Überzeugungen und Werten. Nachweislich legen einkommensschwache Eltern viel Wert auf Konformität, dagegen weniger auf selbstreguliertes oder auch autonomes Verhalten ihrer Kinder. Darüber hinaus scheinen einkommensschwächere Eltern weniger Wissen über Erziehung im Allgemeinen zu haben. Auch die Rolle des Kindes als Akteur seiner selbst in Lern- und Entwicklungsprozessen wird von sozioökonomisch benachteiligten Eltern als weniger bedeutsam eingeschätzt. Und schließlich erhalten Kinder von Eltern mit einem niedrigen sozioökonomischen Status weniger Mitsprachemöglichkeiten, etwa bei der Festlegung von Regeln sowie möglicher Konsequenzen bei deren Nichtbeachtung.

Die hier beschriebenen Faktoren erhöhen die Stressbelastung der Eltern. Dies wiederum mindert die Fähigkeit und die Bereitschaft, kindliche Bedürfnisse wahrzunehmen und angemessen darauf zu reagieren. Einerseits macht diese durch elterlichen Stress reduzierte Sensitivität funktionales Erziehungsverhalten bereits weniger wahrscheinlich, andererseits erschweren elterliche Belastungen das Aufbringen der nötigen Energie für ein konsequentes strukturvermittelndes Erziehungsverhalten.

3.1.4 Entstehung und Verlauf von Problemverhalten

Problematisches elterliches Erziehungsverhalten gilt als zentraler Risikofaktor für die Entstehung und Aufrechterhaltung expansiven Problemverhaltens in der frühen Kindheit (vgl. Beelmann et al. 2007). Unter expansivem Problemverhalten wird oppositionelles, aggressives und unruhiges Verhalten verstanden. Problemverhalten meint eine leichte Abweichung von der Entwicklungsnorm, während externalisierende Verhaltensstörungen im Sinne der klinischen Psychologie des Kindes- und Jugendalters Störungen des Sozialverhaltens und ADHS umfassen. Ursachenmodelle zu beiden Störungen gehen von einem komplexen Wechselspiel aus bio-psycho-sozialen Risikofaktoren aus, wobei v.a. bei der Entstehung der Störung des Sozialverhaltens dem elterlichen Erziehungsverhalten eine zentrale Rolle zukommt (vgl. Nigg et al. 2005; Pardini, Frick 2013). Als besonders ungünstig gilt ein Erziehungsverhalten, das durch geringes Monitoring, d.h. durch geringe elterliche Informiertheit über den Aufenthalt, die Aktivitäten und das Befinden des Kindes, durch übermäßige Kontrolle, Ablehnung und durch harsche Strafen geprägt ist (vgl. Burnette, Oshri, Lax et al. 2012). Außerdem wichtig sind die Verstärkerbedingungen, unter denen Problem- bzw. Zielverhalten auftreten. In Übereinstimmung hiermit beschreibt Patterson (1992) in seinem Teufelskreismodell zwingender Interaktionen (vgl. Patterson, Reid & Dishion 1992) die Entstehung expansiven Problemverhaltens aus der Perspektive der Verhaltenskonsequenzen (Patterson 2016): Auf kindliches Problemverhalten, z.B. auf verweigerndes Verhalten, reagieren Eltern mit mehrfacher Wiederholung der Aufforderung, mit Diskussionen um die Regeln und letztendlich mit entweder resigniertem Nachgeben oder aggressivem Strafen. Hiermit beschreibt Pattersons Teufelskreismodell, wie harsches und permissives Elternverhalten gleichzeitig auftreten und so die Einordnung in ein Schema aus vier Erziehungsstilen wie oben beschrieben erschweren kann (vgl. Dishion et al. 2016). Kindliches Problemverhalten wird im Teufelskreismodell durch Aufmerksamkeit und durch das Durchsetzen der kindlichen Wünsche positiv und durch die Vermeidung elterlicher Anforderungen oder Kritik negativ verstärkt (vgl. Patterson 2016). Aggressives elterliches Verhalten dient dem Kind als ungünstiges Modell für Konfliktlösungen. Gleichzeitig beschreibt Patterson, dass sich gerade Eltern von Kindern mit Problemverhalten bei gewünschtem Verhalten vom Kind abwenden. Aus der Perspektive instrumentellen Lernens löschen sie somit das Zielverhalten. Das Kind lernt, dass sich Problemverhalten lohnt, während prosoziales, regelkonformes Verhalten mit negativen Konsequenzen verbunden ist. Es entwickeln sich ungünstige Eltern-Kind-Interaktionen, die auf Seiten der Eltern durch ein geringes Selbstwirksamkeitserleben und durch negative Zuschreibungen dem Kind gegenüber geprägt sind (vgl. Heath et al. 2015). Eine Zunahme an negativen Affekten macht den Teufelskreis zwingender Interaktionen wahrscheinlicher (vgl. Patterson 2015). Eltern, die in ihrem Erziehungsverhalten verunsichert sind bzw. sich als wenig selbstwirksam im Hinblick auf eigene Erziehung erleben, neigen dazu, das Kind in erster Linie negativ wahrzunehmen, Konfliktsituationen zu vermeiden oder deren Lösung bis zu einem Zeitpunkt aufzuschieben, an dem sie eigene Grenzen so stark überschritten haben, dass sie wiederum schnell harsch strafend oder resigniert reagieren (vgl. Döpfner et al. 2013).

Besonders ungünstig für die kindliche Entwicklung ist ein solch dysfunktionales elterliches Erziehungsverhalten, wenn es auf Seiten des Kindes wie oben beschrieben mit frühen Regulations- bzw. Selbststeuerungsproblemen oder dysfunktionalen Emotionsregulationsstrategien einhergeht (vgl. Sonuga-Barke et al. 2016). Dieses ungünstige Zusammenspiel aus Kind- und Umweltvariablen ist Ausgangspunkt verschiedener Entwicklungsmodelle dissozialen Verhaltens, die von einem sich aufschaukelnden, dynamischen Prozess familiärer Schwierigkeiten ausgehen (vgl. Dishion et al. 2016). Trifft ein Kind mit leichten frühen Verhaltensproblemen, z.B. Selbststeuerungsschwierigkeiten, auf Eltern, die aufgrund eigener Risikofaktoren wie z.b. psychosozialer Belastungen im oben beschriebenen Sinne dysfunktional erziehen, tritt das Kind mit im Verlauf größer gewordenen Entwicklungsrückständen als Risikokind in den Kindergarten ein (vgl. Loeber et al. 2000). Hier ist aufgrund der Selbststeuerungsprobleme, die inzwischen durch eine Kombination aus kindlicher Disposition und ungünstiger Lerngeschichte bedingt sind, das Risiko für negative Interaktionserfahrungen mit Erziehenden und Gleichaltrigen erhöht. Auch hier lässt sich der oben beschriebene Teufelskreis zwingender Interaktionen beobachten. Dadurch und durch soziale Ausschlussprozesse fehlen Möglichkeiten, prosoziales Verhalten einzuüben. Kinder mit expansivem Problemverhalten schließen sich eher Peers an, die ähnliches Verhalten zeigen, was wiederum zu ungünstigen Verstärker- und Modelllernprozessen führt (vgl. Patterson 2016). Mit Übergang in die Grundschule weist das Kind dann eine geringere soziale Anpassung auf, zeigt akademische Minderleistungen und festigt damit seinen Risikostatus weiter. Die Wahrscheinlichkeit für reaktives und proaktives aggressives Verhalten steigt, Schulversagen und wiederum der Anschluss an dissoziale Gleichaltrige werden wahrscheinlicher und bilden die Grundlage für adoleszentes Risikoverhalten (Drogenkonsum, Promiskuität, aggressiv dissoziales Verhalten). Das Risiko für komorbide Störungen wie Depressionen, somatoforme Störungen oder antisoziale Persönlichkeitsentwicklungen nimmt zu (vgl. Loeber et al. 2000).

3.1.5 Elterliche Erziehungskompetenz steigern

Eltern-zentrierte Interventionen haben somit zum Ziel, elterliches Erziehungsverhalten möglichst früh in der kindlichen Entwicklung zu verbessern und so Risikofaktoren auf allen Systemebenen möglichst abzupuffern sowie die sich gegenseitig ungünstig bedingenden Wechselwirkungsprozesse zu unterbrechen (vgl. Dishion et al. 2016). Maßnahmen zur Steigerung elterlicher Erziehungskompetenz unterscheiden sich in der theoretischen Basis und setzen damit unterschiedliche inhaltliche Schwerpunkte. Zum Beispiel zielen Programme auf der Basis der Bindungstheorie eher auf die Steigerung elterlicher Sensitivität ab (vgl. Bakermans-Kranenburg, IJzendoorn & Juffer 2003), während auf der sozialen Lerntheorie basierte Elterntrainings versuchen, neben einer Verbesserung der Eltern-Kind Beziehung elterliches Erziehungsverhaltens v.a. im Hinblick auf die Verstärkerbedingungen von Problem- und Zielverhalten zu verändern. Außerdem beginnen Elterninterventionen zu unterschiedlichen Zeitpunkten oder sprechen verschiedene Zielgruppen an. Sie werden sowohl präventiv zur Verhinderung von Verhaltensproblemen als auch im Kontext von Therapie bei vorhandenen Verhaltensstörungen angewandt. Universelle Maßnahmen richten sich an die Allgemeinbevölkerung bzw. an eine Gesamtpopulation und erreichen z.B. in Form von Fernsehsendungen (vgl. Sanders et al. 2010) alle Interessierten. Selektive Prävention spricht Personen an, die besondere Risiken aufweisen (vgl. Johnston et al. 2012). Unter indizierter Prävention werden Maßnahmen für Hochrisikogruppen mit ersten Anzeichen von Symptomen verstanden. Hier ist noch nicht das Vollbild der Störung vorhanden (vgl. Mrazek, Haggerty 1994). Im Rahmen von Kinder- und Jugendlichenpsychotherapie gehört ein multimodales Vorgehen und damit auch Elternintervention zu einer leitliniengetreuen Behandlung.

Elterntrainings gelten als wichtiges, evidenzbasiertes Element zur gesamtgesellschaftlichen Prävention von Gewalt, indem sie aggressiven Verhaltensstörungen, Vernachlässigung und Misshandlung vorbeugen (vgl. Forgatch, Patterson & Gewirtz 2013). Da diese international im Kontext systematischer multimodaler Interventionen mit schulischen Programmen verbunden werden (vgl. Webster-Stratton et al. 2011; CPPRG 2007), soll im Folgenden der Fokus auf diese präventiven Programme gelegt werden.

National und international am weitesten verbreitet und am meisten untersucht sind auf der sozialen Lerntheorie basierende Elterntrainings (z.B. Webster-Stratton 2011; Kazdin 2010; Zisser, Eyberg 2010; Sanders, Murphy-Brennan 2010; Forgatch, Patterson 2010; McMahon, Forehand 2005; Döpfner et al. 2013). Sie gelten als evidenzbasierte Strategie zur Reduzierung expansiver Verhaltensprobleme im häuslichen Umfeld (vgl. Herr et al. 2015). Inhalte der Elterntrainings sind zunächst die Psychoedukation zu Verhaltensproblemen, gefolgt von einer Problemanalyse mit verhaltensnaher und konkreter Beschreibung der Problemverhaltensweisen des Kindes und der Vermittlung von Methoden zum Aufbau von Zielverhalten sowie zum Abbau von Problemverhalten. Der Fokus liegt hierbei auf der Stärkung positiver Eltern-Kind-Interaktionen, positiven grenzsetzenden Elternverhaltens, auf der Unterstützung erwünschten Verhaltens und auf positiver Kommunikation zwischen Eltern und Kindern. Meta-Analysen belegen die Wirksamkeit kognitiv-behavioraler Elterntrainings im Hinblick auf eine Reduzierung von Verhaltensproblemen sowohl bei subklinischen als auch bei klinischen Stichproben. Furlong und Mitarbeiter berichteten bei der Analyse von 13 randomisiert kontrollierten Studien einen klinisch signifikanten Effekt mittlerer Größe (vgl. Furlong, McGilloway, Bywater et al. 2012). Eine ältere Meta-Analyse mit weniger strengen Einschlusskriterien fand für 83 Elterntrainings-Studien ähnliche unmittelbare Behandlungseffekte (vgl. Lundahl, Risser & Lovejoy 2006), die nach einem Jahr in Nachfolgeuntersuchungen abnahmen (21 Studien). Mediatoranalysen untersuchen, welche Prozesse bzw. Wirkmechanismen die erzielten Veränderungen erklären (vgl. Gottfredson et al. 2015). Für kognitiv-behaviorale Elterntrainings wurden die Reduktion von dysfunktionalen Erziehungsstrategien (vgl. Hanisch, Hautmann, Plueck, et al. 2014), der Anstieg positiver Erziehung (vgl. Forehand et al. 2014) und die Verbesserung der Eltern-Kind-Beziehung (vgl. Zhou et al. 2008) als mediierende Faktoren berichtet.

Es konnte gezeigt werden, dass die Effekte von Elterntrainings in Abhängigkeit von Faktoren der Familie und des Kindes variieren (vgl. Lundahl et al. 2006). So scheinen im Einklang mit den oben beschriebenen Herausforderungen psychosoziale Risikofaktoren, wie z.b. ein niedriger sozioökonomischer Status oder Alleinerziehendenstatus, die Effektivität zu moderieren. Auf der Ebene des Kindes wurden kindliches Temperament, Schwere der Symptome (vgl. Hautmann, Eichelberger, Hanisch et al. 2010) und das Geschlecht (vgl. Eyberg, Nelson & Boggs 2008) als Moderatoren berichtet.

International gilt das Incredible Years parent training (Webster-Stratton 2011), das Eltern von Kindern zwischen acht bis zwölf Jahren anspricht, als gut evaluiert und anerkannt. Das Training arbeitet mit Videodemonstrationen, Rollenspielen und Hausaufgaben. Eine aktuelle Meta-Analyse berichtet von einer Reduzierung gewalttätigen und von einer Steigerung prosozialen Verhalten in Folge des Elterntrainings (vgl. Menting et al. 2013). In Kombination mit kind- und schulzentrierten Maßnahmen zählt dieses Programm (vgl. Webster-Stratton 2011) zu den evidenzbasierten Strategien zur Reduzierung von Aggression an Schulen, die in den USA von verschiedenen öffentlich geförderten Initiativen vorangetrieben werden (z.B. Blueprints for Violence Prevention, The Collaborative for Academic, Social, and Emotional Learning, The National Registry of Evidence-Based Programs and Practices).

Eine deutsche Adaptation des Incredible Years parent training stellt das Präventionsprogramm für expansives Problemverhalten (vgl. Plueck, Wieczorrek, Wolff et al. 2006) dar, das sich sowohl im kontrollierten Untersuchungsdesign (Hanisch et al. 2010) als auch in Anwendungsstudien als wirksam erwiesen hat (Hautmann, Hanisch, Mayer et al. 2008). Hauptwirkfaktor dieses Elterntrainings scheint eine Reduzierung negativen elterlichen Verhaltens in schwierigen Erziehungssituationen zu sein (vgl. Hanisch et al. 2014).

Bei den bisher beschriebenen Elterninterventionen handelt es sich um face-to-face Interventionen, die meist im Gruppenformat angeboten werden. In den vergangenen Jahren wurde zunehmend die Wirksamkeit von Elterninterventionen im Selbsthilfeformat untersucht, da diese auch für Familien aus ländlichen Gegenden oder mit psychosozialen Risikofaktoren zugänglich sind (vgl. Furlong et al. 2012). Buch- oder internetbasierte, telefonisch begleitete Selbsthilfe-Elterntrainings scheinen wirksame sowie einfach zu erreichende Alternativen zu sein. In einer Meta-Analyse über elf Studien mit selbst angeleiteten Elterninterventionen fanden sich hohe Effektstärken bei den elterngearteten Veränderungen im kindlichen Problemverhalten des Kindes, nicht allerdings bezogen auf das beobachtbare Verhalten der Kinder (vgl. Traver et al. 2014). Interventionen ohne regelmäßigen Kontakt mit Therapeuten über Telefon oder Internet führten zu geringeren Effekten, was einen zumindest vermittelnden Effekt eines direkten Therapeutenkontaktes nahelegt. In Breitensteins (2013) systematischer Übersicht von elf Studien wurde von neun verschiedenen Darbietungsmethoden berichtet (z.B. Internet, Fernsehen, DVD). Sechs von neun nutzen das Internet als primäre Darbietungsmethode. Durchschnittlich wurden 78,3% der Sitzungen bearbeitet, so dass sich hier eine deutlich bessere Teilnahmequote zeigte als bei face-to-face Elterntrainings (vgl. Breitenstein et al. 2013). Auch hier fanden sich ähnlich große Interventionseffekte wie im herkömmlichen Format. In einer Stichprobe von Eltern aus einer geringverdienenden, ethnischen Minderheit erbrachte der Vergleich einer face-to-face Elternintervention mit einem eigenständig zu bearbeitenden, auf einem Tablet bereitgestellten Training für die Tablet-Version eine höhere Quote vollständiger Trainingsbesuche und einen stärkeren Zuwachs an elterlicher Wärme.

Die Datenlage zur Wirksamkeit von Elterninterventionen im Rahmen der Verringerung internalisierender Verhaltensprobleme wie ängstlichen oder depressiven Verhaltens ist deutlich weniger umfassend und weniger eindeutig als zu expansivem Problemverhalten (vgl. Yap et al. 2016). In ihrer Übersichtsarbeit fanden Herr et al. (2015) 17 Review-Artikel und zwei Metaanalysen zu in erster Linie kognitiv-behavioralen Elterninterventionen bei internalisierenden Auffälligkeiten mit heterogenen Befunden: Während sich internalisierendes Problemverhalten durch Elterninterventionen generell zu reduzieren scheint, scheinen Kinder mit Angststörungen nur in jüngerem Alter und v.a., wenn die Eltern selbst von einer Angststörung betroffen sind, zu profitieren.

In jüngerer Vergangenheit hat eine Gruppe von Kindern vermehrt Aufmerksamkeit auf sich gezogen, die aufgrund von affektiver Dysregulation Verhaltensauffälligkeiten zeigen. Emotional geht affektive Dysregulation mit übermäßig starkem Ärger und verhaltensmäßig mit aggressivem Verhalten auf negative Stimuli einher und tritt im Zusammenhang mit verschiedenen Diagnosen auf wie z.B. depressiven Episoden, Ängsten, ADHS oder Störung des Sozialverhaltens, am deutlichsten bei Kindern mit oppositionell aufsässigem Verhalten. In extremer Form erfüllen diese Kinder die Kriterien der im DSM-5 neu aufgenommenen Disruptiven Affektregulationsstörung (vgl. Birkle et al. 2017). Wenngleich auch bei affektiver Dysregulation besonders eine Stärkung elterlicher Erziehungskompetenz wichtig zu sein scheint, erfordern die starken affektiven Reaktionen und die Defizite in der eigenständigen Emotionsregulation auf Seiten des Kindes eine Erweiterung der herkömmlichen oben beschriebenen kognitiv-verhaltenstherapeutischen Elterntrainings (vgl. Dusmore et al. 2016).

Der sogenannten emotionalen Wende innerhalb der kognitiven Verhaltenstherapie folgend gewinnen Achtsamkeit (engl. mindfulness), elterliche Emotionalität und eine stärkere Orientierung an den kindlichen Grundbedürfnissen in der Erziehung an Bedeutung (vgl. McKee et al. 2017). Mindful Parenting versucht, Erkenntnisse achtsamkeitsbasierter Stressreduktion (vgl. Kabat-Zinn 2003) auf Erziehungssituationen zu übertragen (vgl. Duncan et al. 2009). Ziel ist hier durch

Achtsamkeit elterlichen Stress zu reduzieren und Erziehungsverhalten an den Bedürfnissen des Kindes auszurichten. Erste Studien zur Wirksamkeit einer solch achtsamkeitsbasierten Erziehung berichten von einer Verringerung mütterlichen Stresses, von Belastungserleben und Angst (vgl. Perez-Blasco, Viguer & Rodrigo 2013). Gleichzeitig scheint sich die affektive Qualität der Eltern-Kind-Interaktion zu verbessern (vgl. Coatsworth, Duncan, Greenberg et al. 2010). Versteht man Achtsamkeit als Methode oder Weg, um Eltern bei der Wahrnehmung kindlicher Emotionen und Bedürfnisse zu unterstützen, ließe sich vermuten, dass diese Effekte durch eine Steigerung elterlicher Sensitivität und einer Verbesserung der Bindungsqualität zu erklären wären. Hierfür spricht, dass Achtsamkeit in der Erziehung mit ähnlichen Effekten auf das Stresssystem verbunden ist wie elterliche Sensitivität bzw. Bindungssicherheit (vgl. Laurent et al. 2017; Swain, Shaun Ho 2017).

Eine Steigerung elterlicher Achtsamkeit war darüber hinaus in einer weiteren Studie mit geringerer elterlicher Psychopathologie verbunden und sagte das Ausmaß der Verringerung kindlicher Verhaltensprobleme voraus (vgl. Meppelink, de Bruin, Wanders-Mulder, et al. 2016). In Übereinstimmung mit den oben beschriebenen Zusammenhängen zwischen elterlichem Stress und dysfunktionalem Erziehungsverhalten zeigte sich bei Eltern, die in achtsamer Erziehung geschult waren, dass sie insgesamt günstigeres Erziehungsverhalten zeigten (vgl. Bögels et al. 2013).

Eine Erweiterung der evidenzbasierten verhaltenstherapeutisch orientierten Elterntrainings durch achtsamkeitsbasierte Verfahren scheint also eine vielversprechende Entwicklung, die möglicherweise die Lücke zwischen eher bindungs- vs. eher verhaltensorientierten Maßnahmen schließt.

Eine weitere wichtige Entwicklung zur Prävention von Verhaltensproblemen im häuslichen Umfeld ist ein gestuftes Vorgehen, bei dem Interventionen, Kriterien und Daten geleitet angepasst an die Problemstellung und Bedarfe der jeweiligen Familie in der Intensität ansteigen (vgl. Dishion et al. 2016; Ng, Weisz 2015). Denkbar wäre z.B., Eltern mit Kindern mit leichten Verhaltensproblemen zunächst ein über das Internet verfügbares und somit leicht zugängliches und kostengünstiges Elterntraining anzubieten. Sollte dies auf der Ebene elterlichen Erziehungsverhaltens oder auf der Ebene kindlichen Problemverhaltens keine ausreichende Änderung ergeben, könnte eine intensivere Elternintervention oder aber eine multimodale Eltern-Kind-Therapie folgen, die bei Bedarf mit schulischen Interventionen kombiniert werden könnte.

3.1.6 Abschließende Empfehlungen

Wenngleich sich Kind-, Eltern- und Umweltvariablen wechselseitig auf komplexe Weise beeinflussen, sind doch die grundlegenden Prinzipien einer entwicklungsförderlichen elterlichen Erziehung gut belegt. Elterlichem Erziehungsverhalten wird v.a. für die Entstehung und Aufrechterhaltung expansiven Problemverhaltens eine zentrale Rolle beigemessen und die Risikofaktoren, die funktionales elterliches Erziehen weniger wahrscheinlich machen, sind ebenfalls bekannt. Es liegen umfangreiche Daten zur Wirksamkeit von Elterntrainings vor.

Die Frage ist jedoch, wie die Eltern, die von Interventionen profitieren könnten, möglichst frühzeitig erreicht werden können. Hier kommt den Institutionen Kindergarten und Schule eine wichtige Rolle zu. Neben dem unbestrittenen Bildungsauftrag besteht auch ein gesetzlich vorgegebener Erziehungsauftrag der Schule. Äußerst hilfreich kann dabei ein vertrauensvolles und tragfähiges Arbeitsbündnis zwischen der Bildungsinstitution und dem Elternhaus wirken, in dem Eltern einerseits auf ihre wichtige Rolle in der sozial-emotionalen Entwicklung ihrer Kinder hingewiesen und andererseits darin unterstützt werden, geeignete Maßnahmen als Erziehungshilfen in Anspruch zu nehmen. Insbesondere den Sonderpädagogen kommt dabei, neben den Lehrkräften der Allgemeinen Schule, mit ihrer Expertise in Beratung, über gestufte Förderkonzepte in interdisziplinären Kontexten und der Dokumentation der vereinbarten Förderung im Rahmen einer individuellen, kooperativ ausgerichteten Förderplanung eine wichtige Bedeutung zu.

In vielen Bildungsinstitutionen ist die notwendige Sensibilität für diese bedeutsame Aufgabe selbstverständlich gegeben sowie die Implementation eines solchen Arbeitsbündnisses gelebter Schulalltag und längst erfolgt. Aus Sicht der Autoren dieses Beitrags fehlt jedoch sehr häufig die Konkretisierung und Systematisierung. Als wirksam haben sich international in diesem Zusammenhang mit dem Elternhaus verbundene, mehrstufige Strategien der gemeinsamen Unterstützung herausgestellt. Zwei solch multimodale Programme, die neben eltern- und kindzentrierten auch schulische Strategien einschließen, sind das bereits erwähnte Incredible Years (vgl. Webster-Stratton et al. 2011) und das Fast Track Programm (vgl. CPPRG 2007). Beide haben zum Ziel, im Sinne einer präventiven, gemeinsamen Strategie zwischen Elternhaus und Bildungsinstitution expansiven Verhaltensstörungen bereits im Vorschulalter vorzubeugen, und beide können aufgrund umfassender Evaluationen als evidenzbasiert eingestuft werden. Incredible Years wurde sowohl in randomisierten kontrollierten Studien (vgl. Raver et al. 2008) als auch unter Alltagsbedingungen für wirksam befunden (vgl. Shernoff, Kratochwill 2007). Das Fast Track Programm richtet sich an die Hochrisikogruppe der sogenannten Early Starter, die bereits im Vorschulalter Verhaltensweisen und Risikofaktoren aufweisen, welche eine chronische Störung des Sozialverhaltens wahrscheinlich machen (vgl. Stadler 2012). Kinder, die das multimodale Programm durchliefen, wiesen im Vergleich zu Kindern der Kontrollgruppe eine deutlich positivere Entwicklung auf (vgl. CPPRG 2007).

Für den deutschsprachigen Raum wird von den Autoren dieses Beitrages aktuell ein mehrstufiges, multimodales und interdisziplinär angebotenes Diagnostik- und

Förderkonzept bei expansivem Problemverhalten für die Grundschule entwickelt und in einer ersten Pilotstudie evaluiert. Neben bewährten, evidenzbasierten Präventionsmaßnamen zur Reduktion von Unterrichts- und Verhaltensstörungen auf universeller Klassenebene (z.b. das KlasseKinderSpiel von Hagen et al. 2017), erhalten Kinder unter erhöhten psychosozialen Risiken auf selektiver Ebene eine engmaschig angelegte tägliche Verhaltensbeurteilung, die im Rahmen einer hochindividualisierten Förderplanung unter Einbezug der Eltern erfolgt. Diese Fördermaßnahme basiert auf der ebenfalls evidenzbasierten Intervention „Daily Behavior Report Cards" von Volpe, Fabiano (2013). Zeigen sich auch nach diesen beiden Interventionen keine Verhaltensverbesserungen, erhalten die Lehrkräfte ein zwölf Wochen umfassendes Einzelcoaching (vgl. SCEP von Hanisch et al, im Druck), in dem sehr individuell die problematischen Verhaltensweisen des Kindes mit einem Coach analysiert werden. Auf dieser Grundlage erfolgt dann eine individuelle Verhaltensförderung durch die Lehrkräfte, die über drei Monate eng begleitet werden. Zusätzlich wird den Eltern der Kinder unter erhöhten psychosozialen Risiken ein Elterncoaching, das auf der Grundlage des Präventionsprogramms für Expansives Problemverhalten (PEP) von Plück et al. (2006) basiert, angeboten.

Die elterliche Erziehung ist wie beschrieben als zentraler Wirkfaktor im Rahmen eines multifaktoriell bedingten Entstehungsmodells kindlicher Verhaltensprobleme anzusehen. Daher stellen die angemessene Berücksichtigung der elterlichen Erziehung und die Bedeutung der Familie sowohl in der pädagogischen Arbeit als auch bei der therapeutischen Behandlung psychischer Störungen wichtige und erfolgversprechende Zugänge dar. Im Gegensatz zu kaum veränderlichen Risikofaktoren, wie etwa dem sozioökonomischen Status, können viele familiäre Faktoren nachweislich durch gezielte Interventionen potentiell verändert werden. So kommt Sanders (2006) zu dem Schluss, dass von allen veränderbaren Risikofaktoren für kindliche Verhaltensprobleme die Qualität der elterlichen Erziehung die wichtigste veränderbare Einflussvariable darstellt.

Literatur

Bakermans-Kranenburg, M.J., van IJzendoorn, M.H. & Juffer, F. (2003): Less is more: meta-analyses of sensitivity and attachment interventions in early childhood. In: Psychological Bulletin, 129-195

Baumrind, D. (1971): Current patterns of parental authority. In: Developmental Psychology Monograph, 4, part 2

Beelmann, A., Stemmler, M., Lösel, F. et al. (2007): Zur Entwicklung externalisierender Verhaltensprobleme im Übergang vom Vor- zum Grundschulalter. Eine differenzielle Analyse von Risikoeffekten des mütterlichen und väterlichen Erziehungsverhaltens. In: Kindheit und Entwicklung, 4, 229-239

Birkle, S., Legenbauer, T. & Grasmann, D. (2017): Disruptive Affektregulationsstörung: eine umstrittene neue Diagnose im DSM-5. In: Zeitschrift für Kinder- und Jugendpsychiatrie und Psychotherapie, 45 (2), 98-103

Breitenstein, S.N., Gross, D. (2013): Web-Based Delivery of a Preventive Parent Training Intervention: A Feasibility Study. In: Journal of Child and Adolescent Psychiatric Nursing, 26, 149-157

Bronfenbrenner, U. (1979): The Ecology of Human Development: Experiments by Design and Nature. Cambridge

Buehler, C., Gerard, J.M. (2002): Marital conflict, ineffective parenting and children's and adolescents' maladjustment. In: Journal of Marriage and Family, 78-92

Burnette, M.L., Oshri, A., Lax, R., Richards, D. et al. (2012): Pathways from harsh parenting to adolescent antisocial behavior: A multidomain test of gender moderation. In: Development and Psychopathology, 24, 857-870

Coatsworth, J.D., Duncan, L.G., Greenberg, M.T. et al. (2010): Changing parents' mindfulness, child management skills and relation- ship quality with their youth: Results from a randomized pilot intervention trial. In: Journal of Child and Family Studies, 19, 203-217

Conduct Problems Prevention Research Group (2007): The Fast Track randomized controlled trial to prevent externalizing psychiatric disorders: Findings from grade 3 to 9. In: Journal of the American Academy of Child and Adolescent Psychiatry, 46, 1250-1262

Dishion, T., Forgatch, M., Chamberlain, P. et al. (2016): The Oregon Model of Behavior Family Therapy: From Intervention Design to Promoting Large-Scale System Change. In: Behavior Therapy, 47, 812-837

Döpfner, M. (2006): Prävention. In: F. Mattejat (Hrsg.), Lehrbuch der Psychotherapie. Band 4: Verhaltenstherapie mit Kindern und Jugendlichen. München

Döpfner, M., Frölich, J. & Schürmann, S. (2013): Therapieprogramm für Kinder mit hyperkinetischem und oppositionellem Problemverhalten THOP. Mit Online-Materialien (Materialien für die klinische Praxis. Weinheim

Duncan, L.G., Coatsworth, J.D. & Greenberg, M.T. (2009). A model of mindful parenting: Implications for parent-child relationships and prevention research. In: Clinical Child and Family Psychology Review, 12, 255-270

Dunsmore, J.C. et al. (2016): Emotion socialization in the context of risk and psychopathology: Maternal emotion coaching predicts better treatment outcomes for emotionally labile children with oppositional defiant disorder. In: Social Development, 25(1), 8-26

Dvorsky, M.R., Langberg, J.M. (2016). A Review of Factors that Promote Resilience in Youth with ADHD and ADHD Symptoms. In: Clinical Child Family Psychology Review, 19:368-391

Eisenberg, N., Zhou, Q., Spinrad, T.L. et al. (2005): Relations among positive parenting, children's effortful control, and externalizing problems: A threewave longitudinal study. In: Child Development, 76(5), 1055-1071

Eyberg, S.M., Nelson, M.M. & Boggs, S.R. (2008): Evidence-based psychosocial treatments for children and adolescents with disruptive behavior. In: Journal of Clinical Child & Adolescent Psychology, 37, 215-237

Fearon, R.M.P., Roisman, G.I. (2017): Attachment theory: progress and future directions. In: Current opinion in psychology, 15, 131-136

Firk, C., Konrad, K., Herpertz-Dahlmann, B. et al. (2018): Cognitive development in children of adolescent mothers: The impact of socioeconomic risk and maternal sensitivity. In: Infant Behavior and Development, 12, 238-246

Forgatch, M.S., Patterson, G.R. & Gewirtz, A.H. (2013): Looking forward: The promise of widespread implementation of parent training programs. In: Perspectives on Psychological Science, 8, 682-694

Furlong, M., McGilloway, S., Bywater, T. et al. (2012): Behavioural and cognitive-behavioural group-based parenting programmes for early-onset conduct problems in children aged 3 to 12 years (Review). In: Evidence -Based Child Health, 2, 318-692

Gottfredson, D.C. et al. (2015): Standards of Evidence for Efficacy, Effectiveness, and Scale-up Research in Prevention Science: Next Generation. In: Prevention Science 16, 893-926

Grawe, K. (2004): Neuropsychotherapie. Göttingen
Groh, A.M., Roisman, M.H., Bakermans-Kranenburg, M.J. et al. (2012): The significance of insecure and disorganized attachment for children s internalizing symptoms: a meta-analytic study. In: Child Development, 83, 591-610
Grossmann, K., Grossmann, K. E. (2004): Bindungen. Das Gefüge psychischer Sicherheit. Stuttgart
Hagen, T., Hennemann, T., Hillenbrand, C. et al. (2017): KLAROs KlasseKinderSpiel. Klassenregeln spielend lernen. Münster: Verein Programm Klasse 2000 e.V.
Hanisch, C., Freund-Braier, I., Hautmann, C. et al. (2010): Detecting effects of the indicated prevention Programme for Externalizing Problem behaviour (PEP) on child symptoms, parenting, and parental quality of life in a randomized controlled trial. In: Behav Cogn Psychother, 38(1), 95-112
Hanisch, C., Hautmann, C., Plück, J. et al. (2014): The prevention program for externalizing problem behavior (PEP) improves child behavior by reducing negative parenting: analysis of mediating processes in a randomized controlled trial. In: Journal of Child Psychology and Psychiatry, 55 (5), 473-484
Hanisch, C., Richard, S., Eichelberger, I. et al. (im Druck). Schulbasiertes Coaching bei Kindern mit expansivem Problemverhalten (SCEP). Handbuch zum Coaching von Lehrkräften. Göttingen
Hautmann, C., Hanisch, C., Mayer, I. et al. (2008): Effectiveness of the prevention program for externalizing problem behaviour (PEP) in children with symptoms of attention-deficit-hyperactivity disorder and oppositional defiant disorder generalization to the real world. Journal of Neural Transmission. In: Journal of Neural Transmission, 115, 363-370
Hautmann, C., Eichelberger, I., Hanisch, C. et al.(2010): The severely impaired do profit most: Short-term and long-term predictors of therapeutic change for a parent management training under routine care conditions for children with externalizing problem behavior. In: European Child and Adolescent Psychiatry, 19, 419-430
Heath, C.L., Curtis, D.F., Fan, W. et al. (2015): The Association Between Parenting Stress, Parenting Self-Efficacy and the Clinical Significance of Child ADHD Symptom Change Following Behavior Therapy. In: Child Psychiatry & Human Development, 46, 118-129
Hédervári-Heller, E. (2013): Bindung und Bindungsstörungen. In: Cierpka, M. Frühe Kindheit 0-3. Beratung und Psychotherapie für Eltern mit Säuglingen und Kleinkindern. Heidelberg
Herr, L., Mingebach, T., Becker, K. et al. (2015): Wirksamkeit elternzentrierter Interventionen bei Kindern im Alter von zwei bis zwölf Jahren. Ein systematisches Review. In: Kindheit und Entwicklung, 24 (1), 6-19
Hutchings, J., Martin-Forbes, P., Daley, D. et al. (2013): A randomized controlled trial of the impact of a teacher classroom management program on the classroom behavior of children with and without behavior problems. In: Journal of School Psychology, 51, 571-585
Johnston, C., Mash, E.J., Miller, N. et al.(2012): Parenting in adults with attention-deficit/hyperactivity disorder (ADHD). In: Clinical Psychology Review, 32, 215-228
Kabat-Zinn, J. (2003): Mindfulness-based interventions in context: Past, present, and future. In: Clinical Psychology: Science and Practice, 10, 144-156
Kazdin, A.E. (^{2}2010): Problem-solving skills training and parent management training for oppositional defiant disorder and conduct disorder. In: Weisz, J.R., Kazdin, A.E. (Eds.), Evidence-Based Psychotherapies for Children and Adolescents. New York, 211-226
Knappe, S., Müller, N. & Härtling, S. (2013): Der Einbezug von Eltern in die ambulante Kinder- und Jugendlichenpsychotherapie: Status quo, Nutzen und Barrieren aus Sicht niedergelassener Psychotherapeuten in Sachsen. In: Psychotherapeutenjournal, 12, 246-252
Kuntz, J.J., Metzner, F. & Pawils, S. (2013): Spezifische Risiko- und Schutzfaktoren von Vätern bei Kindeswohlgefährdung. In: Kindheit und Entwicklung, 22, 14-21
Laurent, H.K., Duncan, L.G., Lightcap, A. et al. (2017): Mindful Parenting Predicts Mothers' and Infants' Hypothalamic-Pituitary- Adrenal Activity During a Dyadic Stressor. In: Developmental Psychology, 53 (3), 417-424

Loeber, R., Burke, J., Lahey, B.B., Winters, A. et al. (2000): Oppositional defiant and conduct disorder: A review of the past 10 years, part I. In: Journal of the American Academy of Child and Adolescent Psychiatry, 39, 1468-1481

Lundahl, B., Risser, H.J. & Lovejoy, M.C. (2006): A meta-analysis of parent training: Moderators and follow-up effects. In: Clinical Psychology Review, 26, 86-104

Maccoby, E.E., Martin, J.A. (1983): Socialization in the context of the family: Parent-child interaction. In: Mussen, P.H., Hetherington, E.M. (Hrsg.) Socialization, personality, and social development. Handbook of child psychology, (Bd. 4, 1-101). New York

Menting, A.T.A., de Castro, B.O. & Matthys, W. (2013): Effectiveness of the Incredible Years parent training to modify disruptive and prosocial child behavior: A meta-analytic review. In: Clinical Psychology Review, 33, 901-913

Meppelink, R., de Bruin, E.I., Wanders-Mulder, F.H. et al. (2016): Mindful parenting training in child psychiatric settings: Heightened parental mindfulness reduces parents' and children's psychopathology. In: Mindfulness, 7, 680-689

McKee, L.G., Parent, J., Zachary, C.R. et al. (2017): Mindful Parenting and Emotion Socialization Practices: Concurrent and Longitudinal Associations. In: Family Process, x: 1-15

McMahon, R.J., Forehand, R.L. (2005): Helping the Noncompliant Child: Family-Based Treatment for Oppositional Behavior. New York

Mrazek, P.J., Haggerty, R.J. (Eds.). (1994): Reducing risks for mental disorders: Frontiers for preventive intervention research. Washington

Murray, L., Cooper, P. & Fearon, P. (2014): Parenting difficulties and postnatal depression: Implications for primary healthcare assessment and intervention. In: Community Practitioner: The journal of the Community Practitioners' & Health Visitors' Association, 87, 34-38

Narusyte, J., Neiderhiser, J.M., D'Onofrio, B. M. et al. (2008): Testing different types of genotype-environment correlation: An extended children-of-twins model. In: Developmental Psychology, 44, 1591-1603

Ng, M.Y., Weisz, J.R. (2016): Annual Research Review: Building a science of personalized intervention for youth mental health. In: Journal of Child Psychology and Psychiatry, 57(3), 216-36

Nigg, J.T., Willcutt, E.G., Doyle, A.E. et al. (2005): Causal heterogeneity in attention-deficit/hyperactivity disorder: do we need neuropsychologically impaired subtypes? In: Biological Psychiatry, 57 (11), 1224-1230

Pardini, D., Frick, P.J. (2013): Multiple Developmental Pathways to Conduct Disorder: Current Conceptualizations and Clinical Implications. In: Journal of the Canadian Academy of Child and Adolescent Psychiatry, 22, 20-25

Patterson, G.R., Reid, J.B. & Dishion, T.J. (1992): Antisocial boys (Vol. 4). Eugene

Patterson, G.R. (2016): Coercion Theory: The Study of Change. In: Dishion, T.J., Snyder, J.J.: The Oxford Handbook of Coercive Relationship Dynamics. Oxford

Pears, K., Capaldi, D.M. & Owen, L.D. (2007): Substance use risk across three generations: The roles of parent discipline practices and inhibitory control. In: Psychology of Addictive Behaviors, 21, 373-386

Perez-Blasco, J., Viguer, P. & Rodrigo, M.F. (2013): Effects of a mindfulness-based intervention on psychological distress, well-being, and maternal self-efficacy in breast-feeding mothers: Results of a pilot study. In: Archives of Women's Mental Health, 16, 227-236

Pinquart, M., Feußner, C. & Ahnert, L. (2013): Meta-analytic evidence for stability in attachments from infancy to early adulthood. In: Attachment & Human Development, Vol. 15, No. 2, 189-218

Plück, J., Wieczorrek, E., Wolff Metternich, T. et al. (2006): Präventionsprogramm für expansives Problemverhalten (PEP). Ein Manual für Eltern- und Erziehergruppen. Göttingen

Raver, C.C., Jones, S.M., Li-Grining, C.P. et al. (2008): Improving preschool classroom processes: Preliminary findings from a randomized trial implemented in Head Start settings. In: Early Childhood Research Quarterly, 23 (1), 10-26

Sanders, M.R. (2006): Making a population approach to positive parenting work. In: Heinrichs, N., Hahlweg, K. & Döpfner, M. (Eds.), Familien stärken. Evidenzbasierte Ansätze zur Unterstützung der psychischen Gesundheit von Kindern. Münster, 45-80

Sanders, M.R., Murphy-Brennan, M. (^{2}2010): The international dissemination of the Triple P–Positive Parenting Program. In: Weisz, J.R., Kazdin, A.E. (Eds.), Evidence- Based Psychotherapies for Children and Adolescents. New York, 519-537

Schneider, W., Hasselhorn, M. (2012): Frühe Kindheit. In: Schneider, W., Lindenberger, L. (Hrsg.). Entwicklungspsychologie. Weinheim

Schindler, A., Thomasius, R., Sack, P.M. et al. (2005): Attachment and substance use disorders: a review of the literature and a study in drug dependent adolescents. In: Attachment & Human Development 7, 207-228

Shernoff, E.S., Kratochwill, T.R. (2007): Transporting an evidence – based classroom management program for preschoolers with disruptive behavior problems to a school: An analysis of implementation, outcomes, and contextual variables. In: School Psychology Quarterly, 22, 449-472

Skala, K., Bruckner, T. (2014): Beating the odds: an approach to the topic of resilience in children and adolescents. In: Neuropsychiatry, 28, 208-217

Sonuga-Barke, E.J.S, Cortese, S., Fairchild, G. et al. (2016): Anual Research Review – Transdiagnostic neuroscience of child and adolescent mental disorders – differentiating decision making in attention-deficit/hyperactivity disorder, conduct disorder, depression, and anxiety. In: Journal of Child Psychology and Psychiatry, 57(3), 321-349

Siegler, R., Eisenberg, N., DeLoache, J. et al. (2016): Entwicklungspsychologie im Kindes und Jugendalter. Berlin, Heidelberg

Stadler, C. (2012): Störungen des Sozialverhaltens. Sind neue Erklärungsansätze eine Grundlage für eine evidenzbasierte Klassifikation und Behandlung? In: Zeitschrift für Kinder- und Jugendpsychiatrie und Psychotherapie, 40, 7-19

Steinberg, L. (^{9}2010): Adolescence. New York

Swain, J.E., Shaun Ho, S.-H. (2017): Neuroendocrine mechanisms for parental sensitivity: overview, recent advances and future directions. In: Current Opinion in Psychology, 15, 105-110

Tarver, J., Daley, D., Lockwood, J. et al. (2014): Are self-directed parenting interventions sufficient for externalising behaviour problems in childhood? A systematic review and meta-analysis. In: European Child and Adolescent Psychiatry, 23, 1123-1137

Timmer, S.G., Ho, L.K., Urquiza, A.J. et al. (2011): The effectiveness of parent-child interaction therapy with depressive mothers: the changing relationship as the agent of individual change. In: Child Psychiatry and Human Development, 42, 406-423

Volpe, J.R., Fabiano, G.A. (2013): Daily Behavior Report Cards: An Evidence-Based System of Assessment and Intervention (Guilford Practical Intervention in the Schools)

Webster-Stratton, C. (2011): The incredible years: parents, teachers and children's training series. Program content, methods, research and dissemination. Seattle

Yap, M.B.H., Morgan, A.J., Cairns, K.et al. (2016): Parents in prevention: A meta-analysis of randomized controlled trials of parenting interventions to prevent internalizing problems in children from birth to age 18. In: Clinical Psychology Review, 50, 138-158

Young, J.E., Klosko, J.S. & Weishaar, M.E. (2008): Schematherapie. Ein praxisorientiertes Handbuch. Paderborn

Zhou, Q. et al. (2008): Mother-child relationship quality and effective discipline as mediators of the 6-year effects of the New Beginnings Program for children from divorced families. In: Journal of Consulting and Clinical Psychology, 76, 579-594.

Zisser, A., Eyberg, S.M. (2010): Parent-child interaction therapy and the treatment of disruptive behavior disorders. In: Weisz, J.R., Kazdin, A.E. (Eds.), Evidence-based psycho-therapies for children and adolescents. New York, 179-193

Werner Bleher und Martina Hoanzl

3.2 Schulische Erziehung – Aspekte, Herausforderungen und Probleme

3.2.1 Einführende Gedanken

„Wer sich an seine eigene Kindheit nicht mehr deutlich erinnert, ist ein schlechter Erzieher."
(Marie von Ebner-Eschenbach)

Schulzeit ist Lebenszeit. Laut Rutter et al. (1980) verbringen Kinder im Durchschnitt ca. 15.000 Stunden ihres Lebens in der Schule. Schulzeit ist aber auch Pflichtzeit – und das im doppelten Wortsinn. Zum einen müssen Kinder zur Schule gehen. Daran lässt die gesetzlich festgelegte bzw. allgemeine Schulpflicht in Deutschland keinen Zweifel. Zum anderen ist der Schulalltag auch von vielen Pflichten und Vorgaben geprägt, in die sich Kinder erst einmal einpassen müssen. Nicht selten fragen Kinder deshalb: „Warum muss ich zur Schule gehen?" In dem gleichnamigen Bändchen versucht Hartmut von Hentig (2001) seinem Neffen Tobias diese Frage in Form von Briefen zu beantworten. Der siebente Brief trägt die Überschrift: „An Evas Schule lernen die Kinder, was die Eltern nicht können" (Hentig v. 2001, 25). Damit wird bereits exemplarisch deutlich, dass Schule auch besondere Chancen bereithält, vorausgesetzt die Kinder können sich darauf einlassen.

Jede(r) von uns war Schulkind. Auch deshalb wissen wir, dass das, was wir in der Schule erfahren haben oder auch, dass das, was uns dort widerfahren ist, nicht abgelegt werden kann, wie ein Stock oder Hut. „Es gibt Erinnerungen, die man, wie einen Schatz in Kriegszeiten, so gut vergräbt, dass man selber sie nicht wieder findet. Und es gibt andere Erinnerungen, die man wie Glückspfennige immer bei sich trägt. Sie haben ihren Wert nur für uns", so bringt es Erich Kästner (1999, 216) in seinem Büchlein „Als ich ein kleiner Junge war" auf den Punkt. Es gibt aber auch Erinnerungen an die eigene Schulzeit, die bleischwer auf uns liegen bleiben. Thomas Bernhard (1976, 12) schildert das eindrücklich, wenn er von der „tödlichen Haube der Schule" spricht. Seinen frühzeitigen Schulabbruch beschreibt er mit den Worten: „Eine Periode der Nutzlosigkeit hatte ich abgeschlossen, (…) eine Unglücksperiode, eine fürchterliche Epoche" (ebd., 9).

Doch nicht nur freudvolle oder schmerzliche Erinnerungen können am Ende der Schulzeit zum Vorschein kommen, sondern auch Gefühle der Dankbarkeit. Was steckt wohl alles in der spontanen Aussage eines ‚schwierigen Schülers', der am Ende seiner Sonderschulzeit seinen Lehrern im tiefen Brustton der Wertschätzung sagt: „Danke, dass Sie mich ausgehalten haben."

Schulzeit als Lebenszeit kann man in Summe verbrachter (Lebens-)Zeitstunden verrechnen oder auch in der Summe subjektiver Erfahrungen und Widererfahrungen. Zweifelsohne prägt und verändert uns Schule. Wer Schule als „wichtigen Ort der Erziehung" auch empirisch betrachten möchte, kann bei Mareike Kunter (2013, 63ff.) Bestätigungen finden. Entscheidend aber ist: Ob man Schule aus subjektiven oder objektiven Blickwinkeln beleuchtet, beide Male wird deutlich, dass Schule erzieht! Doch was genau meint schulische Erziehung? Was unterscheidet schulische Erziehung von der elterlichen oder außerschulischen Erziehung? Ein Blick auf die Institution selbst kann erste Antworten ermöglichen.

3.2.2 Schule als Institution und Organisation: Erste Seitenblicke auf Kinder in Not

Am Beginn der nachfolgenden Überlegungen steht ein herausfordernder Aspekt, der noch schrittweise zu prüfen sein wird: nämlich die kritische Annahme, dass bereits die Form den Inhalt prägt. Das bedeutet im Kontext von schulischer Erziehung, dass Erziehung in der Schule nicht nur durch professionelle Erzieher und andere bedeutsame Menschen geschieht, sondern in besonderer Weise durch die Institution Schule selbst. Bernfeld (1967, 28) formuliert es noch pointierter: „Die Schule – als Institution – erzieht." Um das offenlegen zu können, ist es notwendig, die gesellschaftlichen Funktionen von Schule zu reflektieren. Im Grundlagenwerk „Theorie der Schule" fokussiert Fend (1980) drei bedeutsame Funktionsweisen der Institution Schule: Die Qualifikations-, die Selektions- und Legitimationsfunktion von Schule.

Schule qualifiziert, indem sie ihrem ausgewiesenen Bildungsauftrag folgt und – dem Anspruch nach – Kinder mit der Welt der Dinge und Phänomene vertraut macht. „Der Mensch kann nicht leben, ohne zu lernen", so formuliert es von Hentig (2001, 34), und er macht deutlich, dass die Welt, in der wir leben, derart komplex und vielschichtig geworden ist, dass wir uns besser in ihr zurechtfinden, wenn wir diese in eine „vernünftige Ordnung bringen – eine gerechte und von allen verstandene" (ebd., 37). Die aktuell verfügbare Fülle von Wissen und Erkenntnissen bedarf der Institution bzw. einer institutionalisierten Systematik, die weit über das individuell Fassbare hinausreicht. Das unterscheidet Lernprozesse in einer industrialisierten und hoch technisierten Welt von den Anfängen menschlichen Lernens und zugleich das außerschulische Lernen von schulischem Lernen. Im pädagogischen Klassiker von Fend (1980, 16) heißt es: „Unter Qualifizierung soll die Vermittlung von Fertigkeiten und Kenntnissen verstanden werden, die zur Ausübung ‚konkreter' Arbeit und zur Teilhabe am gesellschaftlichen Leben erforderlich sind". Bildung und Ausbildung sind demnach die erklärten Ziele von Schule.

Einen Erziehungsauftrag weist Schule ebenso aus (vgl. z.B. Schulgesetz BW § 1 Absatz (2)). Aber wie und in welcher Weise kann dieser wirksam werden? Was

auf den ersten Blick gleichbedeutend nebeneinander steht – der Erziehungs- und Bildungsauftrag von Schule –, kann auf den zweiten Blick kritisch reflektiert werden. Besonders, wenn man es – wie im Folgenden – mit den Augen von Bernfeld (1967, 23) sieht: „Das Schulprogramm verlangt einleitend vom Lehrer die Erziehung zum sittlich-religiösen Menschen – und zählt dann die Fächer und den Stoffplan auf".
Damit problematisiert Bernfeld, dass Erziehung wohl bedeutsam ist, dass aber eine große Kluft zwischen Wirklichkeit und Anspruch klafft. An anderer Stelle wird er noch deutlicher:

> „Die Aufgabe des Lehrers ist präzis: Er hat zu unterrichten, und zwar einen bestimmten Stoff, in einer bestimmten Zeit, an bestimmte Kinder. Der Erfolg seiner Tätigkeit ist kontrollierbar. Jederzeit ist feststellbar, ob die Schüler den zum Prüfungstermin fälligen Stoff beherrschen. Der Lehrer wird durch Prüfung seiner Schüler geprüft. Die Verhältnisse liegen hier denkbar erfreulich, einfach, klar, übersichtlich. In der Realität, heißt das: Die Pädagogik gibt sich äußerste Mühe, diese nüchterne Einfachheit ideologisch zu verzieren, diese harte Klarheit armselig zu vernebeln. Sie verlangt z.B., der Lehrer solle nicht nur unterrichten, sondern auch vor allem: erziehen. Nur eben leider, daß sie nicht zu sagen weiß, wie das zu geschehen habe" (ebd., 21).

Doch was macht diese Prüfstand-Pädagogik mit Lehrern und Kindern? Welchen Raum lässt sie für Begegnungen und Beziehungen außerhalb der Wissensvermittlung? Ist institutionell überhaupt bedacht, dass gerade menschliches Lernen eine Besonderheit aufweist?
Menschen müssen, damit Lernen überhaupt möglich wird, zuerst die „Werkzeuge des Lernens" (Greenspan, Shanker 2007, 12) in frühen Beziehungen erlernen.

> „Dazu gehört die Fähigkeit, teilzunehmen, mit anderen zu interagieren, sich an emotionalem und sozialem Signalisieren zu beteiligen, komplexe Muster zu erstellen, Informationen symbolisch zu organisieren und mittels Symbolen zu denken. Diese ‚Werkzeuge' befähigen uns, Wissen, Weisheit und Empathie zu entwickeln" (ebd.).

Was geschieht aber mit Kindern in der Institution Schule, die über diese Lernwerkzeuge noch nicht oder nicht hinreichend verfügen? Wenn diese Werkzeuge des Lernens in frühen, tragfähigen, emotionalen Beziehungen entwickelt werden, muss danach gefragt werden, welche Form der professionellen Beziehungsgestaltung Schule bereithält, um gerade auch jenen Kindern dieses entscheidende Lernfundament zu bieten, die diese im Familiensystem nicht finden konnten und können. Das trifft besonders auf mehrfach benachteiligte und belastete Familien zu. Kinder, die in Familien aufwachsen, in denen äußerst bedeutsame frühkindliche Entwicklungsprozesse nicht hinreichend gut unterstützt werden können, weil basale emotionale und tragfähige Beziehungen nicht verlässlich entwickelt werden können, laufen nicht nur Gefahr, in massive emotionale und soziale Notlagen zu

geraten, sondern auch noch in kognitive Schieflagen. Wenn Schule also schon in besonderer Weise für die Qualifizierung der Kinder verantwortlich ist, muss danach gefragt werden, wie sie Kindern in Not, die diese Not nicht selten in Form von „schwierigem Verhalten" sichtbar machen, jene Lernfundamente ermöglichen will, die sie häufig bloß voraussetzt.
Wie bedeutungsvoll die Formulierungen über den Erziehungsauftrag der Schule auch immer sein mögen (vgl. Schulgesetz BW §1 Absatz (2)), sie laufen Gefahr, Makulatur zu bleiben. Denn die Institution selbst erzieht, indem sie bereits durch ihre Funktion und Organisation auf ihre Akteure einwirkt. Die Form bestimmt den Inhalt. Wer ständig auf dem Prüfstand steht, wird innere Dispositionen und Bewältigungsformen entwickeln, die nachhaltiger sind als jeder anderslautende Erziehungsauftrag. Denn der pädagogische Alltag erzieht mehr als jedes pädagogische Programm!
Schule selektiert, indem sie in einem mehrgliedrigen Bildungssystem Bildungsabschlüsse verteilt, die wie Eintrittskarten bzw. Türöffner darüber bestimmen, welche Türen sich im Kontext von sozialer und wirtschaftlicher Teilhabe öffnen und welche verschlossen bleiben. Der Erwerb von Bildungsabschlüssen war geschichtlich gesehen ein bedeutsames Instrument, um die Zugehörigkeit zu sozialen Klassen nicht qua Geburt, sondern über selbstbestimmte Eigenschaften wie Anstrengungsbereitschaft, Leistungsvermögen etc. neu definieren zu können und damit latente Chancengleichheit anzustoßen. Wie sich aber zeigt,

> „gibt es auch heute noch einige schulimmanente und schulexterne Barrieren, die einer idealen Realisierung dieser Möglichkeiten im Wege stehen. Schulintern sind es insbesondere der Zwang zur frühen Selektion und ein fehlendes Bemühen zum Ausgleich von familiär mitgebrachten Lerndefiziten" (Fend 1980, 39).

Doch was machen diese verschlossenen Türen mit Kindern? Nicht selten machen gerade benachteiligte Kinder die intensive Erfahrung, nicht in eine bestimmte Schule zu gehören. Mit dem Argument, diese Schule sei nicht der passende Lernort, werden Kinder von einem Schulort zum anderen weitergereicht. In der Sonderschule angekommen, haben z.T. bereits Grundschulkinder eine Reihe an Schulwechseln hinter sich, die kaum noch zu überblicken sind.
Wieder ist es die Institution, die allein durch ihre Gesetzmäßigkeit prägt. Wenn Kinder wiederholt die Erfahrung machen, so wie sie sind nicht ‚richtig zu sein', wird das nicht spurlos an ihnen vorübergehen. Zumal nach Greenspan (2003, 9) gerade Kinder dazu neigen, „Ereignisse zu personalisieren, weil sie sie noch nicht nüchtern und sachlich betrachten können".
Die Selektionsfunktion von Schule, die per se danach fragt, welcher schulische Ort der ‚richtige Förderort' für das je einzelne Kind ist, wird auch durch Inklusion nur scheinbar entmachtet. Denn, wie Herz (2014, 4) scharfsinnig aufzeigt, kann gerade intendierte Inklusion zu verschärfter Exklusion führen: „Die proklamierte

Dekategorisierung in der Sonderpädagogik führt anstelle der damit intendierten Befreiung von Stigmatisierung und Ausgrenzung zu einer Verschärfung von Exklusion."
Schulische Erziehung wird an dieser Stelle leicht zur schulischen ‚Entziehung' – gemeint ist beispielsweise ein Entziehen von Teilhabemöglichkeiten, von entwicklungsförderndem Interagieren, von stärkenden Beziehungserfahrungen etc., also all jenen basalen Erfahrungen, die gerade Kinder in Not brauchen, um die „Werkzeuge des Lernens" (vgl. Greenspan, Shanker 2007) festigen oder gar erst – im Sinn einer Nachreifung – entwickeln zu können. Offen bleibt die Frage: Wie können ungehaltene Kinder, die immer auch strukturell ungeborgen sind, von verantwortlichen Erwachsenen gehalten werden – in der Schule und im Erziehungsgeschehen? Was müssen Erwachsene innerhalb der Institution Schule vorfinden, um diese Haltefunktion, als kindgerechte Lern- und Erziehungsbasis, verantwortlich und fürsorglich anbieten zu können?

Schule legitimiert, indem sie Ungleichheit im Kern als selbstverschuldet erscheinen lässt. „Die ungleiche Verteilung knapper Güter wird durch eine Leistungsideologie legitimiert, nach der Ungleichheit das Ergebnis unterschiedlicher Anstrengung und unterschiedlicher Qualität des Menschen (z.B. Begabung) ist" (Fend 1980, 45). Largo (2013, 55) stellt pointiert fest: „Chancengerechtigkeit ist nicht nur eine Frage des Aufstiegs, sondern auch des Abstiegs". Ein Abstieg, der sich nicht nur am Schulerfolg, sondern auch an monetären Un(ge)sicher(t)heiten festmachen lässt. So zeigen sich z.B. in der Armutsforschung Legitimationsmuster, die auch in schulischen Kontexten bemüht werden. Häufig wird aus gesellschaftlicher Sicht die Schuld den betroffenen Menschen selbst zugeschrieben, die sich in wenig erfolgreichen oder gar prekären Lebenslagen befinden. Sie seien verantwortlich für ihre eigene missliche Situation und die ihrer Kinder. „Jeder ist seines Glückes Schmied", sagt der Volksmund. Hätten sich die Erfolglosen bzw. die Armen nur mehr angestrengt! Weiß (2010) verdeutlicht eindrücklich:

> „Armut ist sowohl in ihrer materiellen Dimension (als Verteilungs- und materielles Unterstützungsproblem) wie auch in ihrer soziokulturellen Dimension (als – in einem weiten Sinn – Bildungsproblem) zu begreifen. (…) Armut einseitig auf dysfunktionale Verhaltensweisen der Betroffenen zurückzuführen (…) stellt eine problematische Verkürzung dar" (Weiß 2010, 10).

Ergibt sich daraus ein besonderer Reflexionsauftrag für (Sonder-)Schulen, damit ‚Abstiegs-Betroffene' das scheinbar Selbstverschuldete auch kritisch-konstruktiv hinterfragen lernen?

3.2.3 Drei Dimensionen schulischer Erziehung – eine Komplettierung

Spätestens an dieser Stelle ist es unerlässlich, den schulischen Erziehungsbegriff schrittweise offenzulegen, der diese Überlegungen anleitet, indem er die drei gesellschaftlichen Funktionen von Schule problematisiert bzw. bedenkt und in ausgewiesene schulische Erziehungsdimensionen überführt.

Die erste Dimension schulischer Erziehung – oder: Die Institution Schule erzieht

Was bisher bereits ausgeführt wurde und was Bernfeld schon zu Beginn des zurückliegenden Jahrhunderts im Kern erkannt hat, hat nichts an Brisanz eingebüßt: „Die Schule – als Institution – erzieht" (Bernfeld 1967, 28). Sie funktioniert nach eigenen Gesetzmäßigkeiten und reißt die Menschen, die in ihr wirken und leben, mit. Oder wie es Buber sagt: „Wir können so wenig hinter die Wirklichkeit der Schule zurück" (Buber 1995, 24). Vor diesem Hintergrund beantwortet sich die Frage, die Göppel et al. (2011) im Band „Muss-kann-darf die Schule erziehen?" aufwirft, von selbst. Ob sie es muss, kann oder darf, Schule tut es! Die schulische Wirklichkeit prägt uns, unser Erleben und Denken, weil sie zwingend von den gesellschaftlichen Funktionen bestimmt wird – ob wir das wissen oder nicht, ob wir das wollen oder nicht. Schule qualifiziert, selektiert und legitimiert. Bereits dadurch erzieht sie, weil sich niemand diesen Funktionen entziehen kann, die intensive und prägende Spuren der Erfahrung in uns allen hinterlassen. Es bleibt uns nur die Möglichkeit, ein reflexives und zugleich kritisch-konstruktives Verhältnis dazu zu entwickeln.

Die zweite Dimension schulischer Erziehung – oder: Das „Erzieherische"

Doch nicht nur die Schule als Institution und Organisation erzieht, sondern auch Lehrkräfte und andere bedeutsame Menschen, die in ihr wirken. Was muss demnach noch ergänzt werden, wenn man schulische Erziehung in seiner Komplexität erfassen will? „Unter Erziehung werden solche Vorgänge und Maßnahmen verstanden, die das Verhalten und die Dispositionen von Menschen dauerhaft verändern" (Kunter 2013, 63). Dieser weitgefasste Begriff von Erziehung spiegelt sich auch in dem wider, was in der pädagogischen Literatur als das „Erzieherische" gedacht wird und auf Martin Buber zurückgeht. Die Ausführungen von Liegle (2000, 86) machen das besonders anschaulich:

> „Als Ausgangspunkt wähle ich den Gedanken, daß sich das Erzieherische immer dann zeigt und wirksam wird, wenn Menschen für einander Bedeutung haben. Ich spreche ausdrücklich vom Erzieherischen und nicht von Erziehung, um eine bestimmte Auffassung, die z.B. von Martin Buber (…) entwickelt worden ist, stark zu machen: Erziehung nicht als Einwirkung der einen (Älteren) auf die anderen (Jüngeren), sondern als ein Geschehen zwischen Menschen das nicht ohne weiteres abzulösen ist von der Vielfalt der Lebensvollzüge und zwischenmenschlichen Beziehungen. Daß das Erzieherische sich immer dann zeigt und wirksam wird, wenn Menschen füreinander Bedeutung haben, damit ist gemeint: Wenn ein Mensch für mich Bedeutung hat, dann beeinflußt er, ob er und ob ich es will oder nicht, ob er und ob ich es weiß oder nicht, die Entwicklung meiner Person, die Bildung meines Charakters, er ‚erzieht' mich".

In welcher Weise also sind Lehrer für ihre Schüler bedeutsam? Wie löst Schule diese hohe Bedeutsamkeit der zwischenmenschlichen Beziehungen in Erziehungsprozessen ein?
Und was lernen Kinder von Kindern, Schüler von anderen Schülern? Gerade „horizontale", also „intragenerationale Beziehungen" (vgl. Lüscher, Liegle 2003, 183) kommen zunehmend in den Blick. „Die Bedeutung der Gruppe der Gleichaltrigen liegt insbesondere darin, dass sie Kindern und Jugendlichen den Übergang von der Familie in den öffentlichen Raum erleichtert" (ebd.). Nicht zu vergessen ist die besondere Form der Geschwisterbeziehung, die auch in schulischen Kontexten zunehmend an Bedeutung gewinnt (vgl. Hoanzl 2002a, 2006, Liegle 2000).
Zu fragen bleibt: Welche Beziehungskultur innerhalb der Institution Schule kann vor dem Hintergrund ihrer Organisationsform und ihrer gesellschaftlichen Funktionen überhaupt entwickelt werden? Oder anders gefragt: Wie sehr verhindert bzw. prägt der institutionelle Rahmen erzieherische Beziehungen?

Die dritte Dimension schulischer Erziehung – oder: ‚Die Generationendifferenz'

Wichtig aber ist, dass die beiden vorangestellten Dimensionen schulischer Erziehung den Begriff der eng umrissenen ‚Erziehung' nicht ersetzen, sondern komplettieren. Es macht Sinn, den zunächst weitgefassten Erziehungsbegriff einzugrenzen, weil nur auf diese Weise ein zentrales Erziehungsmoment zum Vorschein kommt, das unerlässlich ist, um den Kern des Erziehungsgeschehens zu verstehen (der an späterer Stelle nochmals vertieft reflektiert wird) – die Generationendifferenz.
Hornstein (1999, 59) verdeutlicht das in aller Klarheit: „Man kann Erziehung verstehen wie man will: Es führt kein Weg daran vorbei, daß sie praktisch immer ein Handeln verschiedener Generationen ist". Während das ‚Erzieherische' nicht zwingend auf Generationendifferenz beruht, diese jedoch nicht ausschließt, ist ‚Erziehung' im klassischen Sinne nicht ohne den Generationenunterschied zu denken. Aus dieser Differenz zwischen ‚Groß' und ‚Klein', zwischen Erwachsenen und Heranwachsenden ergibt sich eine unabdingbare Form der Abhängigkeit bzw. des Angewiesenseins der Jungen auf die Alten.
Das ist eine äußerst bedeutsame Komponente, die verloren geht, wenn der Generationenunterschied latent negiert wird. Diese Angewiesenheit der Kinder und Jugendlichen auf die Erwachsenen bringt aber andererseits auch das „ambivalente Bedürfnis nach Loslösung und Widerspruch" (Winterhager-Schmid 2000, 10) mit sich.
In dem Band „Erfahrungen mit Generationendifferenz" beschreibt Winterhager-Schmid (2000, 10) dies plastisch:

"Kinder können sich nicht selbst erschaffen und ebensowenig können sie sich die notwendigen Bedingungen ihres Aufwachsens selbst erschaffen. Darin äußert sich ihre Angewiesenheit auf ‚Große'. Diese aber müssen Formen finden, in denen die Sozialisierung und Enkulturierung von Kindern so vonstattengehen kann, daß diese jetzt noch ‚Kleinen' fähig werden zur Mitwirkung, Teilhabe und Weiterentwicklung der Kultur. Darin äußert sich die Angewiesenheit der ‚Großen' auf die Jüngeren. Beide sind zu ihren Lebzeiten letztlich darauf angewiesen ‚zusammenzuwirken'. (…) Erfahrungen mit Generationendifferenz bezeichnet also ein komplexes ambivalentes Geflecht von Beziehungserfahrungen, als deren Rahmen und Erfahrungshintergrund die generationale Ordnung wirksam ist".

Was Winterhager-Schmid beschreibt, ist schon in Schleiermachers (2000, 9) Werk grundgelegt: „Was will denn eigentlich die ältere Generation mit der jüngeren?" Schulische Erziehung kann nicht ohne diesen historisch äußerst bedeutsamen Leitgedanken verstanden werden, weil dieses Vorzeichen letztlich die professionelle Erziehungswissenschaft wesentlich bestimmt.

Gerade die beschriebene Dynamik, die mit der Generationendifferenz einhergeht, nämlich Verantwortlichkeit, Schutzbedürftigkeit, Abhängigkeit und Angewiesenheit auf der einen Seite und Loslösung, Widerspruch und Aufbruch auf der anderen Seite, bestimmen das Beziehungsgeschehen im Erziehungsgeschehen (vgl. Benner 2015).

Ein zentraler Erziehungsmoment ist die Konflikthaftigkeit. Diese ist charakteristisch für den eng gefassten Erziehungsbegriff, weil es sich in dem eben skizzierten, hoch diffizilen seismographischen Prozess der nachhaltigen Einflussnahme eben nicht um bloße Übergabe- bzw. Übernahmephänomene handelt. Vielmehr zeigt sich gerade darin ein Spannungsverhältnis, das die ältere und die jüngere Generation zugleich trennt und paradoxer Weise auch verbindet. Differenzen führen zu Abgrenzungen und Reibung. Reibung erzeugt wiederum Wärme (nicht nur physikalisch), die verbindet.

Ein Rückzug der Erwachsenen aus diesem ambivalenten und spannungsvollen Beziehungsgeschehen wird von Ahrbeck (2004) im Band „Kinder brauchen Erziehung – Die vergessene pädagogische Verantwortung" in besonderer Weise problematisiert. „Die Erwachsenengeneration befreit sich damit aus schwierigen Beziehungsaufgaben" (ebd., 11). Und Ahrbeck macht zudem klar, dass im Kontext von Verhaltensauffälligkeiten nicht nur Erziehungsnotwendigkeiten bestehen, sondern dass diese sogar noch intensiviert werden müssen.

Entscheidend ist: Das schulische Erziehungsgeschehen ist im Kern immer auch ein Beziehungsgeschehen, das zugleich zwischen unterschiedlichen Generationen, zwischen bedeutsamen Menschen und zwischen der Institution und ihren Akteuren stattfindet. Schulische Erziehung kann erst dann im Kern erfasst werden, wenn alle drei genannten Dimensionen zusammengeführt und nicht die eine gegen die andere ausgegrenzt wird. Schulische Erziehungs- und Beziehungsgeschehen sind dem Ziel verpflichtet, den Übergang von der Kindheit in das Erwachsenenalter gelingend zu gestalten, um gesellschaftliche, kulturelle, aber auch individuelle (Über)Lebens- und Gestaltungsfähigkeiten zu sichern und weiter zu entwickeln.

3.2.4 Schulische Erziehung theoretisch als Beziehungsgeschehen begründen

Erziehung kann laut Honig (2013, 28f.) in drei großen „Theoriefamilien" betrachtet werden: „Erziehung als Selbst-Bildung", „Erziehung als Technologie" und „Erziehung als Beziehung".

Während „Erziehung als Selbst-Bildung" die Selbsttätigkeit des Kindes zum pädagogischen Maßstab erhebt, ist im hier vorliegenden schulischen Erziehungsverständnis „das Kind als Akteur seiner Entwicklung" (Kautter et al. 1998) wohl als aktiver Entwicklungsgestalter bedacht, jedoch nicht losgelöst aus dem basalen Beziehungsgeschehen. Das soll heißen: Die Gestaltungskraft des Kindes entwickelt sich nicht im luftleeren Raum. „Der Mensch wird am Du zum Ich" (Buber 2016, 28). Beziehung ist demnach bereits als Fundament in der Theoriefamilie „Erziehung als Selbst-Bildung" enthalten.

Ähnlich verhält es sich mit der Theoriefamilie „Erziehung als Technologie": Entwicklungsprozesse werden in dieser speziellen Sichtweise primär durch das Bildungssystem begründet und zugleich repräsentiert. Hingegen ist in unserem schulischen Erziehungsverständnis die institutionelle Dimension – auch wie Bernfeld (1967) diese bereits fokussiert hat – zwar Teil, aber nicht alleinige Richtschnur.

„Erziehung als Beziehung" zu denken, ist hingegen die logische Schlussfolgerung aus dem bereits schrittweise offengelegten und hergeleiteten Erziehungsverständnis, das sich aus den drei zuvor genannten Dimensionen schulischer Erziehung speist.

Kurz: Schulische Erziehung ist eine emotionsgeleitete Bezogenheit zwischen bedeutsamen Menschen im intergenerationalen, intragenerationalen und institutionellen Beziehungsgefüge (vgl. Kapitel 3). Aber was genau kann unter Beziehung verstanden werden? Wie wird der Begriff ‚Beziehung' in diesem Kontext definiert? Beziehungen sind Resonanzphänomene, die im Kern von Emotionen bestimmt werden und im Austausch mit bedeutsamen Anderen entstehen. Bedeutsame Andere sind zuallererst Bindungspersonen und später auch wichtige Beziehungspersonen, die im Kind Entwicklungsprozesse begünstigen. Im nächsten Schritt können mit der Formulierung der ‚bedeutsamen Anderen' auch Phänomene und Dinge der Welt gefasst werden, die mich umgeben und wichtig für mich werden. Beide Male prägt die Begegnung mit den bzw. dem Anderen die Beziehung zu mir selbst. Doch zunächst zu den bedeutsamen ‚anderen' Bindungs- und Beziehungspersonen: Sie gehen in „Resonanz" (vgl. Rosa 2016) mit dem Kind. Das heißt, sie bringen etwas im Kind zum Schwingen bzw. lassen sich vom Kind ‚einnehmen'. Dabei kann ‚einnehmen' zweierlei bedeuten: Einmal ‚anstecken', aber auch ‚verwenden'. In dieser gegenseitigen Bezogenheit entsteht eine ‚Gestimmtheit', die basale Entwicklungs- und Erziehungsprozesse überhaupt erst ermöglicht. Exemplarisch sollen diese Resonanzphänomene an der „kopernikanische Wende", wie Hobson (2014) es sinnbildlich fasst, beschrieben werden. Dieses ausgewählte Resonanzphänomen ist eines unter vielen, aber bespielhaft dafür, dass Beziehungsprozesse, die im frühen Lebensalter wurzeln, auch und gerade in der schulischen Erziehung fundamental wichtig sind.

Belegt ist: Was im frühkindlichen Austausch zum Vorschein kommt, ist auch im Schulalter von höchster Relevanz, besonders auch dann, wenn in der Institution Schule Nachreifungsprozesse sprichwörtlich ‚Not-wendig' werden, die in spezifischen Entwicklungsphasen aufgrund von sozialen, emotionalen, familiären und anderen Benachteiligungen nicht möglich wurden. Die „kopernikanische Wende" nach Hobson (2014) ist im Beziehungsgeschehen eine erzieherische Voraussetzung dafür, eigene Verhaltensweisen reflektieren und damit nachhaltig verändern zu können – indem das Kind einen Perspektivwechsel vollziehen lernt, der auch in schulischen und zwischenmenschlichen Konfliktlagen von gravierender Bedeutung ist. Aber was genau passiert im Kleinkind, was auch später für die schulische Erziehung maßgeblich ist?

> „Nikolaus Kopernikus entdeckte, daß die Erde nicht der Mittelpunkt des Universums ist, wie die Menschen nur allzugern geglaubt hatten: Unsere kleine Welt ist nur einer unter mehreren Planeten, die sich um die Sonne drehen, und was wir unmittelbar wahrnehmen, ist nur ein kleiner, enger Ausschnitt aus einer umfassenden Realität. Mit etwa einem Jahr macht das Baby eine ähnliche Entdeckung. Die Welt ist nicht einfach eine Welt-für-mich, die Bedeutung hat, weil sie in mir bestimmte Empfindungen auslöst oder weil ich in ihr bestimmte Dinge tue. Die Welt hat auch Bedeutung für andere, und diese Bedeutung kann die Bedeutung verändern, die die Welt für mich hat" (ebd., 86).

> (...) „Die Entdeckung vollzieht sich nicht im Denken, sondern im Handeln und Fühlen. Ich glaube, daß das Kind sich und sein Verhältnis zu anderen nur begreifen lernen kann, weil es erlebt, wie es auf andere reagiert, das heißt, wie es ihren Blickwinkel mitvollzieht und davon beeinflußt wird, wie sie auf die Dinge reagieren. (...) Das Kind ist nun fähig von der empfangenden Rolle in die gebende Rolle zu wechseln" (ebd., 87).

Damit das Kind also fühlend und handelnd ‚versteht', die ‚Welt-hat-Bedeutung-für-mich-UND-für-andere', braucht es bereits ein eingestimmtes und tragfähiges Beziehungsgeflecht, lange bevor es in die Schule kommt. Aber die Relevanz der beispielhaft ausgewählten ‚emotionalen Weltsicht' bleibt in der Schule bestehen, wird weiter geübt, geschult und gefestigt oder muss erst durch schulische Erziehungsprozesse in kompensatorischen Beziehungen angestoßen und schrittweise entwickelt werden. Denn erst durch den Perspektivwechsel lernt das Kind, sich selbst, aber auch sein Verhältnis zu den Anderen und zur dinglichen Welt zu begreifen. Darin zeigt sich: Es bloß geschehen lassen ist das Gegenteil von verstehen.

Wer ‚schwieriges' Verhalten regulieren will, kann das nicht, ohne in der Lage zu sein, die Perspektive wechseln zu können.

Hinzu kommt noch eine alles entscheidende Paradoxie: „Man kann nicht nicht kommunizieren" bedeutet im Kontext schulischer Erziehung auch: „Man kann sich nicht nicht verhalten" (Watzlawick et al. 2011, 58). Selbst wenn wir uns gegenseitig nicht beachten, zeigt sich darin unser ‚Verhältnis' zum Gegenüber. Verhalten und Verhältnis gehören zwingend zueinander. Jedes Verhalten macht subjektiv Sinn, weil es immer auch ein (unbewusster) Bewältigungsversuch ist, die Verhältnisse zu klären bzw. zu verändern. Verhalten verweist unablässig auf ein dreifaches Verhältnis: Das Verhältnis zu anderen Menschen, das Verhältnis zur dinglichen Welt, die uns umgibt und das Verhältnis zu mir selbst (Selbstverhältnis). Die drei Beziehungsebenen, die dafür anleitend sind, sollen im Folgenden vorgestellt und besonders in Hinsicht auf Kinder mit emotionalem und sozialem Förderbedarf in der Schule reflektiert werden.

3.2.5 Erste Beziehungsebene schulischer Erziehung: Das Verhältnis zu den bedeutsamen anderen Menschen

Der Mensch ist ein Beziehungswesen. Ein (Über)Leben ohne Beziehungen ist gar nicht möglich. Deshalb sind wir bereits zu Beginn unseres Lebens alternativlos auf ein Gegenüber angewiesen und alles in uns ist dafür vorbereitet und daraufhin ausgerichtet. Durch die Ausstattung mit Spiegelneuronen (vgl. Bauer 2005) ist beispielsweise die biologische Basis für Empathie und Einfühlung in uns grundgelegt. Spiegelneuronen sind spezielle Nervenzellen, die nach dem Prinzip ‚use it or lose it' funktionieren und die zum ‚einspiegeln' in besonderer Weise auf fürsorgliche, verlässliche bzw. einfühlsame Bezugspersonen angewiesen sind. Auch deshalb ist das, was sich zwischen den Menschen ereignet, so wichtig.

> „Wir selbst wirken durch die Gestaltung unserer zwischenmenschlichen Beziehungen entscheidend daran mit, was sich biologisch in uns abspielt. Aus dem, was wir heute über die biologische Bedeutung sozialer Beziehungen wissen, ergibt sich eine neue Dimension der Verantwortung" (Bauer 2007, 11).

Die Bindungstheorie verdeutlicht diese existenzielle Angewiesenheit in ihrem theoretischen Bezugsrahmen ebenso eindrücklich. Damit wird die intergenerationale Verantwortung in Erziehungsprozessen – auch in schulischen Erziehungsprozessen – weiter begründet und gestärkt. Die Forschungsarbeiten von Bowlby (2006) und Ainsworth (1978) belegen, dass jeder Säugling bereits mit seiner Geburt intensivst nach Nähe und Sicherheit sucht bzw. dass er sich bereits im ersten Lebenshalbjahr an seine Betreuungsperson bindet. Dieses Gefühl der Verbundenheit kann durch spezifische Erfahrungen „verschiedene Färbungen annehmen, die als unterschiedliche Qualitäten von Bindung betrachtet werden" (Dornes 2001, 44). Die Bedeutung der unterschiedlichen Bindungsqualitäten haben Julius et al.

(2009) in besonderer Weise für verhaltensauffällige Kinder in der Schule untersucht.
Bindungen sind besondere Beziehungen, die nicht austauschbar und dadurch von gesteigerter Bedeutung für unsere Entwicklung sind.

> „Ein Kind das sich geborgen und angenommen fühlt, gehorcht einer Bezugsperson, weil es diese gern hat und sich nicht einem Liebesentzug aussetzen will. Diese emotionale Verbundenheit zusammen mit einer konsequenten erzieherischen Grundhaltung veranlasst das Kind Bezugspersonen zu folgen" (Largo 2008, 53).

Ob es sich um diese besondere Form der Beziehung (Bindung) handelt oder nicht, Beziehungen sind und bleiben unsere Lebens-, Entwicklungs-, aber auch Erziehungsgrundlage, weil Kinder erst durch Beziehungen lenkbar werden und lernen, sich selbst zu lenken.
In Bezug auf schulische Erziehung bedeutet das: Beziehungen sichern nicht nur das individuelle (Über-)Leben und Zusammenleben. Sie sind auch die entscheidende Erziehungsbasis, wenn es um die Einflussnahme auf Kinder und Jugendliche geht. Mehr noch. Durch die gelingende Gestaltung von Beziehungen werden Institutionen und Organisationen überhaupt erst arbeitsfähig und funktionsfähig (vgl. Greenspan, Shanker 2007, 332 ff.). Das trifft in besonderer Weise auch auf Schule zu.
Um die zentrale Bedeutung von zwischenmenschlichen Beziehungen für die schulische Erziehung erfassen zu können, ist es notwendig, diese in besonderer Weise als Werk unserer Emotionen zu betrachten. Denn was sich später in der Institution Schule fortsetzt, wird bereits vor dem Eintritt in diese Institution grundgelegt. Kurz: Die folgenden Ausführungen sollen den Blick für das Fundament schärfen, auf dem schulische Erziehung beruht.
Greenspan und Benderly (2001, 23) erheben „den emotionalen Austausch mit den Pflegepersonen zum obersten Maßstab der Entwicklung und der intellektuellen Kompetenz". Doch wie kann das sein? René Descartes berühmtes Dictum „cogito ergo sum" (Ich denke, also bin ich), dass die Philosophie des Abendlandes (vgl. Lehrer 2009) noch heute prägt, legt die Annahme nahe, dass Denken und Fühlen in zwei Bereiche zerfallen, während die aktuelle Forschung das Gegenteil beweist. Denn es zeigt sich,

> „daß die höchsten Fähigkeiten des Geistes, Intelligenz, Moral, Selbstgefühl, gemeinsame Ursprünge haben. Wir machten entscheidende Stadien in der Entwicklung des Geistes aus, die überwiegend vor dem Zeitpunkt liegen, da unsere ersten Gedanken registriert werden. In jedem Stadium bedarf es bestimmter wichtiger Erfahrungen. Diese Erfahrungen sind jedoch entgegen herkömmlichen Vorstellungen nicht kognitiver Natur, sondern bestehen in subtilen Formen emotionalen Austauschs. Der wichtigste Architekt des Geistes ist daher nicht die kognitive Stimulierung, es sind vielmehr Emotionen" (Greenspan, Benderly 2001, 13).

Vereinfacht gesagt: Die Emotionen sind die Architekten des Denkens.
Das verdeutlicht eindrücklich, dass nicht nur Erziehungs-, sondern auch Bildungsprozesse auf Emotionen beruhen, die sich in zwischenmenschlichen Beziehungen immerwährend zeigen und weiterentwickeln. Auch wenn wir das nicht immer merken. „Wir stehen emotional ständig im Austausch mit unserer Umwelt, reagieren auf unsere Mitmenschen und werden durch diese Dynamik überhaupt erst zu fühlenden Wesen" (Schnabel 2015, 46). Kinder und Jugendliche, die aus einem benachteiligten Umfeld kommen, die basale und frühe Formen des emotionalen Austausches nur ungenügend erleben konnten, weil die bedeutsamen Bezugs- und Pflegepersonen selbst unter massiven Belastungen standen und stehen, haben nicht nur ein Recht auf Erziehung, sondern einen gesteigerten Erziehungsbedarf (vgl. Ahrbeck 2010, 215ff.). Eine derart intensivierte Erziehung muss in besonderer Weise wichtige emotionale und ausgleichende Gegenerfahrungen ermöglichen und sichern, die in der bisherigen emotionsbasierten Kommunikation nicht möglich waren. Gerade institutionalisierte Erziehung, und in besonderer Weise schulische Erziehung, kann diese Verantwortung nicht ignorieren.

Die Qualität des emotionalen Austausches entscheidet aber auch über weitere äußerst bedeutsame menschliche Fähigkeiten, auf die wir im Zusammenleben existenziell angewiesen sind – z.B. Affektregulation und Mentalisierung (vgl. Taubner 2015, 58f.). Beide Phänomene bedingen einander und ermöglichen durch intrapsychische Regulationsmöglichkeiten, dass Emotionen nicht mehr agiert werden müssen, sondern reflektiert werden können. Erst dadurch wird – wie bereits bei der von Hobson zuvor beschriebenen „kopernikanischen Wende" – ein Perspektivwechsel im Fühlen und Denken möglich, der zugleich auch die Basis für nachhaltige Verhaltensänderungen ist. Affektregulation bzw. „Emotionsregulation ist die Veränderung von Emotionen hinsichtlich der Qualität, Intensität, Dauer, Auslöseschwelle und des zeitlichen Verlaufs" (Zimmermann et al. 2013, 123). Mentalisierung bedeutet im Kern, sich selbst von außen und andere von innen betrachten zu können. Beide emotionsbasierten, mentalen Fähigkeiten eröffnen eine völlig neue Dimension der Impulskontrolle und – damit einhergehend – differenzierte Formen menschlichen Verhaltens. Um schulische Erziehungs- und Bildungsprozesse verantwortlich gestalten zu können, braucht es eine professionelle Form der Beziehungsarbeit in allen Bereichen der Institution Schule. Diese muss vorhandene bzw. mitgebrachte emotionsbasierte und mentale Fähigkeiten der Schüler weiter differenzieren und fehlende emotionsbasierte Fähigkeiten kleinschrittig (in Form von Nachreifung) entwickeln helfen.

Affektregulation und Mentalisierung sind auch deshalb in schulischen Kontexten von zentraler Bedeutung, weil diese letztendlich auch über die Gruppenfähigkeit von Kindern entscheiden (vgl. Greenpan, Shanker 2007). Schule bedeutet immer auch, ein Kind unter vielen zu sein. Wer den oben beschriebenen Perspektivwechsel gut vollziehen kann, wird sich auch unter Vielen gut zurechtfinden, weil die Gruppe dadurch einschätzbar und Verhaltensweisen in gewisser Weise auch vorhersehbar werden. Das gibt Sicherheit. Zentral ist die Frage: Wie viele andere verträgt bzw. erträgt ein Kind, das diesen Perspektivwechsel nicht gelingend vollziehen kann? Je besser diese emotionalen und mentalen Regulationssysteme entwickelt sind, umso gelingender ist das Zusammenwirken und Lernen in der Gemeinschaft. Entwicklungsdefizite in diesem Bereich müssen deshalb auch ihren Niederschlag in strukturellen Bereichen finden; allen voran in der Gruppengröße und Gruppenzusammensetzung einer Lerngemeinschaft. Gerade emotional belastete Kinder brauchen einen verlässlichen organisatorischen und institutionellen Rahmen, innerhalb dessen sie grundlegende Erfahrungen von Zugehörigkeit und Teilhabe machen können. Was dem Anspruch nach auf alle Kinder zutrifft, ist bei verhaltensauffälligen von besonderer Bedeutung. Hartmut von Hentig formuliert es so:

> „Ich wünsche (…), dass junge Menschen erfahren, was eine Gemeinschaft ist, was sie gibt und fordert – eine größere als die Familie, in die sie hineingeboren sind, und eine weniger künstliche und zufällige als die Schulklasse, in die man sie hineinverwaltet hat" (Hentig v. 2006, 17).

Die fundamentale Bedeutung zwischenmenschlicher Beziehungen bleibt ein ganzes Leben lang bestehen. Was sich hingegen ändert, ist ihre emotionale Ausrichtung. Während Säuglinge und Kleinstkinder zu Beginn ihres Lebens in besonderer Weise auf die Eltern bzw. Bindungspersonen fixiert sind, ändert sich das, je älter die Kinder werden. Die Bedeutung der Gleichaltrigen wächst kontinuierlich.

> „Die Bereitschaft, sich an Eltern und andere Hauptbezugspersonen (auch Lehrer, Anm. d.V.) zu binden, ist in den ersten Lebensjahren am größten und nimmt danach langsam ab. Sie schwindet im Verlauf der Pubertät, während die Bindungsbereitschaft zu den Gleichaltrigen stark zunimmt" (Largo 2011, 365).

Diese Erkenntnis ist für die Schule von allergrößter Bedeutung. Denn im Kern verändert sich mit der unterschiedlichen emotionalen Ausrichtung innerhalb des Beziehungsspektrums auch die Aufgabe bzw. die Rolle der Lehrer bzw. Erzieher selbst.

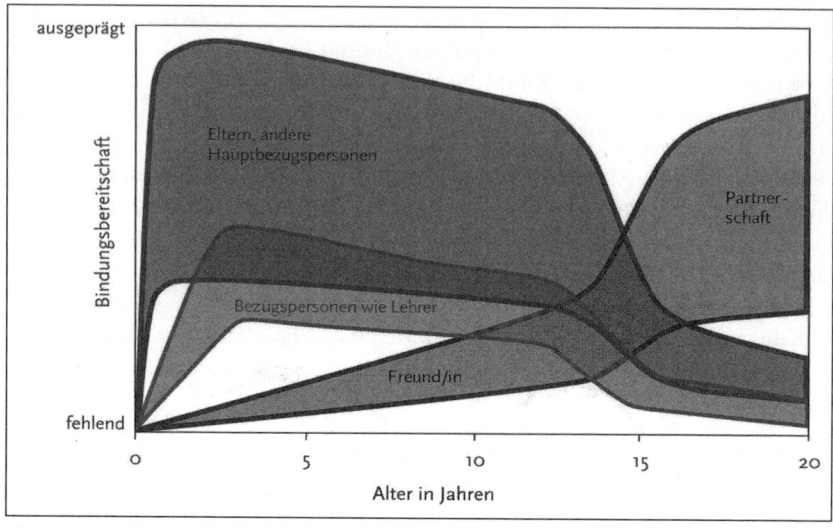

Abb. 01: Entwicklung des Bindungsverhaltens (Largo 2011, 365)

In jener Zeit, in der die Hinwendung zu den Erwachsenen besonders ausgeprägt ist und in der Lehrer bzw. Erzieher mit einer hohen Bindungsbereitschaft der Kinder konfrontiert sind, ist nicht nur die Asymmetrie der Beziehung, sondern auch die institutionelle Prägung der Lehrer-Schüler-Beziehung von enormer Relevanz. Worauf trifft also das Bindungsbedürfnis des Kindes, das noch mehr ist als das Beziehungsbedürfnis?

Fürstenau (1979, 187) spricht pointiert von einer „Entpersönlichung" der Lehrer-Schüler-Beziehung in Abgrenzung zur „notwendig individualisierten Beziehung der Eltern zu ihren Kindern", wenn er die institutionelle Prägung charakterisiert. „Der Lehrer als Amtsträger verhält sich nicht zu Kindern als Person mit individuellen Motiven und Eigenarten, sondern zu Schülern, d.h. nur zu den Eigenschaften von Kindern, die von der Schülerrolle beansprucht und gefordert sind" (ebd.). Aber der Lehrer bzw. Erzieher entwickelt nicht nur eine Beziehung zu seinen Schülern, sondern ist immer auch in ein institutionelles Beziehungsgeflecht verstrickt. Er „hat ja nicht nur eine den Schülern zugekehrte ‚Vorderseite', sondern auch eine dem Schulleiter, vor allem aber dem Schulrat als Vertreter der staatlichen Schulaufsicht zugekehrte ‚Rückseite'" (Fürstenau 1979, 190). Wenn dann auch noch die Selbstbeziehung des Lehrers bzw. Erziehers in Rechnung gestellt wird (vgl. Bernfeld 1967, 141), wird die Gemenge- und Konfliktlage deutlich, die im schulischen Erziehungs- und Unterrichtsgeschehen ständig neu ausbalanciert werden muss. Denn jeder Lehrer bzw. Erzieher war selbst Kind und Schüler, bevor er in seiner neuen Funktion an die Institution Schule zurückgekehrt ist. Die Erlebnisse und Erfahrungen aus der eigenen Schulzeit sind auch dann noch hochgradig

wirksam und beeinflussen das schulische Erziehungs- und Beziehungsgeschehen nachhaltig, wenn diese längst vergangen scheint. Auch die schulische Gegenwart beginnt mit der Vergangenheit.
Die Asymmetrie der Beziehung, das Generationengefälle bzw. die Generationendifferenz bedeutet für die erwachsene Bezugsperson nicht nur ein Mehr an Erfahrung und Verantwortung, sondern auch ein Mehr an Möglichkeiten und deshalb immer auch ein Mehr an Macht. Auch wenn das Recht auf eine gewaltfreie Erziehung, auf eine Erziehung ohne Schläge und körperlicher Übergriffe – auch sexualisierte Übergriffe – juristisch festgeschrieben ist, geht mit dem Generationengefälle zwingend ein Machtgefälle einher.

> „Erziehung und die Verantwortung für den Schutz des Kindes kommt ohne die Ausübung von Macht aufseiten der Erwachsenen nicht gänzlich aus, der Anspruch an die Erwachsenen der Gegenwart zielt darauf, diese nicht zu missbrauchen und ihre eigene Machtposition kritisch zu reflektieren (…)" (Andresen 2013, 291).

Das ist für alle Kinder von enormer Wichtigkeit, besonders aber für die Kinder, die in ihrem familiären Umfeld bereits Übergriffen ausgesetzt waren. Eine Wiederholung von Gewalterfahrung durch die Institution Schule kommt einem Verrat gleich, weil überlebensnotwendige Gegenerfahrungen nicht nur nicht möglich werden, sondern weil das Kind in diesen Erlebensabgründen zementiert wird.
Die Relevanz der asymmetrischen Beziehung bleibt auch bestehen, wenn Bindungen im Laufe der Schulzeit neu ausgerichtet werden. Aber dann, und das ist entscheidend, wird zusätzlich ein Wissen über Gruppenprozesse unter Gleichaltrigen und ihre verstärkte Einbindung bzw. Einbeziehung in Entscheidungsprozesse immer bedeutsamer. Largo und Czernin (2011) machen in ihrem Buch „Jugendjahre – Kinder durch die Pubertät begleiten" klar, dass die Bindungsbereitschaft nicht nur ein Thema der Säuglings- und Kleinkindzeit ist, sondern ein Leben lang erhalten bleibt. Die Bindungspersonen verändern sich, jedoch nicht der Wunsch nach intensiven Beziehungen, die nicht austauschbar sind. Das Thema ‚Freundschaft' ist auch schon in der Grundschulzeit sehr wichtig, steigert sich in der Pubertät aber weiter und verbindet sich – vor dem Hintergrund einer Psychologie der Lebensspanne – immer mächtiger mit dem Thema ‚Partnerschaft'. Wenn der klassische Erziehungsbegriff also die Generationendifferenz zum Kernmerkmal erhebt, dann wird nun klar, dass in den Anfängen der Erziehung, auch der schulischen Erziehung, die Bindungspersonen ‚noch' dazu ‚passen'. Das wandelt sich. Schüler ‚binden' sich im Laufe ihrer Schulzeit zunehmend an ‚Latent-Gleich(altrig)e' und verändern damit ihre innere Ausrichtung sukzessive weg von den Erwachsenen. Das bringt eine Reihe von massiven Konfliktlagen mit sich. Auch weil Bindungen immer vom Wunsch nach bedingungslosem Angenommensein und dem Streben nach Schutz und Sicherheit geprägt sind. Was die erwachsenen Bindungspersonen, die im Sinne Winnicotts (1987, 20) „genügend gut (good-enough)" sind, zu

geben vermögen, können Peers aber nicht leisten. Gerade das stürzt Jugendliche auch in Verzweiflungsabgründe, nicht nur im Kontext der ersten großen Liebe. Die Suche nach dem Platz unter Gleichen, der immer wichtiger wird, löst aber die Erziehungsverantwortung der Erwachsenen nicht auf, stellt diese aber vor besondere Herausforderungen.

In der Schule sitzen Erwachsene im Zweifel meist am ‚längeren Hebel'. Diese Machtposition von Lehrern und (schulischen) Erziehern wird besonders dann kritisch-reflexiv hinterfragt werden, wenn Zusammenschlüsse unter Jugendlichen, die sich aus der affektiven Umorientierung im Bindungsverhalten ergeben, ein verstärktes Gegengewicht zur Welt der Erwachsenen bilden. Konkret: Wenn die Bindungsbereitschaft zu den Gleichaltrigen mit zunehmendem Schulalter stark zunimmt und die Bindungsbereitschaft gegenüber erwachsenen Bezugspersonen in den Hintergrund tritt, werden Kinder für Erwachsene zunehmend schwerer lenkbar. In dieser Phase der Entwicklung ist es für Schüler entscheidend wichtig, vor den Augen der Peers bestehen zu können, wahrgenommen und anerkannt zu werden, notfalls auch auf Kosten der Lehrperson.

Was auch zuvor schon wichtig war, kann an dieser Stelle von größter Relevanz sein: Erziehung auch als Einbeziehung zu denken (vgl. Juul, Jansen 2005). Juul und Jansen plädieren für einen sukzessiven Wandel von der Erziehung zur Einbeziehung von Kindern bzw. Jugendlichen in ihre eigene Entwicklung. Den Autoren ist durchaus bewusst, dass es sich – auf Grund des Wissens- und Fertigkeitsvorsprungs sowie der Lebenserfahrung von Lehrkräften – durchaus um eine asymmetrische Beziehung handelt, die auch durch die strukturelle Macht eines Bildungssystems noch gestützt wird. Daher schlagen sie einen verantwortungsbewussten Umgang damit – ebenso den sukzessiven Umbau der Lehrer-Schüler-Beziehung, gekoppelt an die Entwicklung von Kindern bzw. Jugendlichen – vor. Dies erfordert eine ‚Professionelle Beziehungskompetenz', gemeint ist

> „…die Fähigkeit der Erzieherin, das einzelne Kind zu seinen eigenen Prämissen zu ‚sehen' und ihr eigenes Verhalten darauf abzustimmen, ohne zugleich die Führung abzugeben; außerdem die Fähigkeit, authentisch im Kontakt zu sein – das pädagogische Handwerk; schließlich die Fähigkeit und der Wille, als Erzieherin die volle Verantwortung für die Qualität der Beziehung zu übernehmen – die pädagogische Ethik" (Juul, Jansen 2005, 160).

Dies bedeutet auch, Erziehung als Kontinuum zwischen den Polen Autonomie und Abhängigkeit im menschlichen Leben zu begreifen und dem Gegenüber mit Respekt zu begegnen. Nicht selten fordern gerade Schüler diesen für ihre Person immer wieder ein. Gemeint ist damit die Achtung des Anderen bei gleichzeitiger Akzeptanz seiner Autonomie. Respekt in Erziehungsprozessen in der Schule drückt sich aus

„durch das Ansprechen der Erfahrungen des Kindes, das Mitreden und Mitgestalten lassen, durch die Sorgfalt in der Gestaltung von Interaktions- und Arbeitsformen, durch die Transparenz der Zielsetzungen und Beurteilungsmaßstäbe und durch die Wertschätzung individueller Leistung" (Reiser 2006, 130).

Die bestehende Asymmetrie im Beziehungsgeschehen zwischen Erziehern bzw. Lehrern und ihren Schülern macht eine reflexive ethische Positionierung unumgänglich. Lehrer und Erzieher müssen besondere Fürsorge tragen, um seelische Verletzungen nicht nur nicht zu wiederholen, sondern gute Gegenerfahrungen anbieten zu können.

‚Schwierige' Kinder/Jugendliche benötigen Professionelle,
- „die auf schwieriges Verhalten nicht nur mit konventionellen Sanktionen reagieren,
- die sich auf die Suche der Kinder und Jugendlichen nach Grenzen einlassen und sich in diesem Prozess mit ihren eigenen Grenzen auseinandersetzen,
- die schwieriges Verhalten nicht nur als Bedrohung und Verletzung einer gegebenen oder geforderten Ordnung verstehen, sondern als Aufforderung, organisatorische und institutionelle Vorgaben kreativ auf die vorhandenen Bedürfnisse hin zu verändern,
- die schwieriges Verhalten als Herausforderung für eigene Lernprozesse verstehen und sich auf gegenseitige Lernprozesse mit den Kindern einlassen" (Opp, Teichmann 2008, 26).

Sie benötigen darüber hinaus die Fähigkeit zur Fürsorge, die Fromm (1956, 48ff.) in fünf verschiedenen Dimensionen beschreibt. Dazu gehören:
- „Fürsorge: die Sorge um das Leben und das Wachstum einer Person in einer Beziehung
- Verantwortung: die Bereitschaft zu handeln, um die formulierten oder auch nicht ausgedrückten Bedürfnisse eines Menschen einzulösen
- Respekt: die Fähigkeit, eine andere Person so zu sehen, dass sie sich entwickeln kann, ohne ausgebeutet zu werden
- Wissen: die Suche nach dem Verständnis der Gefühle des anderen, auch wenn sie nicht offen zu Tage liegen
- affektive Zuwendung
- Grenzen: Gemeinsame Vereinbarungen von Grenzen und Normen als Rahmensetzung für Erwartungen, Verhaltensspielräume und Ausdruck gegenseitigen Respekts" (Opp, Teichmann 2008, 26).

Lehrer und Erzieher brauchen deshalb nicht nur reflexive Fähigkeiten, eigene ethische Positionierungen kritisch-konstruktiv zu hinterfragen und weiterzuentwickeln und ein Geschick, Erziehungsprozesse zunehmend in Einbeziehungsprozesse zu verwandeln, sie brauchen in besonderer Weise auch die Bereitschaft bzw. Fähigkeit zur Selbstreflexion.

An dieser Stelle soll nochmals Siegfried Bernfeld zu Wort kommen. In seinem fiktiven Erziehungsroman „Sisyphos oder die Grenzen der Erziehung", der erstmals 1925 veröffentlicht wurde, wendet er sich nicht den pädagogischen Versprechungen, sondern in besonderer Weise den pädagogischen Stolpersteinen zu.
Einer davon ist dadurch bedingt, dass nicht nur das Verhalten des Kindes, sondern auch das des Erziehers seine je spezifische (Lebens)Geschichte hat. „So steht der Erzieher vor zwei Kindern: dem zu erziehendem vor ihm und dem verdrängten in ihm. Er kann gar nicht anders, als jenes zu behandeln wie er dies erlebte" (Bernfeld 1967, 141). Affektiv unverarbeitete bzw. besonders prägende Erlebnisse und tiefgreifende Erfahrungen können nicht einfach bei Seite gelegt werden. Sie filtern unsere Wahrnehmung – auch die von Erziehern und Lehrkräften. Letztlich können wir das Kind vor uns nicht so sehen wie es ist, sondern immer nur durch die Brille unserer durchlebten, manchmal auch durchlittenen eigenen Kindheit.
„Wer sich an seine eigene Kindheit nicht mehr deutlich erinnert, ist ein schlechter Erzieher". Dieses Zitat von Marie von Ebner-Eschenbach, das wir unserem Beitrag vorangestellt haben, bekommt vor dem Hintergrund dieser erzieherischen Grenze, die Bernfeld markiert, nochmals eine besondere Bedeutung. Wer ein professioneller Erzieher und Lehrer sein will, muss immer wieder bereit sein, auch sich selbst zum Thema zu machen, sich zu befragen und mühsam seinen Beitrag am aktuellen Erziehungs- bzw. Beziehungsgeschehen kritisch-konstruktiv zu hinterfragen. Supervision und Balintgruppen, aber auch andere Formen der Selbstbefragung wie z.B. Situationsanalysen, die nachfolgend noch vorgestellt werden, helfen, diese Grenzsituation professionell zu reflektieren und zu bearbeiten. Aber auch Fallanalysen (vgl. Ahrbeck, Rauh 2006) und die intensive Beschäftigung mit Konfliktgeschichten können eine große Sensibilisierungshilfe sein. Wertvolle Impulse liefern dabei die vielfältigen Beispiele Zulligers in seinen Schriften (Zulliger 1963/1967), die Fälle und Unfälle der Erziehung (Ertle, Möckel 1981), die von Freyberg und Wolff (2005/2006) zusammengetragenen Konfliktgeschichten, aber auch die Schriften von Jegge über Schulversagen und Erziehungsschwierigkeiten (Jegge 1991/1991b/2002). Die Lektüre dieser Schriften hilft Pädagogen nicht nur dabei, mögliche Wurzeln von Schwierigkeiten im pädagogischen Alltag frei zu legen, sondern auch über die Fallgeschichten und deren Analyse ein vertieftes Verständnis für die Problem- und Notlagen der Kinder/Jugendlichen zu entwickeln sowie die eigene Haltung ihnen gegenüber immer wieder neu auf den Prüfstand zu stellen.
Schulische Erziehung hat neben besonderen Chancen der Begegnung auch ihre spezifischen Grenzen. Wie bereits zuvor offengelegt, liegt die erste Grenze der (schulischen) Erziehung darin, dass wir das zu erziehende Kind immer nur durch die Brille der eigenen erlebten bzw. erlittenen Kindheit sehen. Die beiden anderen Grenzen der Erziehung nach Bernfeld sollen wenigstens noch markiert werden, auch wenn diese in diesem Kontext nicht weiter vertieft werden können.

Die zweite Grenze wird, so formuliert es Honig (2013, 30), „von den gesellschaftlichen Funktionen des Bildungssystems bestimmt, die Erzieher und Erziehung in ein System sozialer Ungleichheit einbinden." Diese Erziehungsgrenze weist starke Parallelen zur eingangs beschriebenen „Legitimationsfunktion" von Schule auf (vgl. Fend 1980). Dazu Bernfeld (1967, 122): „Jede Erziehung ist in Bezug auf die erziehende Gesellschaft konservativ organisiert; in Bezug auf die Machttendenzen der erziehenden Gruppe intensivierend (ausbreitend, vermehrend)." Bernfeld führt uns vor Augen, dass Erziehung zwar die Entwicklung im Kind anstoßen soll, aber nur in jenem gesellschaftlich vorbestimmten Rahmen, der dem eigenen Machterhalt dient bzw. diesen womöglich sogar erweitert.

Die dritte Grenze der Erziehung liegt nach Bernfeld (ebd., 145) im Kind selbst: „Die Möglichkeiten und Grenzen der Beeinflußbarkeit des Kindes genauestens abzuwägen und zu bestimmen, wäre eine wichtige Aufgabe der Erziehungswissenschaft." Ein kurzer Gedankengang kann das veranschaulichen. Dieser geht von der Annahme aus, dass Erziehung innerhalb des Beziehungsgeschehens immer auch Selbsterziehung ist. Denn nachhaltig beeinflussen wird und kann mich ‚nur', was für mich subjektiv Sinn macht.

> „Sinn kann man nur selbst finden und niemand anderem vermitteln. Sinn ergibt sich nicht nur aus dem, was man erfährt oder tut, sondern – mehr noch – daraus, wie man das, was man erfährt oder tut, in das einordnet, was man bisher erfahren und getan hat" (Schäfer 1995, 19).

Die Grenze der Beeinflussbarkeit des Kindes liegt auch in den kindlichen Voraussetzungen. Nicht nur in leiblichen, sozialen, sprachlichen und kognitiven Einschränkungen, sondern auch in möglichen emotionalen Widerständen im Kind selbst. Diese haben immer gute Gründe – gerade bei emotional (hoch)belasteten Schülern –, auch wenn wir diese nicht immer kennen (vgl. Hoanzl 2005). Das wird besonders dann verständlich, wenn man Lernen nicht bloß in Reiz-Reaktions-Schemata begreift, „sondern als prozeßhafte Sinngebungsarbeit des Subjektes, die allein von dessen Biographie, Erfahrung und Kultur her zu begreifen ist" (Duncker et al. 1993, 11). Das wird auch die zweite Beziehungsebene wesentlich bestimmen. Denn die „subjektive Sinngebungsarbeit" ist eine besondere Brücke zwischen schulischer Erziehung und schulischem Lernen.

3.2.6 Zweite Beziehungsebene schulischer Erziehung: Das Verhältnis zur Welt der Dinge und Phänomene, die uns umgeben

> „Das Erziehen ist auf das Lernen angewiesen, ja ihm geradezu ausgeliefert, so wie ein Segel sich erst spannt und das Boot voranbringt, wenn Wind aufkommt" (Prange 2000, 20f.).

Schulische Erziehungsprozesse sind demnach auch auf Lernprozesse angewiesen. Beide zusammen wurzeln, wie zuvor begründet, auf emotionsbasierten, zwischenmenschlichen Beziehungsprozessen. Denn sie nehmen entscheidend Einfluss darauf, wie sich das Kind auf die Welt der Dinge und Phänomene einlassen kann. Die sprichwörtliche ‚Ansteckungskraft' eines Menschen, der für (s)eine Sache entflammt ist, kann die entscheidende Verbindung zwischen menschlichen und dinglichen Beziehungen einleuchtend veranschaulichen. „Dinge werden durch interessante Menschen interessant" (Pfeffer 1988, 231).

Was Pfeffer in seinen richtungsweisenden Forschungsarbeiten mit schwerst geistig behinderten Menschen erkannt hat, geht weit über diese spezifische Personengruppe hinaus. Es ist von höchster Relevanz für alle Lern- und Erziehungsprozesse, denn Pfeffer hat offengelegt, dass der Bezug zur dinglichen Welt durch und durch sozial ist. Auch wenn wir das in klassischen schulischen Lernbezügen, die häufig auf Abstraktion beruhen, „vergessen" haben. Festzuhalten ist: „Die ‚Dinge an sich' werden im emotionalen Kontakt zu Bezugspersonen zu ‚Dingen für mich'" (ebd.). Wie ist das möglich? Und bestätigt Pfeffer im schulischen Kontext damit das Phänomen, das Hobson als „kopernikanische Wende" beschrieben hat? Eine Erklärungsspur aus der Entwicklungsforschung kann das weiter begründen. Greenspan und Benderly (2001) stellen in ihrem Band „Die bedrohte Intelligenz" die Theorie der „dualen Codierung" vor. Diese besagt, dass jede Sinneswahrnehmung, die vom Kind registriert wird, immer auch mit Emotionen verknüpft wird. Pointiert gesagt: Alles was später in unserem Geist ankommt, ist zuvor durch unseren Körper und unser Erleben gewandert. Wir können nicht denken, ohne zu spüren und fühlen.

> „Wenn das Kind mit zunehmendem Alter die Welt erkundet, sind Emotionen ihm dabei behilflich, auch das zu begreifen, was sich als physikalische und mathematische Beziehungen darbietet. Man könnte meinen, daß einfache Begriffe wie heiß oder kalt ganz und gar physische Empfindungen repräsentieren, doch was ‚zu heiß' oder ‚genau richtig' bedeutet, lernt das Kind anhand von angenehmen oder schmerzend heißen Bädern, kalten oder wohltuenden Fläschchen, übermäßiger oder unzureichender Bekleidung, kurz, anhand von Empfindungen, die mit den emotionalen Reaktionen des Kindes codiert werden. Eine entsprechende Grundlage haben komplexere Wahrnehmungen wie groß oder klein, mehr oder weniger, hier oder dort" (ebd., 35).

Kurz: Ich kann die Welt gar nicht wahrnehmen, ohne diese zugleich emotional zu besetzen und in meinen inneren mentalen und emotionalen Katalog einzuordnen. Diese duale Codierung der Wahrnehmung nach Greenspan und Benderly ist hochgradig emotional und subjektiv, weil sie geprägt ist von der je eigenen Erfahrung, Biographie und Kultur. Deshalb kann das, was ich mit den Dingen und Phänomenen verbinde, ganz anders sein, als das, was ein anderer Betrachter damit verbindet. Immer aber ist diese emotionale Besetzung (Codierung) äußerst

bedeutsam, weil sie ein Puzzlestück meiner Lebenswelt ist und für mich subjektiv Sinn macht.
Keine Sache ist blank! Auch der Schulstoff nicht! Neben der Sachdimension gibt es immer auch eine emotionale Dimension. Selbst scheinbar neutrale Sachverhalte können eine affektive Aufladung haben. Nicht selten ist das, was am Schülerverhalten im Unterricht verstörend daherkommt, auf das engste verknüpft mit dieser emotionalen (dualen) Codierung. Dann kann z.b. der Rechenvorgang einer Subtraktion als ‚Wegnehmen' erlebt werden. Ein ‚Wegnehmen', das in der aktuellen Lebenssituation eines achtjährigen Jungen unerträglich ist, z.b. weil der Vater aktuell eine Haftstrafe antreten muss und das Kind nicht bei der drogenabhängigen Mutter bleiben darf und fremduntergerbacht werden muss. ‚Wegzählen', ‚wegnehmen' und konkrete „Verlusterfahrungen" verbinden sich dann unmerklich im Erleben des Kindes und brechen im Unterricht als Unterrichtsstörungen (vgl. Hoanzl 2005) hervor.
Wir können nicht wissen, was die je einzelnen Kinder emotional mit dem jeweiligen Unterrichtsstoff verbinden, aber wir können uns dafür sensibilisieren und Unterrichtsstörungen, besonders dann, wenn diese wiederholt ähnliche Muster aufweisen, daraufhin überprüfen. Vor diesem Hintergrund empfiehlt es sich, die Lehramtsstudierenden so auszubilden, dass diese bei der Unterrichtsplanung bereits das Unterrichtsthema probeweise aus ihrer je eigenen Perspektive ‚emotional abklopfen' lernen. Wir laden die Studierenden ein, jeden Unterrichtsgegenstand einerseits auf ‚freudvolle, lustvolle' und andererseits auf ‚ängstigende, bedrohliche' Aspekte hin zu untersuchen, im Wissen darum, dass zwischen diesen beiden extremen Bewertungspolen noch viele weitere emotionale Nuancen liegen können. Auf diese Weise kann man sich als Lehrperson 'wappnen'. Wenn im Geschichtsunterricht das Thema ‚Napoleonische Kriege' behandelt wird, bin ich als Lehrperson nicht völlig überrascht, wenn ein Schüler bereits in der Hinführung zum Thema spontan ruft: „Krieg, geil!" während der Rest der Klasse verstört dreinschaut. Ich kann das Verhalten – losgelöst aus dem Kontext – vorschnell als bloße Provokation abtun und entsprechend sanktionieren. Oder aber ich kann eventuelle emotionale Besetzungen (Codierungen) aufgreifen und im Unterricht oder außerhalb des Unterrichts bearbeiten.
„Alles wirkliche Leben ist Begegnung", sagt Buber (2016, 18). Diese Begegnungen sollten nicht vor der Klassentür halt machen, sondern als besondere Chance in der schulischen Arbeit mit Kindern erkannt werden. Deshalb ist zu fragen: welche ‚Begegnungen' sind mit dem Unterrichtsstoff möglich, der Lehrer und Schüler verbindet?

„Unterricht ist (…) grundlegend gekennzeichnet durch das Zusammenspiel von drei Variablen: den Lehrenden, den Lernenden und dem Unterrichtsstoff. Das bedeutet: Die gegenseitige Bezogenheit zwischen Lehrer und Schüler wird durch den – außerhalb der

Beziehung verankerten – Unterrichtsstoff geprägt. Der Unterrichtsstoff wird gewissermaßen zum ‚Dritten' im Bunde" (Hoanzl 2002b, 40).

Nun wissen wir, dass dieser Unterrichtsstoff zwei Seiten hat, die untrennbar miteinander verschmolzen sind: eine Sachdimension und eine emotionale Dimension (duale Codierung). Der Unterrichtsstoff repräsentiert die Welt, aber er ist nicht die Welt. Die Welt liegt vor dem Klassenzimmer. Schule hat unterschiedliche Möglichkeiten, dieser echten Welt zu begegnen. Sie kann hinausgehen (vgl. Hentig v. 2006) oder das echte Leben hereinholen, indem sie z.B. Zeitzeugen, Handwerker, Künstler, Experten etc. in die Schule holt und dadurch andere Begegnungsmöglichkeiten schafft. Der Schulstoff ist also auf seine Weise ‚isoliert' vom wirklichen Leben (vgl. Fürstenau 1979/194). Der emotionale Gehalt kann bewusst durch Ritualisierung, starke Strukturierung und Fokussierung der Sachdimension in den Hintergrund gedrängt werden. Unterrichtsstoff – so eingesetzt – kann auch ‚neutralisierend' wirken und emotional angespannte Situationen entlasten. Wenn in der Klasse Hochspannung herrscht, kann z.B. stupides Päckchenrechnen wahre Wunder wirken.

„Dinge zu lieben ist etwas ganz anderes, als Dingen gegenüber zu stehen, die ich benutze und beherrsche, die ich verändern und kontrollieren kann. Das sind alles Dinge, die wir in der Schule lernen und die wir auch technisch herstellen können. Aber Dinge zu lieben, sozusagen für eine Sache zu brennen, ist ein anderes Weltverhältnis. Wie in zwischenmenschlichen Beziehungen, so kennen wir auch das Lieben einer Sache. Ich liebe Gedichte, ich brauche sie. Oder ich liebe Musik, ich brauche sie. Oder ich liebe Geschichte, ich brauche sie. Also durchaus auch schulische Dinge" (Rosa et al. 2016, 24).

Der 'isolierte Schulstoff' kann aber auch zur Beziehungsbrücke z.B. zwischen Lehrer und Schüler werden, wenn er seine emotionale Auflading (duale Codierung) zurück erhält. Wenn das passiert, spricht Rosa in Anlehnung von Marcuse sogar von einem „erotischen Weltverhältnis" (ebd., 24f.). Dann kann man leuchtende Augen sehen und rauchende Köpfe. Dann gibt es eine echte nachhaltige Begegnung mit der Welt der Dinge und Phänomene, in der interessierte und interessante Erwachsene eine bedeutsame Rolle spielen. Lehrer können also im Unterricht bzw. im „Unterricht auf Nebenwegen" (vgl. Hoanzl 2017) mit der dualen Codierung kreativ umgehen. Man kann die isolierte Seite des Schulstoffes durch klare Strukturen massiv betonen oder den Unterricht bewusst für die emotionalen Anteile des Unterrichtsstoffes öffnen, indem man u.a. Wahlmöglichkeiten und Gestaltungs- bzw. Freiräume innerhalb bewusst gestalteter Themenräume schafft. Ein konkretes Beispiel kann im Band von Bleher und Gingelmaier (2017) nachgelesen werden, der sich mit Fluchterfahrungen von Kindern und Jugendlichen beschäftigt. Darin wirft Hoanzl (2017) die Frage auf: Wie kann ich als Lehrer bzw. schulischer Erzieher das Thema ‚bedrohtes Zuhause', ‚Heimatverlust' bzw.

Schulische Erziehung

‚die Sehnsucht nach Heimat' derart in den Unterricht holen, dass die emotionale Dimension zwar Teil von schulischen bzw. menschlichen und stofflichen Begegnungen werden kann, aber die emotionale Wucht der Erfahrung das Innenleben der Kinder nicht völlig überflutet und weiter belastet? Mehr noch: Wie kann Unterricht verhindern, dass aus Lebensproblemen auch noch gesteigerte Lernprobleme werden? Oder anders gefragt: Wie kann ich das emotionale Erleben, das die Kinder und Jugendlichen ohnehin durchdringt, nicht aus dem Unterricht verbannen, sondern als Teil des Unterrichts auf Nebenwegen gestaltbar machen? Dieser Frage wird im Abschnitt „Unterrichtsstörungen als mögliche Erziehungs- und Beziehungsstörungen" vertieft nachgegangen.

Fazit der zweiten Beziehungsebene für die schulische Erziehung:
Schulische Erziehung und Bildung haben die gleichen Wurzeln, nämlich Beziehungsprozesse, die emotional aufgeladen sind. Der Schulstoff kann durch Techniken der unterrichtlichen Distanzierung und Abstraktion in eine emotionale Distanz gebracht werden. Der Schulstoff kann aber auch durch eine Begegnung mit einem bedeutsamen Menschen zu neuem Leben erwachen, begeistern und faszinieren. Und diese Begegnung mit der Welt der Dinge ist am Beginn unseres Lebens an den emotionalen Kontakt mit der Bezugsperson gebunden. Pfeffer (1988) zeigt, dass diese Form des Lernens ein Leben lang erhalten bleibt, auch wenn – anders als bei schwer geistig behinderten Kindern – immer abstraktere Denk- und Lernformen dazukommen können. In krisenhaften Entwicklungen, gerade bei emotional (hoch) belasteten Kindern, wird dieses 'Beziehungslernen' jedoch wieder in besonderer Weise wichtig. Dann führt der Weg zum ‚Unterrichtsstoff' bzw. zur Welt der Dinge und Phänomene wieder verstärkt über interessante Menschen und über zwischenmenschliche Beziehungen.

3.2.7 Dritte Beziehungsebene schulischer Erziehung: Das Selbstverhältnis

Das Zwischenmenschliche, also das, was in Beziehungen zwischen den Menschen entsteht, kann auch in schulischen Erziehungsprozessen nur dann wirklich gelingend gestaltet werden, wenn ich zuvor für jemanden wichtig geworden bin. Oder anders gedacht: Können andere Menschen überhaupt wichtig für mich werden, wenn ich diese Erfahrung – für jemanden wichtig zu sein – nicht zuvor selbst gemacht habe? Darin zeigt sich das Paradoxe: Ob ich es will oder nicht, weiß oder nicht: Ich bin und bleibe immer auf andere Menschen gerichtet. Das ist auch in der Schule nicht anders.

Das Selbstverhältnis erwächst aus dem Verhältnis zu anderen bedeutsamen Menschen. Und umso gestärkter ich daraus hervorgehe, umso mutiger und zuversichtlicher werde ich mich auf andere Menschen zubewegen, mich auf sie einlassen. Je mehr Übung ich darin habe, umso gelingender werden diese Begegnungen sein. Je

gelingender und befriedigender ich also Beziehungen gestalten kann, umso stärker wird das Zutrauen in die eigenen Fähigkeiten. Stadler (2012, 33) bringt es auf den Punkt: „Jedermann muss für irgendjemanden etwas sein, wenn er jemand sein will."
Diese geschenkte Erfahrung kann nur in zwischenmenschlichen Beziehungen entstehen – beginnend in familiären bis hin zu schulischen Kontexten. Kurz: Das Selbstverhältnis entwickelt sich aus meinem Verhältnis zu anderen Menschen. Von Hentig hat das, während eines Vortrages beim Kongress „Treibhäuser der Zukunft" 2007 in Hamburg, auf den Punkt gebracht: „Was ich bin wird dadurch gesteigert, was ich für andere bin." Damit verdeutlicht er in einem Satz, was auch theoriegeleitet bestätigt werden kann:

> „Es ist ein grundlegendes Postulat sowohl des symbolischen Interaktionismus als auch der psychoanalytischen Objektbeziehungstheorie, dass sich der Mensch erst über Reaktionen anderer Menschen auf ihn (er)kennen lernt und dass er auf diesem Weg ein basales Identitätsgefühl erwirbt, ein ‚Selbstbild', das etwas anderes ist als das Bild, das er im Spiegel vor sich erblicken kann" (Dornes 2000, 60).

Adler (1987, 25) sagt es auf seine Weise: „Es ist für mich außer Zweifel, daß jeder sich im Leben so verhält, als ob er über seine Kraft und über seine Fähigkeiten eine ganz bestimmte Meinung hätte; (…) kurz, dass sein Verhalten seiner (unbewußten Anm. d. V.) Meinung entspringt." Dabei stützt sich Adler auf die Worte von Seneca: *„Omnia ad optionem suspensa sunt"* (ebd., 26). Was übersetzt so viel bedeutet wie: Alles hängt von der Ansicht ab. Adler illustriert dies an einem Beispiel: „In der Tat hat es für mich die gleiche Wirkung, ob nun eine Giftschlange sich meinem Fuß nähert, oder ob ich glaube, daß es eine Giftschlange ist" (ebd., 26). Kurz: Innere Annahmen prägen das Verhalten.
Das Selbstverhältnis bzw. das Selbstbild ist auch deshalb von zentralster Bedeutung, weil es massiven Einfluss darauf nimmt, ob ich mich für die (noch) fremde Welt der Dinge und Phänomene, die mich umgibt, öffnen kann. In schulischen Kontexten bedeutet das: Ob ich mich schulischen Herausforderungen und anderen erzieherischen Entwicklungsnotwendigkeiten stellen kann, wird wesentlich von der bewussten oder unbewussten Meinung bestimmt, die ich von mir selbst habe. Was Michael, ein Grundschüler aus dem zweiten Wiener Gemeindebezirk, in einer schulischen Konfliktsituation spontan herausgeschrien hat, trifft den Nagel auf den Kopf: „Ich bin Scheiße, also kann ich mich auch so verhalten!" Wenn ich innerlich der Auffassung bin, dass ich ein Versager bin, werde ich mich auch so verhalten. Ungeachtet der Tatsache, ob ich eine Aufgabe schaffen kann, weil ich bereits wichtige Fähigkeiten entwickelt habe, die zum Gelingen beitragen könnten, oder ob ich ein Misslingen als wichtigen Entwicklungsanstoß werte. Ganz im Sinne Kahls (2003): „Gelingen kann nur, was auch misslingen darf".

Wer ‚schwieriges Verhalten' nachhaltig verändern will, muss die innere Haltung und Anschauung über sich selbst gleich mitverändern. Deshalb müssen Kinder in der Schule Könnenserfahrungen machen dürfen, die ihnen zeigen, dass sie Fähigkeiten und Stärken haben, die sie auch konstruktiv im Zusammensein und Zusammenleben mit anderen einsetzen können. Sie müssen aber auch Selbstwirksamkeitserfahrungen machen dürfen, die ihnen zeigen, dass die Dinge gestaltbar und damit auch veränderbar sind. Daher lautet eine Kernintention schulischer Erziehung: „Die Menschen stärken, die Sachen klären" (Hentig v. 1985).

Fazit:
Eine besondere Chance und zugleich Aufgabe schulischer Erziehung ist es, ‚schwierigen Kindern' wieder veränderte Zugänge zur Welt – und damit zu sich selbst – zu ermöglichen. Im Zentrum stehen dabei Beziehungs- und Erziehungserfahrungen, aber auch Lernerfahrungen, die auf Emotionen basieren und die diese zugleich weiter ausdifferenzieren, damit stärkende Entwicklungsprozesse angestoßen werden können.

3.2.8 Unterrichtsstörungen als mögliche Erziehungs- bzw. Beziehungsstörungen reflektieren

Verhalten, auch im Kontext von Schule, ist nie geschichtslos. Menschen lernen immer dann, wenn sie in Verbindung sind. Und diese Verbindungen haben ihre je eigene(n) Geschichte(n), auch Lebens- und Kulturgeschichte(n). Um eine Verbindung als Lern- und Erziehungsbasis überhaupt entwickeln zu können, braucht es seitens des Erziehers bzw. Lehrers zunächst aufrichtiges Interesse am Gegenüber. Entscheidend ist: Bevor ich etwas an Kinder herantragen kann, muss ich etwas an ihnen wahrnehmen. Deshalb benötigen „Pädagogen (…) nicht nur Theorien und Modelle, mit deren Hilfe sie Kindern etwas beibringen, sondern auch solche, mit deren Hilfe sie bei ihnen etwas wahrnehmen" (Duncker et al. 1993, 14). Denn, und das lehrt uns MarteMeo (vgl. Bünder et al. 2015; Aarts, Rausch 2009), wir müssen – auch als Lehrer und Erzieher in der Schule – immer zuerst selbst tun, was wir später von anderen erwarten. Wenn ich also zugewandte Schüler erhoffe, muss ich mich ihnen aufrichtig und interessiert zuwenden. Aber nicht genug damit. Dass was Kinder und Jugendliche in frühen Beziehungserfahrungen erlebt haben bzw. was unbewältigt geblieben ist, kehrt in aller Regel wieder, auch in schulischen Beziehungen. So lange, bis das jeweilige Kind eine passende Antwort darauf gefunden hat. Die Psychoanalyse hat die Begriffe „Übertragung" und „Gegenübertragung" entwickelt (vgl. Laplanche, Pontalis 1973), mit denen diese wiederkehrenden Phänomene besser betrachtet und gefasst werden können. Stadler (2013, 37) übersetzt das komplexe Phänomen der Übertragung mit „unbewusster Verwechslung". Das bedeutet, dass das Kind beispielsweise etwas auf die Lehrperson bzw. den Erzieher ‚überträgt', das ihm in einer vorangegangenen

Beziehung widerfahren ist und wofür es noch keine Lösung gefunden hat. Das, was die ‚Übertragung' bzw. ‚unbewusste Verwechslung' in der Lehrperson selbst auslöst, ist dann die Gegenübertragung, also vereinfacht ausgedrückt, eine Art Echo auf die unbewusste Verwechslung. Verhalten und zwischenmenschliche Verhältnisse sind also immer in Geschichte(n) eingebettet. Erst wenn wir uns als Lehrer auch für die (Lebens)Geschichte des Kindes öffnen und den Spuren folgen, die es durch sein Tun hinterlässt, werden wir wichtige Zusammenhänge erkennen, und dadurch andere Verstehens- und andere Sichtweisen auf das Kind entwickeln können.

Das ist besonders bei der Annäherung an ‚schwieriges Verhalten' im Unterricht wichtig. Nicht selten leben schwierige Kinder auch in (enorm) schwierigen und prekären Verhältnissen und reagieren dann über einen kurzen oder längeren Zeitraum auch entsprechend ausgeprägt schwierig darauf (vgl. Bittner, Ertle & Schmid 1977). Entscheidend ist es, Kinder nie losgelöst von ihrem (familiären, sozialen, emotionalen, schulischen) Umfeld zu betrachten.

> „Kinder dort abzuholen, wo sie sich nicht befinden, außerhalb ihrer Ängste und Probleme, ist Zeitverschwendung. Solange ich die oft grausame Wirklichkeit ihres Alltags vor der Schultüre lasse, bedroht sie uns wie ein wütender Köter. Erst wenn ich sie mit ins Klassenzimmer hereinnehme, lässt sie sich zähmen" (Hermann 2000, 14).

Die offenen und die verborgenen Lebensthemen unserer Schüler sind in ihrer Vielschichtigkeit und ihrer unterschiedlichen Virulenz immer auch Teil des Unterrichts. Sie können alle drei Beziehungsebenen beeinflussen, verzerren oder überlagern. Dann zeigen sich Unterrichtsstörungen in zwischenmenschlichen Kontexten aber auch in der Bezogenheit zum Schulstoff und in der Selbstbeziehung. Fakt ist: Je mehr wir diese Themen aus dem Unterricht verbannen wollen, umso wirkmächtiger werden diese. Dann kommen sie eben unkontrolliert durch die Hintertür in das Unterrichtsgeschehen herein.

Offene und verborgene Lebensthemen der Schüler sind aber auch eine besondere Chance. Sie bringen die 'emotionale Ladung' bereits mit, die wir unterrichtlich nutzen können, weil sie uns helfen, entscheidend Wichtiges an den Kindern wahrzunehmen. Unterricht kann bewusst als Projektionsfläche für kindliche Lebensthemen mitgedacht werden. Dazu ein Beispiel aus dem Biologieunterricht – Sachthema: Meerestiere: Das Überthema bildet einen tragfähigen Rahmen, der zunächst Realstoffliches für alle Kinder bereithält, innerhalb dessen das je einzelne Kind jedoch seinen eigenen Gestaltungsraum hat. Nicht selten tritt dann, wenn der eigene Gestaltungsraum im Unterricht eröffnet wird, die Verknüpfung der Sachdimension mit den eigenen, emotional aufgeladenen Lebensthemen offensichtlich zu Tage. Wenn z.B. ein adipöses Mädchen sich ausgerechnet für das größte und schwerste Meeressäugetier, den Walfisch, entscheidet und ein transgender-Kind für den Clownfisch, der die seltene Fähigkeit besitzt, in besonderen

Situationen sein Geschlecht zu verwandeln, mag das dieses Prinzip veranschaulichen (vgl. Hoanzl 2010). Entscheidend aber ist: Kein Kind wird gedrängt oder gar angehalten, sich zu zeigen. Und schon gar nicht wird an den mitgebrachten Themen pädagogisch oder gar therapeutisch herumgefingert. Deutungen sind weder zielführend noch zulässig. Unterricht bleibt Unterricht – auch wenn Nebenwege beschritten werden. Der eigene Themennerv darf den eigenen Möglichkeiten und Notwendigkeiten entsprechend im Unterricht deponiert werden, ohne dass dabei die Sachdimension verlassen wird. Es wird immer um den Wal und den Clownfisch gehen und nie um die sprachliche Auslegung und Interpretation der subjektiven kindlichen Bedeutungszuschreibung. Das Kind kann aber seine Themen im Unterrichtsgeschehen unterbringen, ohne zu stören. Mehr noch, wer aufrichtig am Kind interessiert ist, kann seinen Spuren folgen, auch im Sinne einer verstehenden Annäherung bzw. einer (sonder-)pädagogischen Alltagsdiagnostik, von der noch die Rede sein wird. Spannend ist, mit welcher Begeisterung die einzelnen Kinder dann an der Arbeit sind, sich in der Sache vertiefen, diese mit Freude präsentieren und dabei selbstbestimmt auf Nebenwegen ihre Baustellen bearbeiten. Wer also die emotionale Codierung des Unterrichtsstoffes nicht nur als Störquelle sieht, sondern diese auf Nebenwegen nutzbar macht, kann mehr über das einzelne Kind erfahren. Ein besonderer Weg der sonderpädagogischen Alltagsdiagnostik, wie er an späterer Stelle im Kontext der Situationsanalysen noch genauer beleuchtet werden wird.

Schwieriges Verhalten beruht auf vielschichtigen Phänomenen. Opp (2017) verdeutlicht in seinem Aufsatz „Schmerzbasiertes Verhalten – eine paradoxe pädagogische Herausforderung" eindrücklich, wie bedeutungsvoll es ist, besonders bei schwierigem Verhalten „frühe kindliche Erfahrungen von Beziehungsabbrüchen, Feindseligkeiten und Vernachlässigung" (ebd., 24) im Hier und Jetzt mitzudenken, auch wenn diese in der Vergangenheit wurzeln. Denn: Die Gegenwart beginnt mit der Vergangenheit. Auch deshalb überzeugt seine Aufforderung „spontanen pädagogischen Erklärungsversuchen gründlich zu misstrauen" (ebd., 29). Einfache und (vor)schnelle Erklärungen laufen Gefahr, die Not des Kindes zu verkennen und dadurch noch weiter zu steigern. Weitere Entstehungsfaktoren schwierigen Verhaltens formulieren Myschker und Stein:

> „Diese Faktoren sind einerseits in den Anlagen, in den individuellen Informationsaufnahme- und verarbeitungsmustern, in den verschiedenen lernbiografisch bedingten Einheiten, in den schon früh wirksam werdenden Selbstbestimmungs- und Selbstorganisationstendenzen sowie in den übergeordneten soziokulturellen Gegebenheiten zu sehen wie andererseits in den vielfältigen größeren und kleineren sozialen Systemen zu suchen, die – wie Familie, Kindergarten, Schule, peer-group usw. – auf die heranwachsenden jungen Menschen einwirken" (Myschker, Stein 2014, 91).

Das zuvor dargelegte bzw. weitgefasste Beziehungsverständnis, das drei Beziehungsebenen – die zwischenmenschliche, die dingliche und die Beziehung zu sich selbst – unablässig aufeinander bezieht, macht deutlich, dass sich auch in den hier aufgeführten Wirkzusammenhängen von Verhaltensauffälligkeiten wiederkehrende Beziehungsphänomene als kleinster gemeinsamer Nenner ausmachen lassen. Selbst in individuellen Informationsaufnahme- und Verarbeitungsmustern (vgl. Greenspan, Shanker 2007), lernbiographischen Entwicklungskontexten (vgl. Hobson 2014), Selbstbestimmungs- und Selbstorganisationstendenzen und besonders in sozialen und soziokulturellen Kontexten sind emotionsgeleitete und mentale Beziehungsprozesse als ‚kleinste Teilchen' wiederkehrend sichtbar zu machen. Eine minimale Tiefenbohrung im Themenfeld ‚Informations- und Verarbeitungsmuster' mag das – stellvertretend für die weiteren Bereiche – veranschaulichen. Bereits Watzlawick hat bei seiner vertieften Betrachtung der menschlichen Kommunikation ein Axiom ausgewiesen, das zeigt, dass menschlicher Austausch weit mehr ist als bloße Informationsvermittlung bzw. Informationsverarbeitung: Jede Kommunikation hat immer einen Inhalts- und einen Beziehungsaspekt (vgl. Watzlawick et al. 2011, 61ff.). Das bedeutet: Beziehungsphänomene sind verdeckt oder offen in allen menschlichen Ausdrucks- und Begegnungsformen enthalten, weil emotionale Resonanzen und Dissonanzen untrennbar damit verbunden sind. Einen fesselnden Selbstbericht, der retrospektiv das kindliche Erleben der emotions- und beziehungsgeleiteten Kommunikation mehr als lebendig schildert, hat Ortheil (2017) mit seinem Roman „Der Stift und das Papier" offengelegt.

Wenn Verhaltensschwierigkeiten demnach im Kern immer auch in Beziehungen wurzeln, können sie auch nur durch veränderte Beziehungserfahrungen wieder modelliert und gewendet werden. Das gelingt im Kontext von Unterrichtsstörungen immer dann besonders nachhaltig und gut, wenn Lehrer nicht nur an der sichtbaren Verhaltensoberfläche haften bleiben, sondern eine Idee davon bekommen, was im Inneren des Kindes los ist. Unterrichtsstörungen können – in diesem Sinne – auch exemplarisch, aber eben nicht nur, als Erziehungs- bzw. Beziehungsstörungen verstanden werden.

Um mögliche Zusammenhänge jedoch sichtbar machen zu können, haben wir ein pädagogisches Instrument entwickelt, das wir „Situationsanalyse" nennen. Dabei werden ausgewählte Situationen analysiert, die den Lehrer beschäftigen, die ihm am Ende des Unterrichts oder in schulischen Erziehungsprozessen „nachgehen", die sein Erleben binden. Die schriftliche Analyse geschieht nach festgelegten Regeln und mit Hilfe von anleitenden Fragen, die aufeinander aufbauen:

- Was nehme ich an mir wahr?
- Was nehme ich am Kind wahr?
- Wie könnte das miteinander zusammenhängen?
- Kenne ich theoretische Bausteine, die diese Zusammenhänge verstehen helfen?
- Kann ich dem Kind Gegenerfahrungen anbieten und ggf. ermöglichen?

Ziel von Situationsanalysen ist es, die Lehrer-Schüler-Beziehung reflexiv und auch selbstreflexiv derart gestalten zu können, dass veränderte Wege zum ‚schwierigen Kind' (wieder) möglich werden. Der Erzieher übt den Perspektivwechsel und macht erst selbst, was er auch vom Schüler erwartet. Er folgt in der Situationsanalyse den Spuren des Kindes, die es durch sein Verhalten zum Ausdruck bringt. Der verborgene Sinn, der den kindlichen Handlungen zugrunde liegen mag, kann nicht über bloße Beobachtung im Sinne objektiver Beschreibung erschlossen werden. Vielmehr sind es die Emotionen im Betrachter, die wie Seismographen ausschlagen und eine erste vage Idee ankündigen, die nun formuliert bzw. offengelegt, begründet und unablässig neu bzw. kritisch geprüft werden muss. Diese Idee hat einen hypothetischen Charakter. Sie kann durch weitere Analysen verworfen oder modelliert werden. In der Arbeit mit schwierigen Kindern ist also aus tiefenpsychologischer Sicht die selbstreflexive Wahrnehmung das bedeutsamste Instrument, auf das wir im Kontext schulischer Erziehung zurückgeworfen sind. Nur auf diese Weise können mögliche Zusammenhänge zwischen Übertragungs- und Gegenübertragungsphänomenen erkannt werden. Denn

> „das Selbstverhältnis des Kindes lässt sich nicht beobachten, es kann nur aus den Spuren, die es hinterlässt, erschlossen werden. Und die Regeln, denen wir dabei folgen, können wir nirgend anders her gewinnen, als aus uns selbst und den Analogien, die sich durch Beobachtung der Spuren anderer ergeben. Deshalb auch ist hier das Irrtumsrisiko außerordentlich groß. Wissenschaftlicher Jargon, welcher Herkunft er auch sei, verhindert das Risiko nur scheinbar" (Mollenhauer 2003, 160).

Erzieher und Lehrer begegnen ihren Kindern in alltäglichen Situationen, sie kommunizieren und interagieren, gewinnen Eindrücke und interpretieren diese, ob bewusst oder unbewusst.

> „Aus den Verhaltensweisen eines Individuums, aus seiner Art, sich zu geben, konstruiert sich sein Gegenüber ein Bild von ihm, deutet seine Handlungen und schließt auf seine Motive. Menschen sind im Alltag unablässig damit beschäftigt, das Verhalten anderer wahrzunehmen und zu versuchen, dies zu verstehen. Genau dies ist letztlich der Kern diagnostischen Handelns" (Trost 2017, 248f.).

Deshalb öffnet die Situationsanalyse auch ein Fenster zur sonderpädagogischen Alltagsdiagnostik, der eine enorme Bedeutung beizumessen ist, weil erst durch den alltagsdiagnostischen Blick Perspektiven für schulische Erziehungs- und Bildungsangebote planvoll entwickelt und angeboten werden können. Diese Form der Alltagsdiagnostik ist nicht beliebig, sondern maximaler Transparenz (durch schriftliche Reflexion und Dokumentation) und einem Metawissen in unterschiedlichen Theoriefeldern verpflichtet. Das verdeutlicht Trost (2017) in seinem Beitrag „Man sieht nur, was man weiß" eindrücklich. „Diese von Johann Wolfgang von Goethe formulierte Einsicht beschreibt die Tatsache, dass nur Dinge auffallen können, über die wir Hintergrundwissen besitzen" (ebd., 252). Bleibt also festzuhalten: Weil wir uns im schulischen Unterrichts- und Erziehungsgeschehen nicht nicht verhalten können, haben wir lediglich die Wahl, das reflexiv bzw. selbstreflexiv zu tun oder ‚es' einfach nur geschehen zu lassen. Die professionelle Verantwortung und zugleich die große Chance, Unterrichtsstörungen auch im emotionsgeleiteten, zwischenmenschlichen und dinglichen Beziehungskontext zu verorten, kann nicht hoch genug eingeschätzt werden, weil wir dadurch Verstehens- und Handlungshorizonte eröffnen, die uns aus eindimensionalen Interpretationsmustern führen: Ein Kind stört oder stört nicht. Was ist denn mit dieser einfachen Zuschreibung gewonnen? Noch dazu, wenn man nach dieser Feststellung dem klassischen pädagogischen Dreischritt folgt: Ermahnen, drohen, strafen! Wie Redl und Wineman (1993) in ihrem Buch „Steuerung des aggressiven Verhaltens beim Kind" eindrücklich zeigen, gibt es eine enorme Bandbreite an Interventionsformen, die aus dieser Eindimensionalität führen. Drohen und Strafen ist dabei das absolute Ende der Fahnenstange, die (selbst)reflexive Betrachtung ausgewählter Situationen ein enorm chancenreicher Anfang. Welche Interventionsform sonst hilfreich sein kann, erfahren wir dann, wenn wir „verstehen" was uns das Kind agierend mitteilt, weil es das Erlebte (noch) nicht in Sprache fassen kann.

Fazit im Kontext schulischer Erziehung:
„Zwischenmenschliche Beziehungen sind so tief in unserem Lebensgefühl verankert, dass es uns große Mühe bereitet, über sie nachzudenken" (Largo 2008, 49). Genau an dieser Stelle setzt die Situationsanalyse an. Sie will eine Nachdenk- und Reflexionshilfe für hochbedeutsame Beziehungsphänomene sein, die schulische Lern- und Erziehungsprozesse auf allen genannten Beziehungsebenen massiv beeinflussen und als (Unterrichts)Störungen in Erscheinung treten. Diese hochbedeutsamen Beziehungsgeschehnisse können aber auch bewusst für das Unterrichtsgeschehen genutzt werden. Zugleich schult die Situationsanalyse die Konfliktfähigkeit des professionellen Erziehers. Doch diese Herangehensweise muss zwingend durch ergänzende Blickwinkel flankiert werden.
Über den skizzierten verstehenden Zugang zu ‚Kindern in Not' hinaus sind vor allem klare Strukturen (Zeitstruktur, Inhaltsstruktur, personale Struktur etc.) hilfreich, die bewusst eingesetzt, aber auch bewusst geöffnet werden können. Sie geben Orientierung und helfen dabei, von einer „äußeren" zu einer „inneren" Struktur zu finden (vgl. Ciompi 1988). Schule erzeugt für diese Kinder und Jugendlichen Normalität in einem oft schwer aushaltbaren Lebensumfeld.

3.2.9 Schlussbetrachtungen – ein Ausblick

Schulische Erziehung wirkt intensivierend auf unsere Erfahrungen, die wir im Austausch mit anderen Menschen, der dinglichen Welt und mit uns selbst machen, weil sie mehrdimensional ist. Schulische Erziehung als Beziehung muss im-

mer da intensiviert werden, wo die innere Not von Kindern durch 'schwieriges' Verhalten offen zu Tage tritt. Schulische Erziehung prägt unsere Haltungen und damit auch unser Verhalten. Ihre Wirkmacht beginnt bereits da, wo Menschen füreinander Bedeutung haben – also durch das Erzieherische, wie Buber es nennt. Mehr noch erzieht die Schule als Institution, so postuliert es Bernfeld. Denn durch ihre gesellschaftlichen Funktionen – denen sich keiner entziehen kann – formt sie unser Fühlen, Denken, Erleben und Handeln entscheidend mit. Aber auch der schulische Erziehungsauftrag selbst, der das Verhältnis zwischen den Generationen, d.h. auch zwischen Lehrern und Schülern im Kern bestimmt, intensiviert die Einflussnahme auf kindliche Entwicklungs- und Lernprozesse.
Schulische Erziehung ist immer auch ein Beziehungsgeschehen, das in zwischenmenschlichen Beziehungen, in Weltbeziehungen und in Selbstbeziehungen wurzelt. Kurz: Erziehung fußt auf Beziehung. Deshalb brauchen Lehrer und Erzieher ein entsprechend professionelles Beziehungswissen, mehr noch eine professionelle Beziehungskompetenz. Denn Wissen allein genügt nicht. Auch zweihundert Stunden ‚Theorie des Tanzes' machen noch keinen Tänzer aus Dir! Beziehungskompetenz muss sich auch fühlend und handelnd entwickeln. Deshalb ist die Schulpraxis von allerhöchstem Wert und von allergrößter Bedeutung. Weil erst im direkten Beziehungsgeschehen entwickelt werden kann, was durch die eigenen, prägenden Lebenserfahrungen unaufgeräumt und verwickelt in uns liegt. Ein Höchstmaß an Selbstreflexivität, Reflexivität, Respekt, Einfühlung, Zuversicht, Wertschätzung, Mut, aber auch Konfliktfähigkeit, muss Teil jeder Beziehungskompetenz sein und ein Leben lang weiterentwickelt werden. Das kann aber nicht in Hörsälen doziert werden. Lehrerbildung muss zwingend auch Persönlichkeitsbildung sein. Dafür braucht es auch veränderte Ausbildungsformate in der Hochschullehre: Supervisionsgruppen, Balintgruppen, Einzelfallanalysen, Seminare zur Reflexion des eigenen Lehrerselbstverständnisses bis hin zur intensivierten und professionell begleiteten Schulpraxis. Universitäten und Hochschulen, die diese Zusammenhänge zunehmend vergessen, weil sie billigen Hochglanzlösungen nachhängen, erweisen sowohl den angehenden Lehrern als auch deren Schülern einen Bärendienst.
Die Forderung, die Erzieher zu erziehen, hat Geschichte. Bereits Adler (1982) hat 1931 in seinem Aufsatz „Individualpsychologie und Erziehung" diese Forderung aufgestellt. Aber auch Freud (1982) hat bereits zu Beginn ihres Wirkens darin die besondere Chance, aber auch die besondere Verantwortung einer professionellen Erziehungswissenschaft erkannt. Eine Forderung, die heute virulenter und drängender ist denn je. Denn es gibt ein breites Spektrum an unterschiedlichen Disziplinen, die die gesteigerte Bedeutsamkeit von Beziehungen im Erziehungs- und Bildungsprozess erkannt haben. Selbst die Neurobiologie verortet Lernen nicht mehr nur in neuronalen Netzwerken, sondern weitet den Blick für das Wesentliche, also das, was seinen Niederschlag in den neuronalen Netzwerken findet:

„Alles schulische Lehren und Lernen ist eingebettet in ein interaktives und dialogisches Beziehungsgeschehen" (Bauer 2007,14).
In dem Bändchen „Muss-kann-darf die Schule erziehen?" (Göppel u.a. 2011) stellt Staudinger eine Studie vor, in der es um die Selbsteinschätzung von Lehrern zum Thema ‚Erziehungskompetenz' geht. Dabei wird deutlich, dass der ‚Beziehungskompetenz' von Lehrern eine enorm hohe Bedeutung beigemessen wird, die eine starke „Polarität zwischen Realität und Wunsch" (Staudinger 2011, 191) aufweist.

„Die Untersuchung ergibt die dringliche Notwendigkeit einer vertieften Weiterarbeit am Bildungsziel ‚Beziehungskompetenz' in der Lehrerbildung. So konnte ein außerordentlich hoher Qualifikationsbedarf der Lehrkräfte für die Beziehungskompetenz festgestellt werden" (ebd., 192).

Lehrberufe sind Beziehungsberufe – ob an der Schule oder an der Hochschule. Denn schulische Erziehung braucht professionelle Beziehungskompetenz! Auch weil Unterrichtsstörungen nicht ohne diese Kompetenz an ihrer Wurzel verändert werden können. Klar ist: Beziehungskompetenz ist nicht alles, aber sie ist das Fundament, auf dem alle anderen schulische Erziehungs- und Bildungsprozesse aufbauen und die z.b. durch Classroom Management (Casale, Hennemann 2016) ergänzt und stabilisiert werden.

Literatur

Aarts, M., Rausch, H. (2009): Kommunikationstraining. Mir fällt nix ein. Eindhoven
Adler, A. (1982): Psychotherapie und Erziehung. Ausgewählte Aufsätze. Band II: 1930-1932. Frankfurt a.M.
Adler, A. (1987): Der Sinn des Lebens. Frankfurt a.M.
Ahrbeck, B. (2004): Kinder brauchen Erziehung. Die vergessene pädagogische Verantwortung. Stuttgart
Ahrbeck, B., Rauh, B. (Hrsg.) (2006): Der Fall des schwierigen Kindes. Therapie, Diagnostik und schulische Förderung verhaltensgestörter Kinder und Jugendlicher. Weinheim, Basel
Ainsworth, M.D.S. (1978): Patterns of attachment. A psychological study of the strange situation. Hillsdale
Andresen, S. (2013): Erziehung, Macht und Gewalt. In: Andresen, S., Hunner-Kreisel, C. & Fries, S. (Hrsg.): Erziehung. Ein interdisziplinäres Handbuch. Stuttgart, Weimar. 291-295
Bauer, J. ([10]2007): Das Gedächtnis des Körpers. Wie Beziehungen und Lebensstile unsere Gene steuern. München, Zürich
Bauer, J. ([6]2005): Warum ich fühle, was du fühlst. Intuitive Kommunikation und das Geheimnis der Spiegelneurone. Hamburg
Benner, D. ([8]2015): Allgemeine Pädagogik: eine systematisch-problemgeschichtliche Einführung in die Grundstruktur pädagogischen Denkens und Handelns. Weinheim, Basel
Bernfeld, S. ([4]1967): Sisyphos oder die Grenzen der Erziehung. Frankfurt a.M.
Bernhard, T. (1976): Der Keller. Eine Entziehung. München
Bittner, G., Ertle, C. & Schmid V. ([2]1977): Schule und Unterricht bei Verhaltensgestörten Kindern. In: Deutscher Bildungsrat (Hrsg.): Gutachten und Studien der Bildungskommission 35. Sonderpädagogik 4. Verhaltensgestörte Sprachbehinderte Körperbehindert. Weinsberg. 13-102

Bleher, W., Gingelmaier, S. (Hrsg.) (2017): Kinder und Jugendliche nach der Flucht. Notwendige Bildungs- und Bewältigungsangebote. Weinheim, Basel
Bowlby, J. (2006): Bindung. Bindung und Verlust Band 1. München
Buber, M. (^{11}2016): Ich und Du. Stuttgart
Buber, M. (^{8}1995): Rede über das Erzieherische. In: Buber, M. (Hrsg.): Reden über Erziehung. Heidelberg. 11-50
Bünder, P., Sirringhaus-Bünder, A. & Helfer, A. (^{4}2015): Lehrbuch der MarteMeo-Methode. Entwicklungsförderung mit Videounterstützung. Göttingen
Casale, G., Hennemann, T. (2016): Förderschwerpunkt soziale und emotionale Entwicklung. Fachwissenschaftliche Grundlagen, effektive Gelingensbedingungen und Handlungsmöglichkeiten im Kontext inklusiver Beschulung. In: Ministerium für Schule und Weiterbildung des Landes Nordrhein-Westfalen (Hrsg.): Sonderpädagogische Förderschwerpunkte in NRW. Ein Blick aus der Wissenschaft in die Praxis. S. 33-38. http://www.zfsl-dortmund.nrw.de/Lehrerausbildung_auf_dem_Weg_zur_inklusiven_Schule/Foerderschwerpunkte/MSW-FoeSch-Kompendium.pdf. (Zugriff: 12.10.2017)
Ciompi, L. (1988): Außenwelt Innenwelt. Die Entstehung von Zeit, Raum und psychischen Strukturen. Göttingen
Dornes, M. (2000): Affektspiegelung – Zur symbol- und identitätsbildenden Funktion früher Interaktion. In: Streeck, U. (Hrsg.): Erinnern, Agieren uns Inszenieren. Göttingen. 59-85
Duncker, L., Maurer, F. & Schäfer, G.E. (^{2}1993): Kindliche Phantasie und ästhetische Erfahrung. Wirklichkeiten zwischen Ich und Welt. Langenau-Ulm
Ertle, C., Möckel, A. (1981): Fälle und Unfälle der Erziehung. Stuttgart
Fend, H. (1980): Theorie der Schule. Wien, Baltimore
Freud, A. (1982): Wege und Irrwege in der Kinderentwicklung. Bern: Huber, Stuttgart
Freyberg von, T., Wolff, A. (Hrsg.)(2005): Störer und Gestörte. Band 1: Konfliktgeschichten nicht beschulbarer Jugendlicher. Frankfurt a. M.
Freyberg von, T., Wolff, A. (Hrsg.)(2006): Störer und Gestörte. Band 2: Konfliktgeschichten als Lernprozesse. Frankfurt a.M.
Fromm, E. (1956): Die Kunst des Liebens. Frankfurt a.M.
Fürstenau, P. (1979): Zur Theorie psychoanalytischer Praxis: Psychoanalytisch-sozialwissenschaftliche Studien. Stuttgart
Göppel, R., Rihm, T. & Strittmatter-Haubold, V. (Hrsg.) (2011): Muss-kann-darf die Schule erziehen? 11. Heidelberger Dienstagsseminar. Schriftenreihe der Pädagogischen Hochschule Heidelberg
Greenspan, S.I. (2003): Das geborgene Kind. Zuversicht geben in einer unsicheren Welt. Weinheim, Basel
Greenspan, S.I., Shanker, S.G. (2007): Der erste Gedanke. Frühkindliche Kommunikation und die Evolution menschlichen Denkens. Weinheim, Basel
Greenspan, Stanley I., Benderly, B.L. (2001): Die bedrohte Intelligenz. Die Bedeutung der Emotionen für unsere geistige Entwicklung. München
Hentig von, H. (2001): Warum muss ich zur Schule gehen? Eine Antwort an Tobias in Briefen. Wien
Hentig von, H. (2006): Bewährung. Vin der nützlichen Erfahrung, nützlich zu sein. München, Wien
Hentig von, H. (2007): Die Menschen stärken, die Sachen klären. Stuttgart
Hermann, I. (^{4}2000): Halt's Maul, jetzt kommt der Segen. Stuttgart
Herz, B. (2014): Pädagogik bei Verhaltensstörungen: An den Rand gedrängt? In: Zeitschrift für Heilpädagogik Jg. 65, 2014 (1). München. 4-14
Hoanzl M. (2002a): „Geschwister sendet das Schicksal nicht auf Probe" – Geschwisterthemen und innere Strukturbildung. In: Lehmkuhl, U. (Hrsg.): Strukturbildung und Lebensstil. Beiträge zur Individualpsychologie, 28. München, Basel. 90-104
Hoanzl M. (2002b): Ambivalenz als Herausforderung in der schulischen Arbeit mit schwierigen Kindern und Jugendlichen – Paradigmenwechsel im pädagogischen Denken: Vom „entweder – oder"

zum „und In: Ertle, C., Hoanzl, M. (Hrsg.): Entdeckende Schulpraxis mit Problemkindern. Die Außenwelt der Innenwelt in Unterricht und Berufsvorbereitung mit schwierigen Schülern und jungen Erwachsenen. Bad Heilbrunn. 25-49

Hoanzl M. (2008): Befremdliches, Erstaunliches und Rätselhaftes – schulische Lernprozesse von Problemkindern. In: Datler, W., Finger-Trescher, U., Gstach, J. et al. (Hrsg): Annäherungen an das Fremde – Ethnographisches Forschen und Arbeiten im psychoalaytisch-pädagogischen Kontext. Jahrbuch für Psychoanalytische Pädagogik. Gießen. 16-35

Hoanzl, M. (2006): „Ich oder du… und wir" – Abgrenzung und Verbundenheit als bedeutsame innere Themen im Kontext des Geschwisterlichen. In: Lehmkuhl, U. (Hrsg.): Instanzen im Schatten. Väter, Geschwister, bedeutsame Andere. Beiträge zur Individualpsychologie Band 32. Göttingen. 78-104

Hoanzl, M. (2010): Kliniklehrer und ihre Schüler – Verquickungen und Verstrickungen im Netz von Pädagogik und Medizin. In: Das kranke Kind – aufgehoben im Netzwerk von Pädagogik und Medizin. Online-Tagungsband. 7. Europäischer Hope-Kongress zu Pädagogik bei Krankheit. München vom 3.-7.11.2010/S. 27-32
http://hope2010munich.eu/berichte/HOPE_Tagungsband-m.pdf (Zugriff: 01.10.2017)

Hoanzl, M. (2017): Bedrohtes Zuhause und der Verlust von Heimat. Existenzielle (Lebens-)Themen auf Nebenwegen im Unterricht. In: Bleher, W., Gingelmaier, S. (Hrsg.): Kinder und Jugendliche nach der Flucht. Notwendige Bildungs- und Bewältigungsangebote. Weinheim, Basel. 40-64

Hoanzl, M. (2005): „Ich seh', ich seh', was Du nicht siehst..." – Lernschwierigkeiten vor dem Hintergrund des subjektiven Erlebens und Verhaltens. In: Praxis Schule 5-10. Themenheft 4/2005 „Lernschwierigkeiten begegnen". Braunschweig. 46-49

Hobson, P. (2014): Die Wiege des Denkens. Soziale und emotionale Ursprünge symbolischen Denkens. Gießen

Honig, M.-S. (2013): Frühe Kindheit. In: Andresen, S., Hunner-Kreisel, C. & Fries, S. (Hrsg.): Erziehung. Ein interdisziplinäres Handbuch. Stuttgart, Weimar. 27-33

Hornstein, W. (1999): Generation und Generationenverhältnis in der radikalisierten Moderne. In: Zeitschrift für Pädagogik 39. Beiheft. Weinheim, Basel. 51-68

Jegge, J. (1991a): Angst macht krumm: Erziehen oder Zahnrädchenschleifen. Bern

Jegge, J. (1991b): Abfall Gold: über einen möglichen Umgang mit „schwierigen Jugendlichen". Bern

Jegge, J. (^{27}2002): Dummheit ist lernbar. Erfahrungen mit „Schulversagern". Bern

Julius, H., Gasteiger-Klicpera, B. & Kißgen, R. (Hrsg.) (2009): Bindung im Kindesalter – Diagnostik und Interventionen. Göttingen

Juul, J., Jansen, H. (^{2}2005): Vom Gehorsam zur Verantwortung. Für eine neue Erziehungskultur. Weinheim

Kahl, Reinhard (2003): Schule kann gelingen. http://www.reinhardkahl.de/schule-kann-gelingen-4. (Zugriff: 12.09.2017)

Kästner, E. (^{28}1999): Als ich ein kleiner Junge war. Hamburg

Kautter, H., Klein, G., Laupheimer, W. et al. (Hrsg.) (^{4}1998): Das Kind als Akteur seiner Entwicklung. Ideen und Praxis der Selbstgestaltung in der Frühförderung entwicklungsverzögerter und entwicklungsgefährdeter Kinder. Heidelberg

Kunter, M. (2013): Schule. In: Andresen, S., Hunner-Kreisel, C. & Fries, S. (Hrsg.): Erziehung. Ein interdisziplinäres Handbuch. Stuttgart, Weimar. 63-67

Laplanche, J., Pontalis J.-B. (1973): Das Vokabular der Psychoanalyse. Frankfurt a. M.

Largo, R.H. (2013): Wer bestimmt den Lernerfolg: Kind, Schule, Gesellschaft? Weinheim, Basel

Largo, R.H. (^{2}2008): Baby Jahre. Entwicklung und Erziehung in den ersten vier Jahren. München, Zürich

Largo, R.H., Czernin, M. (^{2}2011): Jugendjahre. Kinder durch die Pubertät begleiten. München, Zürich

Largo, R.H., Czernin, M. (²2011): Jugendjahre. Kinder durch die Pubertät begleiten. München, Zürich
Lehrer, J. (2009): Wie wir entscheiden. Das erfolgreiche Zusammenspiel von Kopf und Bauch. München
Liegle, L. (2000): Geschwister und ihre erzieherische Bedeutung. In: Klosinski, G. (Hrsg.): Verschwistert mit Leib und Seele. Geschwisterbeziehungen gestern – heute – morgen. Tübingen. 84-100
Lüscher, K., Liegle, L. (2003): Generationenbeziehungen in Familie und Gesellschaft. Konstanz
Ministerium für Kultus, Jugend und Sport Baden-Württemberg (1983, 2016): Schulgesetz für Baden-Württemberg in der Fassung vom 1.8.1983, letzte Änderung am 23.2.2016 http://www.landesrecht-bw.de/jportal/;jsessionid=DF57A765449D977274C5F680F3C3F5BA.jp80?quelle=jlink&query=SchulG+BW&psml=bsbawueprod.psml&max=true&aiz=true#jlr-SchulGBW1983pP1. (Zugriff: 10.09.2017)
Mollenhauer, K. (⁶2003): Vergessene Zusammenhänge: Über Kultur und Erziehung. Weinheim, München
Myschker, N., Stein, R. (⁷2014): Verhaltensstörungen bei Kindern und Jugendlichen. Erscheinungsformen – Ursachen – Hilfreiche Maßnahmen. Stuttgart
Opp, G. (2017): Schmerzbasiertes Verhalten – eine paradoxe pädagogische Herausforderung. In: Zeitschrift für Heilpädagogik, Heft 68 (2017), 22-30
Opp, G., Teichmann, J. (2008): Positive Peerkultur. Best Practices in Deutschland. Bad Heilbrunn
Ortheil, H.-J. (2017): Der Stift und das Papier. Roman einer Passion. München
Pfeffer, W. (1988): Förderung schwer geistig Behinderter. Eine Grundlegung. Würzburg
Prange, K. (2000): Plädoyer für Erziehung. Baltmannsweiler
Redl, F. (⁴1987): Erziehung schwieriger Kinder. München, Zürich
Redl, F., Wineman, D. (⁶1993): Steuerung des aggressiven Verhaltens beim Kind. München
Reiser, H. (2006): Psychoanalytisch-systemische Pädagogik: Erziehung auf der Grundlage der themenzentrierten Interaktion. Stuttgart
Rosa, H. (2016): Resonanz. Eine Soziologie der Weltbeziehung. Berlin
Rosa, H., Endres, W. (2016): Resonanzpädagogik. Wenn es im Klassenzimmer knistert. Weinheim, Basel
Rutter, M., Maughan, B., Mortimer, P. et al. (1980): Fünfzehntausend Stunden. Schulen und ihre Wirkung auf die Kinder. Aus dem Englischen übersetzt von Karl-Rudolf Höhn. Weinheim, Basel
Schäfer, G.E. (1995): Bildungsprozesse im Kindesalter. Selbstbildung, Erfahrung und Lernen in der frühen Kindheit. Weinheim, München
Schleiermacher, F. (2000): Einleitung (Vorlesungen 1826). Texte zur Pädagogik. In: Winkler, M., Brachmann, J. (Hrsg.): Kommentierte Studienausgabe Band 2. Frankfurt a. M.
Schnabel, U. (2015): Was kostet ein Lächeln? Von der Macht der Emotionen in unserer Gesellschaft. München
Stadler, H. (²2012): Verhaltensauffälligkeit und Lehrerkompetenz – am Beispiel der HS (NMS) Förder-Klasse für Schulverweigerer an Sonderpädagogischen Zentrum Wien 11
Staudinger, K. (2011): Erziehungskompetenz: Selbsteinschätzung von Lehrerinnen und Lehrern. In: Göppel, R., Rihm, T. & Strittmatter-Haubold, V. (Hrsg.) (2011): Muss-kann-darf die Schule erziehen? 11. Heidelberger Dienstagsseminar. Schriftenreihe der Pädagogischen Hochschule Heidelberg. Heidelberg. 179-196
Taubner, S. (2015): Konzept Mentalisieren. Eine Einführung in Forschung und Praxis. Gießen
Trost, R. (2017): „Man sieht nur, was man weiß." Diagnostik in inklusiven und diagnostischen Arbeitsfeldern. In: Lindmeier, C., Weiß, H. (Hrsg.): Pädagogische Professionalität im Spannungsfeld von sonderpädagogischer Förderung und inklusiver Bildung: Sonderpädagogische Förderung heute. 1. Beiheft 2017. Weinheim. 235-260

Watzlawick, P., Beavin, J.H. & Jackson, D.D. (¹²2011): Menschliche Kommunikation. Formen Störungen Paradoxien. Bern

Weiß, H. (2010): Kinder in Armut – eine Herausforderung inklusiver Bildung und Erziehung. In: Sonderpädagogische Förderung heute. Jg. 55 (2010) 1. Weinheim. 7-27

Winnicott, D.W. (⁴1987): Vom Spiel zur Kreativität. Stuttgart

Winterhager-Schmid, L. (2000): Einleitung. In: Winterhager-Schmid, L. (2000) (Hrsg.): Erfahrung mit Generationendifferenz. Weinheim. 15-37

Zimmermann, P., Iwanski A., Celik, F. et al. (2013): Erziehung und emotionale Entwicklung. In: Andresen, S., Hunner-Kreisel, C. & Fries, S. (Hrsg.): Erziehung. Ein interdisziplinäres Handbuch. Stuttgart, Weimar. 118-126

Zulliger, H. (³1967): Helfen statt Strafen, auch bei jugendlichen Dieben. Stuttgart

Zulliger, H. (⁵1963): Schwierige Kinder. Zwölf Kapitel über Erziehung, Erziehungsberatung und Erziehungshilfe. Stuttgart

Birgit Herz

3.3 Außerschulische Erziehung –
Aspekte, Herausforderungen und Probleme

3.3.1 Einleitung

Eine erfolgreiche Teilhabe am sozialen, kulturellen und politischen Leben ist heute für alle Bürgerinnen und Bürger eine permanente Herausforderung – gleichsam universale Normalisierungsleistung. Globalisierung, Ökonomisierung aller Lebensbereiche, Pluralisierung von Lebensformen, Mobilität, Digitalisierung und eine kaum noch zu überschauende Optionsvielfalt fordern und überfordern zuweilen die alltagstauglichen Fähigkeiten und Kompetenzen von uns allen. Mit Bezug auf Wilhelm Heitmeyers Forschungen über „Gruppenbezogene Menschenfeindlichkeit" stellen Eva Groß und Andreas Hövermann fest, dass in der Bundesrepublik Deutschland im Prozess der Ökonomisierung des Sozialen die Einstellungsmuster „ökonomische Werthaltung" und „unternehmerisches Selbst" als subjektive Vergesellschaftungsform zu beobachten sind (vgl. Groß, Hövermann 2013, 344). „Selbstoptimierung", „Strategien der Egotaktik" (Ecarius et al. 2017, 24) und das „Erlernen von Bewältigungsstrategien für Übergangspassagen" (Ecarius et al. 2017, 19) unter den Bedingungen einer stetigen Beschleunigungspermanenz beinhalten Risikopotentiale, die sich nur provisorisch in den Begriffen ‚Orientierungsverlust' oder ‚Desintegration' fassen lassen.
Unterschiedlichste Dienstleistungsangebote – vom Coach für Führungskräfte, über Beratungs- und Therapieformate in Lebenskrisen oder Stylingtipps für Pubertierende bis hin zum Volkshochschulkurs für gesunde Ernährung – stehen als konsumierbare Ware zur Verfügung, um jederzeit die ‚Life-Balance' zu optimieren. Allein ein kurzer Blick in die Printmedien zeigt überdeutlich, welche käuflichen – und teilweise sogar recht schlichten – Hilfsmittel zur Verfügung stehen.
Die emotionalen Dimensionen dieser hier nur schlagwortartig umrissenen Gegenwartsdiagnose zeitigen vor allem Konsequenzen im Hinblick auf die Aufgabenvielfalt der Verantwortungsgemeinschaft Familie. Diese kann in unterschiedlichen Varianten und Graden destabilisiert werden und ist mit latenten Verunsicherungs- und Versagenseffekten verbunden, die in spezifischen Risikokonstellationen wie bspw. psychischen Erkrankungen, Suchtmittelabhängigkeit, prekären Lebenslagen, sozialräumlicher Ghettoisierung u.ä.m. letztendlich auch Misslingen oder Einschränkung der erzieherischen Kompetenzen und Verpflichtungen bedeuten können. Diese Effekte werden dort am augenfälligsten sichtbar, wo Erziehungsprozesse scheitern oder zu scheitern drohen und über informelle oder formelle

normative Kontrollprozesse staatlich legitimierte und institutionalisierte Regulationssysteme für die Sozialisation, Individuation und Enkulturation von Kindern und Jugendlichen Verantwortung übernehmen. Kinder und Jugendliche sind Seismographen ihrer Umwelt- und Umfeldbedingungen; in ihrer Entwicklung zeigen sich die Brüche, Widersprüche, Belastungen und Zumutungen in aller Deutlichkeit und zumeist ohne Umwege. Zu nennen sind hier v.a. die durch Umweltbelastungen zunehmenden gesundheitlichen Beeinträchtigungen wie Asthma, Neurodermitis oder Tumorerkrankungen, aber auch die durch soziale und psychophysische Stressoren ausgelösten Überforderungssyndrome (bspw. dysfunktionale Familiensysteme, Armut oder Flucht).
In diesem Beitrag werden einerseits spezifische Felder der öffentlichen Erziehung in ihren Konsequenzen für die Entwicklung von Kindern und Jugendlichen kritisch betrachtet; darüber hinaus liegt ein Augenmerk auf jenen Konfliktbereichen, die als Exklusionsarenen bei Heranwachsenden zu einer Verschärfung bereits bestehender Risikolagen beitragen. Daraus folgt, dass außerfamiliäre und außerschulische Erziehungssysteme einer kritischen Reflexion zu unterziehen und in spezifischen Handlungsfeldern auch reformbedürftig sind. Ergänzend werden überblicksartig die Rechtssysteme skizziert, die als Legitimationsgrundlage der Erziehungsverantwortung für die nachfolgenden Generationen gelten.

3.3.2 Besondere Entwicklungsaufgaben des Kindes- und Jugendalters

Parallel zu den Entwicklungsprozessen innerhalb der primären Erziehungsinstitution Familie finden frühe Selbstbildungsprozesse vor allem auch in Kinder- und Jugendgruppen statt. Hier bestimmen die aus dem familiären Hintergrund mitgebrachten Drehbücher und die lebensgeschichtlich bedeutsamen Szenen Interaktion und Kommunikation (vgl. Brandes 2008, 35f).

„Ihre sozialisationsrelevante Wirkung entfalten Peerbeziehungen durch die kulturspezifische Homogenisierung von Altersgruppen, die zugleich Erfahrungen im Umgang mit Gleichen befördert. Beides zusammen stärkt die symbolische Vermittlung des Kindlichen und Jugendhaften und die Ausbildung spezifischer Kulturen, die bei Kindern und Jugendlichen auch zu einer Verdichtung altersspezifischer Interessen, entwicklungsspezifischer Fokussierung auf die Peers, mithin auch zur Cliquenbildung beiträgt" (Steinhoff, Grundmann 2016, 501). „Peers" meint also nicht nur ‚Gleichaltrige', sondern auch ‚Gleichartige' und ‚Gleichrangige'.

Im Hinblick auf gesellschaftlich tradierte Geschlechterrollen kann die Gleichaltrigengruppe unterschiedliche Handlungsoptionen und relativ geschützte Erprobungsräume für alternative Lebensentwürfe ermöglichen (vgl. Schrader 2016). Mit positiven Peergruppenerfahrungen, wie bspw. Sensibilität und Empathie, Akzeptanz von Grenzen, Konfliktlösungskompetenz und Perspektivenübernahme bietet die Gleichaltrigengruppe Halt und Orientierung; sie ermöglicht und stabilisiert die Fähigkeit, Beziehungen konstruktiv zu gestalten. Negative Erlebnisse mit Gleichaltrigen zeichnen sich durch Zurückweisen, Nichtbeachtung und ein hohes Angstklima aus (vgl. Kahlke 2017, 9). Diese schränken längerfristig Rollendifferenzierungen und sozioemotionale Kompetenzen, wie bspw. die Fähigkeit zur Kooperation, ein.

Im Folgenden werden die spezifischen Entwicklungsaufgaben des Kindes- und Jugendalters kurz dargestellt, um einige Kernbereiche besonderer erzieherischer Herausforderungen darzulegen.

Kindesalter
Kommunikation und Interaktion mit anderen sind bedeutende Umweltreize und entscheidender Motor für jeden neuen Entwicklungsschritt von Kindern. In den ersten beiden Lebensjahren lernen Kinder vor allem auch durch Nachahmung von Verhaltensweisen bedeutsamer Anderer und durch Signale von Konsequenzen, unterstützt durch empathische Reaktionen ihrer Begleiter (Elternteile, ältere Geschwister, Erzieher …). Sie brauchen dazu kindgemäße Anregungen, aufmerksame Anrede, Bilderbücher, Bastelzeug, Bauklötze, Puppen u.v.m. Nicht die Quantität ist entscheidend, sondern die dialogische und freundlich-zugewandte Begleitung bei der Erkundung der sozialen Umwelt und der Bewältigung aller alters- und kulturspezifischen Entwicklungsaufgaben (vgl. Krenz, Klein 2013). Ebenso wichtig wie fürsorgliche Erwachsene sind die Peers, und hier vor allem im Spiel. Kindliches Spielen stimuliert alle sinnlichen, körperlichen, kognitiven, emotionalen, moralischen und sozialen Fähigkeiten. „Im Spiel vollzieht sich Einübung, Entlastung, Aneignung, Austragen von Kräfteverhältnissen, symbolische Weltdeutung, seelische Heilung und vieles mehr" (Schäfer 2003, 73).
Das Spiel ist der grundlegende Motor der Verständigung und des sozialen Miteinanders von Kindern. In allen Kulturen ist das Kinderspiel beheimatet; trotz ethnischer oder religiöser Differenzen gibt es so etwas wie die friedliche Diplomatie unter Kinder im gemeinsamen Spielen. Ebenso bedeutsam wie das Spiel ist Bewegung! Kinder klettern, steigen, rutschen, drehen, schleudern, schwingen, springen, laufen, schaukeln, balancieren, toben… Sie bewegen sich aus dem einfachen Grund, weil sie Freude, Spaß und Lust an Verhaltensweisen haben, die nicht unmittelbar dem Überleben dienen. Diese ‚Sprache des Leibes' erlaubt vielfältige Körpererlebnisse und Sinneserfahrungen, die wiederum weitere Entwicklungsschritte im Denken, Fühlen, Sprechen und generell die physische Gesundheit ermöglichen und stabilisieren (vgl. Klein 2012).
Idealtypisch finden diese Prozesse in einer Umwelt statt, die man anfassen, fühlen, hören, riechen und schmecken kann, und in der man sich risikoarm und lustvoll erkundend bewegen kann (vgl. Breithecker 2012). Diese altersgemäße innere wie äußere Raumaneignung ist unverzichtbar, damit Kindheit nicht zum frühen Erwachsenenalter beschleunigt wird (vgl. Krenz, Klein 2013, 17) – mit all den

damit verbundenen Überforderungen und Misserfolgserlebnissen. Bei allen Entwicklungsaufgaben, bspw. Gefühle sozial angemessen und kulturspezifisch legitim zu lernen, brauchen Kinder verlässliche Bezugspersonen und sichere Bindungen. Erst auf diesem Fundament erwerben Kinder sozio-emotionale Kompetenzen wie bspw. Empathie, das Unterscheidung zwischen eigenen und fremden Emotionen, das Erkennen von verheimlichten oder gegensätzlichen Emotionen u.ä.m. Frühförderung und Elementarbildung beachten die hohe Vulnerabilität von Kindern in ihren ersten Lebensjahren und übernehmen gezielt erzieherische Aufgaben, die Risiken und spezifische Entwicklungsbelastungen minimieren sollen.

Jugendalter
Mit dem Verlust einer klaren und eindeutigen Konturierung der Jugendphase geht ein Mit-, Neben- und Gegeneinander erzieherischer und bildsamer Institutionen sowie kultureller Orientierungen einher. So resümiert Ariane Otto: „Die Lebenswelt von Jugendlichen ist von einer starken Ambivalenz geprägt" (Otto 2015, 17). Jugendliche müssen sich angesichts vielfältiger und oft unübersichtlicher Optionen und Möglichkeiten solche Selbstmanagementkompetenzen und -praktiken aneignen, die die permanenten Wandlungsprozesse erfolgreich zu bewältigen helfen. Was in der Fremdwahrnehmung egoistisch wirken mag, entspricht „den neoliberalen Anforderungen einer Optimierung" (Ecarius et al. 2017, 34).
Medien und mobile Kommunikation sind heute ein entscheidender Sektor für die Formierung von Verhaltensstilen von Kindern und Jugendlichen und erziehen wesentlich mit (vgl. Hugger 2009). Dieser Sektor entwickelt sich nach ökonomischen Interessen und unter dem Einfluss globaler Machtkonzentrationen für Hard- und Software im Gefolge von Google, Twitter und Facebook. Medien und mobile Kommunikation in digitalen Netzwerken sind heute v.a. für Jugendliche normbildend und verhaltensbestimmend (vgl. Tillmann 2017, 18). Dabei offenbaren sich die „kommunikationskulturellen Schattenseiten" (Tillmann 2017, 18) in individuellen Diskriminierungen, Manipulationen, Hate Speech, Cybermobbing u.ä.m. Kinder und Jugendliche können hier zugleich Opfer und Täter sein.

> „Kinder und Jugendliche, die ‚Happy Slappy', bzw. ‚Happy Accidents' selber filmen oder solche Aufnahmen austauschen, können als Täter kriminalisiert und strafrechtlich verfolgt werden. (…) Auch Kinder und Jugendliche können Opfer von Cyberkriminalität (Schadprogramme, Pishing, Hacker, Spam, Kostenfallen oder Identitätsdiebstähle u.ä.) werden und hier auch gleichzeitig Täter sein" (Willems 2013, 3).

Obschon Medienkompetenz ein fester Bestandteil im schulischen Bildungskanon ist und ein Verbund unterschiedlicher Institutionen im Feld der Prävention (ex. Landesstelle für Medienschutz, Kommission für Jugendmedienschutz, Bundesprüfstelle für jugendgefährdende Medien) auch pädagogisch engagiert agiert, bleiben die Probleme und Schwierigkeiten netzbezogener Delinquenz bestehen bzw.

entwickeln jeweils neue Facetten der potentiellen Gefährdung von Kindern und Jugendlichen, wie es exemplarisch in Form von Cybergrooming zum Ausdruck kommt.

3.3.3 Risiko- und Konfliktkonstellationen im Kindes- und Jugendalter

Sozialisation, Individuation und Enkulturation von Kindern und Jugendlichen sind heute deshalb krisen- und konfliktanfällige Prozesse, weil die primären Bezugspersonen selber enorme Herausforderungen zu bewältigen haben. Das alltägliche Erziehungshandeln insbesondere in Familien, die von sozioökonomischer Benachteiligung betroffen sind, erweist sich als brüchig (vgl. Rauschenbach 2007, 13).

Soziale Benachteiligung und Prekarisierung zeigt sich vor allem für junge Menschen, die im Vergleich zu anderen Altersgruppen am stärksten von Armut und materieller Deprivation betroffen sind (vgl. Pfaff 2017, 35) – und dies, obwohl die unter 25-Jährigen 2015 nur 11% der Gesamtbevölkerung ausmachen (vgl. Pfaff 2017, 34). Armut ist ein entscheidender Risikofaktor im Hinblick auf die Entwicklung dysfunktionaler Familiensysteme, was insbesondere Kindesvernachlässigung und/oder physische und psychische Gewalt gegen Kinder begünstigt und dementsprechend zu ambulanten, teilstationären oder stationären Maßnahmen der Kinder- und Jugendhilfe führt. ‚Arme Kinder' müssen häufig multiple Deprivationen, Einschränkungen in ihrem materiellen und gesundheitlichen Wohlbefinden sowie Einengungen in ihren sozialen und kulturellen Bedürfnissen erleben (vgl. Zander 2013).

Die überwiegende Zahl derer, die ambulante, teilstationäre oder stationäre Hilfen zur Erziehung in Anspruch nehmen, wird in der Lebenslage Armut sozialisiert. Nach einer Studie des Deutschen Jugendinstituts in München gilt die Gleichung: „Je ausgeprägter die Armutslagen in den Kommunen sind, desto höher ist in der Regel auch der Bedarf an stationärer Unterbringung im Kontext der Kinder- und Jugendhilfe" (Deutsches Jugend Institut 2009/2010, 9).

Diese Kinder und Jugendlichen sind damit v.a. familiendynamisch beeinträchtigt, weil in solchen Familienkonstellationen ein haltender und Grenzen setzender Rahmen fehlt; das Kind erlebt Grenzverletzungen gegenüber seiner psychischen und physischen Integrität. Ebenso fehlt eine emotionale Stabilität, die wiederum zentrale Voraussetzung für moralische Sinnstrukturen ist. Emotionen werden chaotisiert, während kaum Strategien für eine angemessene Konfliktbewältigung zur Verfügung stehen.

Vor allem die psychische Deprivation führt in solchen Lebenslagen zu einer emotionalen Analphabetisierung, die in der pädagogischen Praxis Eskalationsspiralen auslösen kann. In den Institutionen der formellen Bildung und Erziehung, bspw. in der Schule, werden derart sozialisierte Kinder und Jugendliche schnell zu Außenseitern, weil sie den Verhaltens- und Leistungsanforderungen in dem geforderten Maße nicht entsprechen können.

> „Die frühzeitig einsetzende Ausgrenzungsdynamik sozialer Selektion im deutschen Schulsystem ist empirisch belegt und hinreichend bekannt. Bildungspolitische Reformansätze offenbaren in aller Regel allenfalls Reformrhetorik, da die Struktur des ständisch organisierten Schulsystems nach wie vor unangetastet bleibt (vgl. Liesner, 2013). „Die Verschwendung der Kindheit" (Berth, 2011) findet trotz einer Forschungstradition von über 45 Jahren, aktueller Analysen und Bestandsaufnahmen, Diagnosen und Daten über Armut und Bildungsbenachteiligung nach wie vor statt" (Herz 2017,64);

Es fehlen nachhaltige politische Ansätze, eine inklusive Pädagogik für Kinder und Jugendliche in Armutslagen auf den Weg zu bringen.

> „Kinder, die massiver Vernachlässigung, Mobbingerfahrungen, Zurückweisungen, körperlichen, psychischen oder sexuellen Misshandlungen ausgesetzt waren, entwickeln einen Gefühlshabitus der Wertlosigkeit, nicht liebenswert, machtlos und gleichzeitig doch mit Schuld zu sein an ihrer prekären Lage. Sie haben wenig Vertrauen in eine Welt, in der ihnen die Befriedigung grundlegendster Bedürfnisse nach Sicherheit und Zuwendung versagt wurde. Von Erwachsenen wurden sie bitter enttäuscht" (Opp 2017, 23).

Die destruktiven Konsequenzen solcherart erzwungener Anpassungsleistungen an gleichsam toxische Lebensumstände werden durch die empirisch gesicherten Befunde der Bindungsforschung, Neuropsychologie und Emotionsforschung belegt. „War die Säuglings- und Kinderzeit von emotionaler Vernachlässigung und verschieden Formen der Gewalt geprägt, wird die Jugendzeit zu einer Nagelprobe, die kaum zu bestehen ist" (Brisch 2014, 281).

Diese Feststellung des Bindungsforschers Karl-Heinz Brisch führt in aller Deutlichkeit die ‚Nachhaltigkeit' dieser Lebensumstände vor Augen. Ein auffälliges und normabweichendes Verhalten „steht in Verbindung mit quälenden kindlichen Nöten und Hoffnungen, die ihre Erziehungs- und Entwicklungspotentiale massiv beeinträchtigen können" (Opp 2017, 29).

Hier eröffnet sich für die außerfamiliäre und außerschulische Erziehung ein umfangreiches und heterogenes Spektrum für Prävention, Intervention und Rehabilitation. Dabei ist es generelle Aufgabe der Kinder- und Jugendhilfe,

> „junge Menschen in ihrer individuellen und sozialen Entwicklung zu fördern und mit ihren Angeboten dazu beizutragen, Benachteiligungen zu vermeiden oder abzubauen sowie sie vor Gefahren für ihr Wohl zu schützen (Sozialgesetzbuch Achtes Buch (SGB VIII § 1, Abs.3)" (Hoops, Holthusen 2015, 183).

3.3.4 Öffentlich-rechtliche Rahmenbedingungen der Sozialisation von Kindern und Jugendlichen

Nationale und internationale Standards für die juridisch formalisierten Bildungs- und Erziehungsrechte sind bspw. das Grundgesetz, die UN-Kinderrechtskonvention oder das neue Kinderschutzgesetz der Bundesrepublik Deutschland von

2012. Insbesondere die im Sozialgesetzbuch II und Sozialgesetzbuch VIII dargelegten Rechtsbereiche sichern die Teilhabe und die Entwicklungsförderung von Kindern und Jugendlichen. Das Sozialgesetzbuch III regelt und gewährleistet die arbeitsweltbezogene Förderung im Übergang von der Schule in selbstständige Erwerbstätigkeit.

Das Grundgesetz garantiert, dass jeder Heranwachsende in der Verfassungsordnung Grundrechtsträger und somit eine Person mit eigener Menschenwürde ist (Art. 1 Abs. 1 Satz 1 GG) sowie ein Recht auf Leben und körperliche Unversehrtheit besitzt (Art. 2 Abs. 2 Satz 1 GG).

Alle Kinder und Jugendlichen haben in der Bundesrepublik Deutschland ein in der Verfassung abgesichertes Recht auf Bildung und Erziehung; es besteht Schulpflicht. Seit 2000 haben laut BGB § 1631 (2) „Kinder (...) ein Recht auf gewaltfreie Erziehung. Körperliche Bestrafung, seelische Verletzung und andere entwürdigende Maßnahmen sind unzulässig." Das Jugendamt ist durch den Schutzauftrag bei Kindeswohlgefährdung nach § 8a SGB VIII verpflichtet, adäquate Hilfsmaßnahmen einzuleiten und mit verschiedenen Trägern, Einrichtungen sowie Diensten zu kooperieren, damit der Schutz des Kindes oder Jugendlichen in angemessener Weise sichergestellt wird.

Das Kindeswohl ist zentraler Begriff und Maßstab, es handelt sich hierbei allerdings um einen unbestimmten Rechtsbegriff, welcher auslegungsbedürftig ist. Das Kinder Zentrum Berlin beschreibt Kindeswohlgefährdung mit den folgenden Worten:

> „Kindeswohlgefährdung ist ein das Wohl und die Rechte eines Kindes (nach Maßgabe gesellschaftlich geltender Normen und begründeter professioneller Einschätzung) beeinträchtigendes Verhalten oder Handeln bzw. ein Unterlassen einer angemessenen Sorge durch Eltern oder andere Personen in Familien oder Institutionen (wie z.B. Heimen, Kindertagesstätten, Schulen, Kliniken oder in bestimmten Therapien), das zu nicht-zufälligen Verletzungen, zu körperlichen und seelischen Schädigungen und/oder Entwicklungsbeeinträchtigungen eines Kindes führen kann, was die Hilfe und eventuell das Eingreifen von Jugendhilfe-Einrichtungen und Familiengerichten in die Rechte der Inhaber der elterlichen Sorge im Interesse der Sicherung der Bedürfnisse und des Wohls eines Kindes notwendig machen kann" (Kinder-Zentrum Berlin 2009, 31f).

Das kommunale Jugendamt (Allgemeiner Sozialer Dienst) übernimmt als behördliches Organ eine sozialstaatliche Gewährleistungsverpflichtung und garantiert das Recht des jungen Menschen auf Erziehung durch ein flächendeckendes regionales Angebot und kontrolliert zugleich die funktionale Ausübung der elterlichen Erziehungskompetenz.

Das SGB VIII ist ein „dienstleistungsorientiertes Leistungsgesetz" (Rauschenbach 2007, 14). Kinder, Jugendliche, Personensorgeberechtigte haben einen Rechtsanspruch auf Hilfen zur Erziehung, „wenn eine dem Wohl des Kindes oder des Ju-

gendlichen entsprechende Erziehung nicht gewährleistet oder die Hilfen für seine Entwicklung geeignet und notwendig ist" (Plewig 2006, 359). Zu den zentralen Hilfearten zählen:
- § 16 Allgemeine Leistung zur Förderung der Familie
- § 17 Beratung in Fragen der Partnerschaft sowie zur Ausübung der elterlichen Sorge nach Trennung und Scheidung
- § 22-24 Förderung von Kindern in Tageseinrichtungen und Tagespflege.

Spezifische erzieherische Hilfeformen sind ferner:
- § 28 Erziehungsberatung
- § 29 Soziale Gruppenarbeit
- § 30 Erziehungsbeistandschaft, Betreuungshelfer
- § 31 Sozialpädagogische Familienhilfe
- § 32 Erziehung in Tagesgruppe
- § 33 Vollzeitpflege
- § 34 Heimerziehung, betreute Wohnformen
- § 35 Intensive sozialpädagogische Einzelbetreuung (vgl. SGB VIII).

Eine weitere juridische Rahmung für die Sicherstellung altersangemessener Entwicklung und Förderung von Kindern und Jugendlichen stellt die UN-Kinderrechtskonvention dar. Diese wurde 1989 verabschiedet, 1990 von der Bundesrepublik Deutschland unterzeichnet und 1992 mit Vorbehalt ratifiziert; dieser Vorbehalt wurde 2012 aufgehoben. Die Kinderrechtskonvention umfasst 54 Artikel, wobei die zehn bedeutendsten Grundrechte überblicksartig aufgeführt werden sollen:
- das Recht auf Gleichbehandlung und Schutz vor Diskriminierung, unabhängig von Religion, Herkunft und Geschlecht
- das Recht auf Gesundheit
- das Recht auf Bildung und Ausbildung
- das Recht auf Freizeit, Spiel und Erholung
- das Recht auf freie Meinungsäußerung und Beteiligung
- das Recht auf gewaltfreie Erziehung und Privatsphäre
- der Schutz im Krieg und auf der Flucht
- der Schutz vor wirtschaftlicher und sexueller Ausbeutung
- das Recht auf elterliche Fürsorge und ein sicheres Zuhause
- das Recht auf besondere Förderung bei Behinderung

(vgl. Amadeo Antonio Stiftung 2011, 43).

Die hier skizzierte juridische Rahmung verdeutlicht bereits die Heterogenität der Verantwortungsbereiche und verweist auf die konkrete Notwendigkeit, auch staatlicherseits für die Sozialisation, Individuation und Enkulturation von Kindern und Jugendlichen Sorge zu tragen. In der außerfamiliären Bildung und Er-

ziehung bieten v.a. freie Träger vielfältige kind- und jugendgerechte Aktivitäten zur Unterstützung von Heranwachsenden, beispielsweise mit Abenteuerspielplätzen, Kindertagesstätten, Spielmobilen.
Vor allem die finanzpolitische Rahmung der Kinder- und Jugendhilfe (Stichwort Sozialraumbudget) beeinflusst maßgeblich die Praxis der Kommunen bzw. der Allgemeinen Sozialen Dienste/Jugendämter.

3.3.5 Kritische Würdigung des Bildungs- und Erziehungsauftrages der Kinder- und Jugendhilfe

Die Kinder- und Jugendhilfe verfügt über ein differenziertes formalisiertes System pädagogischer Handlungsstrategien für spezifische Gefährdungslagen bei Heranwachsenden. So definiert im SGB VIII bspw. § 36 rechts- und fachspezifische Kriterien für ein Hilfeplanungsverfahren:

> „Mit *Hilfeplanung* wird daher ein Beratungs-, Aushandlungs- und Planungsprozess bezeichnet, in dem Eltern oder an ihrer Stelle für ein Kind verantwortliche Personen (Personensorgeberechtigte) in umfassender Weise beraten werden und mit ihnen und dem Kind/Jugendlichen eine Verständigung darüber gesucht wird, ob und ggf. welche Hilfeleistungen geeignet und notwendig sind, die Entwicklung (…) zu fördern. Die wesentlichen Voraussetzungen und das Ergebnis dieses Aushandlungsprozesses werden abschließend in einem *Hilfeplan* schriftlich dokumentiert" (Pries, Schrapper 2004, 101).

Die konkrete Praxis dieser Hilfeplanung wird jedoch deutlich kritisiert, wobei vor allem die folgenden Dilemmata zu fachlichen Kontroversen führen:
- mangelnde Transparenz zwischen Hilfeplanung und -realisierung,
- Fallfinanzierung unter Beteiligung verschiedener Subsysteme,
- Delegationsketten aufgrund institutioneller und fachlicher Überforderung,
- strukturelle Verantwortungslosigkeit durch Überlastung,
- heterogene normative Positionen bei Fallverantwortlichen und Klientel,
- monetär bestimmte Verwaltungslogik statt pädagogischer Professionalität,
- hohe Trägerkonkurrenz bei Absenkung fachlicher Standards,
- ungelöster Widerspruch zwischen Freiwilligkeit und Zwang,
- ‚Drehtüreffekte' durch Sekundärtraumatisierungen der Klientel (vgl. Herz 2010).

Die Kinder- und Jugendhilfe steht seit Längerem in der fachöffentlichen Kritik, weil sie drohende Eskalationen familiärer Krisen zum Teil erst sehr spät erkennt und damit unbeabsichtigt zur Verschärfung von Problemlagen beiträgt (vgl. Ader 2006, 18). So stellte Kindler 2014 ernüchternd fest, dass sich ambulante Hilfen zur Erziehung bei der häufigsten Gefährdungsform, der Vernachlässigung, in ihrer bisherigen Konzeption als wenig wirksam erweisen (vgl. Kindler 2014, 5). Obwohl bekannt ist,

> „dass stationäre Einrichtungen in ihrer jetzigen Form kaum positive und stabile Bindungserfahrungen vermitteln können, liegt ihr Anteil an allen Fremdunterbringungen in Deutschland so hoch wie sonst nur in mehreren osteuropäischen Ländern" (Kindler 2014, 6).

Hier zeigt sich exemplarisch das eher ambivalente Verhältnis der praktischen Sozialarbeit und Sozialpädagogik zur Theorie.

> „Ein Manko, das wiederum zur Folge hat, dass nicht nur die Funktionen und Aufgaben sowie Bildungs- und Erziehungsvorstellungen lediglich vage bzw. alltagstheoretisch und somit nicht fachlich fundiert formuliert werden können, sondern dass darüber hinaus das so entstehende fachliche Vakuum gefüllt wird durch staatliche, politische und bürokratische Wissensbestände, Deutungsmuster ..." (Bettinger 2015, 145).

Die Ökonomisierung aller Leistungssektoren führt einerseits auch in der außerschulischen Erziehungshilfe zu Deprofessionalisierungsprozessen und fachlichen Standardabsenkungen, und sie verändert, damit einhergehend, die Qualität der pädagogischen Praxis.

> „Immer deutlicher wird, dass über den Abbau von Sozialleistungen und den Umbau dieser von den Fachkräften im selben Sinnzusammenhang Diagnosen erwartet werden, die andere billigere Hilfen rechtfertigen und gleichzeitig Wahlmöglichkeiten der Klient/innen einschränken" (Neuffer 2013, 34).

Diese Qualitätseinbußen werden allerdings geleugnet; stattdessen findet eine Verantwortungsverschiebung v.a. zu Lasten der Zielgruppe erzieherischer Hilfen statt. Dabei wird das Prinzip der Freiwilligkeit in der sozialen Arbeit „teilweise als Rechtfertigung – vor allem der JGH-Fachkräfte – genutzt, wenn Maßnahmen scheitern" (Meier 2015, 78).
Die Untersuchung über „Jugendliche Gewalttäter zwischen Jugendhilfe und krimineller Karriere" konnte nachweisen, dass schwierige Lebensverhältnisse (bspw. konfliktbeladene Familienzusammenhänge mit Überforderung, Gewalt, Alkohol und Drogenmissbrauch) zu den Prozessmerkmalen gescheiterter Hilfeplanverläufe zählen, die die Delinquenz von Jugendlichen strukturell mitverantworten (vgl. Meier 2015, 19).
Delinquenz im Kindes- und Jugendalter gilt vor allem im Bagatellbereich als episodenhaftes und ubiquitäres Phänomen: „Es ist zumindest im statistischen Sinne „normal und bedarf keiner (pädagogischen) Interventionen" (Hoops, Holthusen 2015, 18). Christian Schrapper resümiert:

> „Entgegen aller Panikmache und Problematisierung nach dem Motto „aus klein(en Verstößen) wird groß(e Kriminalität)" zeigen seriöse kriminologische Forschungen (…) seit Jahrzehnten einen stabilen Befund: *Abweichendes Verhalten der Jugendlichen ist normal und vorübergehend*" (Schrapper 2015, 17).

Allerdings reproduzieren sich spezifische Muster, die eine Verfestigung delinquenter Verhaltensstile bei jungen Menschen begünstigen können. Hieran zeigt sich u.a., dass „gerade auch Soziale Arbeit in Prozesse sozialer Ausschließung involviert ist" (Bettinger 2015, 177; vgl. Anhorn, Stehr 2012). Es werden, erstens, Hilfen „immer wieder abgebrochen und die Jugendlichen werden von Maßnahme zu Maßnahme weitergereicht. Zwischenzeitlich leben sie zwar auch immer wieder in der Herkunftsfamilie, werden bei Problemen aber schnell wieder fremd untergebracht. Maßnahmen der Jugendhilfe sind hier vor allem stationäre Unterbringung in Heimen oder bei Pflegeeltern. Aber auch die Unterstützung der Familien durch Familienhelfer oder eine (zeitweise) Abgabe des Sorgerechts an einen Vormund sowie die Unterbringung in der Kinder- und Jugendpsychiatrie spielen eine Rolle" (Meier 2015, 33).

Multiple Problemlagen werden, zweitens, nur selten in die Fachpraxis einbezogen und oft nur punktuell bearbeitet (vgl. Meier 2015, 85).

„Auch die familiären Probleme, die in einigen Fällen zu diagnostizierten psychischen Beeinträchtigungen geführt haben, werden ignoriert und die Kinder und Jugendlichen werden immer wieder bei den Eltern untergebracht, auch wenn der negative Einfluss bekannt ist. Hier berufen sich die Fachkräfte auf die Freiwilligkeit der Eltern, Hilfen zur Erziehung anzunehmen und entziehen sich damit der Verantwortung" (Meier 2015, 74).

Drittens tendieren die Fachkräfte im Hinblick auf das ungelöste Dilemma zwischen Freiheit und Zwang dazu, ihre Klientel für das Scheitern von Maßnahmen verantwortlich zu machen:

„Auffällig ist auch, dass letztendlich den Jugendlichen die Verantwortung am Scheitern zugeschrieben wird, denn sie haben laut Fachkräfte die freie Entscheidung, wie sie handeln und wie nicht. Wenn sie sich für eine delinquente Karriere entscheiden, können die Institutionen scheinbar nichts ausrichten" (Meier 2015, 70).

Bereits 2006 wurden diese Effekte von Thomas von Freyberg und Angelika Wolff deutlich kritisiert: „Es scheitern immer die schwierigen Jugendlichen und ihre Eltern, nie die Professionellen und ihre Institutionen" (von Freyberg, Wolff 2006, 174).
Vor allem ambulante Angebote der Jugendhilfe, die einen Bezug zu erzieherischen Problemlagen, Straftaten und Schulproblemen haben (bspw. Schuleingliederungsmaßnahmen, Familienhilfen, Straßensozialarbeit, soziale Trainingskurse, Anti-Aggressivitätstraining oder Angebote zur Untersuchungshaftvermeidung) sind zumeist vorgelagerte Interventionsformen, bevor strafmündige Jugendliche Adressaten des Jugendgerichtsgesetzes werden (vgl. Meier 2015, 38).
In den strafrechtlichen Reaktionen auf Jugendkriminalität unterscheidet der Gesetzgeber zwischen Erziehungsmaßregeln, Zuchtmittel und Jugendstrafe. „Neben der Jugendstrafe, die gem. § 18 F 1 JGG eine Dauer von mindestens sechs Mona-

ten hat, ist die zweite spezifisch jugendstrafrechtliche, freiheitsentziehende Sanktion der Jugendarrest, der zur Gruppe der Zuchtmittel gehört" (Höynck, Ernst 2015, 124).

Die erzieherische Zielsetzung des Jugendarrests als Individualprävention soll über einen zeitlich bemessenen Freiheitsentzug erreicht werden: Kurzarrest erstreckt sich über maximal vier Tage, Freizeitarrest kann für bis zu zwei Wochen ausgesprochen werden und Dauerarrest für bis zu vier Wochen (vgl. Meyer-Höger 2015, 83). Die Dauer des „Ungehorsamsarrests" liegt im Ermessen des Jugendrichters und gilt als die „ultima ratio" zur Durchsetzung von Weisungen und Auflagen (vgl. Meyer-Höger 2015, 83). Jugendarrest ebenso wie Jugendstrafe sind im Hinblick auf die Differenzen zwischen Zielsetzung und Zielerreichung Gegenstand sanktionsrechtlicher Kontroversen.

> „Verschiedene Statistiken und Legalbewährungsstudien weisen nach, dass die Rückfallquote ehemaliger Arrestanten zwischen 60 und 80% liegt (…) und – grundsätzlich – umso höher ist, je härter die Sanktionen im Rahmen von Jugendstrafe waren" (Hußmann 2015, 25).

Diese Zahlen verwundern nicht. Die Möglichkeit, den Arrest erzieherisch zu nutzen, steht aufgrund baulicher Gegebenheiten und vielmehr noch mangelnder Ressourcen „nur sehr eingeschränkt zur Verfügung" (Hoops, Holthusen 2015, 192). In der fachlichen Kritik steht eine „Erziehungseuphorie" (vgl. Cornell 2013), die der realen Situation der Arrestierten nicht gerecht wird.
Das hohe Gewaltpotential der Inhaftierten und komplexe Bildungsdefizite (vgl. Jesse 2015, 123f) sowie ein wenig zielgruppenadäquates Übergangsmanagement nach der Haftentlassung erschweren die intendierte Legalbewährung. Da hier vor allem der selbständigen Erwerbsarbeit eine prognostisch positive Integrationsfunktion zugeschrieben wird, soll im folgenden Abschnitt der Übergang von der Schule in die Arbeitswelt einer kritischen Würdigung unterzogen werden.

3.3.6 Jugendliche im Übergang von Schule in selbstständige Erwerbsarbeit

Der Übergang von der Schule in Ausbildung bzw. selbständige Erwerbsarbeit wird trotz relativ positiver Entwicklungen auf dem Arbeitsmarkt nicht von allen Jugendlichen und jungen Erwachsenen erfolgreich bewältigt. Nur jedem vierten Hauptschüler gelingt am Ende der Pflichtschulzeit der direkte Einstieg in Ausbildung, ein Fünftel der Jugendlichen hat auch fünf Jahre nach Ende der Pflichtschulzeit keine Berufsausbildung begonnen (vgl. Braun, Reißig 2012, 91). Vor allem Heranwachsende in Multiproblemkonstellationen – im offiziellen Jargon der Agentur für Arbeit als „marktfern" und mit „Vermittlungshemmnissen" etikettiert – sind durch vielfältige Risikokonstellationen im Übergangssystem erheblich benachteiligt (vgl. Bittlingmayer et al. 2011). Zu den Übergangssystemen zählen

> "…allgemeinbildende und berufliche Schulen, Ausbildungsbetriebe und Leistungen, die den schulischen Unterricht und die betriebliche Ausbildung ergänzen und unterstützen (z.b. Berufsorientierung in außerbetrieblichen Einrichtungen, Praktika, ausbildungsbegleitende Hilfen usw.), Maßnahmen der Jugendberufshilfe (z.b. Kompetenzagenturen), der Arbeitsagenturen (z.b. BvB-Maßnahmen), Ausbildungen in außerbetrieblichen Einrichtungen und Träger der Grundsicherung (z.b. Arbeitsgelegenheiten)" (Braun, Reißig 2012, 92).

In diesen Übergangssystemen der Jugendberufshilfe sind mehr als 400.000 Jugendliche

> "mit milliardenschweren öffentlichen Finanzaufwendungen in einer Vielzahl von Maßnahmen (…) untergebracht (…), die zumeist keinen systematischen Anschluss an eine Berufsausbildung in anerkannten Ausbildungsberufen besitzen" (Euler 2010, 18).

Durch die marktförmig organisierte Vergabe – bspw. der überbetrieblichen Ausbildung – herrscht ein hoher Konkurrenzdruck und Preisdumping zwischen den Trägern, was sich nachteilig auf die Qualität der Angebote auswirkt. „Längst hat dieser diffuse Übergangsbereich keine transparente oder konsistente Struktur mehr, die sich jugendpolitisch fassen ließe und die von jungen Menschen begriffen werden kann" (Schroer 2016, 39).
In den 1980er Jahren entstand die Benachteiligtenförderung des Bundes als eine sozialpädagogisch orientierte Berufsausbildung. Die Maßnahmestruktur der Benachteiligtenförderung wurde in das Sozialgesetzbuch III – Arbeitsförderung – aufgenommen, und zwar speziell für Jugendliche unter 25 Jahren,

> „die unabhängig von der erreichten Schulbildung ohne berufliche Erstausbildung sind und folgende Merkmale aufweisen (§ 61 SGB III):
> - noch nicht berufsreife Jugendliche,
> - Lernbeeinträchtigte,
> - junge Menschen mit Behinderung,
> - Un- und Angelernte,
> - Sozial Benachteiligte,
> - Junge Menschen mit Migrationshintergrund,
> - Jugendliche, deren Ausbildungs- oder Arbeitsmarktchancen durch die weitere Förderung erhöht werden kann (BMBF: Berufsbildungsbericht 2006, S. 221)" (Biermann 2013, 101).

Die materielle Grundsicherung für diese Zielgruppe ist im SGB II geregelt, das die Gewährung spezifischer Leistungen allerdings an spezifische Voraussetzungen der Lebensführung koppelt: So werden bspw. nach der neuen Regelung des SGB II junge Erwachsene unter 25 Jahren in die Bedarfsgemeinschaft ihrer Eltern einbezogen, wodurch ihnen lediglich 80% der Regelbezüge zustehen und sich damit die Leistungen des ALG II reduziert. Mit dieser Regelung sollen Anreize zur selbstständigen Erwerbsarbeit geschaffen werden, auch wenn diese Vorgabe nicht ihren realen Chancen auf dem Arbeitsmarkt entspricht. Vor allem junge Erwachsene, die in öffentlicher Erziehungsverantwortung aufgewachsen sind, werden dadurch auf ihre mitunter prekären familialen Beziehungen zurückgeworfen. „Sie werden, wie es in den Erziehungshilfen heißt, verselbständigt und so früh – häufig zu früh – zu Care Leavern gemacht" (Schroer 2017, 39). Die Logik des SGB II folgt der Ideologie des ‚aktivierenden Sozialstaates':

> „Der Begriff *Aktivierender Sozialstaat* steht für einen Typ von Wohlfahrtsstaat, der die Sozialstaatlichkeit, die Geldtransfers und sozialen Dienste, nicht länger als Unterstützungsprogramm für die von der Konkurrenzgesellschaft (vorübergehend) Ausgeschiedenen betrachtet, sondern als arbeitsmarktpolitischen ‚Inklusionsmechanismus', der vor allem Sanktionen bei Ablehnung politisch gewollter Inklusionsangebote beinhaltet" (Dahme, Wohlfahrt 2010, 211).

Der Sanktionskatalog individualisiert, d.h. er delegiert die arbeitsgesellschaftlichen Unsicherheiten auf die hiervon direkt betroffenen Individuen.

> „Für die sozialpädagogischen Akteure werden „soziale Probleme" nicht ausschließlich für Benachteiligungsetiketten (und damit verbundene Bedarfsansprüche) oder über integrative Anspruchsrechte bzw. wohlfahrtsstaatliche Hilfearrangements politisch legitimierbar, sondern durch ein Individualisierungsprinzip, das Lebensführungsfragen oder personalisierte Verantwortungsbereiche u.a. juridisch zum Schuldprinzip umfunktionalisiert" (Heuer 2015, 60).

An den von Gaupp et al. 2011 (ebd.) kritisierten ‚Wegen in Ausbildungslosigkeit' sind eine Vielzahl unterschiedlicher Akteure – nicht intendiert – beteiligt: „Schulverwaltung, Schulaufsicht, Jugendämter, Arbeitsagenturen, Träger der Grundsicherung, Kammern, Integrationsbeauftragte, Gleichstellungsbeauftragte" (Braun, Reißig 2012, 93). Dabei zeitigt das Ideal eines ‚inklusiven' Übergangssystems praktisch exkludierende Konsequenzen für alle Beteiligte. Es verändert

> „die Trägerstrukturen, die Arbeitsprozesse der Sozialen Arbeit und die Wirkungsbestimmungen dahingehend, dass es den Blick auf die ‚Strukturen' gänzlich dem Blick auf individuelle Vermittlungshemmnisse und Anpassungsnotwendigkeiten und ihrer funktionalen Unterstützung opfert" (Heuer, Wohlfahrt 2016, 21).

Jugendliche und junge Menschen u.a. mit:
- Suchtproblematik
- Delinquenz
- Gewalterfahrungen
- Schuldenproblematik
- fehlenden Sozialkompetenzen
- Schulproblemen

- Schulverweigerung
- schwierigen familiären Situationen
- prekärer Wohnsituation
- psychosozialen und emotionalen Konfliktgeschichten

befinden sich in einem Kreislauf von Perspektivlosigkeit, Isolation, abgebrochenen Maßnahmen. Sie sind mit den traditionellen Angebotsformen oft nicht mehr zu fördern.

In diesem speziellen Segment der außerschulischen berufsvorbereitenden Maßnahmen in der Benachteiligtenförderung konzentriert sich ein sehr „heterogenes Sub-Prekariat" (Thielen 2012). Vor allem Jugendliche mit Verhaltensstörungen erleben hier vielfältige Stigmatisierungen, weil ihnen die erforderliche Leistungs- und Sozialfähigkeit abgesprochen wird. „Ihnen werden vielmehr Besonderheiten des Sozialverhaltens als Eigenschaften angelastet, an denen sie selbst schuld seien" (vgl. Fasching, Niehaus 2008, 730). In der lebenspraktischen Bewältigung dieser sozial prekären Lage greifen diese jungen Menschen auf Gelegenheitsstrukturen wie Schwarzarbeit oder illegale Geschäfte im sozialen Nahraum zurück (vgl. Kraheck 2004). (Klein-)Kriminelle Aktivitäten erschweren allerdings wiederum den Rückweg in legale Strukturen des Gelderwerbs.

Die Ausgrenzungsproblematik bei erwerbslosen Jugendlichen und jungen Erwachsenen spitzt sich derzeit dramatisch zu. Nach einer bundesweiten empirischen Erhebung im Auftrag der Bundesarbeitsgemeinschaft Katholischer Jugendsozialarbeit werden etwa 540.000 junge Menschen als integrationsgefährdet eingeschätzt:

> „Die Gruppe der ausgegrenzten Jugendlichen und jungen Erwachsenen umfasst solche 14-27 Jährige, die sich außerhalb von Bildungsinstitutionen befinden, die außerdem zur Sicherung ihres Lebensunterhaltes nicht auf reguläre Erwerbseinkommen oder Sozialleistungen zurückgreifen (können), sondern sich z.B. durch Betteln, Schwarzarbeit, Drogenhandel, (Klein-)Kriminalität oder illegale Prostitution alimentieren. Auch sind Jugendliche und Heranwachsende gemeint, denen Sozialleistungen durch Sorgeberechtigte vorenthalten werden, oder solche, die sich als illegale Einwanderer in Deutschland aufhalten" (BAG KJS 2012, 13).

Von sozialer Ausgrenzung bedroht sind die knapp 59.000 Schüler ohne Hauptschulabschluss, aber auch die 186.081 Schüler mit Hauptschulabschluss. Von sozialer Ausgrenzung derzeit betroffen sind die 247.000 Erwerbslosen ohne allgemeinen Schulabschluss, darunter 60.000 im Alter von 15-30 Jahren. Bundesweit leben derzeit etwa 80.000 junge Menschen ohne jegliche institutionelle Einbindung oder Unterstützung (vgl. BAG KJS 2012, 16f).

Diese Zahlen belegen die konkreten Dimensionen sozialer und materieller Exklusion. Ausschluss aus gesellschaftlichen Regelsystemen und Scheitern an zu hochschwelligen und komplexen Übergangssystemen werden allerdings als Passungsprobleme der jungen Menschen individualisiert und stigmatisiert. Dies trifft auch auf europaweite Strategien, die unter dem Stichwort „Flexicurity" vor allem die Beschäftigungsfähigkeit von am Rande stehender Gruppen erhöhen sollen (vgl. Biffl, 2007).

3.3.7 Probleme und Herausforderungen der außerschulischen Erziehung

Die hohe Vulnerabilität von Kindern und Jugendlichen im Kontext multifaktorieller Risikokonstellationen und Gefährdungspotentiale in der Sozialisation, Enkulturation und Individuation bildet eine politisch legitimierbare Grundlage hoher staatlicher Investitionen in teilhabeorientierte Forschung und einem entsprechenden Praxistransfer (bspw. am Deutschen Jugendinstitut, der Bundeszentrale für gesundheitliche Aufklärung oder dem Bundesinstitut für berufliche Integration).

Gleichzeitig führen politische Steuerungsprozesse, vorangetrieben durch supranationale Organisationen im Zuge internationaler Kapitalinteressen, zu Exklusionsprozessen bei Heranwachsenden. In den Institutionen von Bildung und Erziehung löst diese Entwicklung dramatische Dilemmata aus. Hier zeichnen sich deutlich sichtbare Konfliktfelder ab, die annäherungsweise mit ‚Überforderung' oder ‚Überlastung' auf den Begriff gebracht werden. Problemdelegation durch Segregation wird zum Mittel der Wahl. „Erkennbare Ausgrenzungstendenzen, strukturelle Verantwortungslücken und Gefährdung von Teilhabe sind bundesweit zu beobachten" (Drolsbach 2017, 202).

In den Institutionen der Teilhabemanagementagenturen verdichten sich Krisen- und Konfliktpotentiale, die bspw. in den steigenden Zahlen der kinder- und jugendpsychiatrischen Leistungsträger mit ihren unterschiedlichen Subsystemen (wie bspw. Klinikschulen) bereits chronifiziert sind.

Die institutionellen Dynamiken, die mit einer solchen ‚Hochrisiko-Klientel' verbunden sind, werden noch immer tabuisiert, da sie mit persönlichen Prozessen des Scheiterns und Versagens assoziiert sind – und folglich mit Scham. Gleichwohl müssen sie einer (weder entwertenden noch beschämenden) Analyse und Reflexion unterzogen werden, um hieraus Annäherungen an optimale Gelingensbedingungen zu entwickeln und zu realisieren. „Negative Emotionen (…) wahrzunehmen und nicht als unprofessionell zu brandmarken, ist eine wichtige professionelle und institutionelle Herausforderung" (Zimmermann, Reinhardt 2017, 224).

In den teilstationären und stationären Angeboten der Kinder- und Jugendhilfe sind die pädagogischen Fachkräfte mit dem extrem belastenden emotionalen Innenleben von Heranwachsenden konfrontiert, die die institutionellen Regelabläufe chaotisieren können.

Die Delegation dieser Klientel von einer ‚normalpädagogischen' in eine ‚spezial- (bzw. nach heutiger Nomenklatur) ‚intensivpädagogische' Einrichtung enthält im Prozess selbst unbewusste emotionale Konfliktdimensionen und Ambivalenzen auf Seiten der beteiligten Fachkräfte. Mit der Dokumentation des eigenen Scheiterns, bspw. durch den Wechsel von der Regelschule in eine Schule für Erziehungshilfe oder von einer teilstationären in eine stationäre Maßnahme, wird der neu aufnehmenden Institution zumeist ein umfängliches ‚Mehr' an Kompetenzen zugeschrieben, das diese in einem konstruktiven Sinn ja auch bereits in ihrem professionellen Habitus verinnerlicht hat. Ihr berufliches Profil begründet sich ja gerade darin, über umfangreichere fachliche Qualifikationen und bessere Ausstattungsmerkmale zu verfügen. Diese routinierten Gewissheiten werden allerdings bei Kindern und Jugendlichen mit komplexen psychischen und/oder physischen Problemlagen in aller Regel erschüttert.

Mit Blick auf die Anfänge pädagogisch-therapeutischer Konzeptionalisierungsversuche einer sich im besten Sinne ‚heilpädagogisch' verstehenden Praxis mit seelisch schwer verletzten Kindern und Jugendlichen wurde dem ‚therapeutischen Milieu' (Bettelheim) oder dem ‚psychohygienisch vorbereiteten Klima' (Redl, Wineman) große Bedeutung zugemessen. Über viele Jahrzehnte hinweg engagierte sich die Sonder- und Sozialpädagogik explizit für die Suche nach tragfähigen, entwicklungsförderlichen, nachhaltigen, pädagogischen und zuweilen auch pädagogisch-therapeutischen Praxismodellen. Die Psychoanalytische Pädagogik konnte hier erfolgversprechende Modelle entwickeln, ebenso die seit Ende der neunziger Jahre sich formierende Traumapädagogik (vgl. Dörr, Müller-Burkhardt 2012; Dörr 2014; Verein 2009; Zimmermann 2015). Aktuell hat Pav mit ihrer Dissertation an der Universität Wien über „…Und wenn der Faden reißt, will ich nur noch zuschlagen!" eine hoch interessante Verbindung zwischen Psychoanalytischer Pädagogik und einem verhaltenstherapeutisch fundierten Gewaltpräventionsprogramm vorgelegt (vgl. Pav 2016).

Trotz recht unterschiedlichen anthropologischen Ausrichtungen dieser theoretisch wie empirisch fundierten Konzeptionen weisen sie v.a. drei Gemeinsamkeiten auf: Sie sind zumeist zeit- und personalintensiv, und sie beruhen auf hohen fachlichen Standards einer beziehungs- und konflikterfahrenen Pädagogik auf der Grundlage theoriegeleiteter professioneller Selbstreflexion. Sich auf verletzte Bildungs- und Erziehungsprozesse professionell einzulassen, deren vor allem unbewusste Psychodynamiken wahrzunehmen und die Komplexität dieser emotionalen Dimensionen nicht abzuwehren, sondern kontinuierlich als zentralen Ausgangspunkt der pädagogischen Aufgaben zu nutzen, setzt vor allem Selbst- und Fremdachtung voraus (vgl. Herz 2016). Der Achtung und Anerkennung der Heranwachsenden entspricht die Selbstachtung der pädagogischen Fachkräfte. (Zu) hohe Fallzahlen, überfüllte Klassenräume, Missmanagement bei der Inklusion, restriktive Rahmenbedingungen, bürokratische Restriktionen u.v.m. chaotisieren und reduzieren diese pädagogischen Anstrengungen.

Gleichzeitig sind Verdrängungsprozesse zu beobachten, die mit dem Begriff ‚Evidenzbasierung' in Verbindung stehen (vgl. Hechler 2016). Der derzeitige Mainstream wird dominiert

> „von einer Interventionsmentalität, die in erster Linie auf eine Verhaltensanpassung zielt und ihre technische Operationalisierung in der gezielten Förderung spezifischer Kompetenzen sucht, etwa in Form von Trainingsprogrammen des Sozialverhaltens oder als Maßnahme zur Förderung der emotionalen Intelligenz und behavioralen Literalität" (Willmann 2015, 128).

Die Psychoanalyse von Organisationskulturen lehrt uns allerdings, dass persönliche Unsicherheiten und Ängste durch Zählen und Messen allein nicht bewältigt werden können (vgl. Lohmann, Möller 2014).

Die zunehmende Psychiatrisierung von Kindern und Jugendlichen (vgl. Willmann 2012; Stein, Müller 2014, 236) offenbart zugleich ein Scheitern der Normal- und Intensivpädagogik. Diese Kritik muss allerdings auch deutlich die derzeitigen Rahmenbedingungen in den pädagogischen Institutionen benennen, wo unter dem Druck repressiver Kürzungen in der Kinder- und Jugendhilfe wie in der Bildungs- und Sozialpolitik der Belastungsstress bei den pädagogischen Fachkräften weiter steigt und Deprofessionalisierungsprozesse zu Lasten der Klientel politisch bewusst in Kauf genommen werden (vgl. Herz 2016; Herz, Platte 2017). Wirtschaftliche Bedrohungen und gesteigerter Arbeitsdruck in den pädagogischen Institutionen schlagen sich zwangsläufig im Seelenleben der MitarbeiterInnen nieder, „als eigene subjektive Insuffizienz, die sich in stetigen Selbstzweifeln und Kompetenzzweifeln äußert" (Lohmer, Möller 2014, 89). Auch der gestiegene mediale Druck bei extremen Eskalationsereignissen wirkt sich verheerend auf pädagogische Entscheidungsprozesse aus – ein Grund, weshalb solche mediatisierten Ereignisse und Entscheidungen oftmals politischen Steuerungsprozessen ausgesetzt sind.

3.3.8 Ausblick

Die Praxisfelder der außerfamiliären und außerschulischen Erziehung sind überaus heterogen und hoch differenziert. Mit diesem Beitrag wurden ausschnitthaft einige Aspekte aufgeführt und Herausforderungen sowie Problemlagen skizziert. Der Erziehungsauftrag öffentlicher Institutionen, vor allem im Kontext der sozioemotionalen Bildung und Erziehung von Heranwachsenden, ist ausgesprochen vielschichtig. Erzieherisches Handeln hat es nie abstrakt mit Kindern und Jugendlichen zu tun, sondern ist im konkreten Alltag mit dem biographischen Gewordensein in spezifischen lebensweltlichen, gesellschaftlich determinierten Kontexten konfrontiert.

Das umfassende juridische Regelwerk bietet zwar einen konsensfähigen Rahmen, aber keine finale Gewährleistungsgarantie für eine erfolgreiche Sozialisation, Individuation und Enkulturation der nachfolgenden Generationen. Thomas Müller und Roland Stein betonen zu Recht:

> „Dass aus erzieherischem Begleiten auch ein Entgleiten und Scheitern werden kann, ist das existentielle, aber unverzichtbare Wagnis der Erziehung – auch wenn das manchmal nur schwer auszuhalten ist" (Stein, Müller 2015, 224).

Die in diesem Beitrag skizzierte Gegenwartsdiagnose erfordert aus erziehungswissenschaftlicher Sicht als Leitkompetenz erzieherischer Professionalität ganz besonders das Aushaltenkönnen von und die kontinuierliche Reflexion über Ungewissheit, Diffusität, Ambivalenz und Irrationalität in der erzieherischen Praxis. Kinder und Jugendliche, die tiefgreifende Erfahrungen von dauerhafter seelischer Verwahrlosung, struktureller und personaler Gewalt oder starke Missachtungserfahrungen in sozialen Systemen bis hin zu Exklusionsprozessen gemacht haben, konfrontieren die pädagogischen Fachkräfte mit ihrer Verletzlichkeit und ihrer Ungeschütztheit (vgl. Wevelsiep 2015). Entgegen der Lesart evidenzbasierter Programmpädagogik gibt es kein methodisch-konzeptionelles oder systembezogenes Versprechen, das hier Professionalität zu gewährleisten erlaubt. Die individuellen Reflexionsprozesse, bspw. bei kollegialen Fallbesprechungen, müssen immer wieder neu stattfinden. Ein solches Fachverständnis versetzt in die Lage, nicht nur Machbarkeitsversprechen als Ideologien zu entlarven, sondern jeden Heranwachsenden als Individuum wahrzunehmen und seine Autonomieentwicklung zu begleiten.

Literatur

Ader, S. (2006): Was leitet den Blick? Wahrnehmung, Deutung und Intervention in der Jugendhilfe. München

Amadeo Antonio Stiftung (2011) (Hrsg.): Erfahrungen aus dem Modellprojekt „Kinderrechte in den Kommunen". Berlin

Anhorn, R., Stehr, I. (2012): Grundmodelle von Gesellschaft und soziale Ausschließung: Zum Gegenstand einer kritischen Forschungsperspektive in der sozialen Arbeit. In: Schimpf, E., Stehr I. (Hrsg.): Kritisches Forschen in der Sozialen Arbeit. Wiesbaden, 57-76

Baumann, M. (2012): Kinder, die Systeme sprengen. Hohengehren

Berth, F. (2011): Die Verschwendung der Kindheit. Weinheim

Bettinger, F. (2015): Wider die Unterordnung sozialer Arbeit unter die Logiken des Jugendstrafrechts. In: Redmann, B., Hußmann, M. (Hrsg.). Soziale Arbeit im Jugendarrest. Weinheim. 144-181

Biermann, H. (2013): Inklusiver Ausbildungs- und Arbeitsmarkt oder: Benachteiligt durch Förderung? In: Thielen, M., Katzenbach, D. & Schnell, I. (Hrsg.): Prekäre Übergänge? Erwachsenwerden unter den Bedingungen von Behinderung und Benachteiligung. Bad Heilbrunn. 37-64

Biffl, Gudrun (2007): The European Employment Strategy. A new Form of Governance of Labour Markets in the European Union. WIFO, November

Bittlingmayer, U., Hastaoglu, T., Osipov, I., et al. (2011): Schülerinnen und Schüler am unteren Rand der Bildungshierarchie – Zur Dialektik von Integration und Ausgrenzung durch Bildung. In: Dollinger, B., Schmidt-Semisch, H. (Hrsg): Gerechte Ausgrenzung? Wohlfahrtsproduktion und die neue Lust am Strafen. Wiesbaden. 337-370

Brandes, H. (2008): Selbstfindungsprozesse in Kindergruppen. In: Zeitschrift für Gruppenpsychotherapie und Gruppendynamik 44. Jg., Heft 1, 33-51

Braun, F., Reißig, B. (2012): Regionales Übergangsmanagement Schule – Berufsausbildung. Handlungsfelder, Hindernisse und Problemlösungen. In: Bojanowski, A., Eckert, M. (Hrsg.): Black Box Übergangssystem. Münster. 91-103

Brisch, K.-H. (2014): Bindungsgestörte Jugendliche in Gruppen von Gleichaltrigen: Diagnostik und Therapie. In: Brisch, K.-H. (Hrsg.): Bindung und Jugend. Stuttgart. 276-294

Bundesarbeitsgemeinschaft örtlich regionaler Träger der Jugendsozialarbeit e.V. (2010) (Hrsg.): Niedrigschwellige Integrationsförderung. Berlin

Cornell, H. (2013): Jugendhilfe statt Jugendstrafe und Jugendarrest für delinquente Jugendliche. In: Stelly, W., Thoma, J. (Hrsg.): Erziehung und Strafe. Symposium zum 35-jährigen Bestehen der JVA Adelsheim. Godesberg, 25-54

Dahme, H.-J., Wohlfahrt, N. (2011): Zwang und Strafe als Mittel der Sozialpolitik. Zur Kontrollfunktion aktivierender Arbeitsmarkt- und Fürsorgepolitik. In: Dollinger, B., Schmidt-Semisch, H. (Hrsg.): Gerechte Ausgrenzung? Wohlfahrtsproduktion und die neue Lust am Strafen. Wiesbaden. 207-226

Deutsches Jugendinstitut (2009/10): Hilflos und überfordert? Wenn Erziehung scheitert und Kinder ins Heim kommen, Thema 2009/2010

Drolsbach, B. (2017): Nützt die schulische Erziehungshilfe? Ein Beitrag zur Debatte um die Wirksamkeit von Prävention und Intervention. In: Behindertenpädagogik, 56. Jg., Heft 2, 202-206

Dörr, M. (2014): Stationäre Einrichtungen als Orte zur (Wider-)Herstellung des Wohlergehens von Kindern und Jugendlichen. Eine psychoanalytisch-pädagogische Perspektive. In: Finger-Trescher, U., Eggert-Schmid, N., Noerr, A. et al. (Hrsg.): Kindeswohl und Kindeswohlgefährdung. Gießen. 137-153

Dörr, M., Müller, B. (2012): Nähe und Distanz. Ein Spannungsfeld pädagogischer Professionalität. München

Ecarius, J., Berg A., Serry, K. et al. (2017): Spätmoderne Jugend – Erziehung des Beratens – Wohlbefinden. Wiesbaden

Euler, D. (2010): Integration durch Berufsbildung? In: Berufliche Bildung Hamburg, Nr. 1, 2010, 18-20

Fasching, H., Niehaus, M. (2008): Berufsvorbereitung und berufliche Integration. In: Gasteiger-Klicpera, B., Julius, H. & Klicpera, C. (Hrsg.): Sonderpädagogik der sozialen und emotionalen Entwicklung, Göttingen. 727-737

Freyberg, T. von, Wolff, A. (2006): Trauma, Angst und Destruktivität in Konfliktgeschichten nicht beschulbarer Jugendlichen. In: Leuzinger-Bohleber, M., Haubl, R. & Brumlik, M. (Hrsg.): Bindung, Trauma und soziale Gewalt. Göttingen. 164-185

Gaupp, N., Geier, B., Lex, T. et al. (2011): Wege in Ausbildungslosigkeit. In: Zeitschrift für Pädagogik, 57. Jg., Heft 2, 173-186

Groß, E., Hövermann, A. (2013): Die Abwehr von Menschen mit Behinderung in Deutschland. Ein Element der gruppenbezogenen Menschenfeindlichkeit im Fokus von Effizienzkalkülen. In: Behindertenpädagogik, 52. Jg., Heft 4, 341-352

Hechler, O. (2016): Evidenzbasierte Pädagogik. Von der verlorenen Kunst des Erziehens. Stuttgart

Herz, B. (2010): Kinder- und Jugendhilfe/Sozialpädagogik. In: Ahrbeck, B., Willmann, M. (Hrsg.): Pädagogik bei Verhaltensstörungen. Ein Handbuch. Stuttgart, 27-35

Herz, B. (2016): Risiken, Nebenwirkungen und Chancen inklusiver Beschulung. In: Göppel, R., Rauh, B. (Hrsg.): Inklusion. Stuttgart. 91-103

Herz, B. (2016): Kinder und Jugendliche mit Verhaltensstörungen. In: Lernchancen, 19. Jg., Heft 110/111, 28-33

Herz, B. (2017): Zur historischen Proximetrie einer Wissenschaftsdisziplin: Sonderpädagogik und die Dialektik von Inklusion und Exklusion. Bad Heilbrunn

Herz, B., Platte, A. (2017): Psychische Beeinträchtigungen im Kindes- und Jugendalter. In: Methner, A., Popp, K. & Seebach, B. (Hrsg.): Verhaltensprobleme in der Sekundarstufe. Unterricht – Förderung – Intervention. Stuttgart. 226-237

Heuer, S. (2015). Pädagogik der neuen Härte und Strafe? Die politische Restaurierung punitiver Kontrollfunktionen als repressive Tendenzen der sozialen Arbeit. In: Redmann, B., Hußmann, M. (Hrsg.). Soziale Arbeit im Jugendarrest. Weinheim, Basel, 51-70

Heuer, S. (2016). Jugendberufshilfe revisited. Modernisierungsprobleme und Strukturkonflikte des berufsintegrativen Übergangssystems. In: Sozial Extra 40. Jg., Heft 3, 10-16

Heuer, S., Wohlfahrt, N (2016): Aktivierungspolitische Gouvernance und arbeitsgesellschaftliche Teilhabe? Die wirkungsbezogene Neuordnung des berufsintegrativen Übergangssystems und seine professionspolitischen Folgen. In: Sozial Extra, 40. Jg, Heft 3, 17-22

Hoops, S., Holthusen, B. (2015): ...Verantwortung übernehmen! Die Aufgaben und Herausforderungen der Jugendhilfe im Kontext des Jugendarrests. In: Redmann, B., Hußmann, M. (Hrsg.). Soziale Arbeit im Jugendarrest. Weinheim. 181-197

Höynck, T., Ernst, S. (2015): Der neue Jugendarrest nach § 16a JGG. Entstehungsgeschichte, Rechtslage und Herausforderungen. In: Redmann, B., Hußmann, M. (Hrsg.). Soziale Arbeit im Jugendarrest. Weinheim. 123-144

Hugger, K.-U. (2009). Digitale Jugendkulturen. Digitale Kultur und Kommunikation. Wiesbaden

Hußmann, M. (2015). Exklusion durch Kriminalisierung Jugendlicher. ... oder warum wir es im Jugendstrafrecht weitgehend mit „Unterschichtsjugendlichen" zu tun haben. In: Redmann, B., Hußmann, M. (Hrsg.). Soziale Arbeit im Jugendarrest. Weinheim. 23-41

Jesse, C. (2015): Aktuelle Herausforderungen im Jugendvollzug. In: Zeitschrift für Jugendkriminalrecht und Jugendhilfe, 26. Jg., Heft 2, 123-127

Kahlke, C. (2017): Schülerstereotype. Soziale Beziehungen in der schulischen Peer Group. Wiesbaden

Kinder-Zentrum Berlin e.V. (2009): „Kindeswohlgefährdung. Erkennen und Helfen.", Berlin

Klein, F. (2012): Inklusion von Anfang an. Bewegung, Spiel und Rhythmik in der inklusiven Kita-Praxis. Köln

Kindler, H. (2014): Neue Perspektiven für den Kinder- und Jugendschutz. Ein Plädoyer für Veränderung. In: Deutsches Jugendinstitut (Hrsg.): Impulse Heft 2, 4-8

Koch, M. (2012): Die Wiederkehr des Vagabunden? Zur Klassifizierungsgeschichte benachteiligter Jugendlicher im Übergangssystem. In: Bojanowski, A., Eckert, M. (Hrsg.): Black Box Übergangssystem. Münster. 23-36

Kraheck, N. (2004): „Karrieren jenseits normaler Erwerbsarbeit – Lebenslagen, Lebensentwürfe und Bewältigungsstrategien von Jugendlichen und jungen Erwachsenen in Stadtteilen mit besonderem Erneuerungsbedarf. München

Krenz, A., Klein, F. (2013): Bildung durch Bindung: Frühpädagogik. Göttingen

Kuhnke, R., Reißig, B. (2010) (Hrsg.): Regionales Übergangsmanagement Schule-Berufsausbildung. München

Lohmer, M., Möller, H. (2014): Psychoanalyse in Organisationen. Stuttgart

Meier, J. (2015): Jugendliche Gewalttäter zwischen Jugendhilfe und krimineller Karriere. In: Deutscher Jugendinstitut Impulse. Abschlussbericht. Arbeitsstelle Kinder- und Jugendkriminalitätsprävention. München

Meyer-Höger, M. (2015): Die Funktion des Jugendarrests vor dem Jugendstrafgesetz. In: Redmann, B., Hußmann, M. (Hrsg.): Soziale Arbeit im Jugendarrest. Weinheim. 83-95

Neuffer, M. (2013): Soziale Diagnose – ein langer Weg von Ungereimtheiten in der Sozialen Arbeit. In: Forum für Kinder- und Jugendarbeit, 29. Jg., Heft 2, 33-37

Opp, G. (2017): Schmerzbasiertes Verhalten – eine paradoxe pädagogische Herausforderung. In: Zeitschrift für Heilpädagogik, 68. Jg., Heft 1, 22-30

Otto, A. (2015): Positive Peerkultur aus Schülersicht. Wiesbaden

Pav, U. (2016): „... und wenn der Faden reißt, will ich nur noch zuschlagen!". Gießen

Pfaff, N. (2017): Ungleiche Jugend. In: Deutsches Jugendinstitut Impulse. Projekt Erwachsen werden. Heft 1, 34-36

Plewig, H. J. (2006): Erziehungshilfen. In: Antor, G., Bleidick, U. (Hrsg.): Handlexikon der Behindertenpädagogik. Stuttgart. 358-361

Pries, S., Schrapper, C. (2004): Hilfeplanung. In: Fegert, J. N., Schrapper, C. (Hrsg.): Kooperation Jugendhilfe – Jugendpsychiatrie. Weinheim, München. 101-110

Rauschenbach, T. (2007): Fremdunterbringung und gesellschaftlicher Wandel. In: Sozialpädagogisches Institut im SOS Kinderdorf e.V. (Hrsg.): Wohin steuert die stationäre Erziehungshilfe? München, 8-39

Schäfer, G. E. (2003) (Hrsg.): Bildung beginnt mit der Geburt. Ein offener Bildungsplan für Kindertageseinrichtungen in Nordrhein-Westfalen. Weinheim, Basel, Berlin

Schrapper, C. (2015): „Warum tun junge Menschen nicht, was vernünftig ist?" Über die Vernunft normverletzenden Verhaltens Jugendlicher und die Paradoxie von Erziehung und Strafe. In: Redmann, B., Hußmann, M. (Hrsg.): Soziale Arbeit im Jugendarrest. Weinheim. 15-22

Schrader, T.-B. (2016): Peergroups als Kontexte der Aushandlung und Praxis von Geschlechterrollen. In: Köhler, S.-M., Krüger, H.-H. & Pfaff, N. (Hrsg.): Handbuch Peerforschung. Opladen. 305-322

Schroer, W. (2017): Im Ungewissen: Junge Erwachsene. In: Deutsches Jugendinstitut Impulse. Projekt Erwachsen werden. Heft 1, 37-39

Stein, R., Müller, T. (2014): Psychische Störungen aus sonderpädagogischer Perspektive. In: Sonderpädagogische Förderung heute. 55. Jg., Heft 3, 232-244

Stein, R., Müller, T. (2015): Erziehung – ein intensivpädagogisches Angebot schulischer Erziehungshilfe. In: Herz, B., Zimmermann D. & Meyer, M. (Hrsg.): „... und raus bist Du!" Bad Heilbrunn. 20-35

Steinhoff, A., Grundmann, M. (2016): Peers und die Reproduktion sozialer Ungerechtigkeit. In: Köhler, S.-M., Krüger, H.-H. & Pfaff, N. (Hrsg.): Handbuch Peerforschung. Opladen. 499-514

Storz, M., Griesinger, T. (2004): „Sonst verdampft dein Recht auf Arbeit". Nicht nur eine Polemik über Maßnahmen zur Vorbereitung von FörderschülerInnen auf den Arbeitsmarkt. In: Baur, W., Mack, W. & Schroeder, J. (Hrsg.): Bildung von unten denken. Bad Heilbrunn. 129-144

Thielen, M. (2011): Berufsorientierung unter erschwerten Bedingungen. Übergangsgestaltung bei Jugendlichen im Förderschwerpunkt Lernen. In: Behindertenpädagogik, 50. Jg., Heft 4, 422-434

Tillmann, A. (2017): Digital vernetzt. In: Deutsches Jugendinstitut Impulse. Projekt Erwachsen werden. Heft 1, 16-19

Verein für Psychoanalytische Sozialarbeit (2009) (Hrsg.): Verrückte Lebenswelten. Über Ressourcenorientierung in der Psychoanalytischen Sozialarbeit. Frankfurt a.M.

Wevelsiep, C. (2015): Pädagogik bei emotionalen und sozialen Entwicklungsstörungen. Stuttgart

Willems, D. (2013): Neue Kriminalisierungsrisiken? Zur Deutung des Internets für die Kriminalitätsprävention. In: Forum Kriminalitätsprävention Heft 3, 3-8

Willmann, M. (2012): De-Psychologisierung und Professionalisierung der Sonderpädagogik. München

Willmann, M. (2015): „Was hinter dem Verhalten steht" - Pädagogische Beziehungsgestaltung und ihre Reflexion im Unterricht mit „schwierigen Kindern". In: Dörr, M., Gstach, J. (Hrsg.): Trauma und schwere Störungen. Gießen. 127-142

Zander, M. (2013): „Armut tut nicht weh und geht auch wieder vorbei?". In: Sozialmagazin Heft 4, 56-65

Zimmermann, D. (2015): Das Leiden der anderen. Beziehungstraumatisierungen und institutionelle Abwehr. In: Herz, B., Zimmermann, D. & Meyer, M. (Hrsg.): „… und raus bist Du!" Bad Heilbrunn. 49-65

Zimmermann, D., Reinhardt, C. (2017): „Einmal das Getriebe wechseln!" Warum didaktische Konzepte in der Arbeit mit traumatisierten Kindern und Jugendlichen nur wenig helfen. In: Methner, A., Popp, K. & Seeberger, B. (Hrsg.): Verhaltensprobleme in der Sekundarstufe. Stuttgart. 237-254

4 Erziehungsverhältnisse – spezifische Herausforderungen mit verhaltensauffälligen Kindern und Jugendlichen

Andrea Dlugosch

4.1 Macht und Ohnmacht

4.1.1 Einleitung

Wohl fast jeder Beitrag zur Thematik von Macht (und Ohnmacht) muss sich – und das häufiger als andere – mit diversen kritischen Einwänden arrangieren. Wird z.b. eine gängige partikulare operationale Definition an den Anfang gestellt, so blenden die anschließenden Gedankengänge oftmals weitere Facetten (z.b. die symbolische Seite der Macht) aus (vgl. Röttgers 2002, 25):

> „Die *symbolische Macht* ist eine Macht, die in dem Maße existiert, wie es ihr gelingt, sich anerkennen zu lassen, sich Anerkennung zu verschaffen; d.h. eine (ökonomische, politische, kulturelle oder andere) Macht, die die Macht hat sich in ihrer Wahrheit als Macht, als Gewalt, als Willkür verkennen zu lassen. Die eigentliche Wirksamkeit dieser Macht entfaltet sich nicht auf der Ebene physischer Kraft, sondern auf der Ebene von Sinn und Erkennen. (…) Nun implizieren aber Sinn und Erkennen keineswegs Bewusstheit" (Bourdieu 2005/1992, 82; Hervorh. A.D.).

Erfolgt zunächst der Versuch einer begriffsgeschichtlichen und -systematischen Einbettung, kann danach gefragt werden, was dies denn mit dem konkreten Bezugsfeld (hier z.B. die Erziehung unter den Bedingungen von Verhaltensstörungen) zu tun habe. Die Vielschichtigkeit des Machtbegriffs tut ihr Übriges dazu, dass die Begrenztheit einer Abhandlung zu Macht und Ohnmacht sehr schnell zu Tage tritt.[1]
In den folgenden Ausführungen wird ein Mittelweg angestrebt, da ein Seitenblick auf philosophiegeschichtliche Traditionslinien und Anleihen aus den Nachbardisziplinen es erlaubt, den Begriff der Macht zunächst zu dimensionieren (Kap. 2), wenn auch diese Annäherungen stärker kursorisch als detailliert erfolgen können. Versucht wird im Folgenden daher zunächst eine Spurensuche (vgl. Röttgers 2002) entlang der Frage, was die Differenz zwischen einem machtvollen Phänomen und einem machtlosen ausmacht. Dass Macht an dieser Stelle eher vage adressiert wird, ist bereits als ein Vorgriff auf Machtformen zu verstehen, die sich nicht (mehr) einzelnen Akteuren zuordnen lassen.

---

1 Dementsprechend bleiben z.B. wichtige Ausführungen zur Relation von Masse und Macht in der frühen Psychoanalyse (vgl. Böllinger 2002, 427) oder bei z.B. Elias Canetti (2017/1980; vgl. auch Peiter 2008) und zur Kritik der Macht von Axel Honneth (2014/1989) in diesem Beitrag (fast) gänzlich unbeachtet.

Vor diesem Hintergrund lässt sich anschließend betrachten, welche Konturen der Macht das erzieherische Verhältnis im Allgemeinen (Kap. 3) und im Besonderen die Pädagogik bei Verhaltensstörungen bzw. die Pädagogik im Förderschwerpunkt sozial-emotionale Entwicklung (Kap.4) (prä-)formieren. Am Ende steht ein Ausblick, wie Macht-Ohnmacht-Spiralen im erzieherischen Handeln und Tun entgegengewirkt werden könnte.

4.1.2 Differenzierungen zum Machtbegriff

Eine erste hilfreiche Unterscheidung ist die zwischen einem positiv konnotierten und einem negativ konnotierten Machtbegriff[2]. Erscheint in vielen Zusammenhängen, insbesondere auch im erzieherischen Kontext, Macht oftmals in der Gestalt eines grenzüberschreitenden und ggf. identitätsdestabilisierenden Eingriffs in die persönliche Integrität eines Anderen – im Extremfall auch als Übergriff – und wird demnach negativ bewertet, so lässt sich Macht prinzipiell auch im Sinne eines Gestaltungswillens, als Triebkraft des Daseins verstehen. In diesem Verständnis arbeitet nach Friedrich Wilhelm Nietzsche (1844-1900) die Erkenntnis als Werkzeug der Macht und hängt ab vom Maß des Willens zur Macht (vgl. Böllinger 2002, 428). „Allem Lebendigen ist als Grundtrieb in der Form des Willens ein Wille-zur-Macht (…) eingeschrieben" (Röttgers 2010, 221).

> „Bezugsebene des (differenztheoretischen, A.D.) Machtbegriffs von Nietzsche sind nicht mehr Menschen oder Menschengruppen, sondern dieser Machtbegriff ist bezogen auf das sich selbst wollende Leben in seinen vielfältigen Gestaltungen" (ebd., 222).

Die *konstruktive* und *destruktive* Seite der Macht (vgl. Althoff 2017) ist dem Erzieherischen immanent – oder wie es Meyer-Drawe ausdrückt: „Macht steckt in Erziehung wie ein Stachel oder Pfahl im Fleisch. Sie ermöglicht Erziehung und kann sie zerstören" (2001, 447 zit. n. Schäfer 2004, 146).

Nach dieser ersten Unterscheidung kann Macht nicht ohne weiteres mit Gewalt gleichgesetzt werden. Diese Abgrenzung findet sich auch bei Hannah Arendt (1906-1975), die den undifferenzierten und umgangssprachlichen Gebrauch von

> „Schlüsselbegriffen wie Macht, Stärke, Kraft, Autorität und schließlich Gewalt (anmahnt, A.D.) – die sich doch alle auf ganz bestimmte, durchaus verschiedene Phänomene beziehen und kaum existieren würden, wenn sie das nicht täten" (Arendt 1975, 44).

In ihrem konsenstheoretischen Entwurf beschreibt sie Macht und Gewalt als Antipoden und stellt dem rein auf Herrschaft beruhenden Machtbegriff ein anderes Verständnis entgegen (vgl. Röttgers 2010, 230):

---

2 Auch wenn Röttgers die abstrakt geführte Kontroverse, ob die Macht an und für sich gut oder böse sei, für wenig hilfreich hält (vgl. Röttgers 2002, 201).

„*Macht* entspricht der menschlichen Fähigkeit, nicht nur zu handeln und etwas zu tun, sondern sich mit anderen zusammenzuschließen und im Einvernehmen mit ihnen zu handeln. Über Macht verfügt niemals ein Einzelner; sie ist im Besitz einer Gruppe und bleibt nur solange existent, als die Gruppe zusammenhält" (Arendt, 1975, 45; Hervorh.i.Orig.)[3].

Mit dieser Beschreibung wird ein Verständnis von Macht irritiert, das lediglich den Einzelnen als Machtvollen und auch Machtausübenden versteht und ihm oder ihr Macht attribuiert.
Auch Macht im Sinne der Handlungskontinuitätssicherung oder der Sicherung von Möglichkeiten (vgl. Röttgers 2002, 419) lässt ein alltagstheoretisches Verständnis von Macht als lediglich negative Einflussgröße unterkomplex erscheinen. Gleichwohl wird in den nachfolgenden Zusammenhängen Macht als „asymmetrisches Verteilungsmuster von Handlungsmöglichkeiten" im Sinne einer „asymmetrische(n) Relation der Verteilung von Möglichkeiten unter potentiellen Akteuren" (ebd., 420) noch Beachtung geschenkt werden.
Der im handlungstheoretischen Ansatz von Max Weber (1864-1920) positionierte Machtbegriff mutet auf den ersten Blick nachvollziehbarer an. Nicht umsonst gilt dieser als „ein Passepartout für jede Beschäftigung mit Macht" (Herb 2008, 68) und findet daher ebenfalls in pädagogische Zusammenhänge Eingang (vgl. Hamburger 2007, 59). Auch eine psychoanalytische Auseinandersetzung mit dem Machtbegriff startet mit Webers Definition (vgl. Böllinger 2002, 426), nach der Macht als

„jede Chance (verstanden wird, A.D.), innerhalb einer sozialen Beziehung den eigenen Willen auch gegen Widerstreben durchzusetzen, gleichviel, worauf diese Chance beruht" (Weber 1976, 28 zit. n. Hamburger 2007, 59; vgl. Röttgers 2010, 223).

Macht wird hier einem handelnden Subjekt zugesprochen. Sofern der jeweilige Wille und die Interessen von Subjekten sich gegenseitig widersprechen, wird sich eine Position der Beteiligten durchsetzen. Allerdings ist in der Weberschen Konzeptualisierung von Macht nicht die Durchsetzung selbst, sondern die *Chance* (an anderer Stelle Möglichkeit) hierzu gemeint. Macht lässt sich dementsprechend entlang der Unterscheidung von *Möglichkeit* und Fähigkeit bzw. *Durchsetzung* (Realisierung) diskutieren. Weber selbst hielt den „Begriff der Herrschaft für präziser, weil er die Art der Befehle (zur Willensdurchsetzung) und die Adressatengruppe festlegt und daher auch die Frage nach der Legitimität operationalisierbar

---

3 Siehe zu den Differenzierungen des Machtbegriffs von Arendt bei Jürgen Habermas (vgl. Röttgers 2010, 230) und zu seinem Versuch, unterschiedliche theoretische Stränge in seinem Ansatz zu verbinden (vgl. Böllinger 2002, 428; vgl. Volkers 2008, 22f.).

mache"⁴ (Röttgers 2010, 223). Auf den zweiten Blick führt die eingängige Definition von Weber allerdings zu Nachfragen, insbesondere in Bezug auf deren inhärente Kausalitätsannahme des Wirkens von Macht. Auch die Nichtbeobachtbarkeit oder *Latenz* von Macht, die mit einem Vermögen zu handeln, nicht aber mit einer *Manifestation* einhergeht, ist für Operationalisierungen, sofern diese nachgefragt werden sollten, eher nicht geeignet. Das von Weber genannte Widerstreben scheint eine abgeschwächte Form eines offenen Widerstandes zu meinen, aber wo liegen die Grenzen zwischen eigenem Willen des Gegenübers und seinem Widerstreben (vgl. Röttgers 2010, 223f.)? Erst eine Perspektivenerweiterung um die strukturellen Voraussetzungen, „die definieren, was in einem gewissen Zusammenhang in den in ihm vorkommenden Prozessen als ein Handlungssubjekt zu gelten hat, gewinnt der Begriff der Macht seinen Sinn zurück" (ebd., 224). Nachfolgende Entwicklungen machttheoretischer Überlegungen, insbesondere soziologische Entwürfe, lassen vermehrt davon ab, Macht handlungstheoretisch zu rahmen bzw. einer Subjekt/Objekt-Differenz zuzuordnen. „Kommunikations- und Konsenstheorien von Macht haben ebenso wie systemtheoretische die engen Konfinien der handlungstheoretischen und anthropologischen Fundierungen verlassen" (Röttgers 2010, 230). Macht wird nun vielmehr der Sphäre des *Zwischen* zugesprochen, erhält somit also einen relationalen Charakter oder erscheint im Gewand eines immanenten Prinzips wirklicher Prozesse (Röttgers 2002, 49f.).
Im systemtheoretischen Kontext in Referenz auf Talcott Parsons (1902-1979), später Niklas Luhmann (1927-1998) transformiert sich Macht zu einem Kommunikationsmedium. Gewalt ist an den Rändern der Macht angesiedelt bzw. wird als Scheitern der Macht verstanden, da hier die Kommunikation ende (Röttgers 2010, 229).

> „‚Macht setzt voraus, daß *beide* Partner Alternativen sehen, deren Realisierung sie *vermeiden* möchten' (Luhmann 1975, 22). In solch einer Darstellung ist sowohl die Unterdrückungsmetaphorik aufgegeben als auch die Redeweise, daß einer der Macht-Haber, der andere der Macht-Lose ist. Macht ist kein Ding, das gehabt und besessen werden könnte oder (…) wie ein Besitztum vertragsförmig veräußert und übertragen werden könnte. Ein Kommunikationsmedium kann man nicht besitzen, es ist immer im Zwischen der Positionen eines gesellschaftlichen Feldes" (Röttgers 2010, 229; Hervorh. i. O.).

Vor dem Hintergrund von Erziehungssituationen, oder auch von psychoanalytischer Warte aus, mag diese Auffassung einerseits eher befremdlich wirken, da hier die Interaktionsperspektive von Macht ignoriert worden zu sein scheint (vgl.

---

4 „Im Unterschied zu Macht und Autorität kann Herrschaft recht einfach definiert werden als das akzeptierte Recht einer Person, Befehle zu erteilen und Gehorsam für die Befehle zu finden. Solche Herrschaft kann bei Ersetzung der Herrschenden und ihrer realen Befehle durch selbstgesetzte Befehle und Überich-Strukturen zum Phänomen der Disziplin führen" (Röttgers 2002, 314).

Böllinger 2002, 428). Andererseits wird von Quindeau (2004) die Bedeutung des Machtbegriffs von Luhmann (und auch von Foucault) für die Psychoanalyse durchaus diskutiert, um Wirkmächte jenseits, aber auch diesseits, des Arbeitsbündnisses zu entlarven.

Für Norbert Elias (1897-1990) führt der Weg einer Verdinglichung von Macht ebenfalls in eine Sackgasse. Er sieht Macht „unzweideutig" als „Struktureigentümlichkeit einer Beziehung" (Elias 2006/1970, 119) an, als Interdependenzgeflecht, welches allgegenwärtig sei und weder gut noch schlecht. „Mehr oder weniger fluktuierende Machtbalancen bilden ein integrales Element *aller* menschlicher Beziehungen" (ebd., 94, Hervorh. A.D.). Damit offeriert sein Entwurf ebenfalls ein *relationales* Verständnis von Macht. Abhängigkeit und Angewiesen-Sein illustrieren die qualitative Dimension von Macht:

> „Insofern als wir mehr von anderen abhängen als sie von uns, mehr auf andere angewiesen sind als sie auf uns, haben sie Macht über uns, ob wir nun durch nackte Gewalt von ihnen abhängig geworden sind oder durch unsere Liebe oder durch unser Bedürfnis geliebt zu werden, durch unser Bedürfnis nach Geld, Gesundung, Status, Karriere und Abwechslung" (ebd., 119).

Diese Unterschiede in den Abhängigkeiten werden von Elias Machtdifferentiale genannt (vgl. Wolf 2010, 545). Die Sichtweise von Elias sensibilisiert u.a. für gegenseitige Abhängigkeiten, auch in Erziehungsprozessen, schließt aber Asymmetrien damit keinesfalls aus.

Michel Foucault (1926-1984) grenzt, in Anlehnung an die Handlungstypen bei Jürgen Habermas[5], analytisch das zweckrationale Handeln von Machtbeziehungen und Kommunikationsbeziehungen ab. Er geht von ihrer gegenseitigen instrumentellen Verschränkung aus. Keine ist in Reinform anzutreffen (vgl. Foucault Schriften 4, 282f. zit. n. Volkers 2008, 21). Auch das entspricht der Habermas'schen Lesart. Die von Habermas vorgeschlagene Differenz innerhalb des strategischen Handelns, jene zwischen offener Machtausübung und verdeckter Manipulation, lehnt Foucault jedoch aus konzeptionellen Gründen ab, ebenso die zwischen unbewusster und bewusster Machtausübung, weil nicht einzelne Individuen Machtausüber sind und damit für ihn eine Psychologisierung des Machtphänomens nicht infrage kommt (vgl. ebd., 25f.).

> „Foucault unterscheidet zwischen Machtausübung, die auf den freien Willen der Subjekte angewiesen ist, um diesen zu beeinflussen, und physischem Zwang, der den freien Willen des Subjekts nicht berücksichtigt (vgl. Schriften 4, 287)" (Volkers 2008, 20).

Er differenziert weiter zwischen Macht und Gewalt bzw. Konsens. Gewalt ziele auf den Körper, Konsens auf die Meinung. Die Machtbeziehung „ist ein En-

---

5 Instrumentelles, strategisches, kommunikatives Handeln.

semble aus Handlungen, die sich auf mögliches Handeln richten, und operiert in einem Feld von Möglichkeiten für das Verhalten handelnder Subjekte (...) Sie ist auf Handeln gerichtetes Handeln.' (Schriften 4, 286)" (ebd., 21) und immer eingebettet in systemische Bedingtheiten. Macht tritt bei Foucault in der Gestalt des *Regierens* auf, „in dem weiten Sinne, dass sie (die Menschen, A.D.) geführt werden" (ebd., 25). Regieren erfolgt in unterschiedlichen Spielarten, z.B. die des Führens durch Institutionen. Moderne Gesellschaften ruhen demnach auf einem Netzwerk von Machtbeziehungen auf, ja sind durch sie durchzogen, auch erzieherische Verhältnisse sind dies ad initio. Da dieser Zustand an sich nicht aufzuheben ist, geht es vielmehr darum, Machtbeziehungen anhand von fünf Perspektiven zu analysieren: Welches *System von Differenzierungen* (ökonomisch, kulturell, gesellschaftlich, bezogen auf Wissensbestände, Status) liegt zugrunde? Welche *Ziele* (Aufrechterhaltung oder Schutz von Privilegien, Ausüben von Ämtern und Autorität, Profitmaximierung) werden verfolgt? Durch welche *Instrumente* bzw. *„instrumentelle Modalitäten"* (Foucault 1999, 197, zit. n. Frankenberger 2007, 172), in Form von Worten, Gewalt, Kontrolle, formal oder informal, ausgesprochen oder unausgesprochen, treten Machtbeziehungen in Erscheinung, und: in welchen *institutionellen Ausformungen* (z.B. Familie, Schule, Militär, Staat)? Die fünfte Perspektive bezieht sich auf die Frage nach dem *Grad der Rationalisierung*, d.h. wie spezifisch, auch verfeinert, effizient auf ein Möglichkeitsfeld eingewirkt wird (vgl. ebd., 173). Macht wirkt durch die Individuen hindurch. Sogenannte Dispositive der Macht strukturieren das Feld. „Die Macht nämlich strukturiert einen Raum, sie teilt ihn in verschiedene Zonen ein, in privilegierte, zulässige, kriminelle, pathologische usw." (Röttgers 2010, 231). In diesem Verständnis „(ist) Macht (...) nicht deshalb vorhanden, weil bestimmte Individuen sie ausüben wollen, sondern weil Individuen durch ihre Handlungen bestehende Machtbeziehungen aktualisieren" (Volkers 2008, 70). Im Kontext erzieherischer Prozesse in der in diesem Buch relevanten sonderpädagogischen Fachrichtung lassen Foucaults Ausführungen zur „Macht der Normierung" (Foucault 2003, 61 zit. n. Volkers 2008, 74) aufmerken. Er diskutiert gutachterliche Praktiken (hier: psychiatrische Gutachten), in denen lediglich Doppelungen, nicht aber neue Erkenntnisse enthalten seien, die dem wissenschaftlichen State of the Art entsprächen. Vielmehr würde die „epistemische Autorität des professionellen Psychiaters in eine bürokratische Funktion überführt" (ebd., 77). Das Wissen, auch das Expertenwissen, insbesondere das humanwissenschaftliche, sei immer schon von Macht durchzogen und bringe neue Machtverhältnisse hervor (ebd., 16). Es taucht daher nur in der Paarung eines „Macht/Wissen-Komplex(es)" (Foucault, 1976, 39, zit. n. Schäfer 2004, 153) auf. Auch eine Akkumulation von Wissen kann nicht aus der Macht herausführen. Letztendlich kann das nichts und niemand. Kritik jedoch und die oben erwähnte Machtanalytik, möglicherweise die am Ende seines Werkes von Foucault entwickelte Selbstsorge, lassen etwas hoffen.

"Foucault als Machtanalytiker und Subjetkritiker in der Pädagogik ernst zu nehmen hat eine eigenwillige Konsequenz, (...) fast immer scheint (diese, A.D.) zu lauten, dass erzieherische Bemühungen hoffnungslos in Machtbeziehungen verstrickt sind. Die institutionalisierte Pädagogik erscheint als ein einziges Machtdispositiv" (ebd., 61).

Am Ende dieses Kapitels sollen mögliche Ausprägungen der unterschiedlichen Machtverständnisse zusammenfassend aufgeführt werden, die aus den vorangegangenen Überlegungen extrahiert werden können, damit sie prinzipiell für den erzieherischen/pädagogischen Kontext angelegt werden können:
- produktiv (konstruktiv) – repressiv (destruktiv)
- Einzelne/r – Gruppe
- Möglichkeit (Vermögen) – Durchsetzung (Realisierung)
- Latenz (Unsichtbarkeit) – Manifestation (Sichtbarkeit)
- Akteur/Handlung – Struktur/Kontext
- (mono-)kausal – reziprok/zirkulär
- Subjekt/Objekt – Differential bzw. Dispositiv
- Substanz/Akzidenz – Relation

Im Hinblick auf die folgenden Konkretisierungen erscheinen Formen, in denen Macht unsichtbar bleibt, aber dennoch destruktiv einwirkt, am diffizilsten, und dies sowohl auf der Ebene der Akteure als auch auf der Ebene der Strukturen. Sofern Macht etwas verkürzt auf den gemeinsamen Nenner „the possibility of doing things" (Gibson 1991,107, zit. n. Röttgers 2002, 54), gebracht werden kann, ist zu klären, in welchen Dienst die Möglichkeit, Dinge zu tun, jeweils gestellt wird.

4.1.3 Macht und Ohnmacht im erzieherischen Verhältnis

Der „Auslese der wirkenden Welt, durch eine Person und in ihr" (Buber 1925/1960, 42) die entscheidende Wirkungsmacht zu verleihen, ist nach Martin Buber (1878-1965) konstitutiv für das erzieherische Verhältnis. Dieses wird bei Buber durch eine Umfassungserfahrung beschrieben und gilt daher als ein dialogisches Verhältnis, auch wenn es sich um eine einseitige „Erfahrung der Gegenseite" (ebd., 35) handelt und daher prinzipiell als asymmetrisch anzusehen ist. „(...) erst wenn er (der Erzieher, A.D.) von drüben aus sich selber aufängt und verspürt, ‚wie das tut', (...) erkennt er die reale Grenze, tauft er in der Wirklichkeit seine Willkür zum Willen" (Buber 1925/1960, 43). Die Orientierung für das erzieherische Handeln, sein Regulativ, bildet die Perspektive des Gegenübers, „wie es tut", ohne das Gewahrsein für die eigene Position dabei zu verlieren. Es gelte nach Buber dem eigenen Machtstreben als Erzieher zu widerstehen. Das dialogische Prinzip steht einem Eingriff und Zwang entgegen (vgl. ebd., 24ff.).
Das Machtthema in der Erziehung tangiert seit jeher die Korrespondenz von Freiheit und Zwang (vgl. Giesinger 2011; vgl. Ahrbeck in diesem Band) und wirft

damit verbunden die Frage nach dem Legitimationsrahmen für eine Machtausübung sowie nach den jeweiligen Machtmitteln auf (vgl. Hamburger 2007, 59f.). Für Wolf (2010) sind nur solche Formen pädagogisch legitimiert, „die neue Entwicklungschancen der Kinder hervorbringen, ihnen zumindest mittel- und langfristig neue Optionen eröffnen" (ebd., 541)[6]. Bisher sieht es, wegen des Generationenverhältnisses, wegen eines Wissensvorsprungs, wegen der Möglichkeit, auf bestimmte Machtmittel zurückgreifen zu können etc., ggf. so aus, als gebe es eine eindeutige Verteilung von Macht und Ohnmacht im erzieherischen Verhältnis zugunsten einer Unterlegenheit des zu Erziehenden. Dem ist keinesfalls in jedem Fall so. Die Ausführungen zu den Machtbalancen von Norbert Elias (vgl. Kap. 2.) wiesen bereits auf die Interdependenzen hin. So ist in modernen Auffassungen von Erziehung ihr Erfolg durchaus abhängig von der Kooperation des Gegenübers. Im „stereotyp auftretenden Dual von Macht und Ohnmacht" (Bilstein 2007, 31) erscheint Ohnmacht aber auch „als Programm" (ebd.). Pate hierfür steht z.B. Siegfried Bernfelds „Sisiphos" (vgl. ebd.).

Zur Strukturierung des erzieherischen Machtfeldes soll nun orientierend der anthropologische Ansatz des Soziologen Heinrich Popitz (1925-2002) aufgegriffen werden. Dieser ist für das erzieherische Verhältnis im Allgemeinen und im Besonderen für das Feld der Pädagogik unter den Bedingungen von Verhaltensstörungen besonders geeignet, da mit seiner Hilfe die Mikrostruktur von Machtbeziehungen vor Augen geführt werden kann. Popitz greift die Unterscheidung von Macht und Herrschaft Weberscher Provenienz auf und ist um eine Präzisierung bemüht, indem er (1992) ein „differenziertes logisch-systematisches Modell über Stufen der Institutionalisierung und Verfestigung von Macht" (Pohlmann 2005, 11) vorstellt.

> „Machtbeziehungen entstehen, weil Beziehungen zwischen Menschen bestimmt sind von ihrer Verletzungskraft und Verletzungsoffenheit, von beeinflussbaren Hoffnungen und Ängsten, vom Zwang und der Kraft Maßstäbe zu setzen und vom Zwang und der Kraft, die Objektwelt zu verändern. ... Wir leben eine verletzbare Existenz, angewiesen auf Artefakte, zukunftsbezogen und begründungsbedürftig in unserem Handeln" (Popitz 1992, 33 zit. n. Pohlmann 2005, 10).

Der von ihm vorgelegte Entwurf sensibilisiert für *vier Grundformen der Macht* und weist auf die unterschiedliche Perspektivität des Begriffs hin. Diese Grundformen halten nach Popitz, da sich alle empirischen Machtphänomene der Gesellschaftsgeschichte darauf zurückführen ließen und lassen, jeder Machtkritik stand

---

6 In der Literatur wird in unterschiedlichen Kontexten des Öfteren in diesem Zusammenhang auf eine empirische Studie von French und Raven (1959) verwiesen: „Die Fähigkeit einer Person über eine andere Person Macht auszuüben, basiert in der French/Raven-Typologie auf der Kontrolle folgender Ressourcen: Belohnungen, Bestrafungen, Legitimation, Identifikation, Sachkenntnis" (Sandner 1992, 2. Aufl. 17f.) sowie später ergänzend Information.

(vgl. Pohlmann 2005, 9) und leuchten die vorgenommenen Unterscheidungen von destruktiver/produktiver sowie latenter/manifester Macht genauer aus:

> „Die *Aktionsmacht* äußert sich als Gewalt, d. h. als die Möglichkeit, andere zu schädigen, sie hat ihre natürliche Grenze und verausgabt sich in der Tötung. Die *instrumentelle Macht* arbeitet raffinierter mit positiven und negativen Sanktionen, mit Drohungen und Versprechen. Der machtvoll Drohende teilt das potentielle Verhalten des Bedrohten in Erlaubtes und Verbotenes. Und er legt sich selbst fest, negative Sanktionen zu verfügen, wenn das Unerlaubte geschieht. Den erwünschten Effekt der Fügsamkeit hat die Drohung freilich nur, wenn ihr geglaubt wird, d. h. wenn die Sanktion bloße Möglichkeit bleiben kann und ihr die permanente Ausführung erspart bleibt. Die dritte anthropologisch fundierte Machtform (…), die *autoritative Macht*, beruht auf einer Bindung des Machtunterworfenen an den Mächtigen, die z. B. auf dem Begehren nach Anerkennung beruht. Da Anerkennung gewährt und versagt werden kann, handelt es sich auch bei der Autoritätsbeziehung um eine echte Machtbeziehung. Die ‚*datensetzende Macht*' schließlich ist an technisches Handeln des Menschen gebunden" (Röttgers 2010, 227; Hervorh. A.D.).

Die vierte Machtform greift das Einwirken in der Form auf, als dass durch eine geschaffene Objektwelt (Artefakte) mittelbar auf andere Menschen Einfluss ausgeübt wird.

Im Unterschied zu, wie Pohlmann beschreibt, eher konturlosen Begriffen, wie jener der „strukturellen Gewalt" (vgl. 2005, 10), offeriert Popitz drei Varianten der Aktionsmacht: *Aktionen zur Minderung sozialer Teilhabe*, *Aktionen materieller Schädigung* und *Gewalthandlungen* im Sinne einer willentlichen Verletzung der körperlichen Integrität (vgl. ebd., 10f.). Charakteristisch für die instrumentelle Macht ist ein Aktionspotenzial auf der Hinterbühne, das Drohungen oder auch Versprechungen möglich macht. Eine vermeintliche Wahl von Alternativen wird in Aussicht gestellt, allerdings werden die Optionen mit unterschiedlichen Konsequenzen verbunden, z. B. durch Androhung von Strafe. Die autoritative Macht hingegen benötige keine besonderen Machtmittel. Autoritative Bindungen setzen an der psychischen Struktur an und orientieren sich emotionsbasiert an den Einstellungen und Werten der Autoritätsperson(en). Deren Perspektiven werden in der Folge internalisiert. Das Selbstwertbewusstsein des Menschen ruhe nach den Ausführungen von Pohlmann (2005) zu Popitz auf der sozialen Anerkennung auf (vgl. hierzu Dederich in diesem Band).

> „Zu einer Beziehung autoritativer *Macht* wandelt sich eine Autoritätsbeziehung immer dann, wenn die Autoritätsperson die Anerkennungsbedürftigkeit des Abhängigen bewusst dazu nutzt, sein Verhalten und seine Einstellung durch Spendung und Entzug von Anerkennung zu steuern. Derartiges geschieht in jeder Eltern-Kind-Beziehung" (Pohlmann 2005, 11).

Überhaupt lassen sich die vier Grundformen der Einwirkungsmacht entlang der kindlichen Genese rekonstruieren: Körper, Verhalten, Verinnerlichung und die „Macht der Dingwelt". Letztere „bestimmt von Anfang an den Entscheidungs- und Handlungsspielraum seiner (des Kindes, A.D.) Existenz" (Pohlmann 2005, 10).

4.1.4 Spiralen von Macht und Ohnmacht

In einer Studie zur Heimerziehung hat Wolf untersucht, „auf welche Bedürfnisse sich die relative Abhängigkeit und Unabhängigkeit bezog und welche Prozesse die Stärke der Abhängigkeit beeinflussten" (2010, 547). Er konnte z.b. beobachten, dass eine, – sicherlich z.t. auch fachlich begründete – Isolierung der Jugendlichen, z.b. durch Kontaktverbot nach außen, erfolgte und dadurch die Abhängigkeit vom Heimpersonal gesteigert wurde. Auch emotionaler Mangel und Zuwendungsentzug als Machtmittel konnte Wolf herausarbeiten:

> „In meiner Untersuchung eines ‚normalen' Kinderheimes in den 1990er Jahren haben viele Kinder beschrieben, dass es ihnen viel besserginge, wenn sie nach einem Konflikt von der Erzieherin eine Ohrfeige erhielten und damit die Sache erledigt sei, als wenn die Erzieherin tagelang nicht mehr mit ihnen redete und sie überhaupt nicht wussten, was sie tun können, damit die Strafe endet" (ebd., 550).

Wolfs Beitrag zeigt die subtilen Mechanismen der Macht, in Überlappung der oben genannten Grundformen (vgl. 4.1.3).

Die Adressaten der Pädagogik bei Verhaltensstörungen weisen vermehrt Erfahrungen von Missachtung, Gewalt und Beschädigung sowie Ohnmacht im Sinne des Ausgeliefertseins auf (vgl. Gingelmaier in diesem Band). Die Kinder und auch Jugendlichen waren in ihrer Entwicklung oftmals Aktionsmacht und instrumenteller Macht ausgeliefert, die den Bedürfnissen der Machthaber und Schädiger – oft aus dem nahen Umkreis – entsprachen, nicht aber einer förderlichen kindlichen Entwicklung. Desolate psychische Verfasstheiten oder auch Traumata können die Folge sein. Sich selbst kompetent und zugehörig, handlungs- und wirkmächtig zu erfahren gehört i.d.R. nicht in ihr Erfahrungsrepertoire, es sei denn, sie kommen an den Punkt eines epiphanischen Ereignisses, wie Sutterlüty (2004) dies beschreibt. In diesem kehrt sich die erlebte Ohnmacht in nun andere schädigende Macht um und so wird den betroffenen Jugendlichen Wirkmacht zuteil und Kontrolle (wieder-)erlangt. Die Eskalation von Macht nimmt ihren Lauf. Kinder und Jugendliche unter diesen Bedingungen des Aufwachsens treiben Pädagogen einerseits in die Versuchung – und oftmals auch in die Situation –, im Sinne einer Spirale von Macht und Ohnmacht Gewalt oder Zwang anzuwenden, Repressalien zu evozieren, zu beschämen, schlimmstenfalls zu züchtigen, aber andererseits auch sich selbst als absolut ohnmächtig und handlungsunfähig zu erfahren. Die psychoanalytische Objektbeziehungstheorie hat dies umfänglich mit Hilfe des Konzeptes der Übertragung und Gegenübertragung ausgeleuchtet. Angesichts dieser tragischen Verläufe mutet es auf den ersten Blick fast ein wenig trivial an, als Konklusion auf Reflexion und Selbstreflexion der Erziehenden zu setzen. Vielleicht aber wird der Ertrag deutlicher, wenn dies einschließt, sich selbst den überbordenden Machtimpulsen auch und gerade emotional auszusetzen. So steigt die Chance, das Macht-Ohnmacht-Geflecht und die eigenen Anteile daran besser verstehen zu können und auch Hypothesen über die (emotionalen) Beweggründe des Gegenübers anzustellen, wohlweislich, dass diese auch ganz anders aussehen können. Die Erfahrung der Gegenseite (Buber) (vgl. Kap. 4.1.3) im Kontext von Ich-Du und Ich-Es-Beziehungen wies bereits auf einen Perspektivenwechsel hin, der einen „dritten Faktor" (Hamburger 2007, 73) einbezieht und durch die trianguläre Struktur Macht auch relativieren kann. Möglicherweise bietet auch das Konzept des Mentalisierens (vgl. Gingelmaier in diesem Band)[7] einen Zugang zu einer konstruktiven Machtausübung im pädagogischen Raum (vgl. Althoff 2017). Letztlich geht es darum, einer Verdinglichung und Selbstverdinglichung im Sinne einer Anerkennungsvergessenheit (vgl. Honneth 2005) entgegenzuwirken (vgl. Dlugosch 2009).

4.1.5 Schluss

Durch die Engführung des letzten Kapitels auf die pädagogische Interaktion und den Handlungsraum soll abschließend nicht versäumt werden, die Normierungspraktiken und die Definitionsmacht, das gezeichnete „Bild vom schwierigen Kind" (Wolf 2010, 553) zwischen Pathologisierung und Selbstverschuldung, wenn auch nur kurz, zu erwähnen. Jenseits von Machtverhältnissen in konkreten Interaktionen werden Konturen der Macht auch in bestimmten Beschreibungsformen von Kindern und Jugendlichen sichtbar, z.B. in Klassifikationssystemen (vgl. ebd.).

„Grundsätzlich lassen sich verschiedene Attributionsmuster unterscheiden. So können Schwierigkeiten, die das Kind macht, überwiegend auf Faktoren zurückgeführt werden, die unmittelbar in der Person des Kindes liegen. (…) Das Kind (…) wird zum schwierigen Kind und als Träger von Störungen wahrgenommen. Das kann in vormoderner („verhaltensgestört") oder postmoderner Form („therapiebedürftig") erfolgen, die Attribuierungsrichtung ist gleich: konstante in der Person liegende, aktuell kaum beeinflussbare Ursachen werden definiert" (ebd.).

---

7 Dieser Beitrag ist im Kontext des DFG-Netzwerkes MentEd (mentalisierungsbasierte Pädagogik, GZ: GI 1274/1-1) entstanden.

Insbesondere in (pädagogischen) Einrichtungen, die sich ungünstigen oder nicht ausreichenden Entwicklungsbedingungen von Kindern und Jugendlichen widmen, sind Misserfolge wahrscheinlich.

„Einen Ausweg bietet der Nachweis dispositionaler Faktoren im Kind über die Konstruktion eines Bildes vom Kind, das Beweise dafür sucht, dass das Kind schon immer schwierig war (also schon bevor es in die Einrichtung kam) und aktuell auch andernorts schwierig ist" (ebd., 554).

Spiralen von Macht und Ohnmacht nehmen in Form von „Struktureller Verantwortungslosigkeit" (v. Freyberg, Wolff 2005, u20) so ihren weiteren Verlauf (vgl. Dlugosch 2013, vgl. Herz 2013). Es gilt daher, die institutionellen Ausformungen von Macht, auch denjenigen des Wissens, ebenfalls präsent zu halten.

Literatur

Althoff, M.-L. (2017): Macht und Ohnmacht mentalisieren. Konstruktive und destruktive Machtausübung in der Psychotherapie. Heidelberg

Arendt, H. (1975/1969-70): Macht und Gewalt. München

Bilstein, J. (2007): Ohnmacht als Programm. In: Brumlik, M, Merkens, H. (Hrsg.): bildung.macht. gesellschaft. Beiträge zum 20. Kongress der Deutschen Gesellschaft für Erziehungswissenschaft. Opladen, 31-42

Böllinger, L. (²2002): Macht. In: Mertens, W., Waldvogel, B. (Hrsg.): Handbuch psychoanalytischer Grundbegriffe. Stuttgart, 426-430

Bourdieu, P. 2015: Die Verborgenen Mechanismen der Macht. Hamburg

Buber, M. (1925/1960): Über das Erzieherische. In: Buber, M.: Reden über Erziehung. Heidelberg, 63-88

Canetti, E. (2017/1980): Masse und Macht. Frankfurt a.M.

Dlugosch, A. (2009): Professionelles Handeln im Kontext von Verhaltensstörungen zwischen ethischer Begründbarkeit und Berufsmoral? In: VHN. Vierteljahresschrift für Heilpädagogik und ihre Nachbargebiete. Jg.78. H.2, 103-113

Dlugosch, A. (2013): Biographische Forschung – ein Beitrag zur Professionalisierung in der (schulischen) Erziehungshilfe. In: Herz, B. (Hrsg.): Schulische und außerschulische Erziehungshilfe. Ein Werkbuch zu Arbeitsfeldern und Lösungsansätzen. Bad Heilbrunn, 296-305

Elias, N. (2006/1970): Was ist Soziologie? Amsterdam

Foucault, M. (1976): Überwachen und Strafen. Die Geburt des Gefängnisses. Frankfurt a.M.

Foucault, M. (1978): Dispositive der Macht. Über Sexualität, Wissen und Wahrheit. Berlin

Foucault, M. (2003): Die Anormalen. Frankfurt a.M.

Foucault, M. (2005): Schriften 4. Frankfurt a.M.

Frankenberger, R. (2007): Gesellschaft – Individuum – Gouvernementalität. Theoretische und empirische Beiträge zur Analyse der Postmoderne. Münster

Freyberg, von, Th., Wolff, A. (2005): Störer und Gestörte. Band 1. Konfliktgeschichten nicht beschulbarer Jugendlicher. Frankfurt am Main.

Gibson, Q. (1971): Power. In: Philosophy of the Social Sciences, N 1, 101-112

Giesinger, J. (2011): „Wie kultiviere ich die Freiheit bei dem Zwange?" Zu Kants Pädagogik. In: Pädagogische Rundschau. Jg. 65. H.3, 259-270

Hamburger, F. (2007): „Ich werde Dir helfen." – Über Macht und Ohnmacht von Pädagogen in den alltäglichen Auseinandersetzungen der „Hilfen zur Erziehung". In: Brumlik, M., Merkens,

H. (Hrsg.): bildung.macht.gesellschaft. Beiträge zum 20. Kongress der Deutschen Gesellschaft für Erziehungswissenschaft. Opladen, 59-76

Herb, K. (2008): Machtfragen. Vier philosophische Antworten. Über Machiavelli, Hobbes, Arendt und Foucault. In: Die politische Meinung. Nr. 459. Verfügbar unter: http://www.kas.de/wf/doc/kas_12868-544-1-30.pdf?080229104723 [Zugriff: 15.01.2018]

Herz, B. (2013): Von der Reflexion einer „Maßnahmenkarriere" zu förderlichen Settingvariablen: Der Fallbericht: Jan M. In: Herz, B. (Hrsg.): Schulische und außerschulische Erziehungshilfe. Ein Werkbuch zu Arbeitsfeldern und Lösungsansätzen. Bad Heilbrunn, 220-236

Honneth, A, (2014/1989): Kritik der Macht. Reflexionsstufen einer kritischen Gesellschaftstheorie. Frankfurt a.M.

Honneth, A. (2005): Verdinglichung. Frankfurt a.M.

Quindeau, I. (2004): Macht als produktive Disziplin – die Bedeutung des Machtbegriffs von Luhmann und Foucault für die Psychoanalyse. Vortrag auf dem Kongress: Macht und Ohnmacht. Arbeitstagung der DGPT, 05.-07.11.2004, Berlin. Auditorium Verlag, Schwarzach/M

Meyer-Drawe, K. (2001): Erziehung und Macht. In: Vierteljahrsschrift für wissenschaftliche Pädagogik. Jg. 77, 446-457

Luhmann, N. (1975): Macht. Stuttgart

Peiter, A.D. (2008): Mutterschaft und Macht im Werk von Veza Calderon-Canetti und Elias Canetti. In: Brunner, J. (Hrsg.) Mütterliche Macht und väterliche Autorität. Elternbilder im deutschen Diskurs. Göttingen, 197-214

Pohlmann, F. (2005): Heinrich Popitz – Konturen seines Denkens und Werks. In: Berl. J. Soziol. H.1, 5-24

Röttgers, K (2002): Spuren der Macht. 2. http://sammelpunkt.philo.at:8080/256/1/shspuk.pdf [Zugriff: 26.01.2018]

Röttgers, K. (2010): Macht. In: Bermes, C., Dierse, U. (Hrsg.): Schlüsselbegriffe der Philosophie des 20. Jahrhunderts. Hamburg, 221-233

Sandner, K. (1993): Zum Stand der organisationstheoretischen Machtforschung. In: Sandner, K.: Prozesse der Macht. Zur Entstehung, Stabilisierung und Veränderung der Macht von Akteuren in Unternehmen. Heidelberg, 4-54

Schäfer A. (2004) Macht – ein pädagogischer Grundbegriff? Überlegungen im Anschluss an die genealogischen Betrachtungen Foucaults. In: Ricken N., Rieger-Ladich M. (Hrsg.) Foucault, M.: Pädagogische Lektüren. Wiesbaden, 145-163

Sutterlüty, F. (2004): Was ist eine »Gewaltkarriere«? In: Zeitschrift für Soziologie. Jg. 33. H. 4, 266–284

Volkers, A. (2008): Wissen und Bildung bei Foucault. Aufklärung zwischen Wissenschaft und ethisch-ästhetischen Bildungsprozessen. Wiesbaden

Wolf, K. (2010): Machstrukturen in der Heimerziehung. In: Neue Praxis. H. 6, 539-557

Markus Dederich

4.2 Anerkennung und Beschämung

4.2.1 Einleitung

In den nachfolgenden Überlegungen wird es einerseits darum gehen zu erläutern, warum und wie Akte der Beschämung durch Mitschüler, das pädagogische Personal oder Strukturen des Schul- und Bildungssystems eine Integritätsverletzung von Kindern und Jugendlichen darstellen und sich nachhaltig negativ auf deren psychosoziale Entwicklung auswirken können. Andererseits soll die in den Erziehungswissenschaften weit verbreitete Annahme, Anerkennung sei das maßgebliche Antidot zu solchen Integritätsverletzungen, expliziert und kritisch diskutiert werden.

Nun zeigt ein Blick in die entsprechende Literatur, dass in den Erziehungswissenschaften einschließlich der Sonderpädagogik einige Anstrengungen unternommen wurden, Anerkennung als eines ihrer grundlegenden normativen Leitprinzipien plausibel zu machen, während die Bedeutung der Scham bzw. der Beschämung erst in den letzten Jahren etwas eingehender in den Blick genommen worden ist (vgl. Schäfer, Thompson 2009). Mit Blick auf die Sonderpädagogik ist das vergleichsweise geringe Interesse der Disziplin an diesem Thema erstaunlich, denn es dürfte kaum Zweifel daran bestehen, dass Schüler mit sonderpädagogischem Förderbedarf einerseits vielfältige Beschämungserfahrungen mit in die Schule bringen, etwa durch unangemessene Strafen, Beschimpfungen und Erniedrigung im Elternhaus, andererseits solche Erfahrungen aber auch in der Schule machen. In der Schule sind manche von ihnen sicherlich nicht nur diejenigen, die ihrerseits beschämt werden, sondern auch selbst Akteure, die andere beschämen.

Vor diesem Hintergrund wird es nachfolgend darum gehen, in geraffter, überblicksartiger Form ein zwischen Beschämung und Anerkennung bestehendes Spannungsfeld zu rekonstruieren und anhand der Institution Schule, insbesondere der Schule für den „Förderschwerpunkt Emotionale und soziale Entwicklung", exemplarisch zu konkretisieren. Da es jedoch im Kontext der Sonderpädagogik kaum substanzielle und empirisch belastbare Studien dazu gibt, bewegen sich die nachfolgenden Überlegungen eher auf allgemeiner und grundsätzlicher Ebene.

4.2.2 Scham und Beschämung

Phänomenologisch gesehen ist Scham ein universales soziales Gefühl, das Menschen widerfährt, ohne dass sie sich ihrer erwehren können. Es ist universal, weil es sich in unterschiedlichen Formen und Ausprägungen überall auf der Welt findet; und es ist sozial, weil es nur dann entsteht, wenn Menschen sich durch reale oder imaginierte andere Menschen auf spezifische Weise angesehen und im Lichte anerkannter sozialer Normen beurteilt fühlen. Wichtig ist aber auch, dass die Scham trotz ihrer Universalität stets kulturell gerahmt und ausgestaltet wird. Soziale Regeln legen fest, wie und in welchen Kontexten Scham empfunden und ausgedrückt wird. Wertenbruch und Röttger-Rössler (2011) definieren Scham als

> „Angst vor den Augen der anderen zu versagen, den sozialen Erwartungen nicht zu entsprechen und sich dadurch Blöße zu geben. Als soziale Angst stellt Scham eine emotionale Dimension dar, die in besonderer Weise soziale Konformität befördert" (Wertenbruch, Röttger-Rössler 2011, 242).

Aus psychoanalytischer Perspektive betont Wurmser, dass die Scham mit einer spezifischen Angst verbunden ist, der „Schamangst". Damit ist eine Angst vor Kränkung und Verachtung gemeint, durch die „man selbst als lebendige, liebenswerte, einheitliche und beständige Person zu verschwinden droht" (Wurmser 1986, 112).
Neckel (1993) zufolge ist Scham, die er in Abgrenzung von der Schuld charakterisiert, ein Wertgefühl, das sich leiblich als Reaktion auf einen Verlust von Achtung einstellt und ein negatives Urteil bezüglich der eigenen Person enthält. Während Schuld ein Gefühl ist, das einer durch einen Akteur zu verantwortenden Normverletzung folgt, ist Scham die innere Resonanz auf eine Beschädigung der eigenen Integrität. Dem entsprechend begreift Lotter Scham als „egozentrisches Wertempfinden" (Lotter 2012, 105), während Schuld „allozentrisch" (ebd.) ist, da sie auf die Verletzung von anderen Personen oder Normen bezogen ist. Jedoch schließen sich Schuld und Scham nicht gegenseitig aus, sondern treten bei einer spezifischen Form der Scham, nämlich der moralischen Scham, zusammen auf. Diese entsteht, wenn „moralische Normverstöße (...) vom Individuum auf die Folgen der Wertungen anderer bezogen werden" (Neckel 1993, 249). In Abgrenzung davon wird eine spezifische soziale Scham in Situationen ausgelöst, in denen eine Normabweichung entweder gedanklich vorweggenommen oder tatsächlich durch andere vorgenommen wird. Hier geht es um Normabweichungen, deren Aufdeckung einerseits die soziale Existenz des Individuums, andererseits dessen Selbstwertgefühl und Identität betreffen. So verstanden ist Scham die Reaktion auf einen bloßstellenden Verlust von Integrität. Neckel zufolge sind es drei Ängste, „die das Subjekt in der Scham beherrschen: seine Kohärenz als Akteur, seine Akzeptanz als Mitmensch, seine Integrität als Person verloren zu haben" (Neckel 1993, 247). Demnach ist die Erfahrung einer verletzenden Grenzübertretung ein zentraler Aspekt der Scham. Durch sie geht eine schützende Distanz verloren, und andere dringen „in verborgene Zonen" (Neckel 1993, 247) ein, so dass „Körper, Trieb oder Bedürftigkeit zur Besichtigung freistehen" (ebd.).

Die phänomenologische Untersuchung der Scham zeigt, dass diese in der Leiblichkeit, genauer in der Zwischenleiblichkeit wurzelt.

> „Scham und Schamlosigkeit haben somit ihren Ort in der Dialektik von Ich und Anderem, die die von Herr und Knecht ist: insofern ich einen Leib habe, kann ich unter dem Blick des Anderen zum bloßen Gegenstand herabsinken und nicht mehr als Person für ihn zählen, oder aber ich kann im Gegenteil zu seinem Herrn werden" (Merleau-Ponty 1966, 159).

Auslöser von sozialer Scham sind häufig Gewalterfahrungen, Zurückweisungen, Kontrollverluste in der Öffentlichkeit bzw. in Anwesenheit anderer Personen, Lieblosigkeit und Spott, Verletzung der Privatsphäre und Beleidigungen, Niederlagen, Versagen, persönliche Diskriminierung und Entrechtung. In Anlehnung an Sartre stellt Neckel (1993) fest, dass die schamauslösende Fremdattribution zu einer Selbstattribution wird, wenn die verletzte Norm von der betreffenden Person selbst beansprucht wird: „Noch die Empörung, herabgesetzt worden zu sein, verdrängt nicht die zentrale Sequenz im Erleben, dass die Fremdwahrnehmung der eigenen Identität zur Erfahrung von sich selbst geworden ist" (Neckel 1993, 251). Eine fast schon klassische Arbeit, in der die Scham von großer Bedeutung ist, ist Erving Goffmans Studie „Stigma" (1975). Darin zeigt er, dass es vor allem sozial unerwünschte, negativ bewertete und einen Makel darstellende Eigenschaften des Individuums sind, die schamauslösend sind. Etwas kann nur dann zu einem Stigma werden, wenn es durch andere wahrgenommen und einer Bewertung unterzogen wird. Wie Goffman betont, bezeichnet der Begriff ‚Stigma' eine diskreditierende Eigenschaft, die aber nicht als Wesensmerkmal des Individuums zu verstehen ist, sondern relational konzipiert ist (vgl. Goffman 1975, 11). Goffman erläutert den zentralen Wirkmechanismus von Stigmata wie folgt:

> „Ein Individuum, das leicht in gewöhnlichen sozialen Verkehr hätte aufgenommen werden können, besitzt ein Merkmal, das sich der Aufmerksamkeit aufdrängen und bewirken kann, dass wir uns bei der Begegnung mit diesem Individuum von ihm abwenden (...). Es hat ein Stigma, das heißt, es ist in unerwünschter Weise anders, als wir es antizipiert hatten" (Goffman 1975, 13).

Dabei unterscheidet Goffman drei Typen von Stigmata: erstens „physische Deformationen" (Goffman 1975, 12), zweitens Eigenschaften, die in einem gegebenen sozialen Kontext mit seinen jeweiligen Normen und Werten als „individuelle Charakterfehler" (ebd.) gedeutet werden (z.B. psychische Erkrankungen oder Homosexualität) und drittens „phylogenetische Stigmata von Rasse, Nation und Religion" (Goffman 1975, 13). Anhand von Stigmata wird die Minderwertigkeit des anderen erklärt und seine Ungleichbehandlung bzw. soziale Ausgrenzung legitimiert. Als Träger eines Stigmas wahrgenommen und entsprechend bewertet zu

werden kann bei den betreffenden Individuen intensive negative Gefühle auslösen: Verlegenheit, Scham, Wut, Frustration u.a.m.
In Anschluss an Goffman weist Nussbaum darauf hin, dass die Risiken, beschämt zu werden, sozial ungleich verteilt sind. Rassische, ethnische und religiöse Minderheiten, Menschen mit abweichenden sexuellen Präferenzen oder mit Behinderungen sind in besonderem Maße durch Beschämung betroffen. Häufig spüren die Mitglieder einer stigmatisierten Minderheit die Scham, die die gesellschaftlich dominante Gruppe bei ihnen auslöst, und zwar auch dann, wenn sie der Überzeugung sind, dass eigentlich alles mit ihnen in Ordnung ist (vgl. Nussbaum 2013, 361). Nussbaum charakterisiert die Beschämung von Minderheiten als feindseligen und extrem wirkungsvollen Mechanismus, gesellschaftliche Subordinationsverhältnisse zu etablieren und aufrechtzuhalten. Zugleich wirkt die Beschämung von sozialen Minderheiten stabilisierend nach innen. Nussbaum zufolge dient die Etablierung von Normalitätsstandards durch eine dominante Gruppe der Abwehr eigener Unzulänglichkeiten oder der eigenen Verletzbarkeit; diese werden in der Folge als nicht normkonforme und negativ bewertete spezifische Schwächen der Angehörigen von Minderheiten wahrgenommen (vgl. Nussbaum 2013, 362). Zusammenfassend kann festgehalten werden, dass sich drei soziale Verhältnisse beim Auftreten von Scham unterscheiden lassen: das Verhältnis des Individuums zu seinem normativ geprägten Selbstbild, das Verhältnis zu den anwesenden (oder imaginierten) Anderen sowie das Verhältnis der Beteiligten zu geteilten Norm- und Wertvorstellungen (vgl. Schäfer, Thompson 2009). Marks (2014) unterscheidet vier Grundformen von Scham:
- Scham infolge von Missachtung. Diese Form entspricht weitestgehend den von Honneth (2003) dargestellten Anerkennungsdefiziten.
- Scham infolge von Grenzverletzungen. Diese Form entspricht dem oben in Anlehnung an Neckel (1993) skizzierten Aspekt der Scham.
- Scham infolge von Ausgrenzung. Diese Form resultiert aus einer mehr oder weniger systematischen und nachhaltigen Verweigerung von Zugehörigkeit und entspricht der von Wertenbruch und Röttger-Rössler (2011) beschriebenen Beschämungsdynamik.
- Scham infolge der Verletzung der eigenen Werte. Diese Form entspricht der von Neckel (1993) beschriebenen moralischen Scham. Marks nennt sie „Gewissensscham" (Marks 2014, 86). Sie entsteht, „wenn ein Mensch seinen eigenen Werten nicht gerecht wurde und sich vor sich selbst schämt" (ebd.). Das kann beispielsweise die Scham von Tätern sein, die anderen Unrecht zugefügt haben und darum wissen, oder die Scham von Zeugen eines Unrechts, gegen das sie nicht aufbegehrt haben.

4.2.3 Scham, Würde und Anerkennung

In der Philosophie wird die Scham bzw. die Erfahrung des Beschämtwerdens häufig in Zusammenhang mit Prozessen vorenthaltener oder nicht gelingender Anerkennung diskutiert. Honneth zufolge setzen sich aus Scham, Wut, Kränkung oder Verachtung „die psychischen Symptome zusammen, anhand derer ein Subjekt zu erkennen vermag, dass ihm soziale Anerkennung ungerechtfertigterweise vorenthalten wird" (Honneth 2003a, 219f.). Das bedeutet: Scham ist ein moralisch relevantes Gefühl, weil es auf nicht legitime soziale Handlungen hinweist, welche die Integrität des Individuums verletzen. Zugleich gilt die Anerkennung als sozialmoralisches Prinzip, das solchen Integritätsverletzungen nicht nur vorbeugt, sondern die Erfahrung, sich selbst als integres soziales Individuum zu erfahren, überhaupt erst ermöglicht.

Einen anderen Menschen anzuerkennen bedeutet, „an ihm eine Werteigenschaft wahrzunehmen, die uns intrinsisch dazu motiviert, uns nicht länger egozentrisch, sondern gemäß den Absichten, Wünschen oder Bedürfnissen jenes anderen zu verhalten" (Honneth 2010, 118f.).

> „Während wir mit dem Erkennen einer Person deren graduell steigerbare Identifikation als Individuum meinen, können wir mit ‚Anerkennung' den expressiven Akt bezeichnen, durch den jener Erkenntnis die positive Bedeutung einer Befürwortung verliehen wird" (Honneth 2003b, 15).

Akte der Anerkennung sind deshalb moralisch, weil sie sich am Wert der anderen Person orientieren. Die befürwortende Wahrnehmung einer positiven Bedeutung ist, wie Honneth neben einer Reihe anderer Philosophen immer wieder herausstellt, für das Wohlergehen der Menschen von fundamentaler Bedeutung. Nach Ansicht der meisten Sozialphilosophen vollzieht sich die psychosoziale Entwicklung des Menschen in einem Netzwerk von sozialen Beziehungen und gesellschaftlichen, kulturellen, politischen und ökonomischen Zusammenhängen. Hieraus folgt, dass die Möglichkeit, sich selbst als intakte oder integre Person erfahren zu können, wesentlich von sozialen Erfahrungen abhängt. Insofern ist Anerkennung eine Voraussetzung für das Gelingen einer sozial integrierten Individuation (vgl. Taylor 1993, Honneth 2003a). In diesem Sinn schreibt Taylor, unsere Identität

> „werde zumindest teilweise von der Anerkennung oder Nicht-Anerkennung, oft auch von der Verkennung durch die anderen geprägt, so dass ein Mensch oder eine Gruppe von Menschen wirklichen Schaden nehmen, eine wirkliche Deformation erleiden kann, wenn die Umgebung oder die Gesellschaft ein einschränkendes, herabwürdigendes oder verächtliches Bild ihrer selbst zurückspiegelt. Nichtanerkennung oder Verkennung kann Leiden verursachen, kann eine Form von Unterdrückung sein, kann den anderen in ein falsches, deformierendes Dasein einschließen" (Taylor 1993, 13f.).

Wie im vorangehenden Abschnitt gezeigt wurde, ist die machtvolle Überschreitung seelischer oder körperlicher Grenzen ein Modus der Verletzung personaler Integrität, oder, um es mit einem anderen Wort zu sagen, der Würde des Individuums. Seit Kant besteht eine Verletzung der Würde darin, den anderen nicht primär als Zweck an sich selbst wahrzunehmen und zu behandeln, sondern ihn zu verdinglichen, d.h. ihn unter fremde, äußere Zwecksetzungen zu subsumieren. In seinem Buch über die menschliche Würde befasst sich Bieri (2013, 157ff.) u.a. mit dem Zusammenhang von sozialen Gefühlen und Beschämung einerseits und der Achtung von Intimität als einer spezifischen Form, die Würde zu respektieren. Die Verletzung der Würde eines Menschen kann dadurch erfolgen, dass er sich den urteilenden Blicken anderer Menschen ausgesetzt fühlt, die etwas von ihm auf eine Weise offenbaren, bloßlegen und vielleicht auch öffentlich zur Schau stellen. Dies macht deutlich, warum Anerkennung im Sinne der Achtung der Würde des anderen und Beschämung zwei Seiten einer Medaille sind und deshalb stets zusammen in den Blick genommen werden müssen.

4.2.4 Scham und Beschämung im Kontext Schule

Wie Wertenbruch und Röttger-Rössler (2011) feststellen, sind schamauslösende Bloßstellung und Ausgrenzung machtvolle Instrumente, sozialen Konformitätsdruck auszuüben. Bei der Analyse solcher Interaktionsdynamiken und Prozesse sind allerdings kulturspezifische Unterschiede zu beachten, etwa die Frage, ob und inwieweit Jugendliche über eine Vorstellung von Ehre verfügen, die verletzt werden kann. Unabhängig davon aber

> „stellt Scham ein bedeutendes Element zur Regelung sozialer Zugehörigkeiten und Normkonformität dar. Wenn sich Ausgrenzungserlebnisse durch Mitschüler häufen, die Betroffenen aber keine Coping-Strategien zur Bewältigung zur Verfügung haben, dann kann Schule zu einem Ort werden, der sich negativ auf die Leistungsfähigkeit, die Lebenszufriedenheit und das Wohlbefinden eines Schülers auswirkt" (Wertenbruch, Röttger-Rössler 2011, 253).

In der Schule gibt es zwei Typen relevanter Anderer, die Schamgefühle induzieren bzw. sich beschämend verhalten können: Lehrer sowie Schüler. Dies bedeutet aber nicht bloß, dass in der Schule unabhängig voneinander zwei verschiedene „Beschämungsquellen" existieren, die beachtet werden müssen. Die Lage ist oft deutlich komplizierter: Beide Gruppen definieren unter Umständen unterschiedliche Regeln oder Normen, die in Widerspruch zueinander geraten können. Das Befolgen von Normen in schulischen Peergroups ist für Kinder und Jugendliche besonders wichtig, weil sie sozialen Anschluss und Zugehörigkeit sichern. Aber die Befolgung der Normen der Peergroups kann eine Verletzung der Normen bedeuten, die durch die Schule mit ihrem erzieherischen Auftrag gesetzt und entsprechend pädagogisch sanktioniert werden. Und umgekehrt kann die Befolgung von Normen, deren Einhaltung die Lehrer fordern, in Konflikt mit den Normen der Peergroup geraten. Dieser Konflikt ist besonders dann extrem spannungsgeladen, wenn die Peer-Normen darauf hin angelegt sind, die durch die Schule mit ihrem Erziehungsauftrag gesetzten Normen zu sabotieren oder auszuhebeln. Solche Konstellationen machen es vor allem im Jugendalter außerordentlich schwer, sich nach allen Seiten erwartungsgemäß zu verhalten und sich entsprechend vor Sanktionen zu schützen.

In der Interaktion zwischen den Schülern erfolgt die Beschämung beispielsweise durch „Verächtlichmachung und Verachtung, Zurückweisung, Erniedrigung, Missachtung, Abwertung, Demütigung, Diskriminierung, Häme und Spott sowie negative Anerkennung" (Hafeneger 2013, 113). Im Handeln von Pädagogen artikuliert sie sich unter anderem in Form von mangelndem Respekt vor Persönlichkeits- und Herkunftsmerkmalen, in Gleichgültigkeit und ungerechter Behandlung, im „Einreden von fehlender Begabung, (…) Vorführen, Bloßstellen oder auch Belasten mit Schuldvorwürfen" (Hafeneger 2013, 11). Hierzu können, wie Herz und Heuer (2014) zeigen, auf Disziplinierung abzielende Trainings beitragen, die Kinder und Jugendliche systematisch bloßstellen und auf negativ bewertete Persönlichkeitsmerkmale festlegen.

Hinzu kommt, dass die Schule nicht nur ein Ort von Beschämung durch andere Akteure sein kann, sondern aus strukturellen Gründen ein hohes Beschämungspotential birgt. So zeigen Schäfer und Thompson (2009) auf, wie durch die Generierung von Bildungsstandards und Kompetenzniveaus das ideale Subjekt konstruiert wird und wie durch die in den Vermessungen enthaltene Objektivierung die Subjekte festgelegt, qualifiziert, verfügbar gemacht werden, wodurch ihnen jegliche Möglichkeit des Anders-Seins genommen wird. Hier greifen beispielsweise die oftmals rigide Zeitstruktur in Schulen mitsamt ihrer Normierung von Lernrhythmen, die dahinterstehende Selektions- und Allokationsfunktion von Schule und der daraus resultierende Leistungs- und Anpassungsdruck, dem Kinder und Jugendlich in höchst unterschiedlichem Maße standzuhalten in der Lage sind (vgl. Hafeneger 2013). Die im Bildungssystem wirkenden und durch es reproduzierten Machtverhältnisse, die unweigerlich Ungleichheit produzieren, prägen sich den Kindern und Jugendlichen ein und werden im ungünstigen Fall in Selbstzuschreibungen umgemünzt, die ihrerseits in einen nachhaltigen Mangel an Zuversicht, in Passivität oder Resignation umschlagen können. Für das pädagogische Handeln von Lehrern folgt hieraus die Notwendigkeit einer sensiblen Reflexion schulischer Machtasymmetrien und daraus resultierender Beschämungspotentiale. Eine solche Reflexion darf sich jedoch nicht allein auf die interpersonale Kommunikation im schulischen Raum beziehen, sondern muss strukturelle, methodische und didaktische Aspekte berücksichtigen.

Nicht nur im Hinblick auf Prozesse auf der Beziehungsebene, sondern auch in struktureller Hinsicht muss man angesichts bestimmter Phänomene von einer

„Beschämungskultur" (Hafeneger 2013, 99) der Pädagogik reden (vgl. auch Prengel 2013). Solche strukturellen Aspekte stehen im Zentrum der Studie von Schumann (2007), einer der bislang wenigen Arbeiten, welche die Beschämung aus sonderpädagogischer Perspektive thematisieren. Schuman entwickelt im Hinblick auf die damals noch „Schule für Lernbehinderte" genannte Schule die These, die Zuweisung zu einer Sonder- bzw. Förderschule sei für viele Kinder und Jugendliche, aber auch ihre Eltern, mit einer tiefen Beschämung verbunden: Sie entzieht den Status als Regelschüler und weist einen inferioren sozialen Status zu, der gesellschaftliche Benachteiligung nach sich zieht, zu sozialer Beschädigung durch Fremdtypisierung führt und das Selbstkonzept der betreffenden Personen negativ belastet (vgl. Schumann 2007, 16).

„Die beschämende Wahrnehmung ihrer gesellschaftlichen Unterlegenheit bzw. Minderwertigkeit in den Augen anderer zwingt die meisten Kinder und Jugendlichen, sich als Sonderschüler/innen zu verleugnen: Damit werden tendenziell gesellschaftliche Anpassungsprozesse vorbereitet, die zu negativer Selbsttypisierung führen können und damit die ‚Exklusionskarriere' verfestigen" (Schumann 2007, 18).

Zu den Effekten, die die schulische Beschämungskultur mitsamt der selektiven Ausdifferenzierung des Schulsystems produzieren kann, gehört die Schamabwehr auf Seiten der Schüler. Diese besteht im Wesentlichen darin, das Ausgeliefertsein an die Beschämung und die Unentrinnbarkeit der Bloßstellung durch verschiedene Formen der Aktivität unter Kontrolle zu bringen und dadurch abzuwehren (vgl. Marks 2010, 50). Formen der Schamabwehr sind unbedingter Leistungswille, Ehrgeiz und Perfektionismus, andererseits resignativer Rückzug, aber auch Trotz, Aggression und offen zur Schau gestellte Opposition gegen das System Schule und diejenigen, die dessen Ziele und Werte repräsentieren.

Bis heute gibt es keine systematischen und empirisch angelegten Studien zum Phänomen der Beschämung im Kontext der sozial-emotionalen Entwicklungsförderung und der Jugendhilfe. Über die bereits genannten, im gesamten Bildungssystem virulenten Beschämungsfaktoren können zusätzlich folgende Quellen von Beschämung hypothetisch angenommen werden: die immer wiederkehrende Erfahrung, enttäuscht, missachtet oder lächerlich gemacht zu werden, eine Last zu sein, zu stören, systematisch nicht verstanden, sondern als schwerer Fall von Sozialuntauglichkeit angesehen zu werden usw.

Die Folgen dieser Erfahrungen sind Unsicherheit, Unzulänglichkeitsgefühle, Misstrauen, Bindungsunsicherheit oder Angst, die durch das Fernbleiben vom Unterricht, Rückzug hinter eine bedürfnislose Maske aus Coolness, systematische Unterrichtsstörungen, aggressives Verhalten oder die Bevorzugung verletzender Sprache und Demütigung von anderen maskiert werden. Auf die Dauer können sie an anhaltend schlechte Schulleistungen aufgrund geringer Selbstwirksamkeitserwartungen, in systematische Leistungsverweigerung oder das Abdriften in die Delinquenz münden.

Da es außerordentlich schwer ist, über Scham zu reden, weil allein dieser Akt wieder potentiell beschämend ist, bleiben viele Kinder und Jugendliche mit ihren Erfahrungen allein. Ohne einen unterstützenden, verständnisvollen und wertschätzenden Beistand ist es extrem schwierig, eine konstruktive Form der Schambewältigung zu finden. Vielen Kindern und Jugendlichen bleibt nur die Möglichkeit, die Scham bzw. die Schamangst auf die eine oder andere der genannten Arten abzuwehren und sich in Verhaltensweisen zu retten, die früher oder später durch die Reaktionen des Systems in einer negativen Rückkopplungsschleife auf sie zurückwirken. So können Eingriffe des Jugendamts oder die Zuweisung zu wenig prestigeträchtigen berufsvorbreitenden Maßnahmen zu weiteren Quellen der Beschämung werden.

Vor diesem Hintergrund wird noch einmal deutlich: Die sich sowohl auf der Beziehungsebene als auch in Strukturen artikulierenden, oft subtilen Macht und Gewaltverhältnisse in Schulen bedürfen einer sorgfältigen Reflexion und Adressierung durch alle pädagogischen Akteure und müssen in pädagogischen Konzepten entsprechend gewürdigt werden. Es mag trivial erscheinen, aber tatsächlich sind einerseits die Vermeidung von allem, was Kinder und Jugendliche beispielsweise durch Beschämung, Erniedrigung oder Entwertung in ihrer Integrität beschädigt, sowie andererseits eine Kultivierung von Formen anerkennender Beziehungsgestaltung und Konfliktlösung unverändert grundlegende pädagogische Desiderate.

4.2.5 Schlussbemerkung

Prengel (2013) arbeitet die große Bedeutung pädagogischer Beziehungen für das Gelingen auch institutionalisierter Bildungsprozesse heraus. Deren Scheitern führt sie nicht nur, aber auch auf Anerkennungsmängel zurück. Wie sich herausstellt, können

> „verletzende Beziehungen, die sich aus einer Folge destruktiver einzelner Interaktionen formieren, (…) Kinder und Jugendliche unglücklich machen, Lernen und Leistung behindern und ihren Bildungswegen bis ins Erwachsenenalter hinein schaden. Kinder in riskanten Lebenslagen sind ganz besonders von guten pädagogischen Beziehungen abhängig" (Prengel 2013, 10).

Die normativen Kriterien, die sie für die Bestimmung guter pädagogischer Beziehungen heranzieht, sind die in der Politischen Philosophie begründeten Prinzipien der Gleichheit, Freiheit und Solidarität, die ihrerseits laut Prengel menschenrechtlich verankert sind und in der Anerkennung zusammenlaufen.

Dass Anerkennung ein wirksames Antidot gegen die Beschämung und ihre Folgen ist, ist auf den ersten Blick höchst plausibel. Dennoch haben sich im Laufe der vergangenen Jahre auch Stimmen zu Wort gemeldet, welche die Anerkennung als grundlegende normative Figur in der Erziehungswissenschaft auch kritisch reflektieren. So verweist Mecheril (2005) in seiner kritischen Würdigung der Pädagogik der Anerkennung auf das der Praxis der Anerkennung innewohnende Verletzungspotential, das sich in „Ausschließungen, Einseitigkeiten und problematischen Nebenfolgen" (Mecheril 2005, 313) zeigt. Demnach ist das Sprechen über spezifische Individuen oder Gruppen in dem Sinne nicht nur feststellend oder deskriptiv, sondern produktiv, indem es sie quasi definitorisch auf bestimmte individualisierte Eigenschaften oder Merkmale festlegt. Im Falle der Anerkennung tritt diese Festlegung mit einem Anspruch wohlwollenden Verstehens auf; sie

> „gibt Anleitungen zum Umgang und hat zugleich eine legitimierende Funktion für die eigenen Interpretationen und Umgehensweisen. Mit dieser einschreibenden Konstruktion des und der Anderen werden jene Differenzen, die das ‚Wir' vom ‚Sie' unterscheiden, festgeschrieben und bestätigen das eigene Wissen über den oder die Andere(n)" (Mecheril 2005, 315).

Hinzu kommt, dass mit dem Anspruch der Anerkennung auftretende Signifikationspraktiken und Repräsentationsweisen die Tendenz haben, „gegebene Verhältnisse zu bejahen. Wo dies der Bestätigung von Dominanzverhältnissen dienlich ist, zeigt sich die Grenze des Anerkennungsdenkens" (Mecheril 2005, 318). Mecheril bündelt seine Kritik wie folgt:

> „Anerkennungsansätze vernachlässigen die faktischen Bedingungen, an die die Handlungsfähigkeit in einer Dominanzgesellschaft geknüpft ist (a) und weiterhin bestätigen sie dominante Unterscheidungen und hegemoniale Differenzierungen (b)" (Mecheril 2005, 323).

Diese Gefahr sieht auch Prengel. Ähnlich wie Mecheril (2005) verweist sie darauf, dass Anerkennungsprozesse auch widersprüchlich und schmerzlich verlaufen können, nämlich dann, wenn sie in „Verfallsformen" (Prengel 2013, 31), übergehen, etwa „Verkennung, Verwilderung und Verfälschung" (ebd.). Weil Menschen, und insbesondere in störanfälligen Entwicklungsprozessen befindliche Kinder und Jugendliche, von Anerkennung abhängig sind, können sich die Verfallsformen der Anerkennung verheerend auswirken. Sie lassen nicht nur beschädigte oder verletzte Individuen zurück, sondern können destruktive Spiralen begrenzender, erniedrigender und entwertender Anerkennung in Gang setzen. Menschen, die selbst einen Mangel an positiver Anerkennung erfahren haben, sind besonders anfällig dafür, diesen Mangel dadurch zu kompensieren, dass sie ihrerseits andere mit einem Gestus der Überlegenheit entwerten und als inferior behandeln. „Die entbehrungsreiche Anerkennungssuche schlägt dann um in Verachtung und Gewalt gegen Andere" (Prengel 2013, 31).

Diese Schattenseite von Anerkennungsprozessen müssen sich pädagogische Akteure immer wieder vor Augen halten. Sonst laufen sie Gefahr, ihre Schüler in ihrer Würde und ihre Einzigartigkeit zu verfehlen und zu verkennen.

Literatur

Bieri, P. (2013): Eine Art zu leben. Über die Vielfalt menschlicher Würde. München
Goffman, E. (1975): Stigma. Frankfurt a.M.
Hafenegger, B. (2013): Beschimpfen, bloßstellen, erniedrigen. Beschämung in der Pädagogik. Frankfurt a.M.
Herz, B., Heuer, S. (2014): Eine Pädagogik der Beschämung? Emotionale Gewalt als Disziplinartechnik. In: Vierteljahresschrift für Heilpädagogik und ihre Nachbargebiete, Jg. 83, Nr. 2, 246-249
Honneth, A. (2003a): Kampf um Anerkennung. Zur moralischen Grammatik sozialer Konflikte. Frankfurt a.M.
Honneth, A. (2003b): Unsichtbarkeit. Stationen einer Theorie der Intersubjektivität. Frankfurt a.M.
Lotter, M.-S. (2012): Schuld, Scham, Verantwortung. Über die kulturellen Grundlagen der Moral. Frankfurt a.M.
Marks, S. (2010): Die Würde des Menschen oder: Der blinde Fleck in unserer Gesellschaft. Gütersloh
Marks, S. (2014): Scham und Menschenwürde in pädagogischen Beziehungen. In: Prengel, A., Winklhofer, U. (Hrsg.): Kinderrechte in pädagogischen Beziehungen, Bd. 1: Praxiszugänge. Opladen, Berlin, Toronto. 81-87
Mecheril, P. (2005): Pädagogik der Anerkennung. Eine programmatische Kritik. In: Badawia, T., Hummrich, M. (Hrsg.): Migration und Bildung. Über das Verhältnis von Anerkennung und Zumutung in der Einwanderungsgesellschaft. Wiesbaden. 311-328
Merleau-Ponty, M. (1966): Phänomenologie der Wahrnehmung. Berlin
Neckel, S. (1993): Achtungsverlust und Scham. Die soziale Gestalt eines existenziellen Gefühls. In: Fink-Eitel, H., Lohmann, G. (Hrsg.): Zur Philosophie der Gefühle. Frankfurt a.M. 244-265
Nussbaum, M. (2013): Political Emotions. Why Love Matters for Justice. Cambridge, London
Schäfer, A., Thompson, C. (2009): Scham – eine Einführung. In: Schäfer, A., Thompson, C. (Hrsg.): Scham. Paderborn. 7-36
Schumann, B. (2007): „Ich schäme mich ja so!". Die Sonderschule für Lernbehinderte als „Schonraumfalle". Bad Heilbrunn
Taylor, C. (1993): Multikulturalismus und die Politik der Anerkennung. Frankfurt a.M.
Wertenbruch, M., Röttger-Rössler, B. (2011): Scham und Schule. Emotionsethnologische Untersuchungen im schulischen Kontext. Zeitschrift für Erziehungswissenschaften, Sonderheft Nr. 2, 241-257
Wurmser, L. (1986): Die schwere Last von tausend unbarmherzigen Augen. Zur Psychoanalyse der Scham und der Schamkonflikte. In: Forum der Psychoanalyse, Nr. 2, 111-133.

Bernd Ahrbeck

4.3 Selbsttätigkeit und Fremdbestimmung

4.3.1 Zur Einleitung: Freiheit, Zwang und Erziehung

In Kants Vorlesung „Über Pädagogik" findet sich der berühmt gewordene und viel zitierte Satz:

> „Eines der größten Probleme der Erziehung ist, wie man die Unterwerfung unter den gesetzlichen Zwang mit der Fähigkeit, sich seiner Freiheit zu bedienen, vereinigen könne. Denn Zwang ist nötig! Wie kultiviere ich die Freiheit bei dem Zwange?" (Kant 1803, 32).

Damit ist ein Spannungsbogen beschrieben, der bis heute im erziehungswissenschaftlichen Diskurs präsent ist. Er ergibt sich daraus, dass das neugeborene Kind als ein kulturfremdes auf die Welt kommt. Die Regeln, die das Zusammenleben ordnen, kennt es nicht. Ebenso wenig verfügt es über das historisch angesammelte Wissen und die Fähigkeiten, die es benötigt, um in der Gesellschaft seinen Platz zu finden. Es ist in die Welt geworfen, hilflos zunächst und ohnmächtig gegenüber dem, was auf es zukommt. Türcke (2006) beschreibt diese anthropologische Grundkonstellation als ein traumatisches Ereignis und will damit verdeutlichen, wie heftig das Zusammentreffen von Natur und Kultur ist. Besonders in den kulturtheoretischen Schriften der Psychoanalyse (Freud 1930) wird auf den als unauflösbar angesehenen Widerspruch verwiesen, der zwischen der biologisch-triebhaften Seite des Menschen und dem Zwang existiert, sich kulturellen Notwendigkeiten zu stellen. Allerdings war „Kant (…) das Wissen über diese Dynamik noch gänzlich fremd" (Ackermann 2008, 105). Er sah den Menschen durch das „Prinzip autonomer, sich selbst das Gesetz gebender Vernunft [bestimmt, und] grenzte (…) konsequent alles aus, was jenseits von ihr liegt" (ebd. 105).

Die hochgradige Angewiesenheit des noch kleinen Kindes auf andere, die ihm den Weg in das Leben weisen, ist eine Konstante, die sich in allen Kulturen findet. Darüber vermag auch die Formel des „Kompetenten Säuglings" (Dornes 2011) nicht hinweg zu täuschen. Sie besagt bei gelassener Betrachtung lediglich, dass Säuglinge mehr Fähigkeiten haben, einen aktiven Umweltbezug herzustellen, als man früher dachte. An ihrer grundsätzlichen Abhängigkeit ändert dies jedoch nichts und genauso wenig an ubiquitären Erziehungsnotwendigkeiten. Der unumgängliche kulturelle Einfluss auf das Kind dient aus der Erziehungsperspektive unterschiedlichen Zwecken. Er soll dafür Sorge tragen, dass eine Einpassung in die bestehende Gesellschaft gelingt, zunächst in die Familie, dann in Kindergarten

und Schule und vor allem später in das Berufsleben. Darin einen Zwangscharakter zu sehen, ist nicht verfehlt, ganz unabhängig von den gewählten Erziehungspraktiken und konkreten Erziehungszielen. Auch eine antiautoritäre Erziehung stellt ein machtvolles Unternehmen dar, das Kindern von außen entgegengebracht und letztlich aufgezwungen wird. Wie jede andere Art von Erziehung auch.
Dabei muss mit der Widerspenstigkeit des Zöglings, seinem Eigensinn jederzeit gerechnet werden. Das Bedürfnis frei zu sein, über sich selbst zu entscheiden, sich gegenüber anderen abzugrenzen, ist nach Kant genuin im Menschen angelegt. „Der Mensch hat aber von Natur einen so großen Hang zur Freiheit, daß (…) er ihr alles aufopfert" (Kant 1803, 4). Der Drang nach Eigenem, nach Freiheit resultiert demnach aus der Person selbst, die jedoch einer Lenkung bedarf, damit sie sich mit ihrem Begehren entfalten kann. Für den äußeren erzieherischen Einfluss gilt: „Zwang ist legitim, insofern er der zukünftigen Freiheitsfähigkeit des Kindes zum Durchbruch verhilft" (Giesinger 2011, 261). Genau genommen geht es nach Giesinger nicht darum, dass Erziehung unter Zwang erfolgt, sondern wie sie eine persönliche Entfaltung ermöglicht, die unter dem Rubrum von Disziplinierungsnotwendigkeiten steht. „So betrachtet lautet Kants Frage nicht, wie Kinder *durch* Zwang erzogen werden können, sondern wie deren Freiheit *trotz* der unabdingbaren Disziplinierung zu fördern ist" (Giesinger 2011, 261; kursiv im Original). Geschieht dies nicht, bleibt das Kind in seiner archaischen Ursprünglichkeit gefangen.
Innere Freiheit und Selbsttätigkeit sind aber nicht nur etwas, das der Gesellschaft abgetrotzt werden muss. Das wäre ganz falsch verstanden: Die Gesellschaft selbst, jedenfalls die aufgeklärte, wünscht sich freie und selbsttätige Menschen um ihrer selbst willen. Damit die nächste Generation für ihren Fortbestand sorgen, neue Impulse setzen, Überkommenes verabschieden und Sichernswertes bewahren kann. Die Person selbst soll darüber hinaus von der Freiheit profitieren, indem sie für sich sorgen, ein unabhängiges Leben führen und dies nach den eigenen Wünschen gestalten kann – bei Kant eng gebunden an moralische Grundsätze, die als vernünftig erkannt werden.
Benner (2001) hält die Aufforderung zur Selbsttätigkeit neben der Bildsamkeit für ein historisch übergreifendes pädagogisches Prinzip, das konstitutiv für das pädagogische Denken und Handeln ist.

> „Der Zu-Erziehende kann im Sinne des Prinzips der Bildsamkeit seine Bestimmung … nur finden, wenn er durch die pädagogische Interaktion zur selbsttätigen Mitwirkung an seinem Bildungsprozess tatsächlich aufgefordert wird" (Benner 2001, 80f.).

Das dahinterstehende pädagogische Paradoxon entspricht dem, das Kant zwischen Freiheit und Zwang verortet hat. Bildsamkeit wird unterstellt, noch bevor sie eingelöst ist, die Aufforderung zur Selbsttätigkeit richtet sich an einen Menschen, der über diese Fähigkeit noch nicht verfügt. In den Worten Benners (2001, 83):

„Verlangt nicht das Prinzip der Bildsamkeit, den Zu-Erziehenden als jemanden anzuerkennen, der er gar nicht ist, und formuliert nicht das Prinzip der Aufforderung zur Selbsttätigkeit die unlösbare Aufgabe, den Zu-Erziehenden zu etwas aufzufordern, was er gar nicht kann?"

Mit diesen Fragen muss sich das pädagogische Denken und Handeln immer wieder auseinandersetzen. Sie werden erst an ihr Ende gekommen sein, wenn eine Selbsttätigkeit ohne äußere Aufforderung gelingt. Wenn also im Gleichschritt damit der ursprüngliche Zustand des Ungebildetseins überwunden wird und sich ein Bildungserfolg eingestellt hat.

Das Spannungsverhältnis von Selbsttätigkeit und äußerer Steuerung, von Freiheit und Zwang ist verschiedentlich infrage gestellt worden. Dazu nur zwei Beispiele: Systemisch-konstruktivistische Überlegungen zur Allgemeinen und zur Sonderpädagogik gehen von einer Entfaltung des Kindes aus, die vornehmlich inneren Kräften gehorcht. Das Kind konstruiert sich demnach selbst, in der Umwelt, die ihrerseits ein soziales Konstrukt ist, das keine übergeordneten verbindlichen Regeln und Werte mehr enthält. Begrenzende äußere Kräfte haben in diesem Modell kaum noch einen Platz, eine Einschränkung von Freiheit erscheint ohne pädagogischen Sinn, sie gilt als unsinnige Repression (z.B. Palmowski 2007). Mit dem traditionellen Verständnis von Bildung ist ein solcher Ansatz unvereinbar, denn der Erziehungsbegriff wird letztlich aufgegeben, wie Benner (2001) ausführlich dargelegt hat.

Äußerst weitreichende Ideen, gesellschaftliche Zwänge überwinden zu wollen, finden sich auch im aktuellen Genderdiskurs. In ihrer klarsten und problematischsten Form in der Vorstellung, nicht nur soziale Rollen, sondern auch der biologische Körper sei konstruiert, in Wirklichkeit gäbe es ihn gar nicht. Gängige Annahmen zum Geschlecht unterlägen einem falschen Bewusstsein. Sie seien die Folge unerkannter gesellschaftlicher Mächte, ungebrochener patriarchaler Kräfte und heterosexueller Zwangssysteme (Butler 1991; 2011). Davon müssten Kinder befreit werden. Die Dekonstruktion der herrschenden Verhältnisse soll – grob skizziert – einen möglichst herrschaftsfreien Raum schaffen, in dem eine unbeschwerte Selbstkonstruktion möglich wird, die aus unterschiedlichsten Identitätsentwürfen, Sexual- und Lebensformen auswählt. Das heißt: „Alles, was an Bewahren, Erhalten, Tradition oder Weitergabe erinnert, wird für verdächtig erklärt" (Liessmann 2017, 19). Von Zwang, der Freiheit gebiert, ist nicht mehr die Rede. Allerdings darf nicht übersehen werden, dass mit der vermeintlichen Befreiungsaktion eine neue rigide Ordnung einhergeht. Kinder sollen mit großer Entschiedenheit davon abgehalten werden, sich konventionellen Rollenbildern und Lebensentwürfen anzuschließen (vgl. Tuider et al. 2012).

4.3.2 Die Notwendigkeit erzieherischer Aktivität

Nur in seltenen Fällen geht es bei Kindern und Jugendlichen, die besondere Verhaltensprobleme aufweisen, allein um die Korrektur ihres äußeren Verhaltens. Jedenfalls dann nicht, wenn ihre Problematik so gravierend ist, dass sie einer speziellen sonderpädagogischen Unterstützung bedarf. Das Verhalten repräsentiert in einer „Pädagogik bei Verhaltensstörungen" (Ahrbeck, Willmann 2010a; Myschker, Stein 2014) die äußere Schale, die symptomatische Oberfläche tieferliegender emotionaler und sozialer Probleme. In dieser Hinsicht ist der Begriff der Verhaltensstörungen ein wenig irritierend. Er greift zu kurz, wenn er sich ausschließlich oder überwiegend auf das manifeste Verhalten beschränkt.

Die folgenden Ausführungen beziehen sich auf innere und äußere Veränderungsnotwendigkeiten im „Förderschwerpunkt emotional-soziale Entwicklung", wie es im pädagogischen Kontext heißt. Der Blick richtet sich dabei auf die Person und ihre sozialen Beziehungen. Es wird davon ausgegangen, dass die genannte Personengruppe definierbare, zumeist gravierende innere Probleme aufweist und sich zudem – teils mit Hilfe von Nachbardisziplinen – begründen lässt, warum pädagogisch interveniert werden muss.

Verändert werden soll ein für das Lernen und die sonstige schulische Entwicklung misslicher Zustand, der ohne fremde Hilfe nicht überwunden werden kann. Hier ist Erziehung aufgerufen, eine Erziehung, die sich besonderer Hilfsmittel bedient und oft intensive, verdichtete Beziehungserfahrungen voraussetzt. Oder auch eine Nacherziehung, wie sie mitunter genannt wird. Sie geht von einem klaren Auftrag aus. Ihr Ziel ist, dass es dem Kind gelingt, sich aus inneren Zwängen und Begrenzungen zu befreien oder zumindest besser mit ihnen umzugehen, um ein adäquateres, seiner Entwicklung nicht mehr im Weg stehendes Verhalten zu zeigen. Wenn alle Kinder Erziehung brauchen, dann diese besonders und mit einer Zielrichtung, die über das Allgemeine hinausgeht (ausführlich: Ahrbeck 2004, 2010).

4.3.3 Sicherheit, Vertrauen und Außenstrukturierung

Damit pädagogische Prozesse erfolgreich verlaufen können, bedarf es zahlreicher Bedingungen, die je nach Art und Ausprägung der Problematik variieren können. Eine wichtige, oft unerlässliche Voraussetzung dafür besteht darin, dass die betreuten Kinder ein Gefühl der Verlässlichkeit entwickeln können, eine innere Sicherheit, die sich in der Beziehung zu relevanten Anderen einstellt. Dazu wird Zeit benötigt, mitunter viel Zeit. Nur so kann ein intensiver, emotional angereicherter Austausch entstehen, der für beide Seiten bedeutungsvoll ist und der fragilen kindlichen Innenwelt gerecht wird. Ein solcher Beziehungsraum ermöglicht es, dass sich schwer zu bewältigende kindliche Probleme entfalten und ausgetragen werden können. Wünsche und Begierden, Anziehung und Ablehnung, Nähe und Distanz, Idealisierung und Entwertung, Enttäuschungen und Kränkungen,

Zweifel und Selbstzweifel, Wut und Hass können zu Themen werden, die im Lernen mitschwingen, den pädagogischen Prozess wirkungsmächtig begleiten oder sogar so dominant werden, dass ein geregelter Unterricht nicht mehr möglich ist. Vertrauen in sich selbst und andere setzt die Erfahrung voraus, dass Probleme und Krisen, seien sie sozialer oder intrapsychischer Art, bewältigt werden konnten – begleitet und unterstützt durch signifikante Bezugspersonen. Das gilt besonders für Schwierigkeiten, die sich in der pädagogischen Beziehung einstellen. Dabei liegt es auf der Hand, dass eine solche Konfliktbearbeitung für Kinder sehr herausfordernd sein kann (und für die Lehrkräfte ist sie es auch), umso mehr, je stärker beeinträchtigt ein Kind ist. Zugleich steigen die Anforderungen an die Beziehungsqualität und die Beziehungsdauer. Kurzzeitige Kontakte und wenig intensive Erfahrungen werden kaum dazu beitragen, dass sich die schwierigen Entwicklungsaufgaben dieser Personengruppe lösen lassen. Schnell wechselnde, instabile Beziehungserlebnisse sind allenfalls bedeutungslos, im ungünstigen Fall kontraproduktiv. Erst infolge sich vielfach wiederholender Erfahrungen, eines sich häufig reproduzierenden Erlebens kann bei hoher affektiver Beteiligung ein innerer Wandel entstehen, der über eine äußere Verhaltenskorrektur hinausweist. Damit korrespondiert ein Empfinden von Verlässlichkeit, eine innere Gewissheit, die am Ende in ein Vertrauen in sich selbst und andere münden kann, dass es auch zukünftig gelingen wird, innere und äußere Problemen zu lösen. Gerade daran mangelt es vielen Kindern mit Verhaltensstörungen, hier haben sie einen erheblichen Nachholbedarf. Die verbreitete Rede, man müsse Kindern eine vertrauensvolle Beziehung anbieten, sie geradezu von außen an sie herantragen, wirkt anlässlich der Komplexität der Verhältnisse einigermaßen leichtfertig. Sie entbehrt nicht einer gewissen Naivität.

Damit die Schwierigkeiten eines Kindes in der pädagogischen Beziehung bewältigt werden oder sich ein problematischer Zustand zumindest verbessern kann, bedarf es einer äußeren Lenkung, die einem pädagogischen Auftrag folgt. Dieser Punkt verdient einige Aufmerksamkeit, da er durchaus strittig ist. Seit längerem wird nämlich gefordert, die Pädagogik müsse sich wandeln. Weg von dem Blick oder gar einer Fixierung auf Defizite, hin zu den Stärken des Kindes, die ausgebaut werden sollen. Von Freyberg (2009) bezeichnet den dazu gehörigen Ressourcen-Ansatz als eine inzwischen fest etablierte (sonder-)pädagogische Leitidee. Auf den ersten Blick enthält sie nichts Besonderes. An sich ist der Umstand, dass sich Pädagogen der vorhandenen kindlichen Kräfte bedienen, trivial. Er stellt seit jeher eine elementare, unerlässliche Grundlage der pädagogischen Arbeit dar. Gleichwohl warnt von Freyberg davor, dem Ressourcen-Ansatz unkritisch zu folgen:

„Mit Hilfe des Ressourcen-Ansatzes täuschen sich die Professionellen im sonder- und sozialpädagogischen Feld (…) über die Kompetenzen, Fähigkeiten und Ressourcen derer, mit denen sie Arbeitsbündnisse eingehen müssen. Diese Selbsttäuschung ist leider auch noch mit einer gehörigen Portion Realitätsverleugnung verbunden" (von Freyberg 2009, 22).

Der Grund dafür besteht darin, dass nur noch Stärken gesehen werden sollen, der Blick auf Schwächen und Defizite aber verpönt ist. Schüler mit emotional-sozialem Förderbedarf sollen Kräfte und Ziele aus sich selbst schöpfen, mitunter gelten sie sogar als ‚Experten ihres Lebens', die weitreichend über sich entscheiden können. Die kindlichen Möglichkeiten werden dadurch über- und ihr Angewiesensein auf Andere unterschätzt. Kindern wird eine Verantwortung übertragen, die sie häufig schlichtweg überfordert. Sie werden in eine Position gebracht, die sie nicht einlösen können, da sie im krassen Widerspruch zu ihrer Lebenswirklichkeit steht. Bindung, äußere Strukturierung und Lenkung geraten dadurch sträflich in den Hintergrund. Und auch das Wissen darüber, dass die kindlichen Probleme gerade deshalb so virulent sind, weil ihre Kräfte, sprich Ressourcen, nicht ausreichen, um bestimmte Entwicklungsaufgaben zu lösen.

Der Hintergrund, auf dem manifeste Verhaltensprobleme beruhen, ist leicht zu beschreiben: Es handelt sich um Entwicklungsrückstände und Defizite in der Wahrnehmung und der Impulssteuerung aufgrund unzureichend entwickelter Ich-Funktionen (Redl, Wineman 1984), um den Umgang mit Gewissensanforderungen (Körner, Müller 2010), die Regulation des Selbstwertes (Mugerauer 2010) und eine besondere Art der Beziehungsgestaltung, die sich für eine Weiterentwicklung als wenig ertragreich erweist. Zum Beispiel deshalb, weil sie von massivem Misstrauen durchtränkt oder von überzogenen Erwartungen geprägt ist.

In all diesen Bereichen benötigen Kinder und Jugendliche mit besonderem Förderbedarf Unterstützung, Verlässlichkeit, innere Sicherheit – und neue Handlungsoptionen werden durch die Erfahrung gestärkt, dass das Gegenüber um ihre Schwierigkeiten weiß, sich ihnen stellt und sich aktiv damit auseinandersetzt. Spürbar werden muss, dass der Andere eine Vorstellung davon hat, wie pädagogische und persönliche Probleme gelöst werden können. Das Kind erhält dadurch einen Orientierungsrahmen, mit dem es sich auseinandersetzen kann. Insofern besteht ein Bedarf an Fremdbestimmung, einer Außenlenkung, die deshalb notwendig wird, weil sich das Kind selbst die entsprechenden Strukturen nicht geben kann. Umso bedenklicher ist es, wenn die Erziehungsdimension geschwächt oder gar grundsätzlich infrage gestellt wird, wie es in radikal-konstruktivistischen Zugängen geschieht, die sich fälschlicherweise mit dem Begriff der Pädagogik schmücken (Ahrbeck, Willmann 2010b).

Ein großer Irrtum besteht auch in der Annahme, dass der äußere Rahmen für pädagogische Prozesse beliebig sei, es im Grunde keine Rolle spielt, an welchem Ort Schüler mit massiven emotional-sozialen Problemen unterrichtet werden. Die aktuelle Schulpolitik einiger Bundesländer scheint von dieser Überzeugung geleitet zu sein. Aufgrund des nationalen und internationalen wissenschaftlichen Erkenntnisstandes spricht allerdings kaum etwas dafür, dass derartige Experimente gelingen können. Bei den üblichen Klassengrößen und punktueller sonderpädagogischer Unterstützung werden sich nicht für alle Schüler die (Beziehungs-)Erfahrungen einstellen können, die sie aus inneren und äußeren Gründen benötigen (z.B. Ahrbeck 2017; Kauffman et al. 2018; Ellinger, Stein 2012).

4.3.4 Außenstrukturierung und Offenheit zum Anderen

Außenstrukturierung und Offenheit zum anderen stehen in einem komplizierten Verhältnis zueinander. Das ergibt sich bereits daraus, dass eine totale Außenstrukturierung in der (schulischen) Erziehungspraxis ebenso selten vorkommt wie eine vollständige Offenheit, die sich allein aus den inneren Wünschen und Bedürfnissen des Educandus herleitet. Eine Lenkung, die der Notwendigkeit erzieherischer Aktivität folgt, verweist auf die innere Dialektik beider Dimensionen. Sie gibt eine Richtung vor, schränkt damit andere Wege ein oder verbietet sie sogar, wenn sie einem Erziehungsziel im Wege stehen. Zugleich will sie Möglichkeitsräume eröffnen, die das Kind selbst nicht herstellen kann. Interessen sollen geweckt und zur Selbsttätigkeit herausgefordert werden. Eindrucksvolle Beschreibungen und Überlegungen dazu finden sich bei Savater (1998) und Reichenbach (2013).

Gleichwohl ist nicht zu übersehen, dass auch die bestgemeinten und wohlüberlegtesten pädagogischen Handlungen in das Kantsche Paradoxon zwischen Freiheit und Zwang eingebettet sind. Doch wieviel Außenstrukturierung braucht das einzelne Kind und wann ist sie nicht mehr hilfreich? Wie viele freie Entwicklungsräume sind von Vorteil und wann schlagen sie in das Gegenteil um? Ein Zuviel an Lenkung kann als einengender Zwang erlebt werden, der die Eigeninitiative bremst und Kreativität unterbindet. Rückzug und Resignation sind eine mögliche Folge. Aber auch ein Protest, der zu Reibungen und Auseinandersetzung führt, so dass dadurch Selbsttätigkeit und Eigenständigkeit gestärkt werden. Andererseits kann es zu viel ‚Freiheit' geben, die Kinder überfordert, zu Orientierungslosigkeit führt und dazu, dass Entwicklungspotenziale ungenutzt bleiben. Die Selbsttätigkeit wird dann gerade nicht gebahnt, sie verkümmert und kann sich nicht entfalten. Wiederum ist auch eine gegenteilige Entwicklung denkbar. Für einige Kinder kann eine solche Entwicklungskonstellation durchaus günstig sein, Selbstbewusstsein und Eigenaktivität fördern und in eine starke Persönlichkeitsbildung münden.

Welches Mischungsverhältnis der Einzelne benötigt, ist oft schwer abschätzbar, vor allem in seinen mittel- und längerfristigen Folgen. Um einer Antwort auf diese Frage näher zu kommen, bedarf es einer intensiven persönlichen Zuwendung, eines Fingerspitzengefühls für die Wünsche und Bedürfnisse des anderen und der Bereitschaft, sich auf seine individuelle Lebens-, Lern- und Entwicklungssituation einzulassen. Offenheit bedeutet dann auch, dass Entwicklungswege in

Erwägung gezogen werden, die auf den ersten Blick ungewöhnlich und wenig erfolgsträchtig erscheinen – aus welcher Perspektive auch immer. Letztlich bleibt der Erziehungs- und Bildungserfolg aber ungewiss, denn „Bildung lässt sich nicht erzeugen" (Tenorth 2013, 8). „Bildungsangebote bleiben Ermöglichungsstrukturen, denen die Möglichkeit des stellvertretenden Lernens gerade nicht offensteht" (Tenorth 2014, 19). Wie sich das Verhältnis von Außenstrukturierung und Offenheit, Zwang und Freiheit zukünftig bei gemeinsamer Beschulung für Kinder mit emotional-sozialem Förderbedarf entwickeln wird, muss zunächst offenbleiben. Bei einer Individualisierung des Unterrichts stellen sich die hier aufgeworfenen Fragen erneut, möglicherweise noch in verschärfter Form. Auch hier werden sich die alten Paradoxien nicht aus der Welt räumen lassen und neue Spannungsbögen hinzutreten (Ahrbeck 2016, 2017, 2018). Am Ende bleibt die Einsicht, die Freud (1933, 160) bereits vor langem formulierte:

> „Die Erziehung hat also ihren Weg zu suchen zwischen der Scylla des Gewährenlassens und der Charybdis des Versagens. Wenn die Aufgabe überhaupt nicht unlösbar ist, muss ein Optimum für die Erziehung aufzufinden sein, wie sie am meisten leisten und am wenigsten schaden kann."

Literatur

Ackermann, U. (2008): Eros der Freiheit. Plädoyer für eine radikale Aufklärung. Stuttgart

Ahrbeck, B. (2004): Kinder brauchen Erziehung. Die vergessene pädagogische Verantwortung. Stuttgart

Ahrbeck, B. (2010): Innenwelt: Störung der Person und ihrer Beziehungen. In: Ahrbeck, B., Willmann, M. (Hrsg.): Pädagogik bei Verhaltensstörungen. Stuttgart, 138-147

Ahrbeck, B. (2016): Grenzenlose Vielfalt? Zur Vernachlässigung des Individuums in der (schulischen) Inklusionsdebatte. In: Zierer, K., Kahlert, J. & Burchardt; M. (Hrsg.): Die pädagogische Mitte: Plädoyers für Vernunft und Augenmaß in der Bildung. Stuttgart, 227-238

Ahrbeck, B. (2017): Emotional-soziale Entwicklungsstörungen (ESE) bei Kindern und Jugendlichen. Expertise erstellt für den Verband Bildung und Erziehung (VBE), Berlin, 20.4.2017. Abrufbar unter: https://www.ipu-berlin.de/fileadmin/downloads/allgemein/2017-04-20-expertise-ahrbeck-foerderbedarf-ese-kinder.pdf [entnommen am: 20.10.2017]

Ahrbeck, B. (2018): Leistungsheterogenität und Lernerfolg in der inklusiven Schule. In: Lin-Klintzing, S., Di Fuccia, D. & Gaube, Th. (Hrsg.): „Gymnasium – Bildung – Gesellschaft". Bad Heilbrunn (im Druck)

Ahrbeck, B., Willmann, M. (Hrsg.) (2010a): Pädagogik bei Verhaltensstörungen. Stuttgart

Ahrbeck, B., Willmann, M. (2010b): „Verhaltensstörungen" als Konstruktion des Beobachters? Kritische Anmerkungen zu systemisch-konstruktivistischen Perspektiven in der „Pädagogik bei Verhaltensstörungen". In: Ahrbeck, B., Eggert-Schmid Noerr, A., Finger-Trescher, U., et al. (Hrsg.): Psychoanalyse und Systemtheorie. Jahrbuch für Psychoanalytische Pädagogik Bd. 18, Gießen, 103-123

Benner, D. (2001): Allgemeine Pädagogik. Eine systematisch-problemgeschichtliche Einführung in die Grundstruktur pädagogischen Denkens und Handelns. Weinheim

Butler, J. (1991): Das Unbehagen der Geschlechter. Frankfurt a. M.
Butler, J. (2011): Die Macht der Geschlechternormen und die Grenzen des Menschlichen. Frankfurt a. M.
Dornes, M. (2011): Der kompetente Säugling. Die präverbale Entwicklung des Menschen. Frankfurt a. M.
Ellinger, S., Stein, R. (2012): Effekte inklusiver Beschulung: Forschungsstand im Förderschwerpunkt emotionale und soziale Entwicklung. In: Empirische Sonderpädagogik 22 (3), 85-109
Freud, S. (1930): Das Unbehagen in der Kultur. In: Gesammelte Werke, Bd. XIV. Frankfurt a. M. (1999), 419-506
Freud, S. (1933): Neue Folge der Vorlesungen zur Einführung in die Psychoanalyse. In: Gesammelte Werke, Bd. XV. Frankfurt a. M. (1999)
Freyberg, Th. von (2009): Tantalos und Sisyphos in der Schule. Zur strukturellen Verantwortung der Pädagogik. Frankfurt a. M.
Giesinger, J. (2011): „Wie kultiviere ich die Freiheit bei dem Zwange?" Zu Kants Pädagogik. In: Pädagogische Rundschau H. 3, 259-270
Kant, I. (1803): Über Pädagogik. Königsberg
Kauffman, J. M., Badar, J., Felder, M. et al. (2018): Inclusion of All Students in General Education? International Appeal for A More Temperate Approach to Inclusion. In: Journal of International Special Needs Education Vol. 21 (in press)
Körner, J., Müller, B. (2010): Schuldbewusstsein und reale Schuld. Gießen
Liessmann; P. (2017): Verkürzte Veränderung. In: Neue Zürcher Zeitung vom 9.11.2017, 19
Mugerauer, R. (2010): Narzißmus: Eine erzieherische Herausforderung in pädagogischen und sozialen Praxisfeldern. Marburg
Myschker, N., Stein, R. (⁷2014): Verhaltensstörungen bei Kindern und Jugendlichen. Stuttgart
Palmowski, W. (2007): Nichts ohne Kontext. Systemische Pädagogik bei „Verhaltensauffälligkeiten". Dortmund
Redl, F., Wineman, D. (1984): Kinder, die hassen. Auflösung und Zusammenbruch der Selbstkontrolle. München
Reichenbach, R. (2013): Für die Schule lernen wir. Seelze
Savater, F. (1998): Darum Erziehung. Was wir Kindern geben können. Frankfurt a. M.
Tenorth, H.-E. (2013): Viele Befunde, aber kein Handlungswissen. In: Frankfurter Allgemeine Zeitung vom 1.3.2013, Nr. 51, 8
Tenorth, H.-E. (2014): Bildung – oder die Möglichkeiten selbstbestimmter Lebensführung. Abrufbar unter: http://media.essen.de/media/wwwessende/aemter/bildungsbuero/Essen-Bildungskonferenz-2014-Textversion_Copy.pdf [entnommen am: 24.08.2017]
Tuider, T., Müller, M., Timmermanns, St., et al. (2012): Sexualpädagogik der Vielfalt: Praxismethoden zu Identitäten, Beziehungen, Körper und Prävention für Schule und Jugendarbeit. Weinheim
Türcke, Ch. (2006): Heimat. Eine Rehabilitierung. Springe

Stephan Gingelmaier

4.4 Nähe zulassen, die Balance halten, Distanz wahren

4.4.1 Einlassen und Abgrenzen als erzieherische Bewegung zum Zwecke der Symbolisierung

Im Englischen ist ein häufig benutzter Ausdruck für psychosozial belastete Kinder und Jugendliche[1] „hard to reach children/adolescents" (Bevington, Fuggle, Cracknell et al. 2017): Kinder und Jugendliche also, die schwer zu erreichen sind. Die Formulierung lässt dabei berechtigterweise offen, ob dies aus der Perspektive einer physischen Entfernung (z.B., weil sie auf der Straße leben, nicht erscheinen, ‚abhauen' usw.) und/oder aus einem Unvermögen, ihnen psychisch (z.B. nicht in Kontakt kommen, ‚dicht machen', bedroht werden) nahe zu kommen, gedacht ist.

Thiersch (2012, 32) spricht sich in seinen Überlegungen dafür aus, „Nähe und Distanz in der sozialen Arbeit" nicht als zu harte entgegengesetzte Pole zu verstehen. Dörr und Müller (2012, 8) argumentieren, dass „es sich bei Nähe und Distanz um ein Begriffspaar, das eine paradoxe Struktur in sich birgt" handelt.

Im Weiteren wird vorgeschlagen, das Oszillieren von Nähe und Distanz als notwendige Bewegung im erzieherischen Raum zu verstehen, die in der Arbeit mit Kindern und Jugendlichen, die auffälliges Verhalten zeigen, eine besondere Geltung erhält. Physische und psychische Nähe und Distanz werden deswegen miteinander in Verbindung gebracht. Diese Verbindung spielt vor dem Hintergrund traumatischer Erfahrungen der Betroffenen eine besondere Rolle für eine erzieherische Haltung der Pädagogen.

4.4.2 Physische Nähe und Distanz

Die Wissenschaftsdisziplin, die sich mit der Frage nach physischer Nähe und Distanz bei Menschen beschäftigt, nennt sich Proxemik. Zur physischen Annäherung an das Thema soll ein kurzer Einblick gegeben werden. Eingebracht wurde die Proxemik wesentlich von Hall (1966). Grundlegend unterscheidet er darin drei Forschungsrichtungen:

---

1 Die Begriffe Kinder mit Verhaltensstörungen, Kinder die auffälliges Verhalten zeigen und psychosozial belastete Kinder werden synonym benutzt. Auch wenn diese Begriffe verschiedene Implikationen vereinen, sind damit Kinder und Jugendliche aus dem Förderschwerpunkt emotional-soziale Entwicklung gemeint.

- *Precultural sensory base*: Physiologische Grundlage der Wahrnehmung von Nähe und Distanz.
- *Infracultural base*: Dies bezieht sich auf die evolutionär-stammesbiologische Ausrichtung von Nähe und Distanz.
- *Microcultural level*: Hier wird die Gestaltung der räumlichen Gegebenheiten durch den Menschen untersucht.

In den dritten Bereich gehören Untersuchungen zum hier relevanten *informal space*. Dieser stellt den Raum dar, den der Mensch im sozialen Diskurs einnimmt. Dort wird auch die individuelle bzw. kulturell determinierte Regulation von Nähe und Distanz verortet (vgl. Roeder 2003).

In diesem Zusammenhang erarbeitete Hall (1966) Distanzzonen, die für Nordamerika und damit auch zu einem gewissen Maß für Mitteleuropa Geltung haben. Wichtig ist dem Autor dabei, dass die verschiedenen Abstufungen von Nähe und Distanz kommunikationstechnische Funktionen übernehmen:
- *Intime Distanz* (nah 0-15 cm, weit 15-45 cm): Intensive sensorische Inputs: Mutter-Baby-Kontakt, Tanzhaltung, Sitzabstand in der Kirche oder im Bus.
- *Persönliche Distanz* (nah 45-75 cm, weit 75-120 cm): Detailliertes Feedback anhand von sensorischen Inputs: Typischer Sitzabstand (Schulklasse, Kino).
- *Soziale Distanz* (nah 120-200 cm, weit 200 cm-350 cm): Weniger detailliertes Feedback, normale Sprachverständigung: Abstand zwischen nicht nebeneinandersitzenden Klassenkameraden oder innerhalb einer Konferenz.
- Öffentliche Distanz (nah 350 – 700 cm, weit über 700 cm): keine sensorischen Inputs, verzerrtes nonverbales Verhalten: Bevorzugter Abstand z.B. am Badestrand (vgl. Roeder 2003).

Eine originelle Studie von Back, Schmukle und Egloff (2008) leistet den Brückenschlag zwischen dem Umgang mit physischer und psychischer Distanz. In der Studie wurden in einem Einführungsseminar Studienanfängern Sitzplätze zufällig zugewiesen. Es gab eine Vorstellungsrunde und die Studienteilnehmer mussten individuell einschätzen, ob ihnen die jeweilige Person sympathisch war und ob sie sich in Zukunft miteinander treffen würden. Nach einem Jahr wurden die Teilnehmer des Einführungsseminars anhand von Fotos gebeten, zu bewerten, mit wem es zu Freundschaften gekommen war. Hierbei konnte ein klarer Effekt der Nähe festgestellt werden. Die Studienteilnehmer nahmen viel eher Freundschaften mit Personen auf, die sich in diesem Einführungsseminar in ihrer körperlichen Nähe (Reihennachbarn, Sitznachbarn usw.) befanden, obwohl wie berichtet eine randomisierte Zuweisung der Sitzpläne zugrunde lag. Die Studie zeigt, wie sehr äußere Nähe bzw. Distanz das innere psychische Empfinden beeinflusst.

4.4.3 Psychische Nähe und Distanz

Im Weiteren wird zunächst, durch fünf aufeinander aufbauende Argumente, die These vertreten, dass Nähe – und damit entsprechend auch Distanz – in der erzieherischen Arbeit mit verhaltensauffälligen und häufig auch beziehungstraumatisierten Kindern und Jugendlichen sowohl eine besondere Qualität als auch *Relevanz* besitzt. Danach wird vor dem Hintergrund allgemeiner Erziehungstheorie Erziehung als positive Wirkungsbehauptung gerade auch bei ‚negativem' Verhalten gezeigt und schließlich auf die Bedeutung von Verwicklungen und Grenzziehungen eingegangen.

Traumatisierende Nähe, fehlende Distanz und Symbolisierungsfähigkeit
„Wer nicht symbolisieren kann und symbolisch gleichsetzt, für den wird Aggression zur Destruktivität und Trennung bedeutet Tod. Er kann darum nicht aggressiv sein, weil das bedeuten würde, das Objekt zu töten.", heben Borowski et al. (2010, 107) die Bedeutung des Symbolisierens deutlich hervor. Zugrunde liegt im Weiteren die Annahme, dass jede produktive Form von Erziehung (die familiale wie die professionelle) auch an der Symbolisierungsfähigkeit von Kindern und Jugendlichen im Sinne Bions (1992) arbeitet. Symbolisierung meint damit Aufbau und Differenzierung des psychischen und kognitiven Apparates. Statt eines konkretistischen Reflexes z.B. auf heftige Affekte (weglaufen, zuschlagen, anbrüllen, sich selbst verletzen usw.) können diese über Symbole und Repräsentanzen in einem innerpsychischen Spiel-, Verortungs-, und Reflexionsraum ‚verdaut' werden. Diese Ausdifferenzierung kann zustande kommen, weil das Symbol nun das Objekt repräsentieren kann, ohne mit ihm gleichgesetzt zu werden (vgl. Borowski et al. 2010). Der Aufbau dieses Raums, der das Selbst darstellt, erfolgt interaktionell darüber, dass Menschen von bedeutsamen Anderen mentalisiert – d.h. verstanden – werden. Er dient sowohl der innerpsychischen (z.B. Emotionsregulation) als auch der sozialen (z.B. Gruppenfähigkeit) Kommunikation. Es ist wichtig zu betonen, dass dies originär pädagogische Prozesse sind. Fonagy et al. beschreiben dies sehr plastisch als ein soziales Bio-Feedback-Modell (2015).
Neben sozioökonomischen Risikofaktoren bedeuten Beziehungstrauma eine dauerhafte, unheilvolle Vermischung der kindlichen Bedürfnisse nach Nähe, Bindung, Beziehung und Sicherheit, die sich mit Gewalt, Vernachlässigung und Missbrauch zu einem höchst konflikthaften Geflecht verbinden. Diese Kinder machen die Erfahrung, dass Bezugspersonen, an die sie unweigerlich gebunden sind und die sie aus einem Bedürfnis nach Nähe, Versorgung und Sicherheit aufsuchen, ihnen (immer wieder) mit Gewalt, Angst und Missachtung begegnen. Nähe und Bedürftigkeit werden damit nachhaltig mit einem Gefühl des ohnmächtigen Ausgeliefertseins, des Misstrauens, der Furcht, der Unruhe, der Wut und der Gewalt assoziiert. Dieses hat sowohl Auswirkungen auf verinnerlichte Repräsentanzen der Beziehungsfiguren als auch auf intrapsychische Verarbeitungsmuster der Kinder

und Jugendlichen. Gewalt, Ohnmacht und Nähe werden zunächst psychisch und dann sozial sehr nah miteinander verbunden.

Als erste argumentative Grundlage dienen hierfür die empirischen Ergebnisse von Julius (2009) mit einem Sample von N = 77 Kindern, die Kontrollgruppe umfasste N = 47 Kinder. Bei Grundschulkindern verschiedener Schulen für Erziehungshilfe konnte im Rahmen von Bindungsforschung festgestellt werden, dass nur zwei der 77 Kinder der Untersuchungsgruppe kein Trauma erlitten hatten. 75 dieser Kinder hatten zwischen einem und fünf Traumata erlebt. Hiervon waren 49 der 77 Kinder sogar drei bis fünf (oder mehr) Beziehungstraumata durch Menschen aus ihrem unmittelbaren Lebensumfeld ausgesetzt. Im Vergleich dazu erlebten 83% (N=47) der Kinder der Kontrollgruppe an einer allgemeinen Grundschule keine oder eine traumatische Erfahrung. Aus traumatheoretischer Sicht fasst Hirsch (2011, 45) für familiäre Beziehungstraumata zusammen:

> „Traumatisierende Gewalt kann man nicht *denken*, sie ist sozusagen im Vertrag über das menschliche Zusammenleben nicht vorgesehen, das symbolisierende Denken ist ausgeschaltet. Das betrifft sowohl das Gewaltgeschehen selbst als auch Bereiche der zwischenmenschlichen Beziehungen nach der Traumatisierung. Das Trauma beeinträchtigt oder vernichtet weitgehend die Symbolisierungsfähigkeit der Opfer, ihr Denken ist eingeschränkt, die Fantasiefähigkeit ebenso wie das affektive Erleben" (ebd.).

Es wird, als drittes Argument, aufgrund der intersubjektiven Genese dieser Beziehungstraumata auch auf andere nahe Beziehungen generalisiert. Die Theorien des Wiederholungszwangs (psychoanalytische Prägung), der Schemabildung (kognitiv-behaviorale Prägung) bzw. der Musterbildung (systemische Prägung) führen dies genauer aus. So formuliert schon Freud: „das Ich, welches das Trauma passiv erlebt hat, wiederholt nun aktiv eine abgeschwächte Reproduktion desselben, in der Hoffnung, deren Ablauf selbsttätig leiten zu können" (Freud 1992, 110). Im Zusammenhang mit Kindern und Jugendlichen, die Verhaltensauffälligkeiten zeigen, äußert Ahrbeck:

> „Der Wiederholungszwang beinhaltet, dass alte Formen des Erlebens und der Beziehungsgestaltung aufgrund innerer Notwendigkeit reproduziert werden. Im ungünstigsten Fall wiederholen sich belastende und leidvolle Erfahrungen immer wieder aufs Neue, mit Hilfe gleichbleibender Inszenierungen, die kein anderes Ergebnis zulassen – auch dann, wenn bewusst ein Veränderungswunsch besteht. Die innere Flexibilität kann aufgrund eines starken Wiederholungszwanges so gering sein, dass jeder Neubeginn verhindert wird. Das alte Unglück währt dann nahezu unverändert fort. Psychische Gesundheit zeichnet sich hingegen dadurch aus, dass neue Erfahrungen zugelassen und psychisch integriert werden können" (Ahrbeck 2008, 499).

Die vorgestellte paradoxe Theorie ist also, dass beziehungstraumatisierte Menschen jeden Alters auch in anderen, neuen Beziehungen außerhalb des primären

Kontextes dazu neigen, bekannte, wenig förderliche Beziehungskonstellationen (z.B. die des Täters und Opfers) unbewusst wiederherzustellen. Warum ist das so? Die Überlegungen vereinen zwei gegenläufige Tendenzen: Es kann das Ziel des kindlichen Opfers sein, auf Bekanntes zurückgreifen zu wollen. So ist vorstellbar, dass die Rolle des Opfers eine derart identitätsstiftende Bedeutung für einen Menschen und sein Selbst einnehmen kann, dass die Leugnung dieses Status eine existenziellere Bedrohung darstellt. Überspitzt ließe sich dies so formulieren: ‚Lieber die Sicherheit haben, ein gequältes Opfer zu sein/zu bleiben, als vor dem Nichts zu stehen'. Zudem ist die Opferrolle verbunden mit einem moralischen Triumph, gut, vielleicht sogar der einzige Gute zu sein und durch die Spaltung von gut/böse kann das Opfer auch einen Freibrief für seine Rachegelüste bekommen. Eine gegenläufige Ausformung des erfahrenen Leides kann die Übernahme der aggressiven Täterrolle z.B. nach folgendem unbewussten Skript sein: ‚Wenn ich mich mit dem Täter identifiziere und deswegen genauso Macht und Gewalt ausübe, muss ich mich nicht mehr klein und ohnmächtig fühlen.' Natürlich sind nicht nur diese beiden Prototypen, sondern auch Mischformen zu finden und die Intensität der Ausprägung hängt von vielerlei Risiko- und Schutzfaktoren und der Schwere des Traumas ab. In beiden Richtungen bleibt der kindlichen Psyche aber die leidvolle Erfahrung des ohnmächtigen Angewiesenseins auf eine Fürsorgeperson, die durch psychische und emotionale Gewalt und Nicht-Verfügbarkeit ein tiefes Misstrauen in Beziehungen und die soziale Welt pflanzt und Entwicklung hin zur psychischen Integration von aktiv/passiv bzw. gut/böse verhindert.

Trotzdem gibt es, als fünftes Argument, auch eine andere, hoffnungsvolle Interpretation des Wiederholens. Wurmser beschreibt es als den Versuch, nicht aufzugeben,

> „eine innere Einheit zu erzielen, den inneren Riss zu heilen, die innere Widersprüchlichkeit, die Doppelheit von Selbst und Welt aufzuheben. Dieses Bedürfnis zur Synthese, das heißt zur psychischen Selbstbehauptung, (…) ist so überaus wichtig, dass es in Intensität und durchdringender Macht einem Trieb gleichkommt" (Wurmser 1999, 130).

Wurmser formuliert den Wunsch, aus der Zwangsläufigkeit eines solchen Musters ausbrechen zu können und sich nicht reflexartig durch stressauslösende Trigger einem meist schlecht kontrollierbaren Verhaltensmuster ausgeliefert zu fühlen (1999).

Da diese Traumata durch zwischenmenschliche Interaktionen in Beziehungen entstanden sind, erhalten Beziehungen nicht nur für ihre Genese eine besondere Bedeutung.

Leuzinger-Bohleber sieht als mögliche Quelle der Veränderung, eher aus dem Blickwinkel der Psychotherapie, „neu konstruierend-verstehende Interaktionen mit einem bedeutungsvollen Anderen" (Leuzinger-Bohleber 1996, 225). Hoanzl nennt dies (2017, 49) doppelsinnig „not-wendige Gegenerfahrungen" und Hüther (2010, 107) konstatiert aus neurobiologischer Sicht: „Erstere [gemeint sind psychosozial beeinträchtigte Kinder und Jugendliche, S.G.] brauchen Führung, müssen verloren gegangenes Vertrauen zurück gewinnen und fehlgeleitete Orientierungen korrigieren können; es bedarf hier also der Gelegenheit, neue, andere Erfahrungen zu machen, um die maladaptiven Verhaltensmuster verändern zu können."

Erziehung als positive Wirkungsbehauptung
Dieser Band hat sich das Ziel gesetzt, „einen eigenständigen, fachwissenschaftlich fundierten Erziehungsbegriff zu umreißen und dadurch (…) Zuständigkeit für eine ganz spezifische Gruppe von Kindern und Jugendlichen sowie ihren Eltern und Familien zu untermauern" (Müller, Stein 2017; siehe Kap. 1). Der vorliegende Beitrag möchte diese Form der Erziehung vor dem Hintergrund der Balance von Nähe und Distanz diskutieren. Ein eher klassischer Definitionsversuch von Erziehung macht eine der wesentlichen Schwierigkeiten schnell klar.
Gemeint sind damit soziale Handlungen, durch die versucht wird, die Persönlichkeit anderer Menschen – insbesondere junger Menschen – in irgendeiner Hinsicht dauerhaft zu verbessern oder ihre als wertvoll beurteilten Bestandteile zu erhalten oder die Entstehung von Dispositionen, die als schlecht bewertet werden, zu verhüten. Kurz gesagt: Erziehung ist ein Beeinflussungsversuch in der Absicht, die betroffenen Personen beim Erwerb und der Festigung wertvoller Eigenschaften zu unterstützen (vgl. Brezinka 1990, 70).
Brezinka (2015) verweist an anderer Stelle nochmals explizit auf die unabdingbare Normativität, die dem Erziehungsprozess eigen ist. Und so stellt sich die Frage, was mit dem Erziehungsauftrag geschieht, wenn, wie es Brezinka (1990) weiter oben nennt, „Dispositionen, die als schlecht bewertet werden" in der täglichen Interaktion z.B. mit Jugendlichen überwiegen, wenn sie sich nicht mehr „verhüten" lassen und statt „Erwerb und (…) Festigung wertvoller Eigenschaften" eher ein täglicher Überlebenskampf für den Jugendlichen und damit auch den Erzieher stattfindet.
Oelkers (2001) wehrt sich strikt dagegen, dies moralisch in ein „Gut und Böse" zu spalten. Der Begriff der ‚Erziehung' reagiere auf Defizitbestimmungen, aber er soll nicht selbst als Defizit wahrgenommen werden (vgl. ebd.).
Dies gilt insbesondere bei Kindern und Jugendlichen, die schwieriges Verhalten zeigen. Als Pädagoge moralisierend auf jener Ebene stehen zu bleiben und nicht die dahinterliegende Verhaltensstörung (vgl. Stein 2011) sehen und verstehen zu wollen, wäre schädlich. Erziehung, so Oelkers, ist „immer eine positive Wirkungsbehauptung" (Oelkers 2001, 23). Diese Klarheit braucht es umso mehr, wenn man mit jungen Menschen zu tun hat, die negative Erfahrungen erheblichen Ausmaßes sammeln mussten. Es geht also darum – und das kann gar nicht als wich-

tig genug angenommen werden – kindliches Verhalten auf der einen Seite und pädagogisches Erziehungshandeln auf der anderen nicht zu einer reflexartigen, analogen ‚Wenn-Dann'-Entsprechung verkommen zu lassen. Erziehung meint kein indirektes Reiz-Reaktionsschema, das letztendlich danach trachtet Gleiches mit Gleichem zu vergelten, sondern setzt vom Erziehenden voraus, Verhalten in einem „Person-Umwelt-Bezug" (Stein 2011) zu verorten und zu verstehen. Der Theoretiker zur Allgemeinen Erziehung, Benner (2005), bezieht sich auf pädagogische Interaktionen vor dem Hintergrund negativer Erfahrungen (und spricht damit Kinder und Jugendliche aus dem Förderschwerpunkt emotionale und soziale Entwicklung sicher nur indirekt an):

> „Negative Erfahrungen gibt es in pädagogischen Interaktionen sowohl bei den Heranwachsenden als auch bei Erziehenden und Lehrenden. Von ihnen können auf beiden Seiten bildende Wirkungen ausgehen, wenn die durch Irritationen markierten Zwischenräume nicht auf solche zwischen einem bekannten ‚schon' und einem feststehenden ‚noch nicht' verkürzt, sondern als Räume interpretiert werden, die durch Verfremdungen eines schon Bekannten strukturiert sind. Solche Verfremdungen sind für Suchbewegungen offen, die nicht auf ein bekanntes Noch-Nicht, sondern ohne festen Ort auf ein Unbekanntes finalisiert sind (...)" (Benner 2005, 10).

Das Wesen der Erziehung ist – gerade vor dem Hintergrund negativer Erfahrungen – reflexiv. Genau das meint Benner mit der Metapher der Offenheit der zu interpretierenden Räume, die zwar bekannt, aber verfremdet sind. Diese Verfremdung, die durch die Negativität von Erfahrungen erfolgt, wirkt dabei selbst strukturierend, weil sie zwischen Pädagogen und jungem Menschen interpretierbar und damit verstehbar wird. Für die allgemeine Pädagogik gesprochen lässt sich formulieren, dass erst in der reflexiven Distanz zum Erziehungshandeln, das die Nähe und das Vertrauen zu der kindlichen Welt voraussetzt, Erziehung wirken kann. Dies stellt sich bei Kindern, die auffälliges Verhalten zeigen, in gleicher Form dar, allerdings erhält die Polarität und damit auch die Suche nach Reflexivität durch das hohe Maß an erfahrener Negativität auch eine außerordentliche Bedeutung und Erschwernis. In Benners Worten gesprochen meint dies, dass das gemeinsame Interpretieren von Erziehungsräumen noch viel wesentlicher ist. Durch die traumatischen Erfahrungen jedoch ist das symbolisierende Denken (vgl. Hirsch 2011) bedroht, die Interpretationsmöglichkeiten werden vor große Schwierigkeiten gestellt. Dies fordert Erziehung heraus.

Verwicklungen und Grenzziehungen
Junge Menschen, die Verhaltensauffälligkeiten zeigen, stehen oftmals aufgrund erfahrener Beziehungstraumata zwischen kontinuierlicher Reinszenierung der aversiven Erfahrungen und der Hoffnung, dass das Eingehen neuer Beziehungen einen Ausweg bietet. Deswegen suchen sie auf sehr unterschiedliche, oft scheinbar

paradoxe Weise intensiv nach Beziehungen. Das unbewusste, aber folgerichtige Ziel ist dabei, Pädagoginnen und Pädagogen in ihre bisher gemachten Beziehungserfahrungen einzubeziehen, gar zu verwickeln, um – unbewusst – andere, potentiell verändernde Erfahrungen zu sammeln. Diese Kinder kommen und gehen den Pädagogen physisch und psychisch dabei nahe und sind doch schwer im positiven Sinne zu erreichen. Es wäre eine Simplifizierung davon auszugehen, dass die kindlichen Beziehungsangebote einfach und direkt zu lesen wären. Vielmehr zeigt sich das gesamte Repertoire von Verhaltensstörungen darin. Sie sind vielfältig in ihrer Funktion als Notsignal, offen oder versteckt, aggressiv, depressiv oder ängstigend, überdeckt, häufig ambivalent und mitunter im oben genannten Sinn der Musterbildung paradox.

In einem Beispiel aus einem Teamsupervisionsprozess gelingt es einem massiv psychisch und physisch missbrauchten achtjährigen Schüler einer Schule für Erziehungshilfe, der sich glaubhaft nach Nähe, Liebe, Stabilität und Anerkennung durch die mit ihm befassten Pädagogen sehnt, in den Interaktionen vor allem, die selbst erfahrenen Affekte wie Ärger, Aggression und Verstoßungswünsche zu evozieren (vgl. Gingelmaier 2017). Die Pädagogen ihrerseits sind zunächst wohlwollend bemüht. Sie empfinden seine Nähe aber bald als äußerst aggressiv und grenzverletzend. In den Supervisionsstunden fangen sie im gemeinsamen Reflektieren an zu verstehen, wie sie die Aggressionen des Jungen zunehmend aufgreifen und in Form von Erziehungsmaßnahmen (anschreien, bestrafen, ignorieren, verweisen) direkt oder indirekt aggressiv zurückgeben. Phantasien nach körperlicher Züchtigung des Jungen und Gewaltanwendung können daraufhin – verschämt – thematisiert werden. Auch wenn die Pädagogen über die Heftigkeit und Rigidität ihres Erziehungsverhaltens und ihre gewaltvollen Bestrafungs- und Rachewünsche schockiert sind, fällt es ihnen schwer, interaktionell etwas daran zu ändern. Es scheint im direkten Kontakt mit dem Jungen unmöglich, die Distanz zu wahren. Seine Nähe ist überbordend, die Unruhe und die von ihm ausgehende Gewalt scheinen in hohem Maß ‚ansteckend' zu sein. Die fehlende Perspektive auf Immunisierung, d.h. Distanzierung treibt das Team zur Verzweiflung.

Über verstehende Reflexionsarbeit, hier im supervisorischen Rahmen, gelang es, dass die Pädagogen nicht unbewusst in die ausweglosen und bereits bekannten Rollen eines sadistisch-strafenden Vaters, einer kalt verstoßenden Mutter oder eines nach Rache sinnenden Kollektivs rutschten, sondern förderlich, aber distanziert blieben. Die erste Aufgabe eines Supervisionsprozesses in Teams mit ähnlichen Fragestellungen ist es daher, die oftmals im pädagogischen Setting bereits eingespielten und verfestigten Interaktionen als Übertragungen, Projektionen und spiralförmige Eskalationsmuster zu verstehen. Diese Annahme kann wohl auf alle erzieherischen Prozesse in Teams übertragen werden. So kann wieder Distanz gewonnen werden. Dies eröffnet Perspektivwechsel und Spielraum. Es erfordert von den Pädagogen, sich für ihre eigenen persönlich-biographischen Beteiligungen zu öffnen und zu erkennen, ob Themen/Verhalten der Kinder bei ihnen möglicherweise ‚andocken'. So könnte Einsicht entstehen, was dies bei ihnen auslöst. Um aber das so entstandene Veränderungspotential pädagogischer Beziehungen erzieherisch nutzen zu können, müssen die Pädagogen sich auf die Kinder einlassen. Dies setzt unweigerlich Nähe voraus. Wie aber kann solche substantiell notwendige Nähe trotz vielerlei Negativität produktiv sein?

Ein Wunsch nach Tipps, Rezepten oder Wahrheiten für diesen spezifischen und komplexen Erziehungsauftrag ist gut verständlich und wird aktuell auch in der sonderpädagogischen Debatte um die Sinnhaftigkeit von Evidenzbasierung diskutiert (vgl. Hillenbrand 2015; Schad 2015; Herzog 2011; Jornitz 2009). Allerdings erteilt Oelkers schon 1991 der Hoffnung auf stringente Programmatiken im Erziehungsprozess indirekt eine Absage, wenn er schreibt:

> „‚Erziehung' ist also zugleich hochgradig verschieden und einheitlich, je nachdem, ob Ziele und Werte oder Prozesse und Situationen betrachtet werden. Im Blick auf Ziele soll die Erziehung einheitlich wirken, faktisch entsteht eine unübersehbare Heteronomie, die aber die Wirkungsannahme offenbar nicht tangiert. Anders wäre es nicht möglich, moralisch definierte Übel mit Erziehung bearbeiten zu wollen, ohne genau sagen zu müssen, was ‚Erziehung' ist oder soll (vgl. ebd., 24)".

So wird in diesem Beitrag die eingeschlagene Richtung, die sowohl die generelle Bedeutung des Reflexiven als auch der Person des Erziehenden für den Erziehungsprozess herausarbeitet, zum Ende hin mit einigen wenigen Gedanken von Bion (1992) und aus der Mentalisierungstheorie (vgl. Fonagy 2008) spezifiziert.

4.4.4 Fazit

Bion (1992) berichtet für den psychotherapeutischen Prozess, dass es eine der grundlegenden Aufgaben des Psychotherapeuten sei, unerträgliche Affekte und Geschichten der Patienten gleich einem Container aufzunehmen, psychisch zu verdauen und entgiftet an die Patienten zurück zu geben (Container/Contained-Modell). Dieser Ansatz ist aber nicht der Psychotherapie vorbehalten. Auch Pädagogen machen ihrem Gegenüber entwicklungsförderliche Kommunikationsangebote und können damit möglicherweise neue Erfahrungen bieten, die in einem kontinuierlichen Beziehungsprozess Veränderung bringen können. Es lässt sich sagen, dass dies hier gemeint ist, wenn von Erziehung die Rede ist. So soll auch die (sonder)pädagogische Beziehung dazu dienen, nichtsymbolisierungsfähiges, psychotraumatisches ‚Material' allmählich psychisch auszuhalten und zu integrieren. Statt der Verhaltensstörung als Symptombildung ist das Ziel eine symbolische Repräsentanz. Auch wenn die Unterschiede zwischen Psychotherapie und Pädagogik mannigfaltig sind und nicht verwischt werden dürfen, möchte dieser Artikel gerade dies als zentrales Moment der erzieherischen Balance zwischen Nähe und Distanz in der Arbeit mit psychosozial schwer beeinträchtigten

Kindern und Jugendlichen betonen. Pädagogik ist, um aber auch das Unterscheidende zu betonen, vor allem etwas Alltägliches (Kindertagesstätte, Schule, Hort, Tagesgruppe usw.). Sie ist meist gruppenbezogen und außerhalb der Primärgruppe institutionell organisiert. Psychotherapie hält typischerweise ein spezifisches, oftmals dyadisches und räumlich getrenntes Setting vor, dessen gezielter Inhalt die Aufarbeitung und Verarbeitung von Belastungen ist oder das kognitiv, behavioral oder systemisch auf Verhaltensänderungen zielt. Inhaltlich geht es in der Pädagogik um Bildung, Erziehung und Bewältigung. Der Auftrag von Psychotherapie ist dagegen ein heilkundlicher. Es wird dabei aber oft vergessen, dass Pädagogen alltagsbezogen und mit erzieherischen Mitteln gerade bei Kindern und Jugendlichen, die auffälliges Verhalten zeigen, an deren Symbolisierungsfähigkeit und einer Stabilisierung und Ausdifferenzierung des psychischen Apparates arbeiten. Benners (2015) *interpretierbarer Raum* als Metapher des Erziehungsprozesses ist eben zuerst ein psychisch-imaginativer, der interaktionell erwächst. Das erzieherische Reflexive darf sich deswegen nicht auf spezifische Angebote wie Supervision, Fallbesprechung und Intervision beschränken, sondern muss auch im oftmals stresshaften und manchmal brenzligen Alltag tragen. Der Auf- und Ausbau einer solchen Haltung wird für das Ausbalancieren von Nähe und Distanz gerade in der Arbeit mit diesen Kindern und Jugendlichen als fundamental gesehen und ist nicht durch Programme einzulösen. Dies ist zu betonen, auch wenn es hierzu – und dies sei als klare Limitation des vorgestellten Ansatzes angemerkt – noch zu wenig empirische Forschung gibt, gerade was die Faktoren einer Erhöhung des Reflexiven, der Sinnhaftigkeit von operationalisierten Interventionen und der pädagogischen Umsetzbarkeit in der alltäglichen pädagogischen Interaktion angeht. Der Balanceprozess zwischen notwendiger Nähe und Distanz bei Kindern und Jugendlichen, die damit biographisch bedingte Schwierigkeiten haben, ist als vielversprechender und zugleich delikater Entwicklungsraum zu denken. Die Grundannahme der sich entfaltenden Wirkung einer solchen Erziehung ist interaktionell und im Wortsinn psychosozial: nämlich ein Pädagoge, der sich psychisch und handelnd auf einen jungen Menschen im Alltag (Kindergarten, Schule, außerschulische Angebote, Ausbildung, Gefängnis usw.) einlässt, um mit ihm im Prozess einen psychischen und handelnden Erfahrungsraum zu eröffnen. Dieser Erfahrungsraum dient dem Ausgleich von Nähe und Distanz aus Sicht der kindlichen Entwicklung und damit der psychischen Symbolbildung als Grundlage für gelingende soziale Interaktionen.

Literatur

Ahrbeck, B. (2008): Psychoanalytische Handlungskonzepte. In Gasteiger-Klicpera, B., Julius, H. & Klicpera, C. (Hrsg.): Sonderpädagogik der sozialen und emotionalen Entwicklung. Handbuch der Sonderpädagogik Bd. 3. Göttingen. 497-507

Back, M.D., Schmukle, S.C. & Egloff, B. (2008): Becoming friends by chance.Psychological Science, 19, 439-440

Benner, D. (2005): Einleitung – Über pädagogisch relevante und erziehungswissenschaftlich fruchtbare Aspekte der Negativität menschlicher Erfahrung. Z.f.Päd, 51, 49. Beiheft, 7-21

Bevington, D., Fuggle, P., Cracknell, L. et al. (2017): Adaptive Mentalization-Based Integrative Treatment. Oxford

Bion, W. (1992): Lernen durch Erfahrung. Frankfurt a.M.

Borowski, D., Hopf, H., Hüller, T. et al. (2010): Psychoanalytische Grundbegriffe Leitlinie des Arbeitskreises Leitlinien VAKJP. AKJP, 145, 1/10, 99-135

Brezinka, W. (1990): Grundbegriffe der Erziehungswissenschaft. München

Brezinka, W. (2015): Die „Verwissenschaftlichung" der Pädagogik und ihre Folgen". Rückblick und Ausblick. Z. f. Päd, 61, 282-294

Dörr, M., Müller, B. (2013): Einleitung. In: Dörr, M., Müller, B. (Hrsg.) Nähe und Distanz. Ein Spannungsfeld pädagogischer Professionalität. Weinheim und Basel. 7-29

Freud, S. (1992): Hemmung, Symptom und Angst. Berlin

Fonagy, P. (2008): Psychoanalyse und Bindungstrauma unter neurobiologischen Aspekten. In: Leuzinger-Bohleber, M., Roth, G. & Buchheim, A. (Hrsg.): Psychoanalyse – Neurobiologie – Trauma. Stuttgart

Fonagy, P., Gergely, G., Jurist, E. et al. (2015): Affektregulierung, Mentalisierung und die Entwicklung des Selbst. Stuttgart

Gingelmaier, S. (2017): Pädagogische Verwicklungen mentalisierend entwickeln. In Rauh, B. (Hrsg.): Abstinenz und Verwicklung. Annäherungen in Theorie, Praxis, Forschung und Gesellschaft. Opladen, Berlin & Toronto. 101-112

Hoanzl, M. (2017): Bedrohtes Zuhause und der Verlust von Heimat. Existenzielle (Lebens-)Themen auf Nebenwegen im Unterricht. In: Bleher, W., Gingelmaier, S. (Hrsg.): Kinder und Jugendliche nach der Flucht. Notwendige Bildungs- und Bewältigungsangebote. Weinheim. 40-64

Hall, E.T. (1966): The Hidden Dimension. New York. 1966

Herzog, W. (2011): Eingeklammerte Praxis – ausgeklammerte Profession. Eine Kritik der evidenzbasierten Pädagogik. In: Bellmann, J., Müller, T. (Hrsg.): Wissen, was wirkt. Kritik evidenzbasierter Pädagogik. Wiesbaden. 123-145

Hirsch, M. (2011): Trauma. Gießen

Hillenbrand, C. (2015): Evidenzbasierung sonderpädagogischer Praxis: Widerspruch oder Gelingensbedingung? In: Zeitschrift für Heilpädagogik, 66, 7, 312-332

Hüther, G. (2010): Entwicklungsneurobiologische Ansätze und Perspektiven. In: Ahrbeck B., Willmann M. (Hrsg.): Pädagogik bei Verhaltensstörungen. Ein Handbuch. Stuttgart. Stuttgart, 106-112

Jornitz, S. (2009): Evidenzbasierte Bildungsforschung. In: Pädagogische Korrespondenz, H. 40, 68-75

Julius, H. (2009): Bindung und familiäre Gewalt, Verlust und Vernachlässigung. In: Julius, H., Gasteiger-Klicpera, B. & Kißgen, R. (Hrsg.), Bindung im Kindesalter – Diagnostik und Interventionen. Göttingen. 13-37

Leuzinger-Bohleber, M. (1996): Erinnern in der Übertragung – Zum interdisziplinären Dialog zwischen Psychoanalyse und biologischer Gedächtnisforschung. In: Psychotherapie, Psychosomatik, Medizinische Psychologie, 46, 217-227

Müller, T., Stein, R. (2017): Call for Papers. Unveröffentlichtes Manuskript

Oelkers, J. (2001): Einführung in die Theorie der Erziehung. Weinheim

Roeder, U.-R. (2003): Selbstkonstruktion und interpersonale Distanz. Unveröffentlichte Dissertation, Freie Universität Berlin

Schad, G. (2015): Evidenzbasierte Erziehung? In: Zeitschrift für Heilpädagogik 66, 7, 335-344

Stein, R. (2011): Pädagogik bei Verhaltensstörungen – zwischen Inklusion und Intensivangeboten. In: Zeitschrift für Heilpädagogik, 9, 324-336

Thiersch, H. (2012): Nähe und Distanz in der Sozialen Arbeit. In: Dörr, M., Müller, B. (Hrsg.): Nähe und Distanz. Ein Spannungsfeld pädagogischer Professionalität. Weinheim. 32-49

Wurmser, L. (1999): Magische Verwandlung und tragische Verwandlung. Die schwere Neurose – Symptom, Funktion, Persönlichkeit. Göttingen

5 Erziehung – eine gefährdete Aufgabe

Marc Willmann

5.1 Erziehungsschwierigkeiten im Fokus der Disziplin: der Fachdiskurs an den Universitätslehrstühlen in Deutschland von der Gründung bis in die Gegenwart

Zwei Themen stehen in der bisherigen Geschichtsschreibung zur Erziehung und Bildung bei emotional-sozialen Schwierigkeiten und Verhaltensstörungen im Vordergrund: die Ideengeschichte (vgl. Göppel 1989) und die Geschichte der Institutionen (vgl. Myschker 1989). Die Historiographie der „Pädagogik bei Verhaltensstörungen" als Wissenschaftsdisziplin[1] hingegen ist bis dato nicht systematisch untersucht worden. Hierin ist ein großes Versäumnis zu sehen, denn die Geschichte des Feldes ist – ebenso wie die Historie der Heil- und Sonderpädagogik im Allgemeinen – geprägt durch eine enge Verflechtung von Profession und Disziplin. Die Institutionalisierung spezieller pädagogischer Fördersysteme für Kinder und Jugendliche mit Behinderungen und Beeinträchtigungen sowie die Herausbildung spezialisierter Berufsgruppen vollzieht sich in Wechselwirkung zur Etablierung einer akademischen Sonderpädagogik an den Hochschulen und Universitäten (vgl. Willmann 2017).

Im folgenden Beitrag werden die zentralen Diskurslinien der sich ab Mitte der 1960er Jahre als eigenständige sonderpädagogische Subdisziplin etablierenden Fachrichtung „Pädagogik bei Verhaltensstörungen" beleuchtet. Im Mittelpunkt der Betrachtungen stehen die einschlägigen Lehr- und Handbücher, die über die Jahre von den in das Fachgebiet berufenen Lehrstuhlinhaberinnen und -inhabern publiziert worden sind und die untersucht werden hinsichtlich des Stellenwerts, der jeweils dem Erziehungsbegriff beigemessen wird. Wenngleich die hiermit getroffene Quellenauswahl nur einen kleinen Ausschnitt der enormen Fülle an Fachpublikationen abzubilden vermag, so ermöglicht die vorgelegte Selektion an Werken doch eine aufschlussreiche Einsichtnahme in die jeweiligen zeitgenössischen Lehrmeinungen führender Fachvertreterinnen und Fachvertreter sowie die in unserem Zusammenhang besonderes interessierenden Frage, inwieweit ein genuin erzieherisches Verständnis zugrunde gelegt wird.

Im Ergebnis zeigt es sich allerdings, dieses ernüchternde Fazit sei bereits vorweggenommen, dass der Begriff der Erziehung zwar in vielen Werken – wenn auch nicht

---

[1] Die Bezeichnung des Fachgebiets und die Denomination der Arbeitsbereiche und Professuren sind seit den Anfängen bis in die Gegenwart sehr heterogen. In der vorliegenden historiographischen Untersuchung werden die jeweils zeitgenössischen Fachbezeichnungen widergegeben, da diese als diskursive disziplinäre Selbstbeschreibungen zu betrachten sind.

durchgängig – prominent behandelt wird, zugleich aber eine vertiefende Diskussion erzieherischer Fragestellungen, ja eine pädagogische Diskussion im engeren Sinne in vielen Standardwerken des Fachs ausgespart bleibt bzw. untergeht in der Überlagerung durch psychologische Perspektiven und Bezugnahmen auf therapeutische Ansätze und Konzepte.

5.1.1 Diskurslinien: ausgewählte Lehr- und Handbücher

Die vorliegende Quellenauswertung facheinschlägiger Lehr- und Handbücher ermöglicht eine Rekonstruktion der historischen Entwicklung der Disziplin in drei historiographischen Etappen:
- die Konstitutionsphase (1964-1989), die in Ost- und Westdeutschland zunächst in zwei getrennten Entwicklungslinien verläuft und die mit der deutschen Wiedervereinigung in eine zweite Phase übergeht:
- die Konsolidierungsphase (1990-2008), in der sich das Fach an den sonderpädagogischen Studienstätten etablieren und ein disziplinäres Diskursfeld erzeugen konnte;
- die Antinomie-Phase (2009-Gegenwart), in der die Fachwissenschaft in ihrer fachkategorialen Ausrichtung unter den Vorzeichen der Inklusion in eine Legitimationskrise gerät, die zugleich aber Chancen für eine disziplinäre Neuausrichtung bietet.

Die Geschichte des Fachs verdeutlicht zugleich, wie sehr die Entwicklung der Sonderpädagogik als Profession und Disziplin von gesamtgesellschaftlichen Ereignissen und nicht zuletzt von bildungspolitischen Richtungsentscheidungen wesentlich beeinflusst wird. Mit der Wiedervereinigung zum einen und dem Inkrafttreten der Behindertenrechtskonvention zum anderen werden im Folgenden zwei außerwissenschaftliche Ereignisse als Transformationspunkte herausgearbeitet, die historische Zäsuren in der Disziplingeschichte markieren.

Konstitutionsphase (1964-1989)

Die Entwicklung der Pädagogik bei Verhaltensstörungen als Fachwissenschaft und universitäre Disziplin verläuft in den beiden getrennten deutschen Staaten vor dem Hintergrund unterschiedlicher Rahmenbedingungen zunächst parallel: In der DDR ist das Fach als eigenständiger Arbeitsbereich nur an der Humboldt-Universität zu Berlin vertreten. Entsprechend werden die Themen durch die Berliner Fachvertreter quasi monistisch definiert. In Westdeutschland hingegen ist der Fachdiskurs bereits in der Gründungsära geprägt durch unterschiedliche und zunehmend miteinander konkurrierende Sichtweisen und Lehrmeinungen.

Zu dieser Zeit, als spezielle Arbeitsbereiche an den Hochschulen aufgebaut und erste Lehrstühle an den Universitäten eingerichtet werden, hat sich international bereits die Terminologie der „Verhaltensstörungen" als psychiatrischer Leitbegriff etabliert. Seinen Ausgangspunkt findet das Fach somit in einem klinischen Begriffskonzept.

„Rehabilitationspädagogik der Verhaltensgeschädigten" in Ostdeutschland (1964-1989)

Mit der Gründung des Instituts für Sonderschulwesen im Jahr 1949 war an der Berliner Humboldt-Universität das deutschlandweit erste sonderpädagogische universitäre Ausbildungsinstitut eingerichtet worden. Die kritische Auseinandersetzung mit den Unzulänglichkeiten des Begriffs Sonderpädagogik führte in den Folgejahren zu einer Neudenomination des Fachgebiets als „Rehabilitationspädagogik" (Hübner 2000, 93). Die spätere fachkategoriale Ausdifferenzierung zu einer „Rehabilitationspädagogik der Verhaltensgeschädigten" (Becker, Große 2007, 36) ist ganz wesentlich verbunden mit dem Wirken Günther Großmanns, der zugleich der erste Abteilungsleiter dieses Bereichs war. Die Einrichtung des Fachs als eigenständige Abteilung wird auf das Jahr 1964 datiert (vgl. Großmann 1985, 6). In den Anfängen ist die fachwissenschaftliche Ausrichtung der Rehabilitationspädagogik stark geprägt von der sowjetischen defektologischen Schule (vgl. Bleidick, Ellger-Rüttgardt 2008, 194ff.). Dieser Einfluss spiegelt sich auch im Titel des ersten Lehrbuchs zum Fach von Großmann und Schmitz (1966: „Sonderpädagogik verhaltensgestörter hirngeschädigter Kinder") wider. Die Betrachtung möglicher hirnorganischer Hintergründe von Verhaltensstörungen wird in den späteren Arbeiten (Großmann 1976; Großmann et al. 1984) durch eine Fokussierung auf pädagogische Fragestellungen abgelöst. Neben dem diagnostischen Aspekt werden hier nun explizit auch pädagogische und didaktische sowie schulorganisatorische Fragen diskutiert.

Wie sich in diesen Schriften zeigt, arbeiten Großmann und seine Mitarbeiter auf der Höhe der Zeit. Bemerkenswert ist das elaborierte Klassifikationsschema schulischer Verhaltensauffälligkeiten, das auf Grundlage einer Erhebung bei 1.356 Primarstufenschülern im Alter von sieben bis elf Jahren empirisch entwickelt wurde. Mit der zugrundeliegenden Axiomatik einer „Einheit des Sozialen, Biologischen und Psychischen" (Großmann 1976, 22ff.) wird zugleich frühzeitig ein Perspektivwechsel zum biopsychosozialen Modell vollzogen (vgl. Engel 1977).

Neben den Arbeiten von Großmann und seinen Mitarbeitern sind auch die Beiträge von Reiner Werner von zentraler Bedeutung für die Wissenschaftsgeschichte der Rehabilitationspädagogik der Verhaltensgeschädigten in der DDR. Werner war seit 1968 als Professor für Forensische Psychologie an der Humboldt-Universität zu Berlin tätig. 1987 gründete er das Institut für Sozialtherapie am Fachbereich Kommunikationswissenschaften und Rehabilitationspädagogik und entwickelte den Diplomstudiengang Sozialtherapie (vgl. Becker, Große 2007, 88ff.). Die Grundlagen seiner Habilitationsschrift zum „Entwurf einer Psychodiagnostik und pädagogisch-psychologischen Therapie neurotischer Verhaltensstörungen"

(Werner 1967a) werden in den folgenden knapp 20 Jahren systematisch ausgearbeitet zu einem Konzept von „Aktivtherapie", später „Sozialtherapie". Die Buchveröffentlichung zu dieser Arbeit mit dem Titel „Das verhaltensgestörte Kind" erreicht bis 1983 eine für wissenschaftliche Fachliteratur sehr beachtliche Auflagenhöhe bis zur zehnten Neuauflage.

Werner (1967) betrachtet Verhaltensstörungen als „psychische Fehlhaltungen bei Kindern und Jugendlichen", die im „Grenzgebiet zwischen Psychologie, Psychiatrie und Sonderpädagogik" (Werner 1967b, 11) verortet werden. Die ambitionierte Schrift zielt auf die Entwicklung eines integrativen Therapieansatzes mit dem Ziel der Zusammenführung unterschiedlicher Konzepte aus der Individual-, Gruppen- und Milieutherapie. Während zu diesem Zeitpunkt die internationale Diskussion um Eklektizismus und Integration in den Psychotherapiewissenschaften noch in ihren Anfängen steckt, legt Werner bereits frühzeitig einen elaborierten Beitrag zur integrativen Psychotherapie vor (vgl. Norcross 1986).

In der Zusammenschau der zitierten Werke der beiden führenden Fachvertreter der „Verhaltensgeschädigtenpädagogik" zeigt sich: in der Rehabilitationspädagogik der DDR waren psychologische Perspektiven und therapeutische Konzepte vorgängig gegenüber erzieherischen Fragestellungen.

Gleichzeitig ist in historischer Rückschau die Indifferenz der Protagonisten im Westen gegenüber den Arbeiten der beiden exponierten Fachvertreter in Ostdeutschland als ein Versäumnis einzuschätzen, das in erster Linie zurückzuführen ist auf ideologische Vorbehalte gegenüber der staatlich verordneten sozialistischen Erziehungsidee in der DDR (vgl. Werner 1999).

„Verhaltensgestörtenpädagogik" in Westdeutschland (1968-1989)
Die Anfänge der Disziplingründung an den bundesdeutschen Hochschulen und Universitäten wurzeln in der Einrichtung eines von Karl-Heinz Benkmann geleiteten Arbeitsbereichs für „Lernbehinderten- und Erziehungsschwierigenpädagogik" an der Pädagogischen Hochschule Ruhr im Jahr 1965. Drei Jahre später wird Günther Bittner an die Pädagogische Hochschule Reutlingen für das Fach „Verhaltensgestörtenpädagogik" berufen und im selben Jahr erhält Karl-Josef Kluge in Köln den Ruf auf die erste Universitätsprofessur des Fachs unter der Denomination „Erziehungsschwierigenpädagogik". In den Jahren darauf folgen bis zur Wiedervereinigung als weitere Vertreter der ersten Lehrstuhlgeneration: Volker Schmid und Christoph Ertle (Reutlingen), Josef R. Schultheis (Kiel), Helmut Reiser (Frankfurt), Hans-Joachim Martikke (Hannover), Norbert Myschker (zunächst Hamburg, dann Berlin), Herbert Goetze (Hamburg), Heinz Neukäter (Oldenburg) und Erich Hußlein (Würzburg).

Als ein Meilenstein in der Fachdiskussion kann das Gutachten der drei Reutlinger Professoren Günther Bittner, Christoph Ertle und Volker Schmid (1974) gelten, das im Auftrag des Deutschen Bildungsrates angefertigt wurde. In dieser Schrift werden die zentralen Themen des Fachs behandelt (stichpunktartig: Grundprobleme der Definition und Klassifikation der Schülerpopulation, schulorganisatorische und didaktische Konzepte, die Bedeutung von sonderpädagogischer Beratung zur Prävention und Integration, der grundsätzlich subsidiäre Charakter sonderpädagogischer Maßnahmen, die Berücksichtigung des Lehrerverhaltens und der besondere Stellenwert pädagogisch-therapeutischer Fördermaßnahmen). Während die Ausführungen einerseits durchgängig mit erzieherischen Fragestellungen unterlegt sind, so wird andererseits die Notwendigkeit der therapeutischen Orientierung der förderpädagogischen Maßnahmen deutlich herausgestellt. Dabei – und darin liegt die im engeren pädagogische Bedeutung der Schrift – wird zugleich ganz unmissverständlich die Orientierung am Regelschulsystem und die Bezugnahme auf die Allgemeine Didaktik herausgestellt.

Aus heutiger Sicht ist das Werk in seinem Innovationscharakter kaum zu überschätzen, zumal die behandelten Themen noch bis in die Gegenwart von hoher Aktualität sind. In der Fachöffentlichkeit wurde dem Gutachten indes kaum Beachtung geschenkt; zu provokativ erschienen die Empfehlungen im zeitgenössischen Kontext, beziehen sie doch ganz klar Stellung gegen den Zeitgeist (kritisiert werden der Ausbau des Sonderschulwesens und das Aufkommen der Lernpsychologie) (vgl. Lindmeier 2010, 23). Die Zeit war offenbar noch nicht reif für eine grundlegende Kritik der etablierten Strukturen der Sonderpädagogik; das Sonderschulwesen befand sich gerade in einer gewaltigen Expansionsphase und die noch sehr junge Fachwissenschaft schickte sich just an, ihr Heil in den behavioristischen Verhaltenswissenschaften zu suchen.[2]

Ähnlich wie bei den Reutlinger Kollegen spielt auch am Kölner Lehrstuhl die Frage der Verbindung von Pädagogik und Therapie eine zentrale Rolle. Kluge prägt später den Begriff der „Erziehungstherapie" (Januszewski, Kluge 1984). Der Ansatz zielt weniger auf die Entwicklung einer speziellen Methodik; vielmehr werden in Anlehnung an die Humanistische Psychologie die Haltungsvariablen als zentrale Elemente im Prozess der Begleitung und Förderung von Lernprozessen herausgestellt.

Mit dem – durchaus umstrittenen – Begriff der Erziehungstherapie wird die Zielsetzung des Ineinandergreifens pädagogischer und therapeutischer Maßnahmen pointiert. Der damit aufgegriffene Grundgedanke verweist auf das Junktim von Bilden und Heilen (Datler 1995), das sich in der Tradition der Psychoanalytischen Pädagogik bereits seit den Anfängen des 20. Jahrhunderts zunächst in der Fürsorgeerziehung und später auch im schulischen Bereich gründet (Fatke, Scarbath

---

2 Mit Blick auf die aktuellen Entwicklungen drängt sich eine historische Parallele geradezu auf: mit der sogenannten evidenzbasierten Sonderpädagogik werden in der Gegenwart massiv lernpsychologische Perspektiven propagiert, die final in technologischen Interventionskonzepten im Rahmen des verhaltenstherapeutischen Paradigmas resultieren (kritisch hierzu: Koch 2016; Rödler 2016; Willmann 2018).

1995) und nun unter anderem von Günther Bittner in Reutlingen und Helmut Reiser in Frankfurt fortgesetzt wird, wenngleich mit durchaus unterschiedlichen Schwerpunktsetzungen: Während Bittner als Psychoanalytiker sich vor allem mit grundsätzlichen Fragen zum Verhältnis von Psychoanalyse und Pädagogik beschäftigt (z.B. Bittner 1967), ist bei Reiser die analytische Orientierung durch die Frage nach den unterrichtspraktischen Implikationen im Kontext schulischer Erziehungs- und Bildungsprozesse geprägt (vgl. Reiser 1972).
Ebenfalls zu dieser Zeit hält der Behaviorismus Einzug in die deutsche Schulpsychologie (exemplarisch: Kern 1974) und Sonderpädagogik (z.B. Schumacher 1975; Neukäter 1976). Die ab Ende der 1970er aufkommenden Ansätze der systemischen Schulpsychologie (z.B. Selvini-Palazzoli 1978) werden in der Fachdiskussion der Pädagogik bei Verhaltensstörungen allerdings erst mit einiger Verspätung aufgegriffen (zuerst: Palmowski 1996).
In dieser konstitutiven Phase der Fachdisziplin legen viele der ersten Lehrstuhlinhaber Werke vor, mit denen die Grundlagen des Fachgebiets empirisch vermessen und theoretisch strukturiert werden: Havers (1978) und Martikke (1978) beschäftigen sich sehr grundlegend und vorrangig mit klassifikatorischen und theoretischen Fragestellungen; Kluge (1969) und Hußlein (1983) beziehen sich stärker auf schulorganisatorische und unterrichtsbezogene Aspekte. Die Schrift von Speck (1979) bietet hier den umfassendsten Versuch einer genuin pädagogischen Systematisierung, die das sehr weite Feld der Erziehung, Bildung und Rehabilitation bei Verhaltensstörungen multiperspektivisch abbildet.
Gewissermaßen als Abschluss der disziplinären Gründungsphase, so Hillenbrand (2008, 10), kann das erste Handbuch zur „Pädagogik bei Verhaltensstörungen" von Herbert Goetze und Heinz Neukäter (1989) gesehen werden. Das Werk, das im Jahr 1993 in einer zweiten und unveränderten Auflage nachgedruckt wurde, umfasst mehr als 1.000 Seiten, auf denen 42 Fachvertreter in 51 Beiträgen grundlegende Themen des Fachs diskutieren und diagnostisch-klassifikatorische Fragen, Unterrichtskonzepte und Ansätze der pädagogisch-therapeutischen Förderung erörtern. Das Handbuch spiegelt einmal mehr die Komplexität und Vielschichtigkeit der Verhaltensgestörtenpädagogik, die sich in Theorie und Praxis als Schnittbereich unterschiedlicher Institutionen, Professionen und Disziplinen bewegt. Gleichwohl bleibt das Thema Erziehung auch in diesem Werk eher eine Randnotiz. Bei großzügiger Auslegung lassen sich 15 Beiträge als pädagogische Skizzen betrachten, von denen allerdings zehn explizit didaktische Fragestellungen behandeln. Es dominieren indes therapeutische Perspektiven. Bereits im Zuschnitt der Hauptkapitel fällt auf, dass das vierte („Therapieorientierte Verfahren") mit insgesamt 13 Beiträgen umfangreicher ist als das dritte Hauptkapitel („Unterricht") mit elf Beiträgen, von denen mindestens zwei sogar noch eher dem Therapiekapitel zuzuordnen sind. Der Erziehung hingegen ist kein eigenes Hauptkapitel gewidmet. Das Werk steht symptomatisch für die große Affinität der Fachrichtung

zu therapeutischen Deutungsmustern, wobei die zahlreichen Ansätze zugleich eher unvermittelt nebeneinanderstehen und insofern nur sehr bedingt zu einer Klärung des Verhältnisses zwischen Erziehung und Therapie bei Verhaltensstörungen beizutragen vermögen. Gleichwohl bleibt dieses Handbuch für die nächsten zwei Dekaden das führende Nachschlagewerk des Fachs.

Konsolidierungsphase (1990-2008)
Die gesellschaftlichen Umwälzungen im Zuge der Wiedervereinigung bedeuten eine Zäsur der innerdeutschen Geschichte, von der auch die Wissenschaftslandschaft nicht ausgenommen bleibt. Der Westen übernimmt hier die Regie über den Osten und besetzt zentrale Schlüssel- und Führungspositionen in Politik, Bildung und Wissenschaft. In der Fachwissenschaft spiegelt sich diese Entwicklung im systematischen Ausbau der Disziplin in den neuen Bundesländern wider: Auf die ab Anfang der 1990er Jahre eingerichteten Lehrstühle für Verhaltensgestörtenpädagogik an den ostdeutschen Universitäten werden ausnahmslos Fachvertreter aus den alten Bundesländern berufen: Herbert Goetze an die Universität Potsdam und Wolfgang Mutzeck an die Universität Leipzig (beide 1993), Manfred Wittrock an die Universität Rostock, Bernd Ahrbeck an die Humboldt-Universität zu Berlin und Günther Opp an die Martin-Luther Universität Halle-Wittenberg (alle 1994) sowie Winfried Palmowski 1999 an die Universität Erfurt.
In den alten Bundesländern beginnt zu dieser Zeit bereits das ständige Wechselspiel zwischen Weg- und Neuberufungen: Herbert Goetze, 1980 an die Universität Hamburg berufen, wechselt 1992 nach Kiel und bereits 1993 nach Potsdam; im selben Jahr wird Konrad Bundschuh Nachfolger von Otto Speck auf dem Lehrstuhl für „Verhaltensgestörten- und Geistigbehindertenpädagogik" in München; 1995 tritt Birgit Warzecha die Goetze-Nachfolge in Hamburg an; in Kiel folgt Walter Spiess, ebenfalls in Nachfolge Goetzes und mit der Berufung von Ulrike Petermann an die TU Dortmund ist das Fach nunmehr an den meisten sonderpädagogischen Studienstätten vertreten.
Zu den wichtigsten Fachveröffentlichungen dieser Zeit gehört die Erstauflage von Myschkers „Verhaltensstörungen bei Kindern und Jugendlichen" im Jahr 1993, eine Arbeit, die in ihrer Systematisierung des Fachgebiets einen neuen Standard setzt und bis in die Gegenwart als eines der zentralen Referenzwerke der Disziplin im deutschen Sprachraum gelten kann. Bis zur gegenwärtigen achten Auflage sind immer wieder behutsame Aktualisierungen vorgenommen worden, ohne den Grundaufbau des Werkes zu verändern (vgl. Myschker, Stein 2018). Die zentralen Themen des Fachs werden in neun Hauptkapiteln behandelt: historischer Überblick; Begrifflichkeit; Erscheinungsformen, Klassifikation und Verbreitung; Verursachung und Entstehung; Diagnostik, Erziehung, Unterricht, Therapie und Beratung; Institutionen; helfende Berufe und spezielle Störungen.

Obwohl das Werk das Fach in seiner gesamten Breite abbildet, stehen doch schulische und didaktisch-methodische Fragestellungen im Vordergrund. Eine im engeren Sinn auf erzieherische Fragen ausgerichtete Diskussion findet indes nur partiell statt. In dieser Hinsicht steht Myschkers Lehrbuch keineswegs nicht allein; das Manko ist vielmehr ein Spiegelbild der zeitgenössischen Fachdiskussion. Wenn also Goetze und Gatzemeyer (1992) in einer Inhaltsanalyse einschlägiger Fachzeitschriften noch Anfang der 1990er Jahre feststellen, dass die Didaktik eher ein Randthema der Pädagogik bei Verhaltensstörungen geblieben ist, so kann dieses Fazit gleichermaßen auch für die übergeordnete Erziehungsfrage resümiert werden.

Trotz einer Vielzahl an Einzelbeiträgen, in denen didaktische Überlegungen vor allem unter Rückgriff auf pädagogisch-therapeutische Ansätze entfaltet werden (Überblick: Willmann 2006), bleibt eine systematische Ausarbeitung methodisch-didaktischer Aspekte des Unterrichts bei emotional-sozialen Schwierigkeiten und Verhaltensstörungen über lange Zeit ein fachwissenschaftliches Desiderat. Erst rund 30 Jahre nach der Einrichtung des ersten ordentlichen Lehrstuhls des Fachs werden die ersten beiden – und bis dato einzigen – explizit didaktischen Lehrbücher des Fachs vorgelegt: Hillenbrand (1999a) bietet in seiner „Didaktik bei Unterrichts- und Verhaltensstörungen" einen sehr grundlegenden Überblick über verschiedene didaktische und förderpädagogische Ansätze; Stein und Faas (1999) entwerfen ein eigenes „integratives Modell", das verschiedene Konzepte auf der Grundlage der Themenzentrierten Interaktion miteinander verbindet.

In den Folgejahren erscheinen in kurzer Folge einige weitere Lehrbücher zum Fach: Hillenbrand (1999b), Mutzeck (2000), Goetze (2001) und Stein (2008) bieten grundlegende systematische Einführungen in die Themenbreite des Fachgebiets; Warzecha (1997; 1999) und Reiser (2006) entfalten einen problemorientierten Zugang aus explizit psychodynamischer Perspektive und Opp (2003) entwickelt schulorganisatorische und konzeptionelle Grundlagen der Sonderbeschulung.

Fragen der Erziehung werden in den genannten Monographien durchaus mitbehandelt, wenngleich in unterschiedlichen Gewichtungen; allerdings tritt der Erziehungsaspekt gegenüber therapeutischen Orientierungen und deren didaktischen Applikationen deutlich in den Hintergrund.

Auch für diese Phase kann ein weiteres Handbuch zur Fachrichtung als eine Art Abschluss betrachtet werden: die „Sonderpädagogik der sozialen und emotionalen Entwicklung" von Barbara Gasteiger-Klicpera, Henri Julius und Christian Klicpera (2008) enthält insgesamt 62 Beiträge, von denen sich neun mit klassifikatorischen und ätiologischen Fragen befassen. Ein Artikel behandelt das Thema Diagnostik, 13 Beiträge beschreiben spezifische Störungsbilder (von Angst- und Aufmerksamkeitsstörungen über Depression bis hin zur Schulaversion und Suizidalität), elf Artikel beschäftigen sich mit Interventionsmaßnahmen (pädagogisch-therapeutische Verfahren und Trainingsprogramme) und 20 Beiträge diskutieren Fragen zu Schule und Unterricht. Wie bereits beim ersten Handbuch des Fachs, das rund zwanzig Jahre zuvor erschienen war, kann auch im zweiten Handbuch eine Vielzahl an Themen ausgemacht werden, die einmal mehr die enorme Brandbreite des Feldes widerspiegeln, in dem sich der Fachdiskurs empirisch wie auch theoretisch bewegt. Gleichwohl bleibt auch hier das Thema Erziehung unterrepräsentiert und letztlich bemerkenswert unbestimmt.

Antinomie-Phase (2009 bis gegenwärtig)
Ein weiterer Epochenumbruch wird durch die Behindertenrechtskonvention der Vereinten Nationen eingeläutet. Mit dem Inkrafttreten in der Bundesrepublik im Jahr 2009 wird das Menschenrecht auf inklusive Erziehung und Bildung (Artikel 24) in verbindliches nationales Recht überführt. Die aus der Konvention abgeleitete Forderung nach einer Abschaffung separater Unterrichts- und Beschulungsformate bedeutet für die Sonderpädagogik eine historische Zäsur, zumal mit der geforderten De-Institutionalisierung auch die Forderung nach einer Dekategorisierung der Sonderpädagogik einhergeht. Die Sonderpädagogik als Profession und Disziplin steht damit zur Disposition und ihre Abwicklung scheint bereits begonnen zu haben, wie etwa die Abschaffung eigenständiger sonderpädagogischer Lehramtsstudiengänge und die Zusammenstreichung subdisziplinärer Lehrgebiete an den Lehrerbildungsstätten in Deutschland belegen. Auch in den Denominationen von Professuren sowie in den Bezeichnungen der Arbeitsbereiche zeigt sich in den letzten Jahren eine entsprechende Tendenz zugunsten inklusionsbezogener Begrifflichkeiten.
Zugleich ist allerdings festzustellen, dass die spezifischen Herausforderungen im Kontext emotional-sozialer Schwierigkeiten und Verhaltensstörungen in der gegenwärtigen Inklusionsdebatte kaum thematisiert werden (vgl. Speck 2011, 103). Dabei wird das Thema nicht nur im inklusionspädagogischen Diskurs weithin umgangen, sondern erstaunlicherweise auch von der sonderpädagogischen Fachwissenschaft selbst. Seit den Anfängen der Begleitforschung zu den ersten integrativen Schulversuchen bei Verhaltensstörungen Ende der 1970er Jahre (vgl. Willmann 2015, 56ff.) sind in Deutschland mit Ausnahme der Berliner Studie von Preuss-Lausitz (2005) keine größeren empirischen Untersuchungen zum Thema mehr vorgelegt worden. Der insgesamt spärliche Forschungsstand lässt daher kaum valide Aussagen zu (vgl. Ellinger, Stein 2012). Zudem liegen nur wenige theoretische Arbeiten vor, wohingegen die Flut an praktischer Ratgeberliteratur (exemplarisch: Dohmen, Esser 2016) deutlich ansteigt.
Es ist bezeichnend, wenn der Sammelband von Mutzeck und Pallasch (1984) insgesamt in sechs überarbeiteten Neuauflagen erschienen ist (zuletzt: Mutzeck, Pallasch und Popp 2007) – und weitere systematische Überblickswerke neueren Datums eher rar gesät sind. Zu den wenigen Ausnahmen gehören die Sammel-

bände von Preuss-Lausitz (2004) sowie Stein und Müller (2015), die ebenfalls beide bereits in einer zweiten Auflage nachgedruckt wurden. In dieser dritten Phase erscheinen zwei weitere neue Handbücher zum Fachgebiet (Ahrbeck, Willmann 2010 sowie Feuser, Herz & Jantzen 2012), in denen die Inklusionsfrage in mehreren Beiträgen ausführlich diskutiert wird. Hierbei wird zugleich deutlich, dass im spezifischen Kontext emotional-sozialer Schwierigkeiten insbesondere auch den Inklusionsrisiken besondere Aufmerksamkeit beizumessen ist (vgl. im erstgenannten Handbuch den Beitrag von Birgit Herz zu Desintegrationsprozessen sowie jenen zur Bildungsexklusion von Erich Otto Graf und Jan Weisser).

Im Vergleich zu den älteren setzen die beiden neuen Handbücher stärker an einer pädagogischen Positionierung an. Das Handbuch „Pädagogik bei Verhaltensstörungen" von Ahrbeck und Willmann (2010) bietet auf rund 350 Seiten eine komprimierte Systematisierung des Fachgebiets in acht Hauptrubriken (Geschichte; Handlungsfelder und Institutionen; Erklärungsansätze und theoretische Perspektiven; Störungen des Erlebens, Verhaltens und der Entwicklung; Diagnostik; pädagogische Perspektiven: Verhaltensstörungen als Erziehungs- und Beziehungsproblem; Interventionsansätze und Handlungskonzepte sowie Verhaltensstörungen als gesellschaftliches Problem). Gesamtkomposition und Einzelbeiträge folgen dabei der Zielsetzung, die unterschiedlichen Zugänge zum Gegenstandsbereich und die Vielfalt der wissenschaftlichen Perspektiven vor dem Hintergrund erzieherischer Fragestellungen abzubilden, wobei in Abkehr von einem technologischen Erziehungsverständnis Pädagogik als Beziehungsarbeit in den Mittelpunkt gestellt wird (vgl. Ahrbeck, Willmann 2010, 9f.).

In die gleiche Richtung zielt auch der Herausgeberband „Emotion und Persönlichkeit" von Feuser, Herz und Jantzen (2012), mit dem das zehnbändige Enzyklopädische Handbuch der Behindertenpädagogik abgeschlossen wird. Dem Band liegt die Intention zugrunde, vom Standpunkt einer synthetischen und postcartesianischen Humanwissenschaft ausgehend einem „unreflektierte(n) Empirismus und technologiebezogene(n) Praktizismus" (Feuser, Herz & Jantzen 2012, 10) entgegenzutreten (vgl. ebd.).

Sieht man einmal von den zahlreichen Neuauflagen einiger der etablierten Standardwerke ab, so sind in der gegenwärtigen Entwicklungsphase der Disziplin von den Lehrstuhlinhabern keine neuen Überblickswerke im Stile von Lehrbüchern zur systematischen Einführung in die Fachwissenschaft mehr erschienen – offenbar ist der disziplinäre Gegenstandsbereich mittlerweile klar genug abgesteckt, sodass in der gegenwärtigen Phase ein diskursiver Freiraum für die gezielte Bearbeitung spezifischer Fragestellungen entstehen kann.

Die Inklusionsfrage erweist sich zweifelsohne als eines der zentralen Themen der Gegenwart und sie führt zugleich eine nachhaltige Legitimationskrise der fachkategorialen Sonderpädagogik herbei, denn ein System spezieller Pädagogiken widerspricht nach Ansicht vieler Diskursteilnehmer den Zielen und der Idee der Inklusion. Dabei liegt in der aktuellen Krise zugleich eine große Entwicklungschance für die Fachwissenschaft: die großen Herausforderungen, die mit dem inklusiven Erziehungs- und Bildungsauftrag verbunden sind, geben Anlass zu einer nüchternen Bilanzierung und kritischen Hinterfragung hinsichtlich des disziplinären Selbstverständnisses; Inklusion fordert die Disziplin geradezu heraus, sich auf den eigenen pädagogischen Kern zurückzubesinnen, wie abschließend aufgezeigt werden soll.

5.1.2 50 Jahre Universitätsdisziplin: eine historiographische Bilanz in provokativer Absicht und als Entwicklungsimpuls

In der Rückschau ist für den Zeitraum seit der universitären Implementation der Disziplin eine eher durchwachsene historiographische Bilanz des fachwissenschaftlichen Diskurses zu ziehen. Die Pädagogik bei Verhaltensstörungen ist einerseits in der deutschen Erziehungswissenschaft längst als ein Teilgebiet der Sonderpädagogik etabliert und zeigt hier ein eigenständiges subdisziplinäres Profil, wie die Quellenlage der einschlägigen Lehrbücher führender Fachvertreterinnen und Fachvertreter belegt.[3] Der kritische Blick auf die intradisziplinären Diskurslinien lässt indes kaum ein einheitliches Diskursfeld erkennen; zu breit scheint das interdisziplinäre Themenfeld, mit dem sich der Gegenstandsbereich in einer Bandbreite aufspannt, die kaum mehr gemeinsame Referenzierungen der Diskurse ermöglicht. Dabei konstituiert sich das Fach im Schnittfeld einer ganzen Reihe unterschiedlicher wissenschaftlicher Disziplinen, die zugleich um die Deutungshoheit der zu betrachtenden Phänomene konkurrieren. Obwohl diese Disziplinen vom erzieherischen Standpunkt aus als Hilfswissenschaften zu betrachten sind, scheinen sie der wissenschaftlichen Pädagogik zusehends den Rang abzulaufen. Im Ergebnis erweist sich das Diskursfeld als ein buntes Potpourri, das in seiner Gemengelage von wissenschaftsmethodischen Streitpunkten und disziplinären Kontroversen bis hin zu bildungspolitischen Debatten und berufsständischen Interessen dem Anspruch des nach außen präsentierten fachwissenschaftlichen Profils von innen heraus kaum zu entsprechen vermag.

Mehr noch: Die Auswertung von vier umfangreichen Handbüchern der Disziplin zeigt zugleich, dass trotz – oder gerade wegen – einer stetig steigenden Flut an Fachpublikationen der durch die empirische Forschung generierte wissenschaftliche Erkenntnisgewinn tendenziell stagniert, da eine Synthese und Integration

---

3 In diesen Zusammenhang sei auch auf die vor mehr als zehn Jahren gegründete und inzwischen jährlich durchgeführte „Ständige Konferenz der Dozentinnen und Dozenten an sonderpädagogischen Studienstätten; Förderschwerpunkt der emotionalen und sozialen Entwicklung/Fachdisziplin der Pädagogik bei Verhaltensstörungen" verwiesen.

einzelner Forschungsergebnisse schon allein aufgrund der schieren Datenmenge kaum mehr möglich erscheint.

Die historische Analyse des Fachdiskurses bringt zugleich einige zentrale Themen hervor, die sich als eine Konstante in der universitären Geschichte des Fachs erweisen und die auch in der deutlich weiter zurückreichenden Ideengeschichte der Disziplin durchgängig eine Rolle gespielt haben. Zu diesen „Dauerthemen" gehören ganz grundlegend die definitorischen Grundprobleme in der Konstitution des Gegenstandsbereichs (z.B. methodisch-operationale Schwierigkeiten bei der Populationsbestimmung) sowie die Frage nach den angemessenen Methoden und Orten der Förderung. Dabei bewegt sich die Disziplin seit ihren Anfängen bis in die Gegenwart in einem dialektischen Prozess von Nähe und Abgrenzung zu klinisch-medizinischen Erklärungs- sowie therapeutischen Interventionsansätzen (vgl. Kap. 6.1 in diesem Buch). Die Entwicklung wird in aktuellen Zeitdiagnosen durchaus kritisch eingeschätzt: die fortwährend große Nähe zur Medizin birgt eine anhaltende Gefahr der „Therapeutisierung" und „Ent-Pädagogisierung" (Willmann 2012, 208ff.), die durch ein schleichendes „Verschwinden des Pädagogischen" (Schad 2008) gekennzeichnet ist. Insofern bleibt auch nach rund 50-jährigem Bestehen als Universitätswissenschaft die Kontur des Fachs als pädagogische Disziplin recht blass, da die „pädagogische Tradition" in der Disziplingeschichte bis in die Gegenwart eher eine „Minderheitentradition" geblieben ist (vgl. Lindmeier 2010, 23).[4]

Die ungebrochene Dominanz des therapeutischen Deutungsmusters und die einseitige Orientierung am „pädagogisch-therapeutischen Ansatz" (Myschker, Stein 2018) zeigt dabei eine lehrreiche Parallele zum Schulrichtungsstreit in den Psychotherapiewissenschaften: hier wie dort wird der intradisziplinäre Austausch durch Grabenkämpfe überschattet und so kann festgehalten werden, dass auch in der Pädagogik bei Verhaltensstörungen methodisch-konzeptionelle Divergenzen und zunehmend auch wissenschaftstheoretische Streitpunkte ein gemeinsames fachwissenschaftliches Grundverständnis zur Erziehung und Bildung von Kindern und Jugendlichen mit emotional-sozialen Schwierigkeiten und Verhaltensstörungen nachhaltig beeinträchtigen.

---

4 Diese kritische Bilanz ist – wie in der vorliegenden Analyse – bezogen auf die einschlägigen Veröffentlichungen der Lehrstuhlvertreterinnen und -vertreter im Fach Pädagogik bei Verhaltensstörungen. An der Peripherie der Lehrstühle und jenseits des Mainstreams psychologisierender und therapeutisierender „Lehrmeinungen" finden sich indes sehr wohl, wenngleich nur vereinzelt Beiträge, die den Erziehungsbegriff in den Mittelpunkt der Betrachtungen stellen. Exemplarisch sei hier auf zwei herausragende Monographien verwiesen: zum einen den vergleichsweise frühen Beitrag von Peter Schmid (1985), der sich in seiner Schrift zur anthropologischen Perspektive auf Verhaltensstörungen ausführlich mit den erzieherischen Implikationen auseinandersetzt und zum anderen auf die moralphilosophisch-pädagogischen Reflexionen über Erziehungsschwierigkeiten von Otto Speck (1991).

Die Herausforderungen, die sich unter den Vorzeichen des inklusiven Erziehungs- und Bildungsauftrags gegenwärtig stellen, können indes als wichtiger Impuls für die Fachwissenschaft verstanden werden, sich auf die eigentliche erzieherische Aufgabe zu besinnen, wobei die gebetsmühlenartig wiederholten Forderungen nach einer stärkeren pädagogischen Berücksichtigung von Heterogenität, Differenz und Individualisierung ihrem Ursprung nach gar nicht in der „inklusionspädagogischen" Position begründet sind, sondern vielmehr in der Pädagogik selbst, die ohne eine hinreichende Anerkennung und Würdigung der Einmaligkeit eines jeden einzelnen Kindes und damit zugleich der Singularität jeder Erziehungssituation ihrem immanenten individualpädagogischen Erziehungs- und Bildungsauftrag gar nicht gerecht werden könnte. Insofern sind diese Forderungen als eine eindringliche Mahnung zu lesen, die unabdingbaren Grundlagen der Pädagogik zu wahren. Hierin liegt die eigentliche pädagogische Bedeutung des inklusiven Erziehungs- und Bildungsauftrags. Für die Pädagogik bei Verhaltensstörungen als sonderpädagogische Fachrichtung und erziehungswissenschaftliche Subdisziplin leitet sich hieraus die Aufgabe ab, Erziehung und Bildung unter dem spezifischen Blickwinkel emotional-sozialer Entwicklungsaspekte zu untersuchen, – auch, aber nicht nur – unter Berücksichtigung pädagogischer Inklusions- und Exklusionsprozesse. Die längst überfällige Repädagogisierung des fachwissenschaftlichen Diskurses könnte hilfreich sein, um weitaus stärker als bisher das Mandat für die besonderen Problemlagen und Erziehungsbedürfnisse der eigenen Klientel auszuüben. Die weitgehende Ausklammerung und Tabuisierung dieser Themen im Inklusionsdiskurs zu durchbrechen wäre zudem ein deutliches Zeichen, das Diskursfeld nicht anderen Fakultäten wie der Medizin und Psychologie überlassen zu wollen.

Literatur

Ahrbeck, B., Willmann, M. (Hrsg.) (2010): Pädagogik bei Verhaltensstörungen. Ein Handbuch. Stuttgart

Becker, K.-P., Große, K.-D. (2007): Sechzig Jahre Pädagogik für Behinderte an der Humboldt-Universität zu Berlin. Ein geschichtlicher Abriss. Münster, New York, München, Berlin

Bittner, G. (1967): Psychoanalyse und soziale Erziehung. München

Bittner, G., Ertle, C., Schmid, V. (1974): Schule und Unterricht bei verhaltensgestörten Kindern. In: Deutscher Bildungsrat (Hrsg.): Gutachten und Studien der Bildungskommission. Sonderpädagogik 4., Stuttgart, 13-102

Bleidick, U., Ellger-Rüttgardt, S. (2008): Behindertenpädagogik – eine Bilanz. Bildungspolitik und Theorieentwicklung von 1950 bis zur Gegenwart. Stuttgart

Datler, W. (1995): Bilden und Heilen. Auf dem Weg zu einer pädagogischen Theorie psychoanalytischer Praxis. Mainz

Dohmen, M., Esser, D. (2016): Inklusive Beschulung von Schülern mit sozial-emotionalem Förderbedarf – aber wie? Handwerkzeuge, Techniken und Methoden zur praktischen Anwendung in der Inklusion. Norderstedt

Ellinger, S., Stein, R. (2012): Effekte inklusiver Beschulung: Forschungsstand im Förderschwerpunkt emotionale und soziale Entwicklung. In: Empirische Sonderpädagogik 4 (2), 85-109

Engel, G.L. (1977): The Need for a New Medical Model. A Challenge for Biomedicine. In: Science, 196, 129-136

Fatke, R., Scarbath, H. (Hrsg.) (1995): Pioniere psychoanalytischer Pädagogik. Frankfurt a.M., Berlin, Bern, New York, Paris, Wien

Feuser, G., Herz, B. & Jantzen, W. (Hrsg.) (2014): Emotion und Persönlichkeit. Enzyklopädisches Handbuch der Behindertenpädagogik, Band 10. Stuttgart

Gasteiger-Klicpera, B., Julius, H. & Klicpera, C. (Hrsg.) (2008): Sonderpädagogik der sozialen und emotionalen Entwicklung. Handbuch Sonderpädagogik, Band 3. Göttingen

Goetze, H., Gatzemeyer, U. (1992): Verhaltensgestörtenpädagogik im Spiegel der Fachzeitschriftenliteratur – Eine Inhaltsanalyse. In: Heilpädagogische Forschung, 18 (1), 11-21

Goetze, H., Neukäter, H. (Hrsg.) (1989): Pädagogik bei Verhaltensstörungen. Handbuch der Sonderpädagogik, Band 6. Berlin

Goetze, H. (2001): Grundriß der Verhaltensgestörtenpädagogik. Berlin

Göppel, R. (1989): „Der Friederich, der Friederich ..." – Das Bild des „schwierigen Kindes" in der Pädagogik des 19. und 20. Jahrhunderts. Würzburg

Grabski, S., Kissing, G., Neukäter, H. et al. (1978): Strukturierter Unterricht mit verhaltensgestörten Schülern. Rheinstetten

Großmann, G., Autorenkollektiv (1984): Rehabilitationspädagogik Verhaltensgeschädigter. Grundlagen der Bildung, Erziehung und Rehabilitation verhaltensgeschädigter Kinder und Jugendlicher. Berlin

Großmann, G., Schmitz, W. (1966): Sonderpädagogik verhaltensgestörter hirngeschädigter Kinder. Berlin

Großmann, G. (1976): Zur Theorie und Praxis der Verhaltensgestörtenpädagogik. Habilitationsschrift („Promotion B") an der Humboldt Universität zu Berlin

Großmann, G. (1985): Zur Entwicklung der Rehabilitationspädagogik Verhaltensgeschädigter in der DDR. In: Sektion Rehabilitationspädagogik und Kommunikationswissenschaft der Humboldt-Universität (Hrsg.): 20 Jahre Rehabilitationspädagogik Verhaltensgeschädigter. Berlin, 6-12

Havers, N. (1978): Erziehungsschwierigkeiten in der Schule. Klassifikation, Häufigkeit, Ursachen und pädagogisch-therapeutische Maßnahmen. Weinheim, Basel

Hillenbrand, C. (1999a): Didaktik bei Unterrichts- und Verhaltensstörungen. München, Basel

Hillenbrand, C. (1999b): Einführung in die Verhaltensgestörtenpädagogik. München, Basel

Hillenbrand, C. (2008): Begriffe und Theorien im Förderschwerpunkt soziale und emotionale Entwicklung – Versuch einer Standortbestimmung. In: Gasteiger-Klicpera, B., Julius, H. & Klicpera, C. (Hrsg.): Sonderpädagogik der sozialen und emotionalen Entwicklung. Handbuch Sonderpädagogik, Band 3. Göttingen, 5-24

Hübner, R. (2000): Die Rehabilitationspädagogik in der DDR. Zur Entwicklung einer Profession. Frankfurt a. M.

Hußlein, E. (1983): Schule und Unterricht für Kinder und Jugendliche mit Verhaltensstörungen. Würzburg

Januszewski, B., Kluge, K.-J. (1984): Ursprünge und Anfänge der Erziehungstherapie in Deutschland. Menschenbild, Hypothesen und Erfahrungen in der Anwendung der humanistischen Psychologie. München

Kern, H.J. (1974): Verhaltensmodifikation in der Schule: Anleitung für die Schulpraxis. Stuttgart, Berlin, Köln, Mainz

Kluge, K.-J. (1969): Pädagogik der Schwererziehbaren. Ein Beitrag zur Praxis und Theorie der Erziehungsschwierigenpädagogik. Berlin

Koch, K. (2016): Ankunft im Alltag – Evidenzbasierte Pädagogik in der Sonderpädagogik. In: Ahrbeck, B., Ellinger, S., Hechler, O. et al.: Evidenzbasierte Pädagogik. Sonderpädagogische Einwände. Stuttgart, 9-41

Lindmeier, B. (2010): Zur Geschichte der Verhaltensgestörtenpädagogik als universitäre Disziplin. In: Ahrbeck, B., Willmann, M. (Hrsg.): Pädagogik bei Verhaltensstörungen. Ein Handbuch. Stuttgart, 21-26

Martikke, H.-J. (1978): Die Rehabilitation der Verhaltensgestörten. München, Basel

Mutzeck, W., Pallasch, W. (1984): Integration verhaltensgestörter Schüler. Praktische Modelle und Versuche. Weinheim, Basel

Mutzeck, W. (2000): Verhaltensgestörtenpädagogik und Erziehungshilfe. Bad Heilbrunn

Mutzeck, W., Pallasch, W. & Popp, K. (^{6}2007): Integration von Schülern mit Verhaltensstörungen. Grundlagen, Modelle, Praxiserfahrungen. Weinheim, Basel

Myschker, N., Stein, R. (^{8}2018): Verhaltensstörungen bei Kindern und Jugendlichen. Erscheinungsformen – Ursachen – Hilfreiche Maßnahmen. Stuttgart

Myschker, N. (1989): Zur Geschichte der Pädagogik bei Verhaltensstörungen. In: Goetze, H., Neukäter, H. (Hrsg.): Pädagogik bei Verhaltensstörungen. Handbuch der Sonderpädagogik, Band 6. Berlin, 155-190

Myschker, N. (1993): Verhaltensstörungen bei Kindern und Jugendlichen. Erscheinungsformen – Ursachen – Hilfreiche Maßnahmen. Stuttgart

Norcross, J.C. (Ed.) (1986): Handbook of Eclectic Psychotherapy. New York

Opp, G. (Hrsg.) (2003): Arbeitsbuch schulische Erziehungshilfe. Bad Heilbrunn

Palmowski, W. (1996): Anders handeln. Lehrerverhalten in Konfliktsituationen. Ein Übersichts- und Praxisbuch. Dortmund

Preuss-Lausitz, U. (Hrsg.) (2004): Schwierige Kinder – schwierige Schule. Konzepte und Praxisprojekte zur integrativen Förderung verhaltensauffälliger Schülerinnen und Schüler. Weinheim, Basel

Preuss-Lausitz, U. (Hrsg.) (2005): Verhaltensauffällige Kinder integrieren. Zur Förderung der emotionalen und sozialen Entwicklung. Weinheim, Basel

Reiser, H. (1972): Zur Praxis der psychoanalytischen Erziehung in der Sonderschule. In: Leber, A., Reiser, H. (Hrsg.): Sozialpädagogik, Psychoanalyse und Sozialkritik. Perspektiven sozialer Berufe. Neuwied, 53-86

Reiser, H. (2006): Psychoanalytisch-systemische Pädagogik. Erziehung auf der Grundlage der themenzentrierten Interaktion. Stuttgart

Rödler, P. (2016): RTI – ein Konzept der Entkulturierung von Lernen. In: Amrhein, B. (Hrsg.): Diagnostik im Kontext inklusiver Bildung. Theorien, Ambivalenzen, Akteure, Konzepte. Bad Heilbrunn, 232-241

Schad, G. (2008): Vom Verschwinden der Pädagogik im Wissenschaftsbetrieb der Verhaltensgestörtenpädagogik. In: Reiser, H., Dlugosch, A. & Willmann, M. (Hrsg.): Professionelle Kooperation bei Gefühls- und Verhaltensstörungen. Pädagogische Hilfen an den Grenzen der Erziehung. Hamburg, 29-41

Schumacher, G. (1975): Neues Lernen mit Verhaltensgestörten und Lernbehinderten. Der durchstrukturierte Klassenraum. Berlin

Selvini-Palazzoli, M. (1978): Der entzauberte Magier. Zur paradoxalen Situation des Schulpsychologen. Stuttgart

Speck, O. (1979): Verhaltensstörungen, Psychopathologie und Erziehung. Grundlagen zu einer Verhaltensgestörtenpädagogik. Berlin

Speck, O. (^{2}2011): Schulische Inklusion aus heilpädagogischer Sicht. Rhetorik und Realität. München, Basel

Stein, R., Faas, A. (1999): Unterricht bei Verhaltensstörungen. Ein integratives didaktisches Modell. Neuwied, Berlin

Stein, R., Müller, T. (Hrsg.) (2015): Inklusion im Förderschwerpunkt emotionale und soziale Entwicklung. Stuttgart

Stein, R. (2008): Grundwissen Verhaltensstörungen. Baltmannsweiler

Warzecha, B. (1997/1999): Grundlagen der Verhaltensgestörtenpädagogik. 3 Bände. Hamburg

Werner, B. (1999): Sonderpädagogik im Spannungsfeld zwischen Ideologie und Tradition. Zur Geschichte der Sonderpädagogik unter besonderer Berücksichtigung der Hilfsschulpädagogik in der SBZ und der DDR zwischen 1945 und 1952. Hamburg

Werner, R. (1967a): Entwurf einer Psychodiagnostik und pädagogisch-psychologischen Therapie neurotischer Verhaltensstörungen (2 Bände): Habilitationsschrift an der Pädagogischen Fakultät der Humboldt-Universität. Berlin

Werner, R. (1967b): Das verhaltensgestörte Kind. Heilpädagogik psychischer Fehlhaltungen. Berlin

Willmann, M. (2006): Pädagogisch-therapeutische Unterrichtsmodelle im Förderschwerpunkt Emotionale und soziale Entwicklung – eine Literaturübersicht. In: Heilpädagogische Forschung, XXXII (2), 76-90

Willmann, M. (2012): De-Psychologisierung und Professionalisierung der Sonderpädagogik. Kritik und Perspektiven einer Pädagogik für „schwierige" Kinder. München

Willmann, M. (2015): Zur geschichtlichen Entwicklung der schulischen Erziehungshilfe. In: Stein, R., Müller, T. (Hrsg.), Inklusion im Förderschwerpunkt emotionale und soziale Entwicklung. Stuttgart, 44-75

Willmann, M. (2017): Sonderpädagogik. In: Böhm, J., Döll, M. & Hyry-Beihammer, E.K. (Hrsg.), Bildungswissenschaften für Lehramtsstudierende. Eine Einführung in ihre Disziplinen. Stuttgart, 169-192

Willmann, M. (2018 im Druck): Vermessung des Verhaltens, Normierung zu Inklusion? RTI als evidenzbasierte Pädagogik – eine Kritik. In: Zeitschrift für Grundschulforschung. Bildung im Elementar- und Primarbereich, Heft 1/2018: Diagnostik und die Vermessung der Kinder

Heinrich Ricking

5.2 Grenzen und Scheitern in Erziehungsprozessen

5.2.1 Problemaufriss

Wir leben in einer Welt des Gelingens: Machbarkeit erscheint als Urprinzip und so gehen wir damit um. Wir reden ungern von unseren Flops und Debakeln und werden nicht gerne darauf angesprochen. Ein jeder präsentiert sich soweit es geht im Lichte des Erfolgs. Nicht nur an politischen Protagonisten ist erkennbar, dass dieses nicht selten auf Kosten der Aufrichtigkeit geschieht. In professionellen Zusammenhängen gibt sich das Scheitern oft als tabuisiertes Thema – oder ist es zurecht keines? Die Schaffung von Handlungsfähigkeit in beruflichen Feldern durch Aus- und Weiterbildung etc. bringt die Zielsetzung des Optimierens und Gelingens unbedingt mit sich. Geht nicht der Erfolg im Begriff der Professionalität auf? Ist die Beschäftigung mit Grenzen und Scheitern insofern überhaupt nötig? Der Autor meint: Ja, sie ist nötig, weil klärend-konstruktiv. Nicht nur in philosophischen Grundsatzdiskursen über Menschen und ihr Handeln sind Ausführungen hierzu erwartbar, auch die Pädagogik als Handlungswissenschaft (vgl. Benner 2015) kann von der Auseinandersetzung mit dem eigenen Gelingen und Versagen profitieren. Dabei ist das Ziel vordringlich, eine angemessene Haltung dazu sowie einen konstruktiven Umgang damit zu entwickeln und – letztlich doch – ein Scheitern zu verhindern oder die Grenze des Noch-Gelingens etwas weiter hinauszuschieben. Das Thematisieren schafft erst die Voraussetzung für reflexive Qualitätszirkel, in denen Probleme erkannt und interpretiert werden und Schlussfolgerungen die anstehenden Handlungssequenzen bereichern (vgl. Schnoor, Lange & Mietens 2006). Es geht somit um die Entwicklung einer positiv-konstruktiven Haltung zu erwarteten und unerwarteten Wirkungen eigenen Handelns; mit anderen Worten: um eine Reflexions- und Fehlerkultur, die das Potenzial des gewahr gewordenen eigenen Handelns, sei es gelungen oder misslungen, in seiner Relevanz erfasst und in die professionelle Kompetenz integriert. Insofern fehlt dem Begriff des Scheiterns die konstruktive Note: Ihm hängt semantisch etwas Irreversibles an. Scheitern ist, metaphorisch gefasst, die zweite, dunkle Seite der Medaille, die stets latent und drohend emittiert, dass es den pädagogischen Triumph nicht gratis gibt und das Versagen schlechterdings nie ganz auszuschließen ist (vgl. Rieger-Ladich 2014). Handlungsfolgen sollten differenziert betrachtet und nicht dichotom klassifiziert werden, was auch an folgendem Aspekt verdeutlicht werden kann: Die evaluative Einschätzung über Erfolg oder Misserfolg ist stets auch Ausdruck einer subjektiven Haltung und Betrachtungsweise. Handelt es sich um eine alles vernichtende Katastrophe, die in der Sackgasse endet oder wird dasselbe Geschehen als eine erkenntnisreiche Erfahrung auf dem Umweg zur Meisterschaft interpretiert? Vor diesem Hintergrund ist zu reflektieren, warum wer welches Handlungsergebnis als gelungen oder gescheitert deklariert. In einem sozialpsychologischen Kontext, der subjektive Zuschreibungen als Wirklichkeitskonstruktionen interpretiert, wandeln sich Einschätzungen dieser Art zu Attributionen, die erheblichen Fehlleistungen – z.B. selbstwertdienlichen Verzerrungen zur Vermeidung kognitiver Dissonanzen – unterliegen können (vgl. Parkinson 2007).

5.2.2 Die immanente Gefahr des Scheiterns in der Pädagogik

Resultiert aus den Spezifika des pädagogischen Prozesses ein besonderer Auftrag an die Pädagogik, wie Rieger-Ladich (2014) behauptet, das Scheitern in den Blick zu nehmen? Richtig ist: Vorgänge in der Pädagogik unterliegen einer anderen Logik als die der Naturwissenschaften. Ursache-Wirkungs-Relationen lassen sich in der Physik beispielsweise durch das Kausalitätsgesetz bestimmen, das einen Determinismus postuliert, wonach Ereignisse durch Ursachen bzw. Bedingungen festgelegt und somit klar vorhersagbar sind. Pädagogische Prozesse sind demgegenüber weitgehend indeterminiert und weisen vielfach einen optional-fakultativen Charakter auf. Dass ein Schüler das lernt, was der Lehrer lehrt, ist nur eine Möglichkeit unter vielen. Dabei sei erinnert an Bollnow (1958), der schon vor Jahrzehnten aus existenzphilosophischer Perspektive verdeutlichte, dass in pädagogischen Handlungsfeldern grundsätzlich das Gelingen ebenso in die Gesamtkalkulation der Erziehungskausalität einzubeziehen ist wie das Scheitern:

> „Der Zögling hat immer die Möglichkeit, aus unerforschlichen Gründen sich der Absicht des Erziehers zu entziehen oder sich gar gegen sie zu wenden und sie zu vereiteln. Darum ist die Möglichkeit des Scheiterns von Anfang an im erzieherischen Akt mit enthalten" (Bollnow 1958, 1).

Pädagogisches Handeln wird in diesem Sinne eher als offener Vorgang verstanden, hat mit unbekannten ‚Miterziehern' zu rechnen, ist weitaus anfälliger für Störungen und entzieht sich eines präzise planbaren Ergebnisses. Spranger (1962, 8) spielte auf diesen Aspekt im Rahmen des „Gesetzes von den ungewollten Nebenwirkungen" an. Aus seiner Perspektive nehmen so viele Faktoren Einfluss auf erzieherische Prozesse, dass immer auch mit anderen als den intendierten Effekten zu rechnen ist. Der heimliche Lehrplan in Bildungseinrichtungen kann hier als Beispiel gelten (vgl. Zinnecker 1986). Viele Bedingungen können in erzieherischen Kontexten nicht kontrolliert oder beeinflusst werden, aus A folgt nicht linear B:

"Zunächst ist der Adressat der Bemühungen hinreichend intransparent und daher die Wahl der adäquaten Mittel nicht eben einfach; die Effekte der Handlungen sind kaum verlässlich vorhersagbar; es muss mit Störungen unterschiedlicher Art gerechnet werden: mit eigenwilligen Reaktionen des Adressaten, mit streuenden Effekten, mit ungewollten Nebeneffekten, mit irritierenden Rückkopplungen und anderen Unwägbarkeiten mehr" (Rieger-Ladich 2014, 285).

Der Pädagoge wirkt innerhalb eines komplexen Bedingungsgefüges und viele der darin enthaltenen Elemente sind unbekannt oder stehen gar pädagogischen Zielsetzungen entgegen.

5.2.3 Soziale Normierungen als Bedingungen des Erfolgs und des Scheiterns

Die Kontextualisierung pädagogischen Handelns endet nicht beim Kind oder einer Lerngruppe, sondern sollte kritische Reflexionen über die gesellschaftlichen und institutionellen Bedingungen und Zusammenhänge auslösen, die in Verbindung mit Benachteiligung und Beeinträchtigung zu sehen sind. Menschen, die tagtäglich mit emotional-sozial beeinträchtigten Kindern und Jugendlichen arbeiten, können an vielen Einzelfällen beobachten, wie sehr die jeweiligen Bedingungen des Aufwachsens die Entwicklung und das Verhalten prägen. Provozieren die erkennbaren, in vielerlei Hinsicht unzureichenden Lebenslagen nicht geradezu das Scheitern von einigen Kindern, Jugendlichen und in der Folge auch Pädagogen? Folgen wir der Individualisierungsthese (vgl. Beck 2003), ist jugendliche Sozialisation angesichts hoher Autonomiegrade von einer ausgeprägten Differenzierung der Biografieverläufe gekennzeichnet.

"Hinzu kommt, dass sich die Lebenslagen von Heranwachsenden heute gravierend verändert haben. Ihr Leben wird bestimmt von Ent-Traditionalisierung, Ent-Strukturierung, Orientierungskrisen etc. Schlagworte, die auf einen unübersichtlich gewordenen Pluralismus von Stilformen, Lebensentwürfen und eine grenzenlos scheinende Permissivität hindeuten" (Gudjons, Traub 2016, 369).

Dieser Wandlungsprozess zu mehr struktureller Heterogenität beinhaltet eine Fülle von individuellen Wahlfreiheiten, fordert jedoch zunehmend Selbstverantwortung sowie erhebliche Kompetenzen, Situationen angemessen einzuschätzen oder Probleme konstruktiv zu lösen. "Der Erfolg, aber auch das Scheitern des Lebenslaufs wird damit den eigenen, selbst-verantworteten Entscheidungen und Handlungen zugerechnet" (Garz 1998, 101). Hier zeigen sich für Kinder und Jugendliche (nicht nur) in der Erziehungshilfe strukturelle Gefährdungen, die einen Verlust an normativer Orientierung und sozialer Desintegration oft im Kontext eines erziehungsschwachen Primärmilieus und fehlender stützender sozialer Netzwerke mit sich bringen. Sie befinden sich in einer ambivalenten Situation: Sie hatten einerseits nie so viele Freiheiten und Entscheidungsmacht wie heute, sie sehen sich aber auch den realen Risiken des Scheiterns gegenüber – die Sicherheit den richtigen Lebensweg zu finden gibt es ebenso wenig wie unbedingte Solidarität. Ihre Erfahrungen vermitteln ihnen oft die Ungewissheit und Unberechenbarkeit des Lebens, also Kontingenz (vgl. Luhmann 1987). Das Beispiel der Schule zeigt den Möglichkeitscharakter: sie fungiert als Katalysator kontingenter Prozesse. Ein Teil der Schülerschaft kann vom Lernangebot der allgemeinen Schule nur wenig profitieren, deren Ziele nicht oder kaum erreichen und weist eine geringe Bildungsbeteiligung auf (vgl. Autorengruppe Bildungsberichterstattung 2016). Mit der Übernahme der Rolle des Schülers werden spezifische Verhaltensmuster erwartet, die die Annahme der Leistungsnorm wie auch eine Unterwerfung unter die Wert- und Regelstrukturen der Schule implizieren. Das gelingt nicht allen gleich gut – ein Arbeitsbündnis kommt etliche Male nicht zustande (vgl. Schlömerkemper 2017). In der Folge schulischen Scheiterns, oft auf sozialer und akademischer Ebene, distanzieren sich viele Kinder und Jugendliche zunehmend von der Schule und entwickeln erfahrungsbedingte Aversionen, die den schulischen Bildungsprozess zusätzlich zu den bereits bestehenden Hindernissen lähmen (vgl. Ricking, 2014). Die Schule in der gegebenen Gestalt schließt so eine allgegenwärtige Gefahr des Versagens ein, sie bedingt eine ständige Bedrohung des Selbstwerts, der sozialen Anerkennung und produziert eigene Risiken für die Erziehung und Bildung der ihr anvertrauten Schüler (vgl. Mollenhauer 1996). „Die Destabilisierung durch Versagen ist also vorgesehen, gehört strukturell zur Regelschule" (Bohnsack 2013, 238). Der Prozess zunehmender Entfremdung endet nicht selten in der Entkopplung von Schüler und Schule und wird begleitet und verstärkt durch außerschulische Risikolagen, Schulversagen und Schulabsentismus (vgl. Ricking, Hagen 2016). Der sich oft schon früh anbahnende Weg der Desintegration zieht persönliche und berufliche Schwierigkeiten nach sich und die Gefahr ist groß, dass er in einer gescheiterten Biografie endet (vgl. Prengel 2013).

5.2.4 Perspektiven der Pädagogik bei Verhaltensstörungen

Die Entstehung und Legitimation sonderpädagogischer Institutionen und Fachbereiche verfolgte nie einen anderen Hauptzweck als die Schaffung pädagogischer Felder, in denen Kinder und Jugendliche mit Beeinträchtigungen tatsächlich lernen, sich entwickeln und teilhaben können (vgl. Möckel 1982). Die fachlichen Bestrebungen sind subsidiäre pädagogische Versuche für die personale Integration wie auch gegen die soziale Desintegration von Kindern und Jugendlichen mit Beeinträchtigungen (vgl. Speck 1991). In der Pädagogik bei Verhaltensstörungen als Subkategorie der Sonderpädagogik konstituieren Erfahrungen schwieriger Erziehungs- und Bildungsprozesse als Bedarfe besonderer Erziehung den Kern ihres Fachbereichs. Tritt die Erziehungshilfe auf den Plan, ist eine mitunter lange Geschichte des Versagens und Scheiterns in Familie und Schule zu verzeichnen und nicht selten das Endstadium der Störungsgenese erreicht (teilweise aufgrund der wait-to-fail-Problematik) (vgl. Hennemann, Ricking & Huber 2017). Wenn Erziehung generell als ein fragiles, in ihren Wirkungen nur bedingt prognostizierbares Geschehen zu verstehen ist, dann trifft dieses in konzentrierter Form für die Erziehungshilfe zu. Daher ist das Scheitern in diesem Feld

> „genauso der ‚Normalfall' wie das Gelingen. Es muss aber deutlich darauf hingewiesen werden, dass sich Scheitern und Gelingen als zwei Dimensionen desselben Lebens nicht immer die Waage halten. Für verhaltensauffällig erscheinende Kinder und Jugendliche ist die Waagschale des Scheiterns oft weitaus stärker belastet als die des Gelingens" (Müller, 2009, 5).

Die zunehmende Zahl der betroffenen Kinder ist durch die unzureichende Qualität kindlicher Lebenswelten in ihrem Werden gehemmt, häufig gerahmt von erzieherischer Insuffizienz und sozialer Anomie (vgl. Stein 2015). Erziehung an den Grenzen ist vielfach Erziehung im Rahmen entwicklungsfeindlicher Lebens- und Lernbedingungen. Dahingehend sieht die Erziehungshilfe das Kind mit seiner physischen und psychischen Ausstattung als Handelnden inmitten seiner Lebens- bzw. Wirkungsräume (vgl. Schulze, Ricking & Wittrock 2001). Sie stößt im Rahmen von Person-Umfeld-Analysen auf junge Menschen, die aus schwach strukturierten und unterstützungsarmen Familien kommen. Sie sind oft an den Anforderungen der sozialen Umwelt gescheitert, Eltern und Lehrkräfte sind an ihnen verzweifelt, Institutionen haben sie aufgegeben, Schule glitt sukzessiv in die Bedeutungslosigkeit (vgl. Freyberg, Wolff 2005). So formuliert Herz (2006, 43) mit Blick auf hochbelastete Jugendliche im Rahmen des Projekts „Hirntoaster" am Hamburger Bahnhof:

> „Diese Jugendlichen wollen entweder keine pädagogischen Angebote oder sie verlangen ein Höchstmaß an Kreativität, Empathie und individueller Ansprache; sie leben selbstdestruktiv und demonstrieren ihre Lebensform offensiv und scheinbar selbstbewusst; sie nehmen manchmal regelmäßig an den Lernangeboten teil – und manchmal bricht nach einem einzigen Besuch der Kontakt – trotz aufwändiger Vorbereitung – wieder ab."

In diesem Zusammenhang lassen sich die typischen Gestalten der pädagogischen Grenzen der Erziehungshilfe nachzeichnen. Es sind auf der Ebene des Pädagogen mitunter methodisch-inhaltliche Grenzen des Nicht-mehr-weiter-Wissens, weil vieles nicht gefruchtet hat und dann nur noch unsystematisch Maßnahmen aneinandergereiht werden. Auch Grenzen, die sich an beträchtlichen ethischen Diskrepanzen zwischen den pädagogisch Handelnden und Bezugspersonen festmachen lassen, sind einschlägig, sodass beispielsweise subjektiv der Eindruck entsteht, mit diesen vernachlässigend-aggressiven Eltern nicht länger wohlwollend zusammenarbeiten zu können. Rechtliche Grenzen weisen klar aus, was gesetzt ist (z.B. in der Schule die Praxis der Leistungsbewertung oder der Umgang mit Ordnungsmaßnahmen) und wie weit ein pädagogischer Einfluss daneben toleriert wird. Schließlich gelingt es auch nicht selten den Akteuren diverser Einrichtungen, die an einem Fall arbeiten, v.a. durch mangelnde Abstimmung ein Konglomerat an ‚Hilfen' zu bewerkstelligen, das negative Synergien entfacht und ein frühes Scheitern zeitigt (vgl. Baumann, Bolz & Albers 2017). Das Beispiel aus Hamburg illustriert auch die fachliche Unabwendbarkeit der intensiven Auseinandersetzung mit der Lebenswelt der Kinder und Jugendlichen jenseits gesellschaftlicher Normvorstellungen und Vorurteilsbildung. *Lebensweltorientierung* als theoretisches Konzept beschreibt die praxeologische Rekonstruktion von unmittelbaren Lebensbedingungen und geht aus von den alltäglichen Erfahrungen der Personen in ihrer konkreten gesellschaftlichen Situation, ihren praktischen Bewältigungsversuchen und ihrem Selbstverständnis (vgl. Thiersch 2005; Benner 2015). Auf diesem Weg ist ein intensiver pädagogischer Bezug und in der Folge ein Fallverstehen zu generieren, das neue Entwicklungsoptionen eröffnet (vgl. Wittrock 2008). Auch wenn die Zielgruppe der Kinder und Jugendlichen mit Verhaltensstörungen beträchtlichen Fehlentwicklungen unterworfen und stets von Marginalisierungsgefahren betroffen ist, gilt selbstredend auch für sie das Postulat einer grundsätzlichen Entwicklungsoffenheit und damit ein ebenso basaler pädagogischer Optimismus. Hier setzt die Sonderpädagogik an mit einer gezielten, dauerhaften (und nicht nur aus anthropologischen Gründen notwendigen) Einflussnahme, die unter Berücksichtigung der Bindungsproblematik und möglicherweise schwierigem Sozialverhalten auf einem dialogischen Prozess und stabilen Beziehung zwischen Erzieher und Zu-Erziehendem basiert, stets in den Zielen und Mitteln wert- und normgebunden ist und in besonderer Weise den Entwicklungsstand und die Persönlichkeitsstruktur des jungen Menschen berücksichtigt (vgl. Müller, Stein 2015; Benner 2015). Im pädagogischen Dialog wird das Kind oder der Jugendliche als Subjekt angesprochen und zum Akteur des eigenen Lebens(-weges). Wenn Erziehung heute mehr denn je mit der Zielsetzung der Selbstbestimmung bzw. Autonomie stattfindet, bedingt sie die Selbstwerdung und mit zunehmendem Alter die Selbsterziehung und Selbstbildung. Vor diesem Hintergrund gewinnt die Deutung Kobis (2004, 92) an Relevanz: „Erziehung gründet in einer intersubjektiven Beziehung, innerhalb derer eine wertorientierte Handlungsfähigkeit zu einer als sinnvoll erachteten Form der Lebensbewältigung und Daseinsgestaltung erworben und vermittelt wird." Welche (zumeist generischen) Erziehungsziele wie Mündigkeit oder Autonomie in welchem Ausmaß zu erreichen sind, ist nur kasuistisch zu erwägen. Das pädagogische Engagement ist eines, das auf eine langfristige Wirkung angelegt ist und die Fortschritte erst in Zukunft erkennbar macht. Sonderpädagogen sollten entlang der Devise *think big, start small* in der konkreten Arbeit mit dem Kind das große Mögliche, das eventuell in zwei oder drei Jahren erzielt werden kann, in kleinen Schritten entwickeln und nicht aus den Augen verlieren.

5.2.5 Erziehung an den Grenzen

Die Aufgaben der Erziehungshilfe decken – schulisch wie außerschulisch – ein breites Spektrum ab, das hier nur kursorisch angedeutet werden kann. So hat sie einerseits besondere Rahmenbedingungen in Form von strukturellen Vorkehrungen in speziellen Einrichtung wie auch in inklusiven Settings zu bieten und andererseits im Einzelfall zu versuchen, eine Passung herzustellen zwischen den pädagogischen Bedarfen des Kindes, welcher Art und welchen Umfangs diese auch sein mögen, und der pädagogischen Haltung sowie den Handlungen von Fachleuten. Im Sinne dieser metatheoretischen Logik (vgl. Helmke 2006) betreibt sie in ihren unterschiedlichen Handlungsfeldern oft eine Intensivierung der pädagogischen Einflussnahme (als quantitative und qualitative Verdichtung) unter der Berücksichtigung der Spezifik des Einzelfalls (die Adaptivität erfordert) in interdisziplinären Settings (sodass kooperative Rahmenbedingungen entstehen) (vgl. Stein 2015). Im Kontext schulischer Inklusion steht dabei die Entwicklung differenzierter Haltungen, Strukturen und Praktiken im Mittelpunkt, die die Haltekraft in den allgemeinen Schulen stärken und innerhalb abgestimmter Kaskaden der Hilfen realisiert werden (vgl. Ricking, Ockenga 2011; Hennemann, Ricking & Huber 2017). Wie deutlich wird, obliegt es der Erziehungshilfe, alternative Problemlösungen an den Grenzmarken der Pädagogik zu mobilisieren. Grundsätzlich strebt sie dabei eine qualitativ hochwertige und kontinuierliche Erziehungspraxis an, die auf entsprechend validen Beziehungen basiert, welche als starke Bindung zu einem signifikanten Anderen erlebt werden. Dahinter scheint ein zentrales pädagogisches Merkmal unmittelbar auf: ein hohes Maß an *Subjektbezug*. Von diesem geht nicht nur eine stärkere Individualisierung der Förderung aus, sondern auch das Verstehen der gegebenen Sinnstrukturen des Kindes in seiner Alltags- und Weltsicht und schließlich die dialogische Anlage des Erzieherischen (vgl. Wittrock 2008). Die bewusste Betonung der Erziehung, die vielfach mit dem Begriff Primat kombiniert wird, führt unweigerlich zum Problem der vermeintlichen Nachrangigkeit von Bildung. Um das schulische Scheitern aufzuhalten, fließt viel Energie in die Ermöglichung von wirksamem Unterricht auf unterschiedlichen Ebenen: Übersetzt kann Primat der Erziehung dann heißen: Primat des Sozialen, des Motivationalen und der Sorgebeziehung. Lebensweltorientierung und Subjektbezug bringen die Lehrkraft zu der Frage, wie objektive Bedeutungsgehalte und subjektive Bedeutungszuschreibungen in Verbindung gebracht werden können und in didaktischer Elementarisierung aufgehen. Hintenan stehen Stoffdruck und Beschleunigungszwang im Dunstkreis einer Durchprozessierungslogik, die allgemein in Schulen viel Unheil anrichtet. Lern- und Verhaltensprobleme bedingen sich überdies oft gegenseitig – effektives Lernen ist zwingend angewiesen auf Verhaltensprämissen, die z.B. im Lern- und Arbeitsverhalten zum Ausdruck kommen (vgl. Schröder, Wittrock 2002). Schüler in der Erziehungshilfe verharren in der Performanz oft deutlich unter ihren kognitiven Potenzialen (underachiever).

Unterrichtliche Erziehungsarbeit hat folgerichtig immer auch den Zweck, aktive Lernzeit auszuschöpfen und dem Bildungsfortschritt Beistand zu gewähren (vgl. Ricking 2008).

Um den eigenen Wirkungsgrad zu erhöhen, fällt nicht selten der Blick auf Handlungsoptionen jenseits der Disziplingrenzen. Gemeint ist die anhaltende Tendenz, therapeutische Elemente vorwiegend psychologischer Provenienz in erzieherische Handlungsprozesse zu integrieren, um die Förderung gezielter und problemspezifischer zu gestalten (vgl. Goetze 2001). Ob diese Ausrichtung eine epistemologisch legitime und fachlich kompatible Optimierung der Handlungsfähigkeit darstellt, ein hilfloses Greifen nach einem Strohhalm oder den Verrat an der eigenen Disziplin, soll hier nicht näher diskutiert werden (vgl. Müller 2009; Schad 2008; Willmann 2010; die Beiträge von Göppel und Popp in diesem Band). In diesem Kontext ist die Gratwanderung zwischen der sinntragenden Ergänzung des Wirkungspotenzials und der Wahrung des Kerns eigener sonderpädagogischer Fachlichkeit als dauerhafte Aufgabe der Pädagogik bei Verhaltensstörungen zu verstehen.

Eine alternative Denkfigur kann in transdisziplinären Zugängen vermutet werden. Verhaltensstörungen bei Kindern und Jugendlichen sind zweifellos ein multi- und interdisziplinäres Thema, an dem verschiedene Berufsfelder arbeiten und sich (oft nur bedingt) austauschen (vgl. Stein 2015). Transdisziplinarität entsteht dann, wenn aus den Bedarfen lebensweltlicher Fragestellungen heraus unterschiedliche Fächer so gleichberechtigt kooperieren, dass theoretische Perspektiven verknüpft und Disziplingrenzen überwunden werden (vgl. Büchner 2012, am Beispiel der Sozialen Arbeit als transdisziplinäre Wissenschaft). Sie spielt nicht nur in erziehungswissenschaftlichen Problemlöseprozessen eine zunehmend größere Rolle und wird dann angewählt, wenn die Komplexität der Problemlagen so immens ist, dass sie sich aus der Blickrichtung eines Faches nicht abschließend erfassen lässt. Wenn sich durch wissenschaftliche Zusammenarbeit übersummative Erträge für die pädagogische Praxis generieren lassen, kann die Offenheit gegenüber den und die Kooperation auf Augenhöhe mit Nachbardisziplinen wie Sozialpädagogik oder Psychologie für die (Sonder-)Pädagogik als „Integrationswissenschaft" auch als Stärke interpretiert werden (vgl. Gudjons, Traub 2016, 46). Es ist sicher kein leichtes Unterfangen, aber die Optionen des transdisziplinären gemeinsamen Wirkens (statt misstrauischer Konkurrenz) werden hinsichtlich der Zielgruppennähe bei weitem nicht hinreichend genutzt.

5.2.6 Konklusion

In Ermangelung eines übergreifenden Algorithmus, der jegliches pädagogische Handeln zielsicher ins Gelingen führt (und der nicht zu erwarten ist), bleibt der Wissenschaft die entscheidend wichtige Aufgabe der Weiterentwicklung der Theorien, Konzepte und Kollaborationsformen innerhalb eines kritischen Diskurses und durchaus im Rahmen unterschiedlicher (aber passender) wissenschaftstheoretischer Ausgangspunkte. Die Pädagogik bei Verhaltensstörungen hat zwar bereits eine Fülle fachlicher Bestandteile gesichert, welche die Wahrscheinlichkeit erfolgreichen Arbeitens in diesem herausfordernden Gebiet erhöht; der Bedarf an weiterer Progression und Entfaltung, z.b. bei dezidiert erzieherischen und didaktischen Fragestellungen, ist jedoch unübersehbar (vgl. Stein 2015; Ahrbeck, Willmann 2010). Auch wenn beide Aspekte Relevanz beanspruchen können: Professioneller Erfolg in der Pädagogik bei Verhaltensstörungen ist weniger abhängig von speziellen Maßnahmen als von speziellen Menschen. Ohne Zweifel werden letztere mit hohen Erwartungen konfrontiert. Gefordert ist ein theoriereflektierter Praktiker, der in der Lage ist, eine Vielzahl an Handlungsmustern und Verfahren diagnostisch abgesichert, systematisch und flexibel umzusetzen (vgl. Vernooij, Wittrock 2008). Er repräsentiert den intensiven Subjektbezug und hat beziehungs- und konfliktsicher, deeskalierend und präsent zu sein, reflektierend bezüglich pädagogischer Antinomien (vgl. Helsper 2010), gleichzeitig dranbleibend, haltend sowie Kontinuität, Struktur und Stabilität vermittelnd (vgl. Baumann, Bolz & Albers 2017; Ricking 2016). Vor allem ist die Reflexion der eigenen Rolle im pädagogischen Prozess in einem kooperativen Gefüge zu erwarten und durch entwickelte pädagogische Überzeugungen im Fach-Habitus professionell zu fundieren. Pädagogen scheitern genauso ungern wie Akteure in anderen Berufsgruppen und benötigen Leitgedanken und Maximen, die die Wirksamkeit ihres Handelns begünstigen. Wie deutlich geworden ist, sollten sie sich einer professionellen Haltung bedienen, die das Erreichen von Zielen anstrebt, das Nicht-Erreichen jedoch als reale Option berücksichtigt. Jeder hat die Frage nach dem subjektiven Umgang mit Handlungsfolgen zu beantworten. Sie können nur innerhalb normativer Kontexte und klarer Kriterien ausgelegt werden und so ist eine operationalisierte Ausleuchtung geboten, ein kritischer Diskurs, in dem die Zusammenhänge bewusst reflektiert werden. Manchmal gelingt alles, manchmal sind aber auch sehr engagierte und überaus kompetente Pädagogen nicht in der Lage, einen Sieg gegen sehr wirkungsmächtige Gegenspieler zu erringen – und scheitern in der Kontingenzbewältigung.

Literatur
Ahrbeck, B., Willmann, M. (2010): Pädagogik bei Verhaltensstörungen. Stuttgart
Autorengruppe Bildungsberichterstattung (2016): Bildung in Deutschland 2016. Ein indikatorengestützter Bericht mit einer Analyse zur kulturellen Bildung im Lebenslauf. Bielefeld
Baumann, M., Bolz, T. & Albers, V. (2017): „Systemsprenger" in der Schule. Weinheim
Beck, U. (2003): Risikogesellschaft. Berlin
Benner, D. (2015): Allgemeine Pädagogik. Weinheim
Bohnsack, F. (2013): Wie Schüler die Schule erleben. Opladen
Bollnow, O.F. (1958): Wagnis und Scheitern in der Erziehung. Pädagogische Arbeitsblätter zur Fortbildung für Lehrer und Erzieher, 10, 8, 337-349

Büchner, S. (2012): Soziale Arbeit als transdisziplinäre Wissenschaft. Berlin
Freyberg, T. v., Wolff, A. (Hrsg.) (2005): Störer und Gestörte. Band 1: Konfliktgeschichten nicht beschulbarer Jugendlicher. Frankfurt a.M.
Garz, D. (1998): Moral, Erziehung und Gesellschaft. Bad Heilbrunn
Gudjons, H., Traub, S. (2016): Pädagogisches Grundwissen. Bad Heilbrunn
Goetze, H. (2001): Grundriss der Verhaltensgestörtenpädagogik. Berlin
Helmke, A. (2006): Was wissen wir über guten Unterricht? Pädagogik, 2, 42-45
Helsper, W. (2010): Pädagogisches Handeln in den Antinomien der Moderne. In: Krüger, H., Helsper, W. (Hrsg.). Einführung in Grundbegriffe und Grundfragen der Erziehungswissenschaft. Opladen. 15-34
Hennemann, T., Ricking, H. & Huber, C. (2017): Organisationsformen inklusiver Förderung im Bereich emotional-sozialer Entwicklung. In: Stein, R., Müller, T. (Hrsg.). Inklusion im Förderschwerpunkt emotional-sozialer Entwicklung. Stuttgart. 110-143
Herz, B. (2006): Der Einstieg in den Ausstieg. In B. Herz (Hrsg.) Lernen für Grenzgänger. Münster. 29-50
Luhmann, N. (1987): Soziale Systeme: Grundriss einer allgemeinen Theorie. Berlin
Mollenhauer, K. (1996): Erziehung und Emanzipation. Polemische Skizzen. Funktionalität und Disfunktionalität der Erziehung. In: Beutler, K., Horster, D. (Hrsg.). Pädagogik und Ethik. Stuttgart 135-15
Möckel, A. (1982): Die Zusammenbrüche pädagogischer Felder und ihre Ursprünge der Heilpädagogik. In: Zeitschrift für Heilpädagogik, 33, 2, 77-86
Müller, T. (2009): Zwischen Begleiten und Entgleiten. Vom Wagnis mit verhaltensauffälligen Schülern zu scheitern. Behinderte Menschen, 5, 26-34
Müller, T., Stein, R. (2015): Erziehung im Förderschwerpunkt emotionale und soziale Entwicklung. In: Stein, R., Müller, T. (Hrsg.). Inklusion im Förderschwerpunkt emotionale und soziale Entwicklung. Stuttgart: Kohlhammer, 216-229
Parkinson, B. (2007): Soziale Wahrnehmung und Attribution. In: Jonas, K., Stroebe, W & Hewstone, M. (Hrsg.). Sozialpsychologie. Heidelberg: Springer, 69-110
Prengel, A. (2013): Pädagogische Beziehungen zwischen Anerkennung, Verletzung und Ambivalenz. Opladen
Ricking, H. (2008): Die schulische Förderung von Metakognitionen und Lernstrategien im Kontext erschwerter Aneignungsprozesse. Heilpädagogische Forschung, 34, 2, 91-103
Ricking, H. (2016): Emotionale und soziale Entwicklung – schulische Förderansätze. In: Ministerium für Schule und Weiterbildung des Landes NRW (Hrsg.). Sonderpädagogische Förderschwerpunkte in NRW. Ein Blick aus der Wissenschaft in die Praxis. Düsseldorf: MSW, 41-46
Ricking H., Ockenga, F. (Hrsg.) (2011): Mobile Dienste in der schulischen Erziehungshilfe. Oldenburg
Ricking, H., Hagen, T. (2016): Schulabsentismus und Schulabbruch. Stuttgart
Rieger-Ladich (2014): Auffälliges Vermeidungsverhalten: Scheitern als Gegenstand des pädagogischen Diskurses. In: John, R., Langhof, A. (Hrsg.). Scheitern – Ein Desiderat der Moderne? Innovation und Gesellschaft. Wiesbaden: Springer, 279-299
Schad, G. (2008): Vom Verschwinden der Pädagogik im Wissenschaftsbetrieb der Verhaltensgestörtenpädagogik. In: Reiser, H., Dlugosch, A. & Willmann, M. (Hrsg.). Professionelle Kooperation bei Gefühls- und Verhaltensstörungen. Hamburg: Dr. Kovac, 29-44
Schlömerkemper, J. (2017): Pädagogische Prozesse in antinomischer Deutung. Weinheim
Speck, O. (1991): Chaos und Autonomie in der Erziehung. München
Spranger, E. (1962): Das Gesetz der ungewollten Nebenwirkungen in der Erziehung. Heidelberg
Stein, R. (2015): Grundwissen Verhaltensstörungen. Hohengehren

Schnoor, H., Lange, C. & Mietens, A. (2006): Qualitätszirkel. Theorie und Praxis der Problemlösung an Schulen. Paderborn

Schulze, G., Ricking, H. & Wittrock, M. (2001): Unterrichtsmeidende Verhaltensmuster von Kindern und Jugendlichen vor dem Hintergrund der Reaktionsmusterforschung. In: Rink, K., Ott, W., Schlee, J. et al.(Hrsg.). Youngsters between Freedom and Social Limits, Vol. III (127-141). Oldenburg

Thiersch, H. (2005): Lebensweltorientierte Soziale Arbeit. Aufgaben der Praxis im sozialen Wandel. Weinheim

Vernooij, M., Wittrock, M. (Hrsg.) (2008): Verhaltensgestört!? Perspektiven, Diagnosen, Lösungen im pädagogischen Alltag. Paderborn

Willmann, M. (2010): Verhaltensstörungen als Erziehungsproblem: Zur pädagogischen Position im Umgang mit schwierigem Verhalten. In: Ahrbeck, B., Willmann, M. (Hrsg.). Pädagogik bei Verhaltensstörungen. Stuttgart: Kohlhammer, 205-214

Wittrock, M. (2008): Ansatz der Lebensproblemzentrierten Pädagogik. In: Vernooij, M, Wittrock, M. (Hrsg.). Verhaltensgestört!? Perspektiven, Diagnosen, Lösungen im pädagogischen Alltag (151-172). Paderborn

Wittrock, M., Schröder, U. (Hrsg.). (2002): Lernbeeinträchtigung und Verhaltensstörung. Stuttgart

Zinnecker, J. (1986): Der heimliche Lehrplan. Untersuchungen zum Schulunterricht. Weinheim

Rolf Göppel

5.3 Erziehung und Therapie

5.3.1 Die Pädagogik bei Verhaltensstörungen als traditionelle Überschneidungszone von Erziehung und Therapie

Seit ihren Anfängen spielt für die Pädagogik bei Verhaltensstörungen in der Theorie und in der Praxis die Überschneidung, Überlappung und Vermischung von pädagogischen und therapeutischen Deutungs- und Handlungsmustern eine besondere Rolle. Wohl in keinem anderen Teilbereich der Pädagogik ist die Offenheit für therapeutische Deutungs- und Handlungsansätze größer als hier. Die Begriffe „pädagogisch" und „therapeutisch" erscheinen hier oftmals wie siamesische Zwillinge und entsprechend wird die Bindestrichformulierung „pädagogisch-therapeutisch" vielfach mit größter Selbstverständlichkeit verwendet. Viele der akademischen Fachvertreter der Pädagogik bei Verhaltensstörungen lassen sich der einen oder anderen therapeutischen Schule zuordnen, in Einführungs- und Übersichtspublikationen des Faches wird häufig eine breite Palette unterschiedlicher pädagogisch-therapeutischer Deutungs- bzw. Handlungsansätze präsentiert (z.B. Goetze, Neukäter 1989; Wittrock 1998; Hillenbrand 2008; Myschker, Stein 2014).

Diese traditionelle Offenheit für therapeutische Denkweisen ist nicht besonders verwunderlich. Hat es doch die Verhaltensgestörtenpädagogik in Theorie und Praxis mit „Kindern in Not" (Ertle, Neidhardt 1994), „Problemkindern" (Bittner 1994), mit „Störern" (Gerspach 1998), mit „Kindern mit psychischen Auffälligkeiten" (Doepfner, Petermann 2008), mit Kindern mit „Verhaltensstörungen" (Ahrbeck, Willmann 2009), mit „Kindern mit sozial-emotionalen Auffälligkeiten" (Mandel 2016), mit „schwer belasteten Kindern und Jugendlichen" (Zimmermann, Eckert 2016) zu tun, bei denen Erziehung immer wieder an die Grenzen ihrer Möglichkeiten stößt und von daher permanent auf der Suche nach hilfreichen Perspektiven ist. In Anlehnung an Nohls bekanntes Diktum kann man hier mit Recht vom „Ernstfall der Pädagogik" sprechen.

Komplementär sind die diversen therapeutischen Ansätze allesamt aus dem praktischen Bemühen heraus entstanden, Menschen mit besonderen Problemen, Störungen und Leidenszuständen möglichst wirksame Hilfe zukommen zu lassen. In der Regel haben diese unterschiedlichen therapeutischen Ansätze auch jeweils spezifische Modifikationen für die Behandlung von Kindern und Jugendlichen entwickelt. Kein Wunder, dass sie ihrerseits damit werben, dass die von ihnen in langjähriger therapeutischer Praxiserfahrung erprobten Haltungen, Deutungen,

‚Techniken' und Kommunikationsformen auch im Feld der Erziehung nützliche Dienste leisten könnten.

Schon vor über 100 Jahren hat Ludwig Strümpell in seinem Buch „Die pädagogische Pathologie oder die Lehre von den Fehlern der Kinder" gefordert, der Umgang mit jenen Problemkindern erfordere eine spezifische „Modification der unterrichtlichen und erzieherischen Anforderungen und Maßnahmen, d.h. besondere pädagogisch-therapeutische und pädagogisch-hygienische Veranstaltungen" (Strümpell 1899, 242). Und in den Anfängen der ‚Verhaltensgestörtenpädagogik' als eigener sonderpädagogischer Fachrichtung und damit als akademischer Disziplin haben Bittner, Ertle & Schmid in ihrem Gutachten für den Deutschen Bildungsrat konstatiert, dass

> „ein prinzipieller Unterschied oder gar Gegensatz von Erziehung und Therapie bei Verhaltensgestörten, etwa unter Berufung auf ‚einheimische' pädagogische Begriffe und Verfahrensweisen, die es vor drohender Überfremdung zu bewahren gelte ... allenfalls ... in polemischer Absicht konstruiert werden" könnte (Bittner, Ertle & Schmid 1974, 84). Die Pädagogik bei Verhaltensstörungen bewegte sich also „von Anfang an in einem Zwischenfeld von Erziehung und Therapie" (Bittner 1996, 115).

5.3.2 Die Suche nach dem ‚Pädagogisch Eigentlichen'

Der Ausgangspunkt und Anlass der hier vorliegenden Publikation ist nun aber genau die Wiederbelebung, Klärung und Schärfung der „'einheimische[n]' pädagogische[n] Begriffe" (Bittner, Ertle & Schmid 1974, 84), die Suche nach dem „genuin Pädagogischen" im Feld der Pädagogik bei Verhaltensstörungen. Es ist die Diagnose eines fachlichen Defizits, das die Herausgeber offensichtlich irritiert und beunruhigt hat: Es sei nämlich, so die Herausgeber in ihrem Exposé zu diesem Band

> „der Pädagogik bei Verhaltensstörungen bis heute nicht gelungen..., einen eigenständigen, fachwissenschaftlich fundierten Erziehungsbegriff zu umreißen und dadurch ihre Zuständigkeit für eine ganz spezifische Gruppe von Kindern und Jugendlichen sowie ihre Eltern und Familien zu untermauern" (Müller, Stein 2017).

Entsprechend soll es in dem vorliegenden Werk primär darum gehen, für die Pädagogik bei Verhaltensstörungen „ein eigenes Erziehungsverständnis zu profilieren" (ebd.).

In der Tat fühlen sich ja durchaus auch andere Fachwissenschaften und andere Berufsgruppen für Kinder und Jugendliche mit Verhaltensstörungen sowie deren Eltern und Familien zuständig: Kinder- und Jugendpsychiater, Psychologen, Psychotherapeuten, Erziehungsberater, Sozialpädagogen, Ergotherapeuten ... Vermutlich geht es den Herausgebern jedoch weder darum, hier nun einen Alleinzuständigkeitsanspruch der „Pädagogik bei Verhaltensstörungen" zu reklamie-

ren, noch darum, den prinzipiellen Sinn interdisziplinärer Kooperation in diesem Feld zu bestreiten. Vielmehr geht es wohl eher um eine Selbstvergewisserung im Hinblick auf die eigene fachliche Identität, die mittels der Profilierung eines spezifischen Erziehungsverständnisses geleistet werden soll.
Dabei stellt sich die Frage, ob der Erziehungsbegriff ein Begriff ist, der für solche fach- und adressatenbezogenen Spezifizierungen taugt, oder aber einer, der notwendig und unvermeidlich die ganze Breite der Ambitionen und Aktivitäten, die Erwachsene in Unterstützungs-, Förder- und Gegenwirkungsabsicht auf den Nachwuchs richten, umfasst und damit eben auch die alltagssprachlichen Unschärfen, die mit diesem elementaren zwischenmenschlichen Verhältnis einhergehen. Denn letztendlich konkretisiert sich „Erziehung" in Abertausenden von Situationen, in denen zwischen Erwachsenen und Heranwachsenden absichtsvolle Interaktion und Kommunikation stattfindet, in denen also erklärt und erzählt, ermöglicht und ermuntert, ermutigt und ermahnt, geordnet und geregelt, gezeigt und gefordert, gebeten und gelobt, geraten und gewarnt, getadelt und gedrängt, gedroht und gestraft, geklärt und getröstet ... wird.

5.3.3 Was ist, was will Erziehung, was ist, was will (Psycho-)Therapie? – Welche Klärung bieten maßgebliche Definitionen?

Nun gibt es ja in der Erziehungswissenschaft durchaus allerhand Anstrengungen, den Grundbegriff der Erziehung möglichst ausführlich zu erörtern und zu einer allgemeingültigen Begriffsbestimmung zu gelangen. Den nach wie vor wohl differenziertesten Versuch dazu hat Wolfgang Brezinka unternommen. Nach knapp 100 Seiten detaillierter und gelehrter Auseinandersetzung kommt er zu folgender Begriffsdefinition, die wohl die meistzitierte im deutschsprachigen Raum sein dürfte:

> „Unter Erziehung werden Handlungen verstanden, durch die Menschen versuchen, das Gefüge der psychischen Dispositionen anderer Menschen in irgendeiner Hinsicht dauerhaft zu verbessern oder seine als wertvoll beurteilten Bestandteile zu erhalten oder die Entstehung von Dispositionen, die als schlecht bewertet werden, zu verhüten" (Brezinka 1990, 95).

Zweifellos vollziehen Personen, die im Feld der Pädagogik bei Verhaltensstörungen arbeiten, vielfältige Handlungen, mittels derer sie versuchen, nicht nur das momentane situative Verhalten der ihnen anvertrauen Kinder irgendwie zu regulieren, zu steuern, zu beeinflussen, sondern darüber hinaus durch Einsicht, Übung, Vertrauensbildung, Selbstwirksamkeitserfahrungen, Erfolgserlebnisse, etc. die psychischen Dispositionen dauerhaft zu verbessern. Dennoch hat diese Erziehungsdefinition, die von Brezinka bewusst ziemlich formal und auf einer hohen Generalisierungsstufe gehalten ist, im Zusammenhang des hier anstehenden Problems einen gravierenden Schönheitsfehler: Sie ermöglicht keinerlei Unterscheidung zwischen Erziehung und Therapie. Dies war Brezinka selbst durchaus bewusst. In diesem Sinn schreibt er:

> „Zum weiten Anwendungsbereich unseres Erziehungsbegriffs gehört auch, daß *er viele Gegenstände umfaßt, die im alltäglichen wie im wissenschaftlichen Sprachgebrauch anders benannt werden.* Insbesondere werden jene Phänomene, die als ‚Psychotherapie', ‚Psychagogik', ‚Seelsorge', ‚Sozialarbeit', ‚Menschenführung', ‚Propaganda' usw. bezeichnet werden, ganz oder wenigstens teilweise in seinen Geltungsbereich einbezogen (ebd., 96).

Lässt sich von der anderen Seite her, also von einer Definition dessen, was (Psycho-)therapie ist und tut und will, eventuell mehr Klarheit in die Sache bringen? In einem medizinischen Standardlehrbuch zu den Grundlagen der Psychiatrie und Psychotherapie findet sich folgende Definition:

> „Unter Psychotherapie versteht man die Behandlung eines komplexen emotionalen oder körperlichen Leidens und dysfunktionaler Verhaltensweisen mit psychologischen Verfahren auf verbaler und nonverbaler Ebene. Die Interventionen werden dabei bewusst, geplant und gezielt eingesetzt. Ihre Wirksamkeit in Bezug auf die bestehende Symptomatik sollte wissenschaftlich überprüft sein. Ziel einer psychotherapeutischen Behandlung kann die Linderung von Leiden auf Symptomebene, die Modifizierung von Verhaltensweisen oder eine Veränderung bzw. Reifung von Persönlichkeitsanteilen sein" (Lieb, Frauenknecht & Brunnhuber 2012, 91).

Das Vorliegen eines Leidenszustandes bzw. von ‚dysfunktionalen Verhaltensweisen' beim Adressaten als Voraussetzung für eine therapeutische Intervention ist sicherlich ein Punkt, in dem der Unterschied zum Erziehungsbegriff deutlich wird. Der allgemeine Rekurs auf ‚psychologische Verfahren', die bewusst und gezielt eingesetzt werden sollen, lässt offen, worin diese genau bestehen. Zunächst handelt es jedoch in aller Regel um Weisen der Kommunikation, Formen des Gesprächs. Worauf sich dieses primär richtet, welchen Fragen, Aufforderungen, Deutungen, Ratschlägen, Übungen darin typischerweise welche Rolle zukommt, dies mag je nach Therapieform recht unterschiedlich sein.

Die Forderung, dass die Wirksamkeit jener psychologischen Verfahren ‚wissenschaftlich überprüft' sein sollte, legt jedoch die Vorstellung nahe, dass es sich um ein Set klar operationalisierbarer kommunikativer ‚Strategien' bzw. ‚Techniken' handelt, die sich von der normalen Alltagskommunikation deutlich unterscheiden. Im Hinblick auf die Zieldimensionen gibt es wiederum deutliche Überschneidungen mit Brezinkas Erziehungsbegriff. Die „Reifung von Persönlichkeitsanteilen" kann durchaus auch als „Verbesserung psychischer Dispositionen" verstanden werden.

5.3.4 Disziplinäre Abgrenzungsbemühungen und die damit verbundenen problematischen Zuschreibungen

Prinzipiell lässt sich die Differenz zwischen Pädagogik und Therapie ja von sehr verschiedenen Aspekten her beleuchten: Man kann von den unterschiedlichen beteiligten Professionen und Zielgruppen ausgehen, typische Anlässe benennen, divergierende Aufgabenstellungen und Zielsetzungen analysieren, gegensätzliche Leitprinzipien isolieren, je spezifische Methoden hervorheben, typische Deutungsmuster beschreiben, unvereinbare Menschenbilder konstatieren, differierende Kommunikationsmuster und Systemlogiken unterscheiden oder aber abweichende räumliche und zeitliche Strukturen gegeneinanderstellen.

In diesem Sinne hat Kobi in seinem Buch „Grundfragen der Heilpädagogik" versucht, durch die Bildung polarer Begriffspaare eine möglichst große Differenz hinsichtlich möglichst vieler Dimensionen herauszuarbeiten. In einer übersichtlichen Tabelle finden sich, mit knappen Erläuterungen versehen, die folgenden Merkmale gegenübergestellt, wobei immer ersteres der Therapie und letzteres der Erziehung zugeordnet ist: indikativ vs. imperativ, additiv vs. immanent, sanitär vs. edukativ, restaurativ vs. innovativ, kausal vs. final-prospektiv, reparativ vs. emanzipatorisch, objektiv vs. subjektiv, medial vs. personal, sporadisch vs. kontinuierlich, partikulär vs. ganzheitlich, funktional vs. interaktional (vgl. Kobi 1993, 344f.).

Die polare Gegenüberstellung mittels solcher konträrer Attribute unterstellt, dass es sich sowohl bei Erziehung als auch bei Therapie gewissermaßen um ‚monolithische Blöcke' handelt und verkennt, wie heterogen und vielgestaltig in Wirklichkeit sowohl das pädagogische als auch das therapeutische Feld beschaffen ist – im Hinblick auf die leitenden Theoriekonzepte wie im Hinblick auf die davon abgeleiteten und damit begründeten Praxen. Die Bilder von Therapie und Erziehung, die in Kobis tabellarischer Gegenüberstellung herauskommen, sind natürlich extrem einseitig. Dem Bild von Therapie, das gezeichnet wird, entspricht am ehesten die Strahlentherapie bei der Behandlung eines Tumorpatienten. Die dahinter stehende Vorstellung vom ‚Behandler' im weißen Kittel, der ohne näher auf die Persönlichkeit des Kindes einzugehen irgendwelche ‚Verrichtungen am Kind' vollzieht, hat wenig mit dem zu tun, was real in Kinderpsychotherapien geschieht. Gleichzeitig wird das Bild des Pädagogen, d.h. des Lehrers oder Erziehers und die Bedeutung seiner Beziehung zum Kind überhöht und idealistisch verklärt. Die Vertreter der diversen psychotherapeutischen Schulen würden wohl zu Recht protestieren gegen eine derart verzerrende Einordnung des von ihnen entwickelten Therapiekonzeptes, nehmen sie doch fast durchweg für sich in Anspruch, dass gerade ihr Ansatz interaktional, ganzheitlich, personal, final-prospektiv und innovativ sei, dass er den Subjektstatus der Betroffenen ernst nähme und der Emanzipation, d.h. der Befreiung von inneren und äußeren Zwängen diene.

Traditionell sehen sich insbesondere die Vertreter der Allgemeinen Pädagogik als die Hüter des ‚Pädagogisch Eigentlichen' und als die Experten für die Auslegung der pädagogischen Grundbegriffe. Bei ihnen ist vielfach auch ein deutlicher Unmut darüber spürbar, dass bei Lehrern und Erziehern die Beschreibungen und Beschwörungen dieses ‚genuin Pädagogischen' an Faszinationskraft eingebüßt, therapeutische Denk- und Handlungsmuster dagegen an Faszinationskraft gewonnen haben. Ja mehr noch ist es das Unbehagen an der gegenwärtigen Kultur, am hedonistischen und narzisstischen Zeitgeist, welches sie beunruhigt, da dieser Zeitgeist einerseits den traditionellen pädagogischen Vorstellungen und der Ausrichtung der eigenen Lebensführung an ethischen Maßstäben und am klassischen Bildungsideal der Selbstvervollkommnung zuwiderlaufe und gleichzeitig den Run auf die Psychotherapie befördere. In diesem Sinne klagt etwa Heitger:

„Die Frage, ob Therapie als Pädagogik bzw. ob Pädagogik als Therapie praktiziert werden soll, ist mehr als der Streit um Methoden und beliebige Positionen im Kampf um die Vorherrschaft von Disziplinen. Hinter dieser Auseinandersetzung verbirgt sich eine anthropologische und gesellschaftspolitische Grundsatzfrage. Die zunehmende Dominanz therapeutischer Verfahren verweist auf eine weit verbreitete Unsicherheit und Resignation der Erziehung, auf Optimismus und Zuversicht in der Therapie. Die Skepsis gegenüber der Pädagogik ist die Folge dessen, daß der Mensch das Bewußtsein von der Aufgabenhaftigkeit seines Lebens verloren hat, seine Bildsamkeit als Bedingung selbstvollzogener Lebensführung unter normativen Ansprüchen nicht mehr hoffnungsvoll wahrnimmt. ... An die Stelle von vernünftiger Selbstbestimmung tritt die Leitung durch das Gefühl des Angenehmen, der Lust. Begriffe wie Pflicht und Anstrengung, Leistung und Verantwortung sind verpönt" (Heitger 1994, 141f.).

Natürlich steht auch hier wieder ein Zerrbild von Therapie im Hintergrund, ein Bild, das am prägnantesten vielleicht auf jene esoterischen „Rebirthing-Therapien" zutrifft, bei denen Menschen sich in lauwarme abgedunkelte Wassertanks legen, um intrauterinen Empfindungen nachzuspüren, das aber kaum etwas mit dem zu tun hat, was in den seriösen Formen der Psychotherapie geschieht. Denn es ist ja in vielen Fällen gerade das Bewusstsein von der ‚Aufgabenhaftigkeit des Lebens', die Einsicht, den Ansprüchen selbstvollzogener, autonomer Lebensführung nicht mehr gerecht werden zu können, der Entschluss, die Probleme nicht länger verdrängen zu wollen, die Dinge nicht mehr einfach laufen zu lassen, der die Menschen in Therapie führt. Und therapeutische Prozesse selbst haben wohl in den meisten Fällen mehr mit Anstrengung, Herausforderung und Verantwortung, mit Selbstkonfrontation, Reflexion und Trauerarbeit zu tun als mit wohligen Gefühlen des Angenehmen und der Lust.

Wenn Heitger dann am Schluss seiner Überlegungen die Relation von Pädagogik und Therapie auf die Formel bringt: „Jene findet ihr Regulativ im Begriff der Bildung, diese in dem der Gesundheit" und diese Formel dann gar noch ergänzt durch die Bemerkung „Pädagogik wendet sich an das Bewußtsein mit der Absicht auf Selbstbestimmung (...) Therapie wendet sich an den Leib, seine Funktionen und Abläufe" (ebd., 144), dann ist man als Leser eher irritiert, da man bisher davon ausgegangen war, dass Heitger mit dem Begriff ‚Therapie' primär ‚Psychotherapie' im Sinn hatte. Und für diese trifft jene Formel ja schlicht nicht zu. Von einem ähnlichen Unbehagen an kulturellen Trends und von ähnlich verzerrenden Zuschreibungen geht auch Böhm aus, wenn er die prinzipielle „Unvereinbarkeit von Erziehung und Therapie" (Böhm 1992) postuliert. Entsprechend kommt er dann an dem „entscheidenden Knotenpunkt" seines Gedankenganges zu folgender diametraler Gegenüberstellung:

> „entweder individuelle Selbstverwirklichung (bzw. Selbstwerden) oder personale Selbstgestaltung; entweder Natur und Entwicklung oder Gewissen und Erziehung (bzw. Bildung); entsprechend entweder Therapeutisierung oder Pädagogisierung des erzieherischen Handelns" (ebd., 144).

Es wird in dieser ganzen Diskussion offensichtlich immer wieder mit Zerrbildern und irreführenden Zuschreibungen gearbeitet, es werden Pappkameraden aufgebaut, die dann umso leichter vom Sockel gestoßen werden können. Natürlich auch von der ‚Gegenseite'! Man denke nur etwa an Alice Millers Ausführungen über den Begriff Erziehung und ihre Beschwörung der therapeutischen Beziehung als dem einzigen Ort, an dem die Schrecken der Erziehung überwunden werden könnten. Auch die ganze Adaption von Rogers' personzentriertem Ansatz in der Pädagogik steht ja unter dem Vorzeichen der Kritik traditioneller erzieherischer Verhältnisse, fordert „Ganzheitlichkeit", authentische personale Beziehungen, Respekt vor dem Subjektstatus und den Selbstaktualisierungstendenzen des Kindes, gerade in Kontraststellung zu dem, was traditionell in der Erziehung geschieht. Und auch die Vertreter systemisch-konstruktivistischer Ansätze werfen der konventionellen Pädagogik üblicherweise vor, dass diese unangemessenen Vorstellungen von Erziehung als direkter kausaler Beeinflussung und von Unterricht als Wissensübertragung verhaftet sei, dass sie Kinder als „Trivialmaschinen" auffasse und dem selbstschöpferischen Charakter aller Entwicklung sowie dem subjektivkonstruktiven Charakter aller Welterkenntnis nicht gerecht würde (vgl. Reich 1996; Rotthaus 1998; Holtz 2008). Gerade sie nehmen für sich und ihre erzieherischen Sichtweisen in Anspruch, interaktional, subjektorientiert, ganzheitlich und innovativ zu sein.

5.3.5 Unvereinbare Prinzipien, Haltungen und Ziele oder unterschiedliche ‚soziale Orte' und ‚Settings'?

Wenn solche polarisierenden Auseinandersetzungen über unvereinbare Prinzipien, gegensätzliche Haltungen und konträre Ziele letztlich wenig fruchtbar sind, weil sie immer mit Idealisierungen der eigenen und verzerrenden Zuschreibungen gegenüber dem anderen ‚Lager' operieren, dann kann auch noch einmal auf einer ganz anderen, pragmatisch alltäglichen Ebene gefragt werden, wie ein Kind oder ein Jugendlicher aus seiner subjektiven Perspektive wohl den Unterschied zwischen den Sphären erleben mag. Mit der pädagogischen Sphäre sind alle Kinder vertraut, da sie in Familien (eventuell auch in sozialpädagogischen Heimen oder Wohngruppen) aufwachsen und Tag für Tag zur Schule gehen. Die Kinder mit besonderen emotionalen Problemen oder Verhaltensstörungen haben darüber hinaus nicht selten auch noch ‚Termine beim Therapeuten'. Sie werden diese Termine und die damit verbundenen personalen Begegnungen als durchaus besondere, herausgehobene Situationen in ihrem Alltag einstufen. Da ist ein Erwachsener, der sich in einem klar abgezirkelten Zeitrahmen und an einem speziellen Ort ganz exklusiv ihnen zuwendet. Dabei stehen jedoch nicht, wie etwa bei der Nachhilfe oder beim Klavierunterricht, bestimmte Mathematikaufgaben oder Klavieretüden im Zentrum der gemeinsamen Aufmerksamkeit, sondern es geht um die Kinder und Jugendlichen selbst, ihr Leben, ihren Alltag, ihre Sorgen, ihre Ängste, ihren Ärger, ihre Wut, ihre Hoffnungen, ihre Wünsche u.v.m. Das erwachsene Gegenüber gibt zu erkennen, dass es bedeutsam ist, genauer zu erkunden, wie das Kind oder der Jugendliche fühlt und denkt, fragt an bestimmten Stellen nach, bringt seine Beobachtungen ein, stellt vielleicht manchmal Verknüpfungen zu früher Geäußertem her, bringt manchmal komplizierte Geschehnisse in überraschender Weise auf den Punkt, fasst zusammen, findet passende Bilder, Geschichten oder Metaphern, macht bisweilen auf typische wiederkehrende Muster oder auf Veränderungen und Fortschritte aufmerksam usw. In aller Regel hält er sich auffallend zurück mit jenen Kommunikationsformen, die sonst häufig gerade dann den Alltag zwischen Erwachsenen und Kindern bzw. Jugendlichen dominieren, wenn der Anspruch im Raum steht, man müsse nun wirklich einmal ‚erzieherisch tätig werden': Anweisungen, Aufforderungen, Bewertungen, Belehrungen, Befehle, Ermahnungen, Zurechtweisungen, Vorwürfe, Klagen und Drohungen. Ein besonderes Interesse gilt in der Therapiesituation in der Regel den Träumen und den Phantasien. Bilder und Spielszenarien, die im Rahmen der Therapie entstehen, werden ausführlich gewürdigt und auf verborgene symbolische Bedeutungen hin befragt. Immer wieder wird dabei deutlich gemacht, dass das zentrale Anliegen, um das es geht, darin besteht, die Probleme, die das Kind oder der Jugendliche mit sich und seiner Umwelt hat, besser zu verstehen und dass dieses Verstehen eine anspruchsvolle gemeinsame Aufgabe ist.

Dies als Versuch einer knappen Beschreibung dessen, wie das Setting ‚Therapie' wohl aus der Sicht eines Kindes oder Jugendlichen wahrgenommen wird. Natürlich gehört zu diesem Setting auch noch eine andere, für das Kind oder den Jugendlichen kaum direkt wahrnehmbare Ebene, nämlich all das, was im Verlauf dieses Prozesses im Kopf der Therapeutin oder des Therapeuten ständig mitläuft an spezifisch geschulter Wahrnehmung, Intuition und Reflexion und damit an Einordnung des Gesprochenen und Gesehenen, an impliziten oder expliziten Diagnosen der intrapsychischen Konfliktlagen, an Deutung von Symptomen, an Verknüpfungen mit akuten familiären oder lebensgeschichtlich zurückliegenden Problemkonstellationen, an Rekonstruktion von Beziehungsentwicklung, an Generierung von Hypothesen bezüglich sinnvoller Interventionen u.v.m. Hier kommen dann jeweils die spezifischen Theoriekonzepte, Erklärungsansätze, die ‚Sprachspiele' der unterschiedlichen therapeutischen Richtungen zur Geltung. Günther Bittner, der sowohl Erziehungswissenschaftler als auch praktizierender und schreibender Psychotherapeut ist, hat bei seinem Versuch einer Verhältnisbestimmung von Erziehung und Therapie auf Bernfelds Konzept des „sozialen Ortes" zurückgegriffen und die These aufgestellt: „Der Unterschied zwischen Erziehung und Therapie ist nicht durch verschiedene Zielvorstellungen, sondern durch unterschiedliche soziale Orte (Bernfeld 1929, 209) gegeben" (Bittner 1996, 122) und diese These dann folgendermaßen expliziert:

> „Es gibt für den Lehrer in der Schule, den Psychoanalytiker in seinem Sprechzimmer, den Seelsorger eine Reihe von beruflichen Kunstregeln, die den sozialen Ort und die Art von Hilfe, die man dort bekommen kann, präzisieren. Die Aufgabe sehe ich darin, Sensibilität zu entwickeln für diese Kunstregeln – ein Gespür dafür zu gewinnen, was an diesen Orten (in der Schule, in der Analyse, meinetwegen im Beichtgespräch) passend und hilfreich ist. Interventionen, die ins Sinngefüge von Familie, Schule oder anderen pädagogischen Institutionen passen, nenne ich erzieherische; Interventionen, die ins Sinngefüge des ärztlichen (oder psychologischen) Sprechzimmers passen, nenne ich therapeutische. Erziehungswissenschaft bzw. Therapiewissenschaft befasst sich mit der Hermeneutik dieser historisch sich wandelnden Sinngefüge" (ebd., 123).

5.3.6 Pädagogisches Handeln im Rahmen der Psychotherapie – unangemessen oder unverzichtbar?

Es gibt zahlreiche Fallgeschichten aus dem Feld der Kinder- und Jugendpsychotherapie, in denen das Geschehen im therapeutischen Sprechzimmer dokumentiert wird und in denen sowohl das dort herrschende ‚Sinngefüge' als auch die dort geltenden ‚Kunstregeln' deutlich werden. In ihnen wird all das, was sich im Rahmen der therapeutischen Sitzungen konkret ereignet hat, was dort gefragt und erzählt, was phantasiert und imaginiert, was gespielt und gemalt wurde und das, was sich der Therapeut dazu gedacht hat, wie er das Geschehen interpretiert, die Spielhandlungen gedeutet, die Entwicklungsfortschritte bewertet hat, oftmals sehr detailliert geschildert. Zu diesen ‚Kunstregeln' gehört durchaus auch, sich der Unterschiede zwischen psychotherapeutischen und pädagogischen Interventionen bewusst zu sein. Dies bedeutet jedoch wiederum nicht zwangsläufig, dass pädagogische Interventionen im Rahmen therapeutischer Prozesse kategorisch ausgeschlossen wären, wie der nachfolgende „Werkstattbericht" aus der kindertherapeutischen Praxis von Arne Buchartz zeigt, aus dem zum Abschluss einige Passagen präsentiert werden sollen.

Dort wird die Behandlung eines elf-jährigen Jungen namens Ingo beschrieben, dessen Eltern schwer hörbehindert sind und der durch aggressives Verhalten überall ‚aneckt', isoliert ist und keine Freunde hat. In deutlich theoriegetränkter Sprache bringt der Verfasser dann seine diagnostische Einordnung von Ingos Problematik folgendermaßen auf den Punkt:

> „Mir ist aus der Übertragungssituation schnell deutlich, warum der Junge überall aneckt und heftige bestrafende Reaktionen auslöst. Die Fähigkeit zur Empathie ist stark eingeschränkt, die Symbolisierungsfähigkeit im Hinblick auf das Beziehungsgeschehen kaum entwickelt, entsprechend erscheinen die Objektrepräsentanzen verzerrt. Der Junge wirkt wie ständig auf der Hut, er scheint in der Angst zu leben, zu seiner sozialen Umgebung keine Verbindung zu bekommen, zugleich ist eine große Wut zu erkennen, die Aggressionen scheinen aber unter der Herrschaft eines rigiden und unreifen Über-Ichs mühsam unterdrückt zu werden" (Buchartz 2010, 36).

Der Verfasser bringt in seinen Reflexionen zur ‚Psychodynamik' die Genese der Problematik in den Zusammenhang damit, dass das Kind sich schon früh gedrängt sah, Verantwortung für die behinderten Eltern übernehmen zu müssen:

> „Die Herausbildung eines frühen, eine kaum zu bewältigende Anpassung fordernden Über-Ichs dürfte dann prägend gewesen sein bei dem Versuch, die analen Konflikte zu bearbeiten: Eine Autonomie-Entwicklung schien nur durch Abschottung und Rückzug von der sozialen Welt möglich, was aber mit Angst und Schuldgefühlen, wohl auch mit Scham einherging; eine Ich-Integration des triebhaften Geschehens aggressiver Selbstbehauptung konnte nicht gelingen. Auch die libidinösen Konflikte des ödipalen Geschehens konnten nicht gelöst werden, eine weitere aggressive Auflagung des Über-Ichs mit entsprechenden Kastrationsängsten war die Folge, wobei dem Jungen eine Identifikation mit väterlichen Repräsentanzen nur als Identifikation mit dem Aggressor gelang" (ebd.).

Es soll hier nicht diskutiert werden, wie stimmig die Diagnose und wie wohlbegründet die Darstellungen der Genese der Problematik des Jungen sind. Auch die Darstellung des weiteren Therapieverlaufs soll hier nicht weiter verfolgt werden. Offensichtlich ist, dass der Autor, der an seinen Formulierungen unschwer als analytischer Kinder- und Jugendlichenpsychotherapeut zu erkennen ist, sich seiner Einschätzungen und Deutungen durchaus sicher ist und über ein differenziertes Begriffsinventar und über elaborierte theoretische Konzepte zur Rekonstruktion solcher psychischen Fehlentwicklungen verfügt.
Interessant ist dieser Werkstattbericht deshalb, weil der Autor darin aus der Perspektive des Kinder- und Jugendlichenpsychotherapeuten auf das Verhältnis von Therapie und Pädagogik eingeht. Es geht ihm mit seinem Fallbeispiel nämlich primär darum, „die Frage zur Diskussion zu stellen, ob nicht pädagogisches Handeln im Rahmen einer psychoanalytischen Therapie einen unverzichtbaren Platz haben muss – und zwar um der Ziele der Therapie willen" (ebd., 33).

Da die Eltern dieses Jungen selbst schwer hörbehindert und in ihrer Kommunikation mit der Welt deutlich eingeschränkt sind, können sie ihre erzieherische Aufgabe, für ihr Kind als ‚Mittler zur Welt' zu fungieren, kaum angemessen wahrnehmen. So kommt es, dass der Junge, nachdem er Vertrauen zu seinem Therapeuten gefasst hat, diesen mit vielen Fragen bedrängt, die Kinder im Latenzalter sonst typischerweise an ihre Väter adressieren: „Wie funktioniert das Wetter? Warum fallen wir nicht von der Erde? Was ist ein Boxermotor? Wie war das mit den Dinosauriern?" (ebd., 38). Dies führte nun zu folgenden Überlegungen beim Therapeuten:

> „Wie sollte ich therapeutisch damit umgehen? Kann ich einem Kind vermitteln, dass es sich aus therapeutischen Rücksichtnahmen verbietet, Bedürfnisse zu befriedigen, anstatt sie zu deuten und ihm damit eine Realbeziehung zu einem Menschen, in den er Vertrauen gefasst hat, zu verweigern – obwohl er doch um seiner Entwicklung willen dringend eine solche Realbeziehung braucht!?" (ebd.).

Also entschließt der Verfasser sich dazu, Ingo zu ermuntern, sich im Bestand der Kinderlexika und Sachbücher, die in der therapeutischen Praxis vorhanden sind, gemeinsam mit seinem Therapeuten auf die Suche nach Antworten auf seine Fragen zu machen: „Im gemeinsamen Betrachten der Bilder und Lesen der Artikel, im Skizzieren von Naturvorgängen mit Stift und Papier entstand zwischen uns ein Raum, in dem geforscht und etwas erfahren werden konnte" (ebd.). Weiterhin leitet der Therapeut in die Wege, dass Ingo sich einer Pfadfindergruppe anschließt, da er der Überzeugung ist, dass es für den Jungen sehr wichtig ist, einen geschützten Raum für das Erlernen des sozialen Miteinanders unter Gleichaltrigen zu haben, zum Austausch von Befindlichkeiten, Erleben von Gemeinschaft, Vereinbarung von Regeln, Finden von Kompromissen, Klären von Konflikten und manch anderem.

Schließlich sorgt der Therapeut über die Vermittlung eines Gehörlosen-Seelsorgers auch noch dafür, dass sich ein Ehepaar im Rentenalter findet, welches sich bereit erklärt, die Familie zu unterstützen – und bald geht Ingo zwei Mal die Woche zu Herrn J., der sich in großväterlicher Art dem Jungen zuwendet, um ihn bei den Hausaufgaben zu unterstützen.

Zum Schluss zieht der Verfasser folgendes Fazit bezüglich des Verhältnisses von Pädagogik und Therapie:

> „Therapeuten und Pädagogen haben es mit den gleichen Menschen zu tun, mit den gleichen inneren Vorgängen, mit den gleichen psychischen Funktionen und Strukturen. Wenn wir der Pädagogik im Unterschied zur Therapie die ‚äußere' Beeinflussung des Menschen im Alltagshandeln zuschreiben, stimmt das also nicht ganz, denn wir wissen ja, wie intensiv und nachhaltig sich das äußere Geschehen im Unbewussten einnistet. Ebenso wenig können wir der Therapie ausschließlich die inneren Vorgänge als Aufgabe zur Bearbeitung zuweisen, denn umgekehrt kennen wir die enorme Gestaltungskraft

oder die destruktive Potenz unbewusster Phantasien hinsichtlich des sozialen Geschehens und des Verhältnisses zur äußeren Welt" (ebd., 44).

Die aus dem therapeutischen Umfeld stammenden Theoriekonzepte zur Deutung der Funktionsweise des ‚psychischen Apparates', zu den zentralen Entwicklungsknoten der seelischen Entwicklung, zu den seelischen Grundbedürfnissen und den unbewussten Motiven und Strebungen, die den Menschen antreiben, zur Dynamik der konflikthaften Verstrickungen, die zwischen Eltern und Kindern immer wieder vorkommen, zu den seelischen Verletzungen, die ihre Narben und Verhärtungen hinterlassen, zu den psychischen Abwehrmechanismen, mittels derer das Ich sich in der Welt zu behaupten versucht, somit also auch zur möglichst differenzierten Erklärung der Genese der diversen Formen psychischer Störungen sind vielgestaltig und hochelaboriert. Und natürlich lassen sich diese Theoriekonzepte nicht einfach in das ‚therapeutische Ghetto' einsperren, sondern haben, da sie ganz allgemein gesprochen Aussagen darüber machen, wie der Mensch wird, was er ist und welchen Anteil daran günstige oder weniger günstige Umweltkonstellationen und Erziehungsprozesse haben, vielfältig das Interesse von Pädagogen, speziell von Pädagogen, die sich Gedanken für einen förderlichen Umgang mit ‚schwierigen Kindern' machen, gefunden, die ja in besonderer Weise immer wieder vor der Herausforderung stehen, mit schwierigem, abweichendem, unangepasstem und störendem Verhalten von Kindern und Jugendlichen angemessen umzugehen.

Da die Pädagogik bei Verhaltensstörungen sich aber als eine ‚sonderpädagogische Fachrichtung' entwickelt hat, ist sie institutionell primär im Bereich der Ausbildung von Sonderschullehrern angesiedelt. Ihr zentraler Fokus ist somit auf Schule und Unterricht ausgerichtet. Eine so exklusive, dyadische, offene Beziehung wie im therapeutischen Setting ist hier kaum realisierbar. Hier gibt es den strukturierten schulischen Rahmen, die Klasse, den Lehrplan, das Stundenthema, die nächste Probe, die Zeugnisse usw. Hier kann es nicht ausschließlich um die ‚inneren Vorgänge', die Phantasien, Wünsche und Bedürfnisse eines einzelnen Kindes gehen, die in der Therapie in aller Ausführlichkeit, gewissermaßen ‚unter dem Mikroskop', betrachtet werden können. Aber gleichzeitig kann Unterricht mit jenen problembeladenen Kindern und Jugendlichen auch nicht gelingen, wenn diese Sphäre der ‚inneren Vorgänge' völlig negiert oder als gänzlich irrelevant ausgeblendet werden würde. Die Pädagogen in diesem Feld brauchen eine erhöhte Sensibilität für die ‚inneren Vorgänge' ihrer Schüler. Dafür mag die die theoretische und praktische Befassung mit dieser oder jener Form der Psychotherapie durchaus hilfreich sein. Sie reicht aber andererseits sicherlich nicht aus, um im (schul-)pädagogischen Feld erfolgreich zu arbeiten.

Denn dort geht es primär um Lern- und Bildungsprozesse, die sich auf die ‚äußere Welt' beziehen. Wünschenswert wäre, dass auch im Feld der Pädagogik bei Verhaltensstörungen die Abfassung von ‚Werkstattberichten', zur gängigen Praxis gehörte, in denen mit ähnlicher Detailliertheit, Differenziertheit und theoretischer Durchdringung, wie dies in den kindertherapeutischen Fallberichten üblich ist, die individuellen (schulischen) Lern- und Entwicklungsgeschichten von einzelnen Kindern rekonstruiert und zur Diskussion gestellt würden, mit all den dabei zu überwindenden Hürden, Schwierigkeiten und Widerständen und mit Bezug auf die spezifischen Sinngefüge des sozialen Ortes und die Kunstregeln der dort handelnden Professionellen. Dann könnte im Rahmen solcher ‚Werkstattberichte' gewissermaßen spiegelbildlich auch von dieser Seite her die Frage gestellt werden, ob und in welcher Form ‚therapeutische' – d.h. auf die ‚innere Welt' der Schüler bezogene – Impulse und Interventionen im Rahmen des (sonder-)pädagogischen schulischen Settings ihren unverzichtbaren Platz haben müssen – und zwar um der pädagogischen Ziele willen.

Literatur

Ahrbeck, B., Willmann, M. (Hrsg.) (2009): Pädagogik bei Verhaltensstörungen. Ein Handbuch. Stuttgart u.a.

Bittner, G., Ertle, Chr. & Schmid, V. (1974): Schule und Unterricht bei verhaltensgestörten Kindern. In: Deutscher Bildungsrat (Hrsg.): Gutachten und Studien für die Bildungskommission 35, Sonderpädagogik 4. Stuttgart

Bittner, G. (1996): Kinder in die Welt, die Welt in die Kinder setzen. Eine Einführung in die pädagogische Aufgabe. Stuttgart, Berlin, Köln

Bittner, G. (1994): Problemkinder. Zur Psychoanalyse kindlicher und jugendlicher Verhaltensauffälligkeiten. Göttingen, Zürich

Böhm, W. (1992): Über die Unvereinbarkeit von Erziehung und Therapie. In: Vierteljahresschrift für Wissenschaftliche Pädagogik, 68. Jg., 129-151

Brezinka, W. (^{5}1990): Grundbegriffe der Erziehungswissenschaft. Basel

Buchartz, A. (2010): Psychoanalytische Therapie und Pädagogik: Ein Werkstattbericht. In: Heinemann, E., Hopf, H. (Hrsg.): Psychoanalytische Pädagogik. Theorien, Methoden, Fallbeispiele. Stuttgart u.a. 33-44

Bürgemann, S., Reinert, G.-B. (1984): Einführung in die Pädagogische Therapie. Anleitung zu Selbstverwirklichung und Identitätsfindung. Düsseldorf

Doepfner, M., Petermann, F. (2008): Ratgeber psychische Auffälligkeiten bei Kindern und Jugendlichen. Informationen für Betroffene, Eltern, Lehrer und Erzieher. Göttingen

Ertle, Chr., Neidhardt, W. (Hrsg.) (1994): Unterricht mit Kindern in Not. Lehrer helfen ihren schwierigen Kindern. Bad Heilbrunn

Gerspach, M. (1998): Wohin mit den Störern? Zur Sozialpädagogik der Verhaltensauffälligen. Stuttgart, Berlin, Köln

Goetze, H., Neukäter, H. (Hrsg.) (1993): Pädagogik bei Verhaltensstörungen. Handbuch der Sonderpädagogik, Bd. 6. Berlin

Heitger, M. (1994): Pädagogik als Therapie – Therapie als Pädagogik? In: Schaufler, G. (Hrsg.): Schule der Gefühle. Zur Erziehung von Emotion und Verhalten. Innsbruck, Wien. 124-145

Hillenbrand, C. (2008): Einführung in die Pädagogik bei Verhaltensstörungen. München

Holtz, K.L. (2008): Einführung in die systemische Pädagogik. Heidelberg

Kobi, E.E. (1993): Grundfragen der Heilpädagogik. Eine Einführung in heilpädagogisches Denken. Bern, Stuttgart, Wien

Lieb, K., Frauenknecht, S. & Brunnhuber, S. (Hrsg.) (2012): Intensivkurs Psychiatrie und Psychotherapie. München

Mandel, J. (2016): Warum machst du das? Sozial-emotionale Auffälligkeiten von Grundschülern hinterfragen und angemessen reagieren: Fallbeispiele und Lösungshilfen. Mühlheim

Miller, A. (1980): Am Anfang war Erziehung. Frankfurt a.M.

Müller, T., Stein, R. (2017): Exposé zu dem geplanten Band: „Erziehung als Herausforderung", Würzburg. Unveröffentl. Manuskript

Myschker, N., Stein, R. (^{7}2014): Verhaltensstörungen bei Kindern und Jugendlichen. Erscheinungsformen – Ursachen – Hilfreiche Maßnahmen. Stuttgart u.a.

Nohl, H. (1935): Die pädagogische Bewegung in Deutschland und ihre Theorie. Frankfurt a.M.

Reich, K. (1996): Systemisch-konstruktivistische Pädagogik. Einführung in die Grundlagen einer interaktionistisch-konstruktivistischen Pädagogik. Neuwied

Rotthaus, W. (1998): Wozu erziehen? Entwurf einer systemischen Erziehung. Heidelberg

Strümpell, L. v. (1899): Die Pädagogische Pathologie oder die Lehre von den Fehlern der Kinder. Leipzig

Wittrock, M. (Hrsg.) (1998): Verhaltensstörungen als Herausforderung: Pädagogisch-therapeutische Erklärungs- und Handlungsansätze. Oldenburg

Zimmermann, D., Eckert, M. (2016): Traumapädagogik in der Schule: Pädagogische Beziehungen mit schwer belasteten Kindern und Jugendlichen. Gießen

David Zimmermann

5.4 Ein erzieherisches Setting?
Das therapeutische Milieu gestern und heute

5.4.1 ‚Therapeutisches Milieu' als Setting zur Erziehung von Kindern und Jugendlichen mit erheblichen psychosozialen Beeinträchtigungen?

„Die Kindheit verläuft als Resultat der angeborenen Reaktionstendenzen und -weisen auf die vorgefundenen konkreten, zufälligen oder allgemeinen Lebensumstände. Erziehung gibt es nur dort, aber überall dort, wo Kindheit in Gesellschaft abläuft. Ihre Voraussetzungen sind diese zwei: die biologische und die soziale Tatsache" (Bernfeld 1925b, 2013, 47).

Der hier zitierte Gedankengang ist dem Buch „Sisyphos oder die Grenzen der Erziehung" entnommen, welches der Hochphase der frühen psychoanalytischen Pädagogik entstammt. Es steht exemplarisch für ein Erziehungsverständnis, das individuelle (biologische) Voraussetzungen, Beziehungserfahrungen und den sozialen Ort der Entwicklung (institutionell und gesellschaftlich) als miteinander verwoben begreift (vgl. Barth 2010; Müller 1995, 44). Folgerichtig seien nicht nur organische Prädiktoren und unmittelbare Beziehungserfahrungen derart ineinander verschränkt, dass die psychosoziale Entwicklung des Kindes und Jugendlichen nur als Ergebnis der Interaktion beider Aspekte nachvollzogen werden könne. Vielmehr bedürfe eine Rekonstruktion gelungener wie auch in erheblichen Aspekten gescheiterter Entwicklungsverläufe des Einbezugs der konkreten ökonomischen und gesellschaftlichen Rahmenbedingungen und ihrer Institutionalisierungen.

Etwa drei bis vier Jahrzehnte nach der oben zitierten Konzeptualisierung eines derart umfassenden Entwicklungs- und Erziehungsverständnisses und den daraus hervorgegangenen praktischen „Versuch(en) einer neuen Erziehung" – u.a. durch Bernfeld im Kinderheim Baumgarten (vgl. Bernfeld 1921/2012) – erprobten und publizierten Redl und Bettelheim in engem Austausch stehend Konzepte der von ihnen so genannten „Milieutherapie" in mehreren Einrichtungen in den USA (Bettelheim 1950/1990, Redl 1971/1987). In ihrem Fokus stehen Kinder mit ausgeprägter „Ich-Störung" (Redl 1971/1987, 24ff.), bei denen pädagogische Arbeit nicht auf mindestens partiell gute Beziehungserfahrungen zurückgreifen könne:

„Aber da viele unserer Kinder nie vorher die Erfahrung einer bedeutsamen Beziehung gemacht haben, müssen wir uns an unserer Schule auf wirkliche, rechtschaffene Beziehungen stützen. (…) Um sie [das Mädchen Lucille, D.Z.] wieder gesund zu machen, mußten wir ihr die vollständig neue Erfahrung befriedigender menschlicher Beziehungen verschaffen. Erst danach konnte sie ein Bezugssystem aufbauen, das es ihr ermöglichte, die Welt rundum und ihre früheren Erlebnisse zu verstehen" (Bettelheim 1950/1990, 37).

Die sozialen Orte der Entwicklung von Kindern und Jugendlichen mit erheblichen psychosozialen Beeinträchtigungen sind den Grundannahmen der genannten Autoren folgend in zweierlei Hinsicht aus den Fugen geraten: einerseits durch die umfassende Erfahrung des Missbrauchs des kindlichen Vertrauens, mithin vielfach durch interpersonale traumatisierende Erfahrungen (vgl. Müller 2017, 96); andererseits durch soziale Deprivation aufgrund von Armut, Ausgrenzung und Stigmatisierung (vgl. Bernfeld 1926/2013; Herz 2015, 69). Korrigierende Erfahrungen bedingten folgerichtig nicht nur stabile und anerkennende Beziehungen, sondern auch heilsame pädagogische Institutionalisierungen, in denen die psychosozial beeinträchtigten Kinder und Jugendlichen sich als Subjekte ihrer Entwicklung – gleichsam eingebunden in Gemeinschaft – erleben können.
Dies ist ein ganz wesentlicher konzeptioneller Aspekt institutionalisierter Erziehung mit hoch belasteten Kindern und Jugendlichen. Der „affektive Relationskontext" (Hirblinger 2017, 57) einer asymmetrischen Beziehungsstruktur kann nur dann seine förderliche Kraft entfalten, wenn Kinder und Jugendliche zumindest anteilig positive Beziehungserfahrungen auf das erwachsene Gegenüber übertragen, mithin unbewusst auf vergangene gute Beziehungserfahrungen zurückgreifen können. Ist dies nicht der Fall, muss die gesamte Einrichtung, das umfassende Milieu, zu einer „Affektstätte für die Kinder werden" (Dörr 2016, 46). Nur auf dieser Basis kann sich die korrigierende Beziehung zwischen Erwachsenem und Kind entwickeln.
Die Entwicklungen der Psychoanalytischen Pädagogik vertiefend, bilden die von Redl und Bettelheim geleiteten „weltweit beachteten Modelleinrichtungen" (Fatke 1995, 83) des therapeutischen Milieus eine in der Geschichte und Gegenwart der Psychoanalytischen Pädagogik verankerte, gleichwohl mittlerweile in vielfältigen Kontexten terminologisch und/oder konzeptionell genutzte Basis.
Im vorliegenden Beitrag sollen zentrale konzeptionelle Aspekte mit dem Fokus auf außerschulische Erziehung von erheblich beeinträchtigten Kindern und Jugendlichen diskutiert werden[1]. Im Mittelpunkt steht dabei die Frage, wie der ‚so-

---

1 Auch für die schulische Erziehung liegen theoretische Entwürfe und praktische Versuche vor, die sich am Paradigma des ‚Therapeutischen Milieus' orientieren (Hußlein 1983; Möhrlein, Hoffart 2018). Aus platzökonomischen Gründen steht in diesem Beitrag die außerschulische Erziehung im Fokus.

ziale Ort' der Entwicklung durch ein umfassendes ‚therapeutisches Milieu' derart um-akzentuiert werden kann, dass es zu nachhaltigen psychosozialen Verbesserungen der Kinder und Jugendlichen kommen kann.
In Kapitel zwei wird deshalb der Frage nachgegangen, in welcher Beziehung die Termini ‚therapeutisch' und ‚erzieherisch' zueinander stehen. Da dies vor allem im Kontext psychoanalytisch-pädagogischer Theoriebildung von Interesse war und ist, bildet der diesbezügliche Diskurs die wichtigste fachwissenschaftliche Bezugsgröße. In Kapitel 5.4.3 wird die ursprüngliche Konzeption des ‚therapeutischen Milieus' bei Redl und Bettelheim vorgestellt, um anschließend Beispiele der ‚Wiederentdeckung' jenes pädagogischen Paradigmas in der aktuellen Pädagogik bei psychosozialen Beeinträchtigungen aufzugreifen. Schließlich kann es nicht ausbleiben, Grenzen und Schwächen des Konzepts und seiner Praxis (historisch und zeitgenössisch) zu diskutieren und somit partiell eine Antwort darauf zu suchen, ob es für die Akteure der Arbeit mit ‚schwierigen Kindern' von Belang ist, ob hier von pädagogisch-therapeutischem, therapeutischem oder erzieherischem Milieu die Rede ist (5.4.4).

5.4.2 Therapie und/oder Erziehung: Terminologisches Spiel oder Definition professioneller und organisationaler Identität?

Der Untertitel von Redls Publikation „Erziehung schwieriger Kinder" (1971/1987) lautet „Beiträge zu einer psychotherapeutisch orientierten Pädagogik". Psychoanalytisch fundiertes, therapeutisches Handeln wird so bereits mit der Betitelung zu einem Grundprinzip einer Praxis mit erheblich beeinträchtigten Kindern erhoben. Die Ausbuchstabierung des ‚therapeutischen Milieus' als Rahmenkonzeption für äußere Organisation und Beziehungsgestaltung bildet einen Schwerpunkt der auch für rezente Erziehungskonzeptionen gehaltvolle Impulse liefernden Schrift. Damit wird in gewisser Weise die Zuspitzung eines Diskurses initiiert, der die Entwicklung psychoanalytisch fundierter Pädagogik seit ihren Anfängen durchzieht. Zwar äußert bereits Freud (im Geleitwort zu Aichhorns 1925/1977, sieben publizierten Vorlesungen „Verwahrloste Jugend") die Annahme: „von allen Anwendungen der Psychoanalyse hat keine soviel Interesse gefunden, soviel Hoffnungen erweckt und demzufolge soviel tüchtige Mitarbeiter herangezogen wie die auf die Theorie und Praxis der Kindererziehung". Ungeklärt blieb jedoch die Frage, in welcher hierarchischen oder nicht-hierarchischen Beziehung die Psychoanalyse und die Pädagogik dabei zueinanderstehen und ob die jeweiligen Paradigmata der Disziplinen überhaupt vereinbar seien. Trescher formuliert folgerichtig:

> „Die Psychoanalytische Pädagogik ähnelt (…) einem Kind, das von seinen potentiellen Eltern, der Psychoanalyse und der Pädagogik, wenn nicht gerade verleugnet, dann doch gleichermaßen misstrauisch beobachtet, ja manchmal sogar als illegitim betrachtet wird" (Trescher 1992, 197).

In den ersten Jahrzehnten des 20. Jahrhunderts und somit am Beginn der Entwicklung der Disziplin „Psychoanalytische Pädagogik" galt die eigene Psychoanalyse von Lehrkräften und Erziehern als Mittel der Wahl, insbesondere, um triebbezogene Konflikte der Kinder besser zu verstehen. Zumindest mit Blick auf die Professionalisierung wird dem therapeutischen Aspekt demnach ein Primat gegenüber erzieherischer Qualifikation eingeräumt. „Ein Erzieher kann nur sein, wer sich in das kindliche Seelenleben einfühlen kann, und wir Erwachsenen verstehen die Kinder nicht, weil wir unsere eigene Kindheit nicht mehr verstehen" (Freud 1913/1996, 419).

Ohne, dass die grundlegende Bedeutung (biografischer) Selbstreflexion in Abrede gestellt wird, können etwa ab 1920 durch die Etablierung psychoanalytischpädagogischer Institutionen durch Aichhorn, Bernfeld oder Zulliger die Spezifika des pädagogischen Bezugs und ihres Rahmens in Abgrenzung zur therapeutischen Situation stärker herausgearbeitet werden. Psychoanalytisch fundierte erzieherische Arbeit wird somit deutlich pointierter nicht mehr nur auf der Ebene der Zwei-Personen-Beziehung verortet, sondern ebenso auf der institutionellen und strukturellen Ebene verankert: „Und dieser Rahmen trägt den psychoanalytischpädagogischen Diskurs mit seinen averbalen und später verbalen Elementen" (Bittner 1995, 57).

Nicht die grundlegenden Psycho- und Soziodynamiken grenzen diesem Verständnis nach die erzieherische Situation von der therapeutischen Situation ab, auch nicht die Haltung der Professionellen, das „Bewegtsein vom Unbewussten" (Bittner 2015, 39). Vielmehr ist es der stets präsente Bezug zum Hier und Jetzt in der pädagogischen Situation, ihren institutionellen Regeln und (meist) ihrem Bezug zu den Bedürfnissen der Gesamtgruppe. Ebenso sind pädagogische Fachkräfte im Rahmen ihrer institutionellen Aufträge oft unausweichlich in die Lebensrealität ihrer Klienten verwickelt, müssen sogar an deren Verbesserung aktiv mitwirken, während das für die Therapie in dieser Form nicht gilt (vgl. Müller 2013, 257; Zimmermann et al. 2017).

Der Untertitel von Redls „Erziehung schwieriger Kinder" ist nunmehr insofern markant, als nicht primär die Frage des übergeordneten Theoriegebäudes (Pädagogik oder Psychoanalyse) in den Blick genommen wird; Redl gilt hier als klarer Vertreter eines verbindenden Denkmodells. Eher stellt sich die Frage, ob die „psychotherapeutische Orientierung" als konkrete Haltungs- und Handlungsprämisse für Fachkräfte zu verstehen sei. So könnte etwa angenommen werden, es würde ein Primat der therapeutischen Abstinenz vor der Bereitschaft zur Verwicklung geben oder die Entwicklung der Kinder würde primär über die Zwei-Personen-Beziehung zur pädagogischen (therapeutischen) Fachkraft und weniger über die Gruppendynamik definiert (vgl. Dörr 2017). Fatke (1995, 89f.) folgend sollte jedoch eher aus anderer Perspektive argumentiert werden: Das therapeutische Setting wird bereits im Untertitel der Pädagogik untergeordnet. Pädagogisches

Verstehen und Handeln ermögliche gerade die Einheit von Erziehung, Beratung und Therapie. Die Bezugnahme zur psychoanalytischen Ich-Psychologie und ihrer therapeutischen Zugriffe und die Orientierung an der äußeren Realität als Rahmen des Milieus und Ziel erzieherischen Handelns bilden dieser Argumentation folgend keinen Widerspruch, sondern belegen die umfassende Aufgabe der Erziehung im Kontext psychosozialer Beeinträchtigungen, die Rahmen, therapeutische Beziehungsarbeit und die erzieherische Arbeit in und an Gruppen umfasst (vgl. Bittner 2015, 34f.).

Eine eigenständige psychoanalytische Erziehungstheorie ist jedoch weder in den 1920er/1930er Jahren noch heute in Sicht. Wie genau die „Psychoanalyse des Kindes (…) von der Erziehung als Hilfsmittel herangezogen" (Freud 1925) werden kann, bleibt weitgehend unklar (vgl. Hierdeis 2016, 48). Die Machtergreifung der Nationalsozialisten, der Anschluss Österreichs und die damit verbundene Emigration der Vertreter der Psychoanalytischen Pädagogik führen in der ersten Hochphase der Fachdisziplin zudem zum weitgehenden Abbruch der fachwissenschaftlichen Entwicklung.

Es wäre folgerichtig mehr als vermessen, den differenzierten und durch ein „enormes Anwachsen von Positionen und Meinungen schwer bestimmbar gewordenen" (Bittner 2015, 34f.) Diskurs um Psychoanalyse und Pädagogik, um Therapie und Erziehung im Rahmen eines Einzelbeitrags in Schlussfolgerungen zu überführen. Als sicher kann gelten, dass die erzieherische Praxeologie sich hinsichtlich ihrer Rahmung und der Ausbuchstabierung des „affektiven Relationskontexts" zentral auf pädagogische Paradigmata beziehen muss (vgl. Benner, Stepkowski 2013). Ob in der Arbeit mit Kindern und Jugendlichen mit erheblichen psychosozialen Beeinträchtigungen die zusätzliche Bezugnahme zur ‚therapeutischen' Haltung und dem entsprechenden Handeln notwendig ist oder ob dies ebenso in eine originär „erzieherische Professionalität" übersetzt werden könnte, kann nicht abschließend beantwortet werden (vgl. Datler et al. 2009).

5.4.3 Das Therapeutische Milieu als Praxis psychoanalytischer Pädagogik
Konzeptionelle Grundlagen

Die frühe psychoanalytische Pädagogik ist durch einen weitreichenden (und in den oft nur kurz existierenden Institutionalisierungen nicht unbedingt bestätigten) Optimismus hinsichtlich der (nachholenden) Erziehung von psychosozial belasteten Kindern und Jugendlichen gekennzeichnet. Dieser Optimismus bezieht sich jedoch nur auf institutionelle Rahmungen, die sich durch „Optimalstrukturen" (vgl. Datler, Schedl 2016) auszeichnen:

> „Man muß sie [die Kinder, D.Z.] nur ihrem Milieu entreißen, sie in eine wohlgefügte Kindergemeinschaft einreihen, in ihnen durch geduldiges Liebe-Erweisen Gegenliebe wecken und sie durch konsequentes Versagen, das ihren primitiven, so erwachenden

Liebeszielen auferlegt wird, nötigen, sich mit dem Lehrer, den Kameraden, der Gemeinschaft zu identifizieren (…). Angesichts dieser Bereitschaft zum Verzicht, dieser weitgehenden, leicht erreichbaren Wandelbarkeit, Erziehbarkeit des Kindes, in dem geeigneten Milieu wohlgemerkt, ist die eine große Möglichkeit der Erziehung gegeben: die Organisierung des Kinderlebens in eigenen Institutionen, die für eine überwältigende Mehrzahl aller Kinder Entfaltung, Blüte, Harmonie bringt" (Bernfeld 1925/2013, 128f.).

Die Verschränkung dreier nunmehr bereits bekannter pädagogischer Aspekte kennzeichnet derartige Optimalstrukturen:
- korrigierende Beziehungserfahrungen, die ein hohes Maß reflexiver Professionalität bei den dort Tätigen voraussetzen;
- eine sensible und bewusste Nutzung der Gemeinschaft als ebenso korrektive Erfahrung zur erlittenen „Verwahrlosung und Verwilderung" (vgl. Bernfeld 1925/2013, 128);
- eine sichere institutionelle Rahmung.

Unter Bernfeld'scher (marxistisch und psychoanalytisch geprägter) Perspektive muss mit solchen Institutionalisierungen der Erziehung auf die Veränderung gesellschaftlicher Zustände hingearbeitet werden, wenn eine nachhaltig wirksame korrigierende Arbeit an den beschädigten Identitäten der Kinder und Jugendlichen ermöglicht werden soll. Ein derartiges, die sozio-ökonomischen Verhältnisse fokussierendes Milieu stellt einen Gegenentwurf zur gegebenen Schulstruktur dar, welcher Bernfeld einen institutionell und professionell bedingten Konservatismus bescheinigt (vgl. Bernfeld 1925/2013, 102ff.).
Allerdings hatten Bernfeld und Aichhorn mit ihren Konzeptionen und in ihren Einrichtungen weniger die (früh) traumatisierten, misshandelten Kinder und Jugendlichen im Fokus, deren Verhalten als Ausagieren nicht-erträglicher innerpsychischer Konflikte zu verstehen ist. Primär ging es ihnen um die Entwicklung so genannter „verwahrloster" junger Menschen (Müller 1995, 47). Im Falle des Kinderheims Baumgarten waren viele der dort lebenden Jugendlichen jüdische Emigranten aus den ehemals zur K.u.K.-Monarchie gehörigen Gebieten und nicht selten ohne Familie nach Wien gekommen (vgl. Barth 2010). Ohne das Leid dieser jungen Menschen zu bagatellisieren, kann begründet argumentiert werden, dass zahlreiche dieser Kinder und Jugendlichen durchaus auf mehr oder minder stabile und zumindest partiell gute innere Repräsentanzen zurückgreifen konnten. Wie eingangs skizziert, griff der ebenfalls aus Wien stammende (mit Bernfeld nur flüchtig bekannte und primär durch Aichhorn beeinflusste und 1936 in die USA emigrierte) Redl etwa 30 Jahre danach wesentliche Aspekte jener milieutherapeutischen Konzeptionen zunächst in der Leitung des „Pioneer House", eines Erziehungsheims in einem Elendsviertel in Detroit und später in der Ausgestaltung der

Kinderstation in einem psychiatrischen Krankenhaus auf. Hierbei hatte er jedoch eine andere Gruppe von jungen Menschen im Blick als Bernfeld:

> „Dieses Konzept machte es außerdem möglich, psychiatrisch schwer gestörte, präpsychotische Kinder aufzunehmen. Sie waren zwischen acht und zehn Jahre alt, normal intelligent, ohne nachweisbare physische Schäden. Ihr Verhalten zeichnete sich durch einen extrem hohen Grad von Aggressivität und Zerstörungswut aus; darüber hinaus waren sie mit erheblichen Lernstörungen belastet. Hier arbeitete Redl vor allem die Konzepte des ‚therapeutischen Milieus', des ‚Lifespace Interview' (…) und der ‚gruppenpsychologischen Ansteckung' weiter aus" (Fatke 1995, 92).

Er hatte es demnach mit jungen Menschen zu tun, „gegen die sich die Verwahrlosten in Wien um 1920 geradezu harmlos ausnahmen und die für keine der üblichen sozialpädagogischen Einrichtungen mehr tragbar waren" (Fatke 1987, 19). Obwohl die zweite genannte Institution in einer eher klassischen psychiatrischen Klinik beheimatet war, erinnern weder die Sozialstruktur (insbesondere die generativen Beziehungen) noch die Reglementierungen des Alltags an die Goffman'schen „Totalen Institutionen" (vgl. Goffman 1973/2016). So unterliegen die Bewohner nicht der Kontrolle einer einzelnen zentralen Autorität; Tätigkeiten und Äußerungen sind nicht exakt geplant, es gibt keine strukturellen Reglementierungen oder Strafen für den Regeln widersprechendes Verhalten.

> „Unser Projekt in Bethesda [Ort des Krankenhauses, einem Vorort von Washington D.C., D.Z.] war absichtlich möglichst weitgehend nach dem Modell eines amerikanischen Ferienlagers gestaltet; dieses schien mir als einzige der mir bekannten Einrichtungen dieser Art eine Struktur zu haben, in der Kinder mit einer großen Anzahl von Erwachsenen vertraut werden, die für sie ähnliche Rollen wie große Brüder oder Eltern verkörpern, ohne daß jedoch ein Äquivalent zum Familienleben vorgetäuscht wird" (Redl 1971/1987, 86).

Das Vorbild des Ferienlagers ist für das Verständnis der Beziehungsstrukturen im therapeutischen Milieu hoch bedeutsam. Folgt man jener Terminologie nicht analytisch, sondern im Sinne freier Assoziation, so werden nicht wenige Menschen damit Autonomie- und Freiheitserfahrungen verbinden; andere dürften eher die durchaus ausgeprägte Hierarchie, nicht selten auch ein System von Belohnung und Bestrafung zwischen Peers erinnern. Um Letzteres geht es Redl jedoch nicht, vielmehr dürfte er mit jenem Vergleich insbesondere auf die Bedeutung der Gemeinschaft der Gleichaltrigen abzielen (Redl 1971/1987, 76; Dörr 2017). Die Begründungen für diese Vielzahl an notwendigen korrigierenden Beziehungserfahrungen liefert Redl in zahlreichen Fallgeschichten, in denen die umfassende Bedürftigkeit der Kinder und Jugendlichen herausgearbeitet wird, die nicht durch eine einzelne interpersonale Erfahrung korrigiert werden könne.

Bettelheim, auch er aus Wien stammend und nach einer allem Ermessen nach traumatisch wirkmächtigen Haft im Konzentrationslager Dachau 1939 in die USA emigriert, leitete von 1944-1973 die „Sonia Shankman Orthogenic School" in Chicago (vgl. Göppel 1995). Auch er widmet sich der „Rehabilitierung sehr schwer gestörter Kinder" (Bettelheim 1955/1991, 8). Besonders stark arbeitet Bettelheim das heilsame Zusammenspiel der physischen Umgebung eines Milieus einerseits und der Beziehung zu Peers und Erwachsenen andererseits heraus:

> „Der physische Rahmen einer Anstalt gewinnt erst dann seine größte persönliche Bedeutung für die Kinder, wenn er immer mehr zu der Umwelt wird, in der konstruktives Leben vor sich gehen kann – zum sicheren Mittelpunkt ihres Lebens, in dessen Sicherheit sie von Ausflügen in die Außenwelt zurückkehren können und in dessen Mauern sie das Gefühl haben, daß nichts wirklich Schlimmes geschehen kann" (ebd., 24).

> „Die Sicherheit emotional gestörter Kinder ist von der greifbaren Gegenwart schützender Gestalten abhängig" (ebd., 29).

Die sozialpädagogische Grundkonstruktion der drei genannten Einrichtungen (‚Ferienlager'), in der Räumlichkeit, Gruppenstruktur und erzieherisches Verhältnis miteinander verschränkt sind und die auf vielfältige menschliche Beziehungen als heilsamen Faktor setzen, sollte jedoch keinesfalls darüber hinwegtäuschen, dass der fachliche und menschliche Anspruch an die erwachsenen Beziehungspersonen ausgesprochen hoch angesiedelt war. Eine heute gängige Unterscheidung von Professionen und Professionalitäten findet weder bei Redl noch Bettelheim statt. Nicht zuletzt in der Konzeptualisierung des „Life-Space-Interviews" (Redl 1971/1987, 48ff.) zeigt sich vielmehr, dass erzieherische, beraterische und therapeutische Professionalität untrennbar aufeinander bezogen gedacht werden.

> „Er [Redl, D.Z.] erkannte früh die Gefahr, die daraus erwächst, daß Kinder aus den pädagogischen Zusammenhängen heraus, in denen die Probleme entstehen oder sich zumindest manifestieren, in beratende oder therapeutische Zusammenhänge zur Bearbeitung eben dieser Probleme verwiesen werden" (Fatke 1995, 89).

Auf der Basis einer psychoanalytisch fundierten Verschmelzung erzieherischer und therapeutischer Professionalität gelingt es – zumindest theoretisch – den weitgehend unbewussten Bedürfnissen der Kinder und Jugendlichen ausreichend Raum zu verschaffen und gleichsam partiell dem Bewusstsein zugänglich zu machen, um das ‚Ich' der Kinder und Jugendlichen nachhaltig zu stärken. Noch weitergehend: Das, was heute wohl am ehesten als ‚Erlebnispädagogik' bezeichnet würde – eben das Ferienlager – kann als solches in der Arbeit mit Kindern und Jugendlichen mit ‚Ich-Störungen' keine Wirkung entfalten, da das Verstehen von (schwer beeinträchtigten) Subjektlogiken und den angemessenen Reaktionen hier nicht ausreichend Raum einnähme. Eine enge Beziehung zwischen Professionellen und Kindern bzw. Jugendlichen ist Voraussetzung für gelingende Beziehungsarbeit und damit für Entwicklung im Kontext des therapeutischen Milieus (vgl. Fatke 1995, 99f.). Redl selbst schreibt dazu:

> „Zur Erziehung bedarf es einer festen Bindung an die erziehende Person und bestimmter Methoden, diese Bindung unmittelbar zur Triebeinschränkung auszunutzen. Was hier aber geschieht, verlangt eine andere Verwendung der bestehenden affektiven Bindungen, nämlich nicht zur Triebeinschränkung oder Triebbefreiung, sondern zum Bewußtmachen von Triebregungen und zum Erfassen des Unbewussten überhaupt. Dazu ist vor allem der Verzicht auf jedes autoritative Verhalten nötig. Was wir brauchen und herstellen, ist ein Stück ‚analytischer Situation', wenigsten als Ausgangspunkt unserer Arbeit" (Redl 1978, 94f.).

Hierbei ist die Ablehnung der Unterscheidung von ‚Triebeinschränkung' versus ‚Triebbefreiung' besonders bedeutsam, da sie gegenwärtig vielfach als Distinktionsmerkmal von pädagogischer zu therapeutischer Praxis genutzt wird. Die Frage des ‚Bewußtmachens von Triebregungen' bedürfte einer genaueren und kritischen Analyse. Gleichwohl setzt Redl hier Akzente, die Bittner heute folgendermaßen umschreibt:

> „Jeder macht zuerst einmal seinen pädagogischen Job als Lehrer, Sozialpädagoge oder was immer so gut er kann. Aber die Art und Weise, wie er das tut oder auch, wie er wissenschaftlich darüber reflektiert, verändert die Basis dessen, was ich zuvor etwas unbeholfen den ‚psychoanalytischen Ich-Zustand' nannte: Er erlaubt sich, bei sich selbst und anderen Dinge zu sehen, die nicht gesehen werden wollen, sich überraschen zu lassen von Unerwartetem, gefühlsmäßig spontan auf Situationen zu reagieren und sie kognitiv neu zu strukturieren" (Bittner 2015, 39).

Mit der Ausbuchstabierung des therapeutischen Milieus und seiner Wirkfaktoren werden implizit mehrere psychoanalytisch-(-pädagogische) Konzepte angebahnt, die für die Arbeit mit Kindern und Jugendlichen mit erheblichen psychosozialen Beeinträchtigungen maßgeblich sind. Während ihre Bedeutung für die Erziehung dieser Gruppe an anderer Stelle genauer zu diskutieren wäre, sollen sie hier in Form von Schlaglichtern eingebracht werden:

- Bewusster Umgang mit (projektiver) Identifizierung: Die pädagogische Fachkraft stellt sich mit nahezu unerschütterlicher Konstanz als Identifikationsobjekt zur Verfügung, da bei früh traumatisierten/missbrauchten Kindern keine guten inneren Repräsentanzen vorliegen und sie sich somit weitestgehend neu mit der schützenden, ‚unzerstörbaren' Beziehungsperson identifizieren müssen. Kommt es zur Projektion für das Kind unaushaltbarer, nicht symbolisierter innerer Anteile auf die pädagogische Fachkraft, wird der circulus vitiosus unterbrochen, in dem die erwachsene Person nicht analog zur Projektion wütend, ablehnend oder aggressiv reagiert, sondern wiederum schützend und zugewandt (vgl. Finger-Trescher 1992). „Die projizierende Person lernt auf diese

Weise, dass die Gefühle, die für sie zunächst unerträglich sind, durch ‚Verdauen und Aushalten' erträglich werden können" (Schmidt-Löw-Beer, Datler 2012, 184). Der zentrale Beitrag des Milieus zur Verhinderung der in der projektiven Identifizierung angelegten Eskalationsspiralen wie auch so genannter „Goldener Fantasien" (d.h. Rettungsfantasien) auf Seiten der Fachkräfte (Cohen 2004, 51-65) besteht darin, dass die Kinder und Jugendlichen in Gemeinschaft leben sowie zu mehreren Erwachsenen in engem Kontakt stehen.

- Containment: Die für das Kind oder den Jugendlichen unaushaltbaren Affekte (die nicht bewusst repräsentiert sind) werden im Kontext einer schützenden Beziehung von den Erwachsenen aufgenommen und in aushaltbare Formen des Affekts transformiert. Hierdurch findet zunächst eine Entlastung der jungen Menschen statt. In Gestalt der aushaltbaren (Teil-)Elemente können die affektiven Beteiligungen an die jungen Menschen zurückgespiegelt werden, die somit nach und nach Zugriff auf zentrale Aspekte ihrer inneren Welt bekommen (vgl. Bion 1961/1992). Über das Zwei-Personen-Geschehen hinaus ermöglicht das Milieu wiederum die umfassende Erfahrung von Entlastung und Entwicklung.
- Fördernder Dialog: Konflikthafte Szenen, in denen die Fachkraft zentrale Erlebensmodi des betreffenden Mädchens oder Jungen erkennt, werden in unmittelbarer zeitlicher Nähe und inhaltlich im ‚Hier und Jetzt' verankert thematisiert. Die Bereitschaft zur Bewusstmachung von Unbewusstem als Beitrag zur Entwicklung von Ich-Strukturen wird in Redls (1971/1987, 48-71) Konzeption des Life-Space-Interviews besonders deutlich. Aushaltbar und ertragreich kann diese pädagogische Methode jedoch wiederum nur sein,

„indem der Zerrissenheit ein einheitlich auf den pädagogisch-therapeutischen Zweck hin durchgestaltetes Milieu entgegengesetzt wird, das den Kindern ein stetiges, allgegenwärtiges, zur Verinnerlichung geeignetes Objekt anbietet, um dessen Bild sie ihre Persönlichkeit neu ordnen und diese zu einer Einheit zusammenfügen können" (Fatke 1995, 100).

Milieu und Life-Space-Interview bedingen sich wechselseitig. Die Wirkung des Milieus auf das konkrete Kind bleibt eher ungewiss. Die generative Beziehungsarbeit mit der Methode des Life-Space-Interviews erhöht die Bereitschaft, das Milieu als schützend und fördernd zu verinnerlichen – insofern es in angemessenem Ausmaß haltende und zumutende Aspekte verbindet:

„Jede Anwendung einer umfassenden Milieutherapie, als Unterstützung der Individualtherapie oder für sich allein durchgeführt, wird mit den Kenntnissen und dem Geschick stehen oder fallen, mit dem die Erzieher, Lehrer oder Therapeuten im Leben der Kinder die Aufgaben des ‚Life Space Interviews' erfüllen" (Redl 1971/1987, 53).

Zur aktuellen Relevanz des ‚Therapeutischen Milieus'

Eine aktuelle Monografie von Gahleitner (2017) trägt den Titel „Das pädagogisch-therapeutische Milieu in der Arbeit mit Kindern und Jugendlichen" (interessanterweise ist der Begriff ‚pädagogisch' hier erst in der neuesten Auflage hinzugefügt worden, während in der Erstauflage lediglich von ‚therapeutisch' die Rede war). Im Kontext psychoanalytischer Sozialarbeit liegen zwar nicht in großer Zahl, aber dennoch für den Fachdiskurs mit einiger Reichweite ausgestattet, Publikationen zur „Bindestrich"-Arbeit von Therapie und Erziehung vor (vgl. Becker 2005, Wolf 2017). Eine auf vier Bände angewachsene Reihe des „Arbeitskreises therapeutischer Wohngruppen Berlin" verweist auf die praktische Relevanz des therapeutischen Milieus in der außerschulischen Erziehungsarbeit, spezifisch in der stationären Jugendhilfe (vgl. Arbeitskreis der therapeutischen Jugendwohngruppen Berlin 2005).

Besonders prägnant (sowie institutionell und personell eng mit den therapeutischen Wohngruppen verbunden) wird im Kontext der zunächst aus sozialpädagogischer Praxis heraus entstandenen Traumapädagogik auf Milieukonzeptionen Bezug genommen. Das Paradigma des ‚Sicheren Orts' ist in mannigfaltiger Hinsicht an das „Therapeutische Milieu" angelehnt, wenngleich zentrale Aspekte darin sträflich vernachlässigt werden. Letzterer Aspekt wird in der Folge noch genauer thematisiert.

Interessanterweise bezog sich diese in der pädagogischen Praxis entstandene Subdisziplin zunächst in erheblichem Maß auf therapeutische Konzeptionen, etwa die Psychoimaginative Traumatherapie (vgl. Krüger, Reddemann 2007), während die originär pädagogischen Bezüge, etwa aus der Allgemeinen oder Psychoanalytischen Pädagogik oder der materialistischen Behindertenpädagogik erst nach und nach in die Konzeptualisierungen einbezogen wurden (vgl. Kühn, Bialek 2017; Zimmermann 2017). Gerade von Vertretern der Traumapädagogik mit psychologischer/psychotherapeutischer Grundausbildung wird nicht selten eher abstrakt die Bedeutung des pädagogischen Alltags (mithin des ‚Milieus') benannt; das scheinbar förderliche Geschehen jedoch wird in therapeutischen Kategorien analysiert (z.B. über Traumakonfrontationsmethoden), das Beziehungsgeschehen allzu oft in eins-zu-eins-Dimensionen gedacht (vgl. Hantke 2015). Dennoch: Insbesondere in den Konzepten der therapeutischen Wohngemeinschaften lassen sich zahlreiche Leitgedanken des ‚therapeutischen Milieus' wiederfinden. Neben strukturellen Aspekten (Gestaltung der Wohnräume, flexible Aushandlung von Normen und Regeln, feste Bezugspersonen) soll die enge Verzahnung von therapeutischer und erzieherischer Praxis auch hier die Möglichkeit bieten, die regelhaft hoch belastete und nahezu immer durch regressive Bedürfnisse geprägte innere Welt und die äußere Realität (die den Heranwachsenden eine erhebliche Reife abverlangt) miteinander zu verbinden (vgl. Lindauer 2005). Im Unterschied zu den von Redl und Bettelheim geleiteten Einrichtungen sind die Funktionen der Erziehung und Therapie jedoch in aller Regel personell getrennt. Dies soll – so zumindest die Begründung wichtiger Vertreter dieser Wohnform – nicht immer ein Nachteil für die Klienten sein:

> „Um sowohl für die BewohnerInnen als auch für die Teammitglieder die wichtige Rollen- und Aufgabenklarheit zu gewährleisten, kann das Zusammenwirken am therapeutischen Milieu daher nach verschiedenen Daseinsräumen differenziert werden: In der ‚inneren Welt' v.a. in der Therapie, in der ‚äußeren Welt' mit allem, was den Alltag und die Struktur außerhalb der Wohngemeinschaft betrifft, und im ‚Übergangsraum' mit allem, was das (Zusammen-)Leben in der Wohngemeinschaft angeht. Das Team aus SozialpädagogInnen, (Sonder)PädagogInnen, ErzieherInnen, PsychologInnen und PsychotherapeutInnen arbeitet dafür in unterschiedlichen Settings (Einzelsetting, Gruppensetting oder Teilgruppensetting) und mit unterschiedlichen Arbeitsschwerpunkten" (Gahleitner et al. 2005, 95).

Dieser Argumentation folgend, hilft die strukturelle und personelle Trennung der Settings den Bewohnern, innere von äußerer Welt zu diskriminieren. Dies mag ein sinnvoller Gedankengang sein, der der Wahrnehmung vieler Fachkräfte entspricht, dass die Jugendlichen auch Beziehungspersonen benötigten, die ausschließlich ‚gut' seien und keine Forderungen an die Jugendlichen stellten. Gleichwohl bestehen gut begründbar erhebliche Gefahren mit Blick auf dann nur schwer aushaltbare Projektionen gegenüber den das Realitätsprinzip vertretenden Beziehungspersonen und Spaltungsprozesse hoch belasteter Jugendlicher, die sich nicht selten auch institutionell reinszenieren. Dies geschieht sehr häufig, wenn Teams mehr gegen- als miteinander arbeiten und sich strukturelle Ungleichgewichte (etwa mit Blick auf die Bezahlung) in wechselseitigem Unverständnis bis hin zum Hass zwischen Berufsgruppen widerspiegeln. Eine Dichotomisierung von therapeutischem und erzieherischem Zugriff liegt zumindest nahe, wenn Gahleitner und Krause-Lanius (2012, 49) schreiben: „Einrichtungen, in denen es gelingt, pädagogisches Handeln und therapeutisches Verstehen derart in Einklang miteinander zu bringen, scheinen daher die größte Erfolgsquote zu haben." Verbal wird so das Pädagogische auf Agieren begrenzt, während das Therapeutische ebenso verkürzt auf ‚Verstehen' limitiert wird. Perspektivisch müsste es angesichts der ohnehin unübersehbaren professionsspezifischen Unterschiede und Gräben wohl eher darum gehen, das ‚Verstehende' als Grundprinzip der Erziehung besonders zu betonen, das aktiv Handelnde, in die soziale Realität Verstrickte hingegen als unvermeidbaren Teil von Therapie mit hoch belasteten Menschen zu definieren. Die personell verteilte Interdisziplinarität mag demnach mancherorts konzeptionelle Gründe haben, dürfte meist jedoch den unterschiedlichen Ausbildungen und Bezahlungen der Fachkräfte (demnach dem sozialen Ort der Erziehung) geschuldet sein.

In der Adaption des ‚Therapeutischen Milieus' im Sinne von Gahleitner et al. (2005) erscheint zudem die Terminologie des „Übergangsraums" als Charakteristikum einer Wohngruppe besonders bedeutsam zu sein. Dieser auf Winnicott (1965/2017) zurückgehende Begriff repräsentiert den interpersonal, aber auch räumlich und strukturell hergestellten Ort, an dem äußere Realität und innere Welt/Fantasie des Kindes sich begegnen und das Kind sich selbst nach und nach als selbstwirksam in der äußeren Realität erleben kann. Im Sinne einer Erziehungsarbeit mit Jugendlichen mit erheblichen psychosozialen Beeinträchtigungen ließe sich so konkretisieren: Die Wohngruppe ist Teil der äußeren Realität, die sich über Regeln, Anforderungen und Zielstellungen repräsentiert. Sie bietet zugleich ausreichend Schutz für die dort lebenden Jugendlichen, um ihre eigene, regelhaft hoch belastete innere Welt mit der äußeren Realität abzugleichen. Über sichere und haltgebende Strukturen wird ein Erprobungsraum ermöglicht, der den Übergang in die äußere Realität außerhalb der Wohngruppe erleichtern soll (vgl. Gstättner, Kohl 2016). Auch zeigt sich in dieser bewussten Gestaltung eines Übergangsraums insofern eine deutliche Anlehnung an Bettelheim, als die teils überwältigende äußere Realität durch die Rückkehr in einen übersichtlichen und ausreichend sicheren Raum erträglich wird. Ganz wesentlich in der Ausgestaltung des „Übergangsraums" in der Arbeit mit hoch belasteten Jugendlichen ist die Bereitstellung eines Settings für (auto-)aggressive Regungen, die im Schutz des Milieus als bewältigbar erlebt werden (vgl. Gerspach 2009, 132f.).

Ein letzter Aspekt: Werden drei Publikationsreihen zum Anhaltspunkt genommen, die sich mit den zentralen Inhalten des „Therapeutischen Milieus" implizit oder explizit auseinandersetzen (Schriftenreihe des Vereins für psychoanalytische Sozialarbeit; Jahrbuch für Psychoanalytische Pädagogik; Tagungsbände der Therapeutischen Wohngruppen Berlin), so finden sich kaum Beiträge, die sich mit dem ‚Sozialen Ort' der Entwicklung, demnach dem gesellschaftlichen Kontext und den dort angelegten Widersprüchen einer pädagogisch-therapeutischen Arbeit mit hoch belasteten jungen Menschen auseinandersetzen. Eine ganz ähnliche Problematik findet sich in den zahllosen traumapädagogischen Veröffentlichungen, in denen zwar der ‚Sichere Ort' in der Institution als unbedingte Ergänzung zu korrigierender Beziehungsarbeit herausgearbeitet wird, nicht jedoch die unvermeidliche und gesellschaftlich bedingte Unsicherheit und die Fragen des Umgangs damit. Selbst in Beiträgen zur Arbeit mit Geflüchteten, die aufgrund der vielfach unerträglichen äußeren Rahmenbedingungen durch erhebliche Unsicherheit gekennzeichnet ist, bleibt dieser Aspekt weitgehend im Dunkelfeld des Diskurses (vgl. Zimmermann 2018). In der Beachtung der Interdependenz institutioneller Rahmungen einerseits und gesellschaftlicher Bedingungen andererseits, die im Bereich der Pädagogik bei psychosozialen Beeinträchtigungen besonders von Herz (2015, 2016) herausgearbeitet wurde, besteht für eine gesellschafts- und damit vulnerabilitätssensible Pädagogik und Therapie sowie ihre Institutionalisierungen eine wirkmächtige Leerstelle. Wird die Abhängigkeit eines therapeutischen Milieus von den sozioökonomischen und soziopolitischen Voraussetzungen nicht thematisiert, ist die Entwicklung von Hilflosigkeit bei den Akteurinnen und Akteuren in den Institutionen nahezu vorprogrammiert.

5.4.4 Ausblick

Es gibt also auch im derzeitigen wissenschaftlichen Diskurs und weit über die psychoanalytisch-pädagogische Community hinaus Versuche, das Gemeinsame oder das Verschränkte von therapeutischer und pädagogischer Theoriebildung und Anwendung auszubuchstabieren und dabei den Rahmen (das Milieu) erzieherischer Tätigkeit in den Fokus zu rücken. Ähnlich wie bei Redl und Bettelheim stehen dabei Heranwachsende (seltener Kinder) im Fokus, deren Biografien durch interpersonale und langanhaltende schwere Verletzungen geprägt waren und die deshalb in pädagogischen Settings (Regelwohngruppen, Schule) ihre Beziehungspersonen oder aber ganze Institutionen in Eskalationsspiralen verwickeln (vgl. Baumann 2016; von Freyberg, Wolff 2005). Eine über den engeren Kontext der therapeutischen Wohngruppe hinausgehende Praxeologie (d.h. eine durch die Praxis fundierte Theoriebildung und umgekehrt) des therapeutischen Milieus für verschiedene Organisationsformen könnte ein wesentlicher Beitrag dazu sein, der vielfach vernachlässigten Gruppe der am höchsten belastetsten Jugendlichen den ihr zustehenden Raum einzuräumen. Hierbei ist eine Beachtung der gesellschaftlichen Strukturen so nötig wie vor 100 Jahren, wie nicht zuletzt die so genannte Leipziger Mitte-Studie aufzeigt (vgl. Decker et al. 2016).

Die Traumapädagogik sowie die damit assoziierten Strukturen (Schulen für Erziehungshilfe, Wohngruppen, Mutter-Kind-Einrichtungen) bilden ein wesentliches Theorie- und Praxisfeld, über welches die notwendige Professionalität, die Rahmung und die Bedeutung der Gruppe für Kinder und Jugendliche mit erheblichen psychosozialen Beeinträchtigungen gedacht werden kann. Gleichwohl gibt es in der bisherigen Entwicklung jener Subdisziplin erhebliche Schwächen, von denen die oft wenig reflektierte Übertragung therapeutischer Zugriffe auf erzieherische Setting, die Idealisierung des ‚Sicheren Orts' bei Vernachlässigung der Notwendigkeit des Umgangs mit Unsicherheit und die wenig diskutierte spezifische Professionalisierung die wichtigsten sind. Jene Mängel sind mitverantwortlich für zahlreiche Missverständnisse der Aufgabe von Erziehern und der erheblichen Gefahr der Traumapädagogik, „an der Realität zu zerschellen" (Volmer 2017, 222). Damit fallen die meisten traumapädagogischen Publikationen hinter das zurück, was etwa durch Jantzen (2012), Gerspach (2009), B. Müller (2012) oder T. Müller und Stein (2013) in unterschiedlichen Fachdisziplinen vorgelegt wurde (vgl. auch Neudecker 2015).

Besonders schwer fällt die kritische Auseinandersetzung mit den historischen Konzepten und den damit verbundenen praktischen Versuchen. Sie können nur in einer umfassenden Auseinandersetzung mit den jeweiligen kulturellen, örtlichen und geistesgeschichtlichen Bedingungen beurteilt werden, was hier nicht differenziert genug geleistet wurde. Besonders an Bettelheim gab es posthum umfassende Kritik, die sich zum einen an seiner Auseinandersetzung mit den Bedingungsfeldern des Autismus, zum anderen an Berichten von Mitarbeitern und ehemaligen Bewohnern festmacht, nach denen Bettelheim selbst in durchaus übergriffiger Form und teils auch körperlich gewalttätig Macht-Ohnmacht-Strukturen zementiert habe (vgl. Cleaver 1997). Dies sollte nicht unerwähnt bleiben und verweist nicht zuletzt darauf, dass innovative pädagogische und therapeutische Ideen vielfach auch vor der Folie der Biografie der Akteure analysiert und beurteilt werden müssen; in Bettelheims Fall gehört zur lebensgeschichtlichen Erfahrung, wie benannt, auch die Verfolgung und Lebensbedrohung im Konzentrationslager, welche erhebliche Spuren hinterlassen haben.

Bei aller gesellschaftlichen Veränderung und pädagogischen Ausdifferenzierung gilt das, was Müller (1995, 48) würdigend über Bernfeld schreibt, bis heute: Das im therapeutischen Milieu angelegte umfassende Entwicklungs-, Therapie- und Erziehungsverständnis

„hat gewaltige Konsequenzen für die Arbeit mit abweichenden Jugendlichen, weil sie die Abweichung nicht nur als Produkt eines innerseelischen Konflikts [oder eines organischen Defizits oder fehlgeleiteter Lernprozesse, D.Z.], sondern zugleich als Produkt einer sozialen Konstellation verstehen lehrt."

Literatur

Aichhorn, A. (1925/1977): Verwahrloste Jugend: Die Psychoanalyse in der Fürsorgeerziehung; zehn Vorträge zur ersten Einführung. Bücher des Werdenden: Bd. Reihe 2, 3. Bern u.a.
Arbeitskreis der therapeutischen Jugendwohngruppen Berlin (Hrsg.) (2005): Das Therapeutische Milieu als Angebot der Jugendhilfe (4 Bände). Berlin
Barth, D. (2010): Kinderheim Baumgarten: Siegfried Bernfelds „Versuch mit neuer Erziehung" aus psychoanalytischer und soziologischer Sicht (Orig.-Ausg). Psychoanalytische Pädagogik: Bd. 32. Gießen, Lahn (Zugl.: Zürich, Univ., Diss., 2007)
Baumann, M. (2016): Kinder, die Systeme sprengen: Band 1: Wenn Jugendliche und Erziehungshilfe aneinander scheitern. Kinder, die Systeme sprengen. Band 1. Baltmannsweiler
Becker, S. (2005): Pädagogisch-therapeutische Milieus – psychoanalytische Sozialarbeit und Reformpädagogik in Konvergenz. In: Psychosozial, 28(3), 119-128
Benner, D., Stepkowski, D. (2013): Allgemeine Pädagogik und erziehungswissenschaftliche Forschung. In: Topologik – Rivista Internationale di Scienze Filosofiche, Pedagogiche e Sociali, 14, 97-114
Bernfeld, S. (1925/2013): Sisyphos oder die Grenzen der Erziehung. In: Werke Band 5: Theorie und Praxis der Erziehung – Pädagogik und Psychoanalyse. Gießen. 11-130
Bernfeld, S. (1926/2013): Die Bedeutung der Umwelt für die Erziehung. In: Werke Band 5: Theorie und Praxis der Erziehung – Pädagogik und Psychoanalyse. Gießen. 187-190
Bernfeld, S. (1921/2012): Kinderheim Baumgarten. Berichte über einen ernsthaften Versuch neuer Erziehung. In: Werke Band 4: Sozialpädagogik. Gießen. 9-156

Bettelheim, B. (1950/1990): Liebe allein genügt nicht: Die Erziehung emotional gestörter Kinder. Stuttgart

Bettelheim, B. (1955/1991): So können sie nicht leben. Die Rehabilitierung emotional gestörter Kinder. München

Bion, W. R. (1961/1992): Lernen durch Erfahrung. Frankfurt a.m.

Bittner, G. (1995): Hans Zulliger (1893-1965). In: Fatke, R., Scarbath, H. (Hrsg.): Pioniere psychoanalytischer Pädagogik. Frankfurt a. M. 53-66

Bittner, G. (2015): Was ist das Psychoanalytische an der Psychoanalytischen Pädagogik? In: Fürstaller, M., Datler, W. & Wininger, M. (Hrsg.): Psychoanalytische Pädagogik: Selbstverständnis und Geschichte. Schriftenreihe der DGfE-Kommission Psychoanalytische Pädagogik. Leverkusen, 33-40

Cleaver, L. (1997): Zur Aktualität Bruno Bettelheims – Ein persönlicher Bericht. In: Krumenacker, F.-J. (Hrsg.): Liebe und Haß in der Pädagogik. Zur Aktualität Bruno Bettelheims. Freiburg im Br. 19-42

Cohen, Y. (2004): Das misshandelte Kind: Ein psychoanalytisches Konzept zur integrierten Behandlung von Kindern und Jugendlichen. Schriften zur Psychotherapie und Psychoanalyse von Kindern und Jugendlichen: Band 6. Frankfurt a.m.

Datler, W., Schedl, A. (2016): Binnendifferenzierung und der Anspruch inklusiver Pädagogik. Zur „Optimalstrukturierung" des schulischen Feldes im Dienst der Förderung von Kindern mit erheblichen emotionalen und sozialen Problemen am Beispiel der Oskar Spiel Schule in Wien. In: Göppel, R., Rauh, B. (Hrsg.): Inklusion. Idealistische Forderung, individuelle Förderung, institutionelle Herausforderung. Stuttgart. 148-164

Datler, W., Steinhardt, K., Gstach, J. et al.(Hrsg.) (2009): Der pädagogische Fall und das Unbewusste: Psychoanalytische Pädagogik in kasuistischen Berichten. Jahrbuch für psychoanalytische Pädagogik: Band 17. Gießen

Decker, O., Kiess, J. & Brähler, E. (Hrsg.) (2016): Die enthemmte Mitte: Autoritäre und rechtsextreme Einstellung in Deutschland: die Leipziger „Mitte"-Studie 2016. Gießen

Dörr, M. (2016): Psychoanalytische Pädagogik. In: Weiß, W., Gahleitner, S.B., Kessler, T. et al. (Hrsg.): Handbuch Traumapädagogik. Weinheim u.a. 44-55

Dörr, M. (2017): Verwickelte Abstinenz. In: Rauh, B. (Hrsg.): Abstinenz und Verwicklung. Schriftenreihe der DGfE-Kommission Psychoanalytische Pädagogik 7. Leverkusen. 25-42

Fatke, R. (1987): Einleitung. In: Redl, F. (Hrsg.): Erziehung schwieriger Kinder. Beiträge zur einer psychotherapeutisch orientierten Pädagogik. 11-23

Fatke, R. (1995): Fritz Redl (1902-1988). In: Fatke, R., Scarbath, H. (Hrsg.): Pioniere psychoanalytischer Pädagogik. Frankfurt a.M. 83-107

Finger-Trescher, U. (1992): Trauma, Wiederholungszwang und projektive Identifizierung. Was wirkt heilend in der Psychoanalytischen Pädagogik? In: Reiser, H., Trescher, H.-G. (Hrsg.): Wer braucht Erziehung? Impulse der psychoanalytischen Pädagogik. Mainz. 130-145

Freud, S. (1913/1996): Das Interesse an der Psychoanalyse. GW VIII. Frankfurt a.M. 389-420

Freyberg, T. von, Wolff, A. (Hrsg.) (2005): Störer und Gestörte. Band 1: Konfliktgeschichten nicht beschulbarer Jugendlicher. Frankfurt a.M.

Gahleitner, S. B. (2017): Das pädagogisch-therapeutische Milieu in der Arbeit mit Kindern und Jugendlichen: Trauma- und Beziehungsarbeit in stationären Einrichtungen. Köln

Gahleitner, S. B., Krause-Lanius, B. (2012): Ergebnisse der Studie KATA-TWG. In: Arbeitskreis der therapeutischen Jugendwohngruppen Berlin (Hrsg.): Das therapeutische Milieu als Angebot der Jugendhilfe. Band III: Wirksamkeit und Perspektiven. Berlin. 37-52

Gahleitner, S. B., Ossola, E. & Mudersbach, A. (2005): Das T in der TWG: Interdisziplinäre Arbeit mit traumatisierten Jugendlichen im sozialtherapeutischen Kontext. In: Arbeitskreis der therapeutischen Jugendwohngruppen Berlin (Hrsg.): Das Therapeutische Milieu als Angebot der Jugendhilfe. Berlin. 94-107

Gerspach, M. (2009): Psychoanalytische Heilpädagogik: Ein systematischer Überblick. Heil- und Sonderpädagogik. Stuttgart

Goffman, E. (1973/[20]2016): Asyle: Über die soziale Situation psychiatrischer Patienten und anderer Insassen. Frankfurt a.M.

Göppel, R. (1995): Bruno Bettelheim (1903-1990). In: Fatke, R., Scarbath, H. (Hrsg.): Pioniere psychoanalytischer Pädagogik. Frankfurt am Main, Wien u.a. 109-125

Gstättner, R., Kohl, G. (2016): Verhaltensauffälligkeiten von Kindern und Jugendlichen in der stationären Jugendhilfe: Effekte einer milieutherapeutischen Behandlungsstrategie. Trauma und Gewalt 10 (1), 54-67

Hantke, L. (2015): Traumakompetenz in psychosozialen Handlungsfeldern. In: Gahleitner, S.B., Frank, C. & Leitner, A. (Hrsg.): Ein Trauma ist mehr als ein Trauma. Biopsychosoziale Traumakonzepte in Psychotherapie, Beratung, Supervision und Traumapädagogik. Weinheim, Basel. 118-126

Herz, B. (2015): Inklusionssemantik und Risikoverschärfung. In: Kluge, S., Liesner, A. & Weiß, E. (Hrsg.): Jahrbuch für Pädagogik 2015. Inklusion als Ideologie. Frankfurt am Main. 59-76

Herz, B. (2016): Deprofessionalisierungsprozesse in der schulischen Erziehungshilfe durch »Para-Professionelle«? In: Behindertenpädagogik, 55, 187-196

Hierdeis, H. (2016): Psychoanalytische Pädagogik – Psychoanalyse in der Pädagogik. Stuttgart

Hirblinger, H. (2017): Lehrerbildung aus psychoanalytisch-pädagogischer Perspektive: Grundlagen für Theorie und Praxis. Psychoanalytische Pädagogik: Band 46. Gießen

Hußlein, E. (1983): Schule und Unterricht für Kinder und Jugendliche mit Verhaltensstörungen. Würzburg

Jantzen, W. (2012): Diagnostik, Dialog und Rehistorisierung: Methodologische Bemerkungen zum Zusammenhang von Erklären und Verstehen im diagnostischen Prozess. In: Jantzen, W., Lanwer, W. (Hrsg.): Diagnostik als Rehistorisierung. Methodologie und Praxis einer verstehenden Diagnostik am Beispiel schwer behinderter Menschen. Berlin. 9-32

Krüger, A., Reddemann, L. (2007): Psychodynamisch imaginative Traumatherapie für Kinder: PITT-KID – das Manual. Leben lernen: Band 201. Stuttgart

Kühn, M., Bialek, J. (2017): Ein Sicherer Ort in einer behindernden Welt? In: Zimmermann, D., Dabbert, L. & Rosenbrock, H. (Hrsg.): Praxis Traumapädagogik. Perspektiven einer Fachdisziplin und ihrer Herausforderungen in verschiedenen Praxisfeldern. Weinheim u.a., 20-34

Lindauer, U. (2005): Das therapeutische Milieu der Jugendwohngruppen. In: Arbeitskreis der therapeutischen Jugendwohngruppen Berlin (Hrsg.): Das Therapeutische Milieu als Angebot der Jugendhilfe. Berlin. 16-33

Möhrlein, G., Hoffart, E.-M. (2018): Förderung bei Traumatisierung. Stuttgart

Müller, B. (1995): Siegfried Bernfeld (1892-1953). In: Fatke, R., Scarbath, H. (Hrsg.): Pioniere psychoanalytischer Pädagogik (Erziehungskonzeptionen und Praxis). Frankfurt a.M. 37-52

Müller, B. (2012): Nähe, Distanz, Professionalität: Zur Handlungslogik von Heimerziehung als Arbeitsfeld. In: Dörr, M., Müller, B. (Hrsg.): Nähe und Distanz. Ein Spannungsfeld pädagogischer Professionalität. Weinheim, Basel. 145-162

Müller, B. (2013): Professionelle Handlungsungewissheit und professionelles Organisieren Sozialer Arbeit. In: Neue Praxis (3). [2.11.2016]. 246-262

Müller, T. (2017): „Ich kann Niemanden mehr vertrauen.": Konzepte von Vertrauen und ihre Relevanz für die Pädagogik bei Verhaltensstörungen. Perspektiven sonderpädagogischer Forschung. Bad Heilbrunn

Müller, T., Stein, R. (2013): Erziehung an Schulen für Erziehungshilfe? In: VHN, 82 (3), 213-226

Neudecker, B. (2015): Manna! Oder doch nur wieder Krümel vom Tisch der Reichen? Zum Verhältnis von Traumapädagogik und (Psychoanalytischer) Pädagogik. In: Dörr, M., Gstach, J. (Hrsg.): Trauma und schwere Störung. Pädagogische Arbeit mit psychiatrisch diagnostizierten Kindern und Erwachsenen. Jahrbuch für psychoanalytische Pädagogik 23. Gießen. 76-90

Redl, F. (1971/1987): Erziehung schwieriger Kinder. Beiträge zu einer psychotherapeutisch orientierten Pädagogik. München

Redl, F. (1978): Erziehungsprobleme – Erziehungsberatung. Aufsätze. München

Schmidt-Löw-Beer, C., Datler, W. (2012): Das Konzept der projektiven Identifizierung lehren. Ein interaktives didaktisches Modell. In: Datler, W., Finger-Trescher, U. & Gstach, J. (Hrsg.), Psychoanalytisch-pädagogisches Können. Vermitteln – Aneignen – Anwenden (Jahrbuch für psychoanalytische Pädagogik. Gießen. 169-194

Trescher, H.-G. (1992): Selbstverständnis und Problembereiche der Psychoanalytischen Pädagogik. In: Reiser, H., Trescher, H.-G. (Hrsg.): Wer braucht Erziehung? Impulse der psychoanalytischen Pädagogik. Mainz. 197-209

Volmer, J. (2017): ... damit traumapädagogische Ideen nicht an der Realität zerschellen. Dreierlei Anregungen für die Weiterbildung. In: Zimmermann, D., Dabbert, L. & Rosenbrock, H. (Hrsg.): Praxis Traumapädagogik. Perspektiven einer Fachdisziplin und ihrer Herausforderungen in verschiedenen Praxisfeldern. Weinheim u.a., 222-235

Winnicott, D. W. (1965/2017): Familie und individuelle Entwicklung. Bibliothek der Psychoanalyse. Gießen

Wolf, R. (2017): „Und die Erde war wüst und leer". Psychoanalytisch-sozialtherapeutische Begleitung eines früh-traumatisierten Jungen im Vorschulalter. In: Verein für Psychoanalytische Sozialarbeit (Hrsg.): Traumatisierung und Verwahrlosung. Wie kann Psychoanalytische Sozialarbeit helfen? Frankfurt am Main. 41-59

Zimmermann, D. (2017): Der psychoanalytische Beitrag zu einer traumasensiblen Pädagogik. Psychosozial, 40 (3), 29-40

Zimmermann, D. (2018): Pädagogische Konzeptualisierungen für die Arbeit mit sehr schwer belasteten Kindern und Jugendlichen. In: VHN, zur Veröffentlichung angenommen

Zimmermann, D., Müller, C. & Scheele, L. (2017): Möglichkeiten und Grenzen der reflexiven pädagogischen Beziehungsarbeit. In: Rauh, B. (Hrsg.): Abstinenz und Verwicklung. Annäherungen in Theorie, Praxis, Forschung und Gesellschaft. Leverkusen. 215-230

6 Erziehung als Herausforderung: besondere Lösungsversuche

Kerstin Popp

6.1 Erziehung durch Programme und Trainings: Potentiale und Grenzen

Auch im Förderschwerpunkt der emotionalen und sozialen Entwicklung, in der Pädagogik bei Verhaltensstörungen ist man bemüht, eine möglichst effektive Förderung zu erreichen, den Pädagogen wirkungsvolle Hilfen an die Hand zu geben. Nachdem dies über viele Jahre Sammlungen von als effektiv angesehenen Übungen, Organisationsbedingungen und Unterrichtsarrangements waren, lag der Schwerpunkt in den letzten 20 Jahren bei der Erarbeitung von kompakten Trainingsprogrammen. Sich auf Klauer berufend, stellt Tänzer dabei fest:

> „Klauer hält die vorliegenden Programme zur kognitiven Förderung sowie Trainingsverfahren aus dem Bereich der emotionalen und sozialen Entwicklung für erprobt, vielversprechend und mit Nutzen einsetzbar. ‚Eine Ausbildung ohne die Komponenten, wie sie heute noch vorherrscht, ist nicht zeitgemäß' (Klauer 2000, 52)" (Tänzer 2010, 288).

Es ist offensichtlich richtig: die Publikation von Trainingsprogrammen dominiert die Fachliteratur. Aber sind sie auch die einzigen erfolgsversprechenden Konzepte der Förderung, welcher Zusammenhang besteht noch zum grundlegenden Anspruch der Erziehung im Bereich der Pädagogik bei Verhaltensstörungen?

6.1.1 Gängige Therapieprogramme

Die vorliegenden Trainingsprogramme wurden bisher in ihrer Komplexität in der Literatur nur wenig gewürdigt. Langfeldt & Büttner stellten Trainingsprogramme zur (schulischen) Förderung zu einem Kompendium zusammen (Langfeldt, Büttner 2003; Langfeldt 2009). Walther & Ellinger (2008) stellten Trainingsprogramme zu ADS/ADHS zusammen. Tänzer versuchte eine Übersicht über Trainingsprogramme zu geben (Tänzer 2010). Willmann führte kritische Überlegungen an (Willmann 2010b).
Keine Publikation erfasst die Trainingsprogramme in Gänze, Langfeldt und Büttner (2009) beschränken sich nicht nur auf die Förderung der emotionalen und sozialen Entwicklung. Zu nennen wären auch Fingerle & Ellinger (2008), die ihre Darstellung ganz anders aufgebaut haben, indem sie auf Fördermaßnahmen insbesondere in Zusammenhang mit bestimmten Förderzielen, unabhängig ob Trainingsprogramme oder Förderansätze, verweisen.
Auch in diesem Beitrag werden sicher nicht alle Trainingsprogramme erfasst. Zugrunde gelegt wurden die bei Tänzer (2010) angeführten Programme (daher auch

die Aufnahme von Klauer 1989 und 1991, der nicht vollkommen in diese Reihe passt, da es sich vorrangig um ein Lernförderprogramm handelt). Ergänzt wurde diese Reihe durch später erschienene Trainingsprogramme bzw. sehr häufig in der Literatur zitierte Programme. Bezogen wird sich auf folgende Trainingsprogramme in alphabetischer Reihenfolge:

(1) ADHS bei Jugendlichen. Das Lerntraining LeJA. Mit Online Materialien. (Linderkamp et al. 2011);
(2) Denktraining für Kinder I. Ein Programm zur intellektuellen Förderung. (Klauer 1989);
(3) Denktraining für Kinder II. Ein Programm zur intellektuellen Förderung. (Klauer 1991);
(4) Konstanzer Trainingsmodell (KTM). Ein integratives Selbsthilfeprogramm für Lehrkräfte zur Bewältigung von Aggressionen und Störungen im Unterricht auf der Basis Subjektiver Theorien. Trainingsprogramm (Tennstädt et al. 1990);
(5) „Lubo aus dem All!" – 1. und 2. Klasse: Programm zur Förderung sozial-emotionaler Kompetenz. (Hillenbrand et al. 2015);
(6) Lubo aus dem All!" – Vorschulalter: Programm zur Förderung sozial-emotionaler Kompetenz (Hillenbrand et al. 2016);
(7) Marburger Konzentrationstraining (MKT) für Schulkinder. (Krowatschek, A., Krowatschek, G. 2007);
(8) Sozialtraining in der Schule. Mit Online-Materialien. (Petermann et al. 2012);
(9) Therapieprogramm für Kinder und Jugendliche mit hyperkinetischem und oppositionellem Problemverhalten THOP. Mit Online-Material. (Döpfner et al. 2013);
(10) Training mit aggressiven Kindern. Mit Online-Materialien. (Petermann, Petermann 2012);
(11) Training mit aufmerksamkeitsgestörten Kindern. Mit Online-Materialien. (Lauth, Schlottke 2009);
(12) Training mit Jugendlichen. Aufbau von Arbeits- und Sozialverhalten. (Petermann, Petermann 2017);
(13) Training mit sozial unsicheren Kindern. Mit Online-Materialien. (Petermann, Petermann 2015);
(14) Training sozialer Fertigkeiten mit Kindern im Alter von 8-12 Jahren TSF (8-12). (Beck et al. 2007);
(15) Verhaltenstraining für Schulanfänger. Ein Programm zur Förderung der emotionalen und sozialen Kompetenz. (Petermann et al. 2016);
(16) Verhaltenstraining in der Grundschule. Ein Programm zur Förderung der emotionalen und sozialen Kompetenz. (Petermann et al. 2013);

(17) Wackelpeter und Trotzkopf: Hilfen für Eltern bei ADHS-Symptomen, hyperkinetischem und oppositionellem Verhalten. Mit Online-Material und App. (Döpfner, Schürmann 2017);
(18) Wackelpeter und Trotzkopf in der Pubertät. Wie Eltern und Jugendliche Probleme gemeinsam lösen können. Mit Online-Material. (Kinnen, Rademacher 2015).

Bei der Betrachtung dieser Trainingsprogramme fallen mehrere Sachverhalte auf, die im Nachfolgenden kurz skizziert werden. Die jeweiligen Zahlen in der Klammer verweisen auf die Liste der verwendeten Programme.

6.1.2 Unterschiedliche Interventionsziele

Zunächst ist das Interventionsziel der benannten Trainingsprogramme sehr unterschiedlich. Auf die Förderung der emotionalen und sozialen Entwicklung verweisen die Trainingsprogramme von Hillenbrand u.a. (5) und (6) sowie die Verhaltenstrainings von Petermann u.a. (15) und (16). Ausschließlich auf die Förderung der sozialen Kompetenz verweist Beck (14). Bei den genannten Programmen spielt der Präventionseffekt eine größere Rolle als die Intervention. Im Blick auf die Umsetzung von Inklusion und die daraus entstehenden Herausforderungen für das Schulwesen ist dies ein sehr wichtiger Aspekt. Die Aufnahme aller Kinder in das Regelsystem erfordert neue Überlegungen zur universellen Prävention, zur präventiven Förderung der emotionalen und sozialen Kompetenz bei allen Kindern. Diese Programme fokussieren die Aufmerksamkeit auf die Förderung und Entwicklung der emotionalen und sozialen Kompetenzen, wollen so der Ausbildung von Auffälligkeiten entgegenwirken.

Dies ist bei den Programmen, die sich auf eine konkrete Erscheinungsform von Verhaltensauffälligkeiten beziehen, häufig anders: sie dienen sowohl dem Aufbau besonderer Kompetenzen als auch der Intervention, wenn ein Mangel an diesen Kompetenzen festgestellt wurde.

Die Förderung von Konzentration und Aufmerksamkeit, die Förderung bei bestehender ADHS nimmt dabei den größten Raum ein. Die Konzentration- und Aufmerksamkeitsfähigkeit und ADHS wollen die Förderprogramme von Linderkamp et al. (1), Krowatschek & Krowatschek (7), Döpfner et al. (9) und (17), von Kinnen & Rademacher (18) sowie von Lauth & Schlottke (11) positiv beeinflussen bzw. entsprechenden Störungen entgegenwirken.

In dieser Konzentration finden sich keine weiteren Programme. Mehr oder weniger steht bei anderen Programmen die Entwicklung sozialer Kompetenzen im weitesten Sinne im Mittelpunkt. Dem Umgang mit aggressiven Kindern sind die Programme von Tennstädt et al. (4) und von Petermann & Petermann (10) gewidmet. Petermann & Petermann fokussieren sich auch auf sozial unsichere Kinder. Petermann et al. wenden sich außerdem dem Sozialverhalten sowohl von Schulkindern (8) als auch von Jugendlichen (12) zu.

Wie bereits angemerkt, hat Klauer (2) und (3) ein Denktraining entwickelt. Direkter Adressat der Programme sind in der Mehrzahl die Kinder und Jugendlichen, in einigen Programmen werden auch die Eltern gezielt angesprochen. Die Eltern werden dabei in eine Rolle als Co-Therapeut versetzt, eine Veränderung ihres eigenen Verhaltens steht meist nicht zur Diskussion. Tennstädt et al. (1990) wenden sich als einzige an die Lehrer, versuchen diese zu stützen, fortzubilden. Dieses Programm ist ein Lehrer-Trainingsprogramm.

Unterschiedliche Professionen
Die Mehrzahl der Autoren sind Psychologen. So sind die Arbeiten von Petermann & Petermann, von Lauth & Schlottke oder von Linderkamp ausschließlich auf psychologischer Grundlage erarbeitet worden. Eine Zusammenarbeit von Pädagogen und Psychologen als Autoren (Beck et al. 2007) ist ebenso selten wie eine rein pädagogische Autorenschaft (Hillenbrand et al. 2016, 2015; Krowatschek, Krowatschek 2007).
Entsprechend der eigenen Profession überwiegen die Herausgaben in einem überschaubaren Verlagssektor; die Mehrzahl erschien zum einem in einem für seine psychologischen Arbeiten bekannten Verlag, nämlich bei Hogrefe, zum anderen in einem seit seiner Verschmelzung mit dem PVU nicht mehr nur pädagogischen Verlag, bei Beltz.

Materialien
Alle Programme geben klar strukturierte Handlungsabläufe vor, sind ‚Programm' für die Förderung. Neben dieser starken Strukturierung bis hin zu zeitlichen Vorgaben, die als Skizze oder Plan der Förderung dienen, ist eine möglichst umfassende Vorgabe von Materialien im Sinne von Arbeitsblättern augenscheinlich. Gut illustriert scheinen sie sofort und leicht einsetzbar zu sein.
Nachdem in den ersten Jahren diese Abfolgen durch einen losen Faden verbunden waren (vgl. Petermann, Petermann 2012, 2015), stand zunehmend eine Rahmung der entsprechenden Programme im Mittelpunkt (vgl. Lauth, Schlottke 2009 oder Petermann et al. 2012). Dies wurde ausgebaut zu einer Rahmengeschichte (Hillenbrand et al. 2015, 2016; Petermann et al. 2016 sowie Petermann et al. 2013). Für diese Rahmenhandlung gibt es häufig auch eine Identifikationsfigur, die durch das Programm begleitet, führt und auch als Handpuppe käuflich erwerbbar ist (den Lubo, das Chamäleon Ferdi).
Der neue ‚Trend' ist nicht nur die Vorgabe von zahlreichen Zusatzmaterialien, sondern die Bereitstellung von Online-Materialen. Dieses zusätzliche Angebot ist auch in anderen Arbeiten der Autoren zu finden, wie bei Frölich et al. 2013 oder Lauth 2014, die aber hier nicht weiter berücksichtigt wurden.
Vorlagen aus dem Internet suggerieren eine noch schnellere Umsetzung, ein leichtes ‚Selbermachen'. Der Pädagoge soll ohne weiteres in die Lage versetzt werden,

etwas anzuwenden, was Psychologen in therapeutischen Settings umsetzen. Hat der Pädagoge nicht aber ein anderes Tätigkeitsfeld als der Psychologe? Er ist mehr als ein Hilfstherapeut, der umsetzt, was andere für ihn erarbeitet haben. Seine Hauptaufgabe, die Erziehung von jungen Menschen, verschwindet dabei fast vollkommen.

Es wird dabei auch vollkommen übersehen, dass die Mehrzahl der Programme in diesen therapeutischen Settings entstanden sind, mit sehr präzisen Rahmenbedingungen und ebenso eindeutigen Vorgaben zur Umsetzung. Diese Voraussetzungen werden in den Rahmentexten auch benannt, sind aber natürlich im pädagogischen Kontext schwer umsetzbar. Es ist kaum überprüfbar, ob die Lehrkräfte sich bei der Durchführung tatsächlich an diese Grundforderungen halten, halten können, ohne die entsprechend gute Ergebnisse nicht garantiert sind. Bezogen auf aktuelle schulische Rahmenbedingungen (schlechte personelle Ausstattung, räumliche Voraussetzung) ist die exakte Realisierung fraglich. Mit einem rudimentären Einsatz ist der Erfolg jedoch in Frage gestellt.

Geneseprozesse
Der Geneseprozess der jeweiligen Programme weist noch auf ein weiteres Merkmal hin. Die unter 6.1.2 genannten unterschiedlichen Interventionsziele ergeben sich auch aus unterschiedlichen Geneseprozessen. Der Präventionsgedanke führte zu Überlegungen der möglichst frühzeitigen Stärkung der emotionalen und sozialen Kompetenzen.

„Durch ein frühzeitig durchgeführtes Verhaltenstraining kann es gut gelingen, sozialkognitive, soziale und emotionale Kompetenzen bei Schulanfängern aufzubauen, um so der Entwicklung unangemessener Verhaltensweisen entgegenzuwirken" (Petermann et al. 2016, 13).

Während die beiden präventiven Trainingsprogramme von Petermann et al. (2013) und Petermann et al. (2016) speziell zur Stärkung der entsprechenden Kompetenzen entwickelt wurden, beschreiben Beck et al. (2007) die Genese als ein Zusammentragen der Materialien und Erfahrungen der täglichen Arbeit mit Kindern und Jugendlichen in einer kinder- und jugendpsychiatrischen Tagesklinik.

„Es gab kaum Kinder oder Jugendliche, die nicht soziale Defizite aufwiesen. Anfangs haben wir, um dem abzuhelfen, die gängigen Materialien und Manuale eingesetzt. Im Laufe der Jahre und mit wachsenden Erfahrungen haben wir aber immer mehr und mehr eigene Materialien und Ideen zusammengetragen und unseren ‚Fundus' erweitert – das folgende Manual ist das Ergebnis dieses Prozesses. Somit liegt also nicht ein aus der Theorie abgeleitetes, sondern ein aus der Praxis entstandenes Therapieprogramm vor Ihnen. Unser Weg war also umgekehrt. Wir haben versucht, unsere praktische Erfahrung in einem Programm zusammenzufassen und auf eine theoretische Basis zu stellen. Bedeutsam war für uns die praktische Relevanz" (Beck et al. 2007, 7).

Spezielle Trainingsprogramme insbesondere der Intervention bei ADHS wurden meist klinisch entwickelt und auch im klinischen Kontext empirisch überprüft.

„**THOP** [Hervorhebung im Original] ist das Ergebnis einer langjährigen Forschungsarbeit und baut auf Arbeiten anderer Forschungsgruppen auf. (…) Die Wirksamkeit von **THOP** [Hervorhebung im Original] wurde in einem groß angelegten Forschungsprojekt an rund 70 Kindern mit hyperkinetischen und meist auch oppositionellen Verhaltensstörungen überprüft. Im Rahmen der Schwerpunktambulanz ‚Hyperkinetische und oppositionelle Verhaltensstörungen' der Klinik und Poliklinik für Psychiatrie und Psychotherapie des Kindes- und Jugendalters der Universität zu Köln wird die Stichprobe kontinuierlich erweitert (…)" (Döpfner et al. 2013, S. 25f.).

Gerade das Trainingsprogramm THOP, um beim genannten Beispiel zu bleiben, ist trotz seiner theoretischen Fundierung und umfassenden Erarbeitung auf erzieherische und unterrichtliche Situationen schwer übertragbar. Es ist für diese auch nicht erarbeitet worden. Die Vielfalt der diagnostischen Vorstufen und detaillierten Trainingseinheiten sprengen den Rahmen schulischer Praxis, lassen sich auch nicht ergänzend zu erzieherischen Aufgaben heranziehen. Dies führt auch zur Herausgabe eines ergänzenden Elternbuchs (Döpfner, Schürmann 2017). Die im vorangegangen Absatz deutlich gemachte Suggestion der schnellen Machbarkeit muss sehr in Frage gestellt werden. Therapeutische Settings und schulische, erzieherische Settings unterliegen unterschiedlichen Kriterien. Dies muss beim Einsatz der entsprechenden Verfahren berücksichtigt werden.

Nachweis der Überprüfbarkeit der Ergebnisse
Der empirische Nachweis der Wirksamkeit wird immer wieder als ein entscheidendes Qualitätsmerkmal hervorgehoben.

„Das vorliegende Therapieprogramm des Lerntrainings für Jugendliche mit ADHS LeJA ist auf Grundlage empirischer Wirksamkeitsstudien speziell für die Gruppe der Jugendlichen mit ADHS entwickelt worden. Ein besonderes Qualitätsmerkmal dieses Werkes liegt darin, dass die hohe Wirksamkeit des zugrundeliegenden Konzepts bereits empirisch belegt ist" (Lindekamp et al. 2011, 10).

Auf den Nachweis dieser Wirksamkeit, der Überprüfung der eigenen Ergebnisse legen alle Autoren sehr viel Wert. „Das im folgenden dokumentierte Programm wurde wissenschaftlich überprüft und die Stabilität der Ergebnisse konnte belegt werden" (Petermann et al. 2016, 13). In der Regel wird hierzu mit den Arbeiten von Gerken et al. (2002) und Natzke & Petermann (2009) argumentiert. Tänzer verweist jedoch darauf, dass diese Evaluierungsstudien nur bedingt aussagekräftig sind.

„Leider finden sich in der Literatur nur wenige Evaluationsstudien, die nicht von den Autoren der Trainingsverfahren selbst, sondern durch andere Personen aus dem Bereich der Wissenschaft oder von Anwendern der Programme bewertet wurden" (Tänzer 2010, 290).

Dies trifft leider auch auf das Trainingsprogramm von Hillenbrand et al. (2016) bzw. Hillenbrand et al. (2015) zu. Hier werden die Evaluierungen durch Hennemann et al. (2012), Hövel et al. (2016) und Schell et al. (2015) belegt.
Der Verweis auf die empirische Überprüfung der Wirksamkeit der eigenen Programme soll erneut Verlässlichkeit suggerieren.

„Evidenzbasierte Praxis meint die Ausrichtung des Handelns an überprüften und wissenschaftlich fundierten Maßnahmen bezogen auf die spezifische, professionelle Situation. (...) Der Begriff der ‚Evidenzbasierung' (...) drückt generell die Anforderung an Vorgehensweisen, Methoden, Verfahren und Programme aus, bestimmten wissenschaftlichen Überprüfungen Stand zu halten und dabei zu positiven Wirkungen zu führen" (Hillenbrand 2015, 170f.).

Meist bleiben die Entwickler auch ein Hauptkriterium schuldig, die Evaluierung der Ergebnisse durch nicht an der Untersuchung beteiligter Wissenschaftler. Unterschätzt wird häufig auch ein weiterer Aspekt:

„Die wissenschaftlich fundierten und in der Forschung anerkannten wissenschaftlichen Prozeduren überprüfbarer Maßnahmen werden also nicht als Technologie verstanden, sondern müssen in Bezug auf die spezifische Aufgabenstellung und Situation identifiziert und implementiert werden" (Hillenbrand 2015, 208).

6.1.3 Vorzüge der Programme

Die breite Anwendung der Trainingsprogramme im schulischen Kontext zeigt deren offensichtliche Beliebtheit. Daher müsste hinterfragt werden, warum diese Programme so gerne eingesetzt werden.
In allen Tätigkeitsbereichen werden Angebote, die eine klare Struktur aufweisen, effektiv sind, sich scheinbar schnell umsetzen lassen, gern angenommen. Dies ist im pädagogischen Feld nicht anders. Lehrkräfte suchen nach Hilfen, kritische Situationen zu meistern oder diese zu vermeiden. Angebote wie die Trainingsprogramm, die eine genaue Linienführung vorgeben, sind daher sehr willkommen. Der Wunsch, Handlungsmöglichkeiten aufgezeigt zu bekommen, die sich schnell umsetzen lassen und eine schnelle Wirkung versprechen, scheint mit diesen Programmen erfüllt zu werden. Ausgeblendet wird dabei oft, dass die konkrete Situation, die ein erzieherisches Verhalten erfordert, mit der Situation in einem therapeutischen, oft klinischen Umfeld nicht vollkommen deckungsgleich ist. Insbesondere der aktuelle Einsatz ist nicht vorherplanbar, die Bedingungen nicht so konstant, wie es die klinische Studie belegte.

Viele der aufgezeigten Programme geben vor, direkt in den schulischen Alltag eingebaut werden zu können, den Erziehungsprozess durch Strukturgebung zu erweitern. Die Leitgedankengeschichten sind ein sinnvoller roter Faden, erleichtern es am Gegenstand zu bleiben, ihn nicht aus den Augen zu verlieren. Die entsprechenden Trainingsprogramme vereint,

> „(...) dass diese einerseits einer pädagogischen Zielsetzung unterliegen und andererseits auf der Grundlage psychologischer wissenschaftlicher Theorien und Befunde erstellt sind, um effektives Lernen und Üben zu ermöglichen. Zudem sind sie systematisch strukturiert und zeitlich begrenzt. Die Art der Durchführung ist festgelegt und unterliegt klaren Regeln. Damit wird ihre Anwendung lehrbar und lernbar" (Langfeldt 2009, 4).

Die Programme versprechen schnelle Hilfe und sind tatsächlich sehr schnell umsetzbar. Lerntheoretische Erfolge stellen sich schnell ein, wenn man diesen Erfolg dann allerdings auch festigen muss.

Nicht zu unterschätzen ist auch: es macht den Kindern meist sehr viel Spaß, mit den entsprechenden Programmen zu arbeiten. Selbst Jugendliche sind durch die Programme (1) und (8) motivierbar und leichter zugänglich.

Von allen Programmen verlangt nur das KTM (vgl. Tennstädt et al. 1990), dass Lehrkräfte an sich arbeiten, alle anderen machen das Kind, den Schüler zum Zielobjekt, das bzw. der etwas an sich ändern muss, Mängel aufweist oder sich zumindest noch entwickeln muss. Auch Erziehung arbeitet an der Entwicklung des Kindes, weiß zugleich jedoch um den Einflussfaktor „Erziehender". Lehrkräfte als erziehende Personen können Interaktionsprozesse sowohl positiv aber auch negativ beeinflussen. Daher ist die Selbstreflexion des Erziehenden ein wichtiger Faktor für das Gelingen von Erziehung.

Nicht zu unterschätzen ist auch der Präventionsaspekt. Im Zuge zunehmender Inklusion geben die Programme, bei denen die Prävention, die Entwicklung der emotionalen und sozialen Kompetenzen bei allen Kindern im Mittelpunkt steht (5, 6, 15 und 16), eine gute Handlungsmöglichkeit. Es handelt sich um Trainingsprogramme, die eine Veränderung im Verhalten trainieren, einüben.

6.1.4 Kritische Überlegungen
Prävention oder Intervention
Die bereits genannten unterschiedlichen Interventionslinien, die mögliche Unterscheidung in Trainingsprogramme zur Stärkung der emotionalen und sozialen Kompetenz und Trainingsprogramme zur Intervention bei konkreten Erscheinungsbildern, lässt aber auch eine weitere Überlegung zu. Mit der Benennung des Förderschwerpunktes der emotionalen und sozialen Entwicklung (KMK 2000) sollte der stigmatisierende Begriff der Verhaltensstörung abgelöst werden, was aus unterschiedlichen Gründen bis heute nicht erfolgt ist. Neben der weniger

stigmatisierenden Bezeichnung wurde mit dem neuen Begriff der Akzent auf die Entwicklung von Kompetenzen gelegt und die Prävention erhielt einen neuen Stellenwert. Diesen Gedanken griffen die genannten Programme zur Förderung der emotionalen und sozialen Kompetenz auf. Hier haben sie auch ihren Effizienzradius und sind aus der aktuellen Pädagogik nicht mehr wegdenkbar.
Stein & Müller machen aber auch auf die Grenzen der Begrifflichkeit „Förderschwerpunkt emotionale und soziale Entwicklung" aufmerksam:

> „Erstens drohen kognitive Kompetenzen in den Hintergrund zu geraten, die auch für den Kontext Verhaltensstörungen von großer Bedeutung sind: Wahrnehmung sozialer Situationen, die Fähigkeit zum sozialen Problemlösen oder auch zur differenzierten Reflexion von Handlungsfolgen. Zweitens werden Verhaltensstörungen auf den Radius von Entwicklungsproblematiken der Person von Kindern und Jugendlichen fokussiert; der Beitrag der aktuellen Lebensumstände bzw. des Umfeldes zum Entstehen von Störungen gerät vollkommen aus dem Blick" (Stein, Müller 2015, 26f.).

Verhaltensstörungen sind häufig nur aus dem Kontext der Entstehung begreifbar und somit auch beeinflussbar. Konkrete Entwicklungsbedingungen aus aktuellen Lebensumständen führen zur Notwendigkeit der Bewältigung kritischer Situationen, für die das Kind nicht adäquate Lösungsansätze nutzt, die dem Kind selbst aber plausibel erscheinen. Die Darbietung anderer Handlungsstrategien allein führt nicht automatisch zur deren Annahme, schon gar nicht zur Verinnerlichung. Dieser Prozess ist bedeutend komplexer.

Prävention ist nicht das einzige, wenn auch ein wichtiges Betätigungsfeld im Förderschwerpunkt emotionale und soziale Entwicklung, in der Pädagogik bei Verhaltensstörungen. In der sonderpädagogischen Förderung im Bereich der Pädagogik bei Verhaltensstörungen ist neben der Prävention vor allem die Intervention ein wichtiges Aufgabenfeld. Ureigenster Gegenstand sonderpädagogischer Förderung sind daher jene Kinder und Jugendliche, die präventiv nicht erreicht wurden, bei denen eine entsprechende Beeinträchtigung bereits vorhanden ist, der nicht nur durch die Kompensation von Entwicklungsrückständen begegnet werden kann.

Die zweite Gruppe der Trainingsprogramme, die sich auf konkrete Erscheinungsformen bezieht, ist für diese Intervention nur beding geeignet, da diese Programme nur einzelne Erscheinungsformen erfassen. In einer Klasse haben wir es häufig mit unterschiedlichen Formen der Auffälligkeiten zu tun, selbst einzelne Kinder und Jugendliche weisen vielfältige Formen der Auffälligkeiten auf. Für große Gruppen von Kinder und Jugendlichen, also für Klassen liegen keine speziellen Trainingsprogramme vor. Es ist überlegenswert, ob es hierfür solche Programme als Interventions- und nicht als Präventionsprogramme überhaupt geben kann. Willmann merkt kritisch an:

„Die ausgeprägte Orientierung an therapeutischen Konzepten führt dazu, dass schulische Lern- und Verhaltensprobleme häufig störungsspezifisch betrachtet und entsprechend auch die Interventionen auf spezifische Teilaspekte reduziert werden" (Willmann 2010a, 73).

Nicht erfasst werden mit den entsprechenden Programmen das Umfeld, das zum Entstehen und zur Aufrechterhaltung dieser Störungen beiträgt, die konkreten Lebensbedingungen und deren Einfluss auf die Entwicklung des Kindes. So wird das Kind zum alleinigen Problemfaktor. Eine solche Sichtweise wurde in der Vergangenheit besonders von der systemischen Theorie häufig kritisiert (z.b. Hennig, Knödler 2000, um nur ein Beispiel zu nennen). Die genannten Trainingsprogramme tragen nur bedingt zu jenen Aspekten der Persönlichkeitsentwicklung der Kinder und Jugendlichen bei, die sie stark machen können, um den entsprechenden Bedingungen zu trotzen, ihre Resilienz zu stärken.

Anwendbarkeit im schulischen Kontext
Hillenbrand et al. (2015) unterscheiden sich von den meisten Programmen dadurch, dass sie in ihrem Trainingsprogramm explizit auf einen Zusammenhang zum schulischen Kontext verweisen.

„Die Förderung emotionaler und sozialer Kompetenzen gehört zum Bildungsauftrag der Schule (…) ‚Lubo aus dem All!' stellt ein Programm zur Unterstützung in der Schuleingangsphase dar, das – methodisch-didaktisch abwechslungsreich strukturiert – die Kinder in ihren Gefühls- und Verhaltenskompetenzen unterstützt" (Hillenbrand et al. 2015, 7).

Lauth hat sein Trainingsprogramm durch ein Übungsprogramm für Lehrer ergänzt (vgl. Lauth 2014). Genau diese methodisch-didaktische Umsetzung im schulischen Kontext ist nicht bei allen Trainingsprogrammen erkennbar. (Selbst das genannte Programm von Hillenbrand et al. arbeitet mit Trainingseinheiten von 60 Minuten, die dem Stundenrhythmus nicht entsprechen.) Vielmehr sind die Bedingungen der Durchführung der Programme in einem klinischen Setting nicht eins zu eins auf schulische Situationen übertragbar. Die positiven Evaluationsergebnisse sind bei diesen Programmen im schulischen Kontext dann auch nicht erwartbar.

„Die zunehmende Therapeutisierung der Pädagogik bei Verhaltensstörungen führt zu der grundsätzlichen Frage: Sind therapeutische Verfahren in pädagogischen Settings (z.B. im Unterricht) durch Pädagogen überhaupt angemessen anwendbar und erfordern diese dann eine therapeutische Zusatzqualifizierung? Oder wird bei der Adaption therapeutischer Ansätze notwendig, diese für das spezifische Setting von Schulunterricht zu modifizieren (…)?" (Willmann 2010b, 208).

Unterschiedliche Sichtweisen oder einheitliche Blickrichtung

Ein weiterer Einwand, der sich auf die Mehrzahl der Programme beziehen lässt, betrifft deren theoretischen und methodischen Hintergrund. Mit Ausnahme des KTM, das sich auf eine systemische Sichtweise beruft (vgl. Dann und Humpert 2002, 217), sind alle anderen Programme lerntheoretisch begründet: „Unser Verhaltenstraining basiert auf verhaltenspsychologischen Prinzipien, die in diesem Buch kurz angeführt werden" (Petermann et al. 2016, 13).
Da eine Vielzahl der Trainingsprogramme von Psychologen entwickelt wurden übernehmen diese ihre eigenen Sichtweisen, eigene Methoden und theoretischen Grundlagen in diese Programme. Selbst Pädagogen übernehmen gerne psychologische Grundlagen (vgl. Hillenbrand et al. 2016 oder Hillenbrand et al. 2015). Viele vergessen dabei ihren primären, ihren pädagogischen Fokus.

> „Der Markt wird dominiert von funktionalen Interventions- und Trainingsprogrammen, die – vorwiegend in lernpsychologischer Tradition – schnelle Hilfen zur Beseitigung definierter Störungsbilder bzw. den Aufbau spezifischer Kompetenzen versprechen" (Willmann 2010a, 73).

Es gibt jedoch auch andere Sichtweisen auf die Entstehung und auf die Intervention bei Verhaltensauffälligkeiten. So verweisen tiefenpsychologischen Sichtweisen auf psychotraumatische Belastungen, die zu einer Veränderung des Verhaltens führen und einer psychotherapeutischen Behandlung bedürfen (vgl. Ahrbeck 2008; Herz, Zimmermann 2015).
Systemische Ansätze verweisen auf die Kontexte, in denen sich diese Verhaltensweisen entwickelt haben (vgl. Palmowski 2010), sozialkritische Arbeiten verweisen auf sozioökonomische Zusammenhänge (vgl. Jantzen 2012).
Sicher kann man hier einwenden, dass der Klassenraum für diese Richtungen wenig Raum bietet. Systemischen Perspektiven sind hier ebenso Grenzen gesetzt (Einbeziehung der gesellschaftlichen Bedingungen, Veränderungen gesellschaftlicher Strukturen) wie den psychoanalytischen Perspektiven, deren aufdeckendes Motiv langwierig und sehr individuell ist. Behavioristische Theorien ähneln den Lernprozessen des Unterrichts am ehesten, haben aber ebenfalls ihre Grenzen.
„Zwar ist unstrittig, dass viele Kinder und Jugendliche mit Verhaltensstörungen auf eine psychotherapeutische Behandlung angewiesen sind: doch ist die Schule hierfür kein geeigneter Kontext" (v. Stechow 2013, 76). Zu Recht kann man aber auch einwenden, dass die alleinige Besinnung auf lerntheoretische Methoden ebenfalls nicht das Tätigkeitsfeld des Pädagogen, des Sonderpädagogen umfassend beschreibt, sondern dass auch dem Kind, dem Jugendlichen ein aktiver Part zukommt, dass es auch um Beziehungen, Verstehen und Achtung geht. „Dadurch werden genuin pädagogische Perspektiven an den Rand gedrängt" (Willmann 2010a, 73).

6.1.5 Förderprogramm und Training in ihrem Verhältnis zum Erziehungsgedanken

Es sollte sich darauf rückbesonnen werden, dass die Erziehung zu den fundamentalen Bausteinen der Arbeit im Förderschwerpunkt emotionale und soziale Entwicklung gehört. Die grundlegenden Unterrichtsprinzipien und Aspekte der Pädagogik bei Verhaltensstörungen beschreibend, zählen Stein und Stein das Prinzip des „therapeutischen Milieus", das Prinzip der Kooperation, das Prinzip der Erziehung, das Prinzip des Durchgangs, das Prinzip der Strukturgebung, das Prinzip der Prozessorientierung und Aspekte des emotionalen Unterrichtserlebens auf (vgl. Stein, Stein 2014, 82ff.). Bezogen auf Erziehung wird vermerkt:

> „Im Sinne einer Aufforderung zur Selbsttätigkeit und einer als umfassend verstandenen Bildung ist es erforderlich, das Lehrende und Lernende gemeinsam zur Verständigung über Erziehungsziele als Ziele einer allgemeinen Persönlichkeitsentwicklung, also des Bildungsprozesses der Lernenden kommen – Ziele, die dann im Rahmen unterrichtlicher Vorgänge angestrebt werden können. Dabei steht Erziehung auch insofern im Vordergrund, als bezüglich der Prozesse einer solchen Persönlichkeitsentwicklung der Rolle des Pädagogen als einem Partner für die Pädagogik bei Verhaltensstörungen ganz besondere Bedeutung zukommt. Erziehung ist die zentrale Aufgabe aus Perspektive einer schulischen Pädagogik bei Verhaltensstörungen" (Stein, Stein 2014, 84).

Betrachtet man dies im historischen Kontext, dann standen Prozesse der Persönlichkeitsentwicklung in der klassischen Schule für Erziehungshilfe immer im Mittelpunkt. Die sich schon immer als Durchgangsschule verstehende Schule für Erziehungshilfe stellte im Gegensatz zur allgemeinbildenden Schule die Erziehung vor die Bildung, was aber auch eine bestimmte Orientierung auf Passbarmachen der Schüler unterstellte. Bedarfe der allgemeinbildenden Schulen stellten häufig den Wertmaßstab dieser Erziehungsprozesse dar. Auch die integrative Unterrichtung erwartete dies von der sonderpädagogischen Förderung. In diesem Sinne sind die Trainingsprogramme gute „Fitmacher" für diesen Kontext, gleichzeitig stoßen sie aber an ihre Grenzen, da sich ändernde Situationen der Beschulung Erfolge infrage stellen können (veränderte Bedingungen verlangen eine veränderte Einflussnahme). Trainingsprogramme sind keine Erziehungskonzepte. Hier bedarf es offensichtlich nicht nur einer flexibleren Lösung, um die Programme an die jeweiligen schulischen Situationen anzupassen. Es bedarf der Kompetenz des Lehrers erzieherischen Einfluss zu nehmen, sich an der Persönlichkeitsentwicklung des Schülers zu beteiligen.

Eines wird dabei aber auch deutlich: Sind die Kinder und Jugendlichen tatsächlich immer die Problemträger? Sind ihre Handlungsweisen, die im schulischen Kontext als ‚störend' eingeordnet werden, nicht vielmehr häufig auch Ergebnis veränderter Umweltbedingungen?

„Gerade im Zusammenhang mit sozial-emotionalem Förderbedarf hat es die Pädagogik bei Verhaltensstörungen mit Kindern und Jugendlichen zu tun, die als Subjekte auf die Verhältnisse antworten, in denen sie oft schon einschneidende, intensive, kaum zu ertragende, bisweilen traumatisierende biografische Erfahrungen machen" (Stein, Müller 2015, 35f.).

Wie aber kann Pädagogik auf diese Bedingungen reagieren? Trainingsprogramme, therapeutische Einflussnahmen haben hier eine begrenzte Wirksamkeit, Erziehung trifft auf eine neue Herausforderung.

„Mit dem Begriff der Erziehung können hier demnach nicht primär Methoden der Verhaltensmodifikation oder einschlägige Trainingsprogramme gemeint sein. (...) Diese entfalten ihren Sinn stärker für die soziale Kompetenz der gesamten Gruppe. Bei schweren emotionalen Beeinträchtigungen sind dem Erfolg solcher Programme Grenzen gesetzt (...)" (Herz, Zimmermann 2015, 146).

Auffälligkeiten im Verhalten, die aus veränderten sozialen Bedingungen resultieren, machen es notwendig, Interventionsmaßnahmen zu überdenken. Die Veränderung der sozialen Bedingungen, wobei es hier auch nicht nur um prekäre Lebenslagen geht, wäre natürlich eine mögliche Interventionsmaßnahme. Dies ist aber nicht primäre Aufgabe der Pädagogik. Als Anforderung an den Einzelnen und Eingriff beim Scheitern benennt Opp hierzu:

„Zum einen ist Erziehung heute dadurch gekennzeichnet, dass wir uns mit der stetigen Zunahme der klassischen Problemlagen von Kindern und Jugendlichen wie Armut, Verelendung und Verwahrlosung auseinandersetzen müssen. Es sind längst nicht die die Familien von Randgruppen oder Minderheiten, die sich zunehmend schwerer tun ihre Kinder angemessen zu betreuen und zu versorgen. Diese Risiken des Heranwachsens werden dadurch verschärft, dass die drastischen Veränderungen des sozialen, politischen und kulturellen Klimas neue Anforderungen an den Einzelnen stellen – und ihn darüber hinaus mit seinem Scheitern meist allein lassen" (Opp 2003, 47).

Eine wichtige Aufgabe der Erziehung muss es sein, die Entwicklung der Persönlichkeit der Kinder und Jugendlichen so zu unterstützen, dass sie auch bei widrigen Voraussetzungen standhalten können, also ihre Persönlichkeit zu stärken. Neben Ansätzen aus der Drogen- und Missbrauchsprävention („Starke Kinder sagen nein") kann Erziehung darauf einwirken, Kinder autarker, autonomer werden zu lassen, ohne Egomanen zu erziehen. Auf das Autonomiebestreben der Erziehung verwiesen bereits Speck und Kobi (vgl. dazu Müller, Stein 2015, 218ff.). Hier verknüpfen sich Präventions- und Interventionsbemühungen. Interventionsbemühungen bei Kindern und Jugendlichen, die an den Risiken der sozialen Bedingungen gescheitert sind, wären ein anderer Aspekt. Der Umgang mit den traumatisierenden Erfahrungen, die viele Kinder und Jugendliche im Förderschwerpunkt emotionale und soziale Entwicklung erlebt haben, erfordert wiederum andere Maßnahmen, um verletzten Kinderseelen neuen Halt zu geben. Hier ist die Interaktion mit dem zu Erziehenden gefragt, der Aufbau von Beziehungsarbeit. „Erziehung meint hier primär die Reflexion und die daraus hervorgehende Gestaltung der intensiven Beziehung" (Herz, Zimmermann 2015, 146). Erziehung als Beziehungsaufbau erfordert aber auch vom Erziehenden, sich selbst zu reflektieren, seine Möglichkeiten des Einbringens kritisch zu hinterfragen. Nicht jeder Pädagoge ist zu einem solchen Beziehungsaufbau per se bereit und in der Lage. Wo liegen hier die Grenzen? Beziehungsaufbau kann durch die aufgezeigten Trainingsprogramme kaum geleistet werden. Einzig Tennstädt et al. (1990) zeigten Ansätze dazu auf, die in den letzten zwanzig Jahren aber wenig aufgegriffen wurden. Es bräuchte noch mehr Überlegungen, wie sowohl Lehrer als auch Eltern sich in diese Prozesse einbringen können. Statt der vielen Programme für Kinder und Jugendliche wäre es an der Zeit sich den Erziehungstrainings (sowohl für die Eltern, aber auch für die Lehrer, für die Pädagogen) zuzuwenden. Generell sich wieder auf Erziehung zu besinnen wird vermehrt geäußert. Auf ein notwendiges Umdenken in Bezug auf die Erziehung machte nicht nur Ahrbeck (2004) aufmerksam. Den Erziehungsbegriff dabei zu hinterfragen, wäre äußerst sinnvoll. Erste Überlegungen dazu liegen bereits vor (vgl. Ahrbeck 2010; Moser 2010; Müller, Stein 2015; Willmann 2010b).

Literatur

Ahrbeck, B. (2010): Erziehungsnotwendigkeiten und Bruchstellen der Entwicklung. In: Ahrbeck, B., Willmann, M.: Pädagogik bei Verhaltensstörungen. Ein Handbuch. Stuttgart, 215-25
Ahrbeck, B. (2004): Kinder brauchen Erziehung. Die vergessene pädagogische Verantwortung. Stuttgart
Ahrbeck, B. (2008): Psychoanalytische Handlungskonzepte. In: Gasteiger-Klicpera, B., Julius, H. & Klicpera, C. (Hrsg.): Sonderpädagogik der sozialen und emotionalen Entwicklung. Handbuch der Sonderpädagogik Bd. 3. Göttingen, 497-507
Beck, N., Cäsar, S. & Leonhardt B. (2007): Training sozialer Fertigkeiten mit Kindern im Alter von 8-12 Jahren TSF (8-12). Tübingen
Dann, H.D., Humpert W. (2002): Das Konstanzer Trainingsprogramm (KTM) – Grundlagen und neuere Entwicklungen. In: Zschr. f. Pädagogik 48, H. 2, 215-226
Döpfner, M., Schürmann, S. (2017): Wackelpeter und Trotzkopf: Hilfen für Eltern bei ADHS-Symptomen, hyperkinetischem und oppositionellem Verhalten. Mit Online-Material und App. Weinheim
Döpfner, M., Frölich, J. & Schürmann, St. (2013): Therapieprogramm für Kinder und Jugendliche mit hyperkinetischem und oppositionellem Problemverhalten THOP. Mit Online-Material. Weinheim
Fingerle, M., Ellinger, S. (2008): Sonderpädagogische Förderprogramm im Vergleich. Orientierungshilfen für die Praxis. Stuttgart
Frölich, J., Döpfner, M., Banaschewski, T. et al. (2013): ADHS in Schule und Unterricht: Pädagogisch-didaktische Ansätze im Rahmen des multimodalen Behandlungskonzepts (Lehren und Lernen). Stuttgart
Gerken, N., Natzke, H., Petermann, F. et al. (2002): Prävention von hyperkinetischem und aggressivem Verhalten: Zur Wirksamkeit eines Programms für Schulanfänger. In: Kindheit und Entwicklung, 11, 119-129

Hechler, O. (2016): Evidenzbasierte Pädagogik – Von der verlorenen Kunst des Erziehens. In: Ahrbeck, B., Ellinger, S., Hechler, O. et al.: Evidenzbasierte Pädagogik. Sonderpädagogische Einwände. Stuttgart. 42-83

Hennemann, T., Hillenbrand, C., Franke, S. et al. (2012): Kinder unter erhöhten emotional-sozialen und kognitiven Risiken als Herausforderung für die Inklusion: Evaluation einer selektiven Präventionsmaßnahme in der schulischen Eingangsstufe. In: Empirische Sonderpädagogik, Nr. 2, 129-146

Hennig, C., Knödler, U. (2000): Problemschüler – Problemfamilie. Weinheim

Herz, B. (Hrsg.) (2013): Schulische und außerschulische Erziehungshilfe. Ein Werkbuch zu Arbeitsfeldern und Lösungsansätzen. Bad Heilbrunn

Herz, B., Zimmermann, D. (2015): Beziehung statt Erziehung? Psychoanalytische Perspektiven auf pädagogische Herausforderungen in der Praxis mit emotional-sozial belasteten Heranwachsenden. In: Stein, R., Müller, T. (Hrsg.): Inklusion im Förderschwerpunkt emotionale und soziale Entwicklung. Stuttgart. 144-169

Hillenbrand, C. (2015): Evidenzbasierte Praxis im Förderschwerpunkt emotional-soziale Entwicklung. In: Stein, R., Müller, T. (Hrsg.): Inklusion im Förderschwerpunkt emotionale und soziale Entwicklung, Stuttgart. 170-215

Hillenbrand, C., Hennemann, T. & Heckler-Schell, A. (2016): „Lubo aus dem All!" – Vorschulalter: Programm zur Förderung sozial-emotionaler Kompetenz. München

Hillenbrand, C., Hennemann, T., Hens, S. et al. (2015): „Lubo aus dem All!" – 1. und 2. Klasse: Programm zur Förderung sozial-emotionaler Kompetenz. München

Hövel, D., Hillenbrand, C., Hennemann, T. et al. (2016): Effekte indizierter Prävention zur Förderung der emotional-sozialen Kompetenzen mit „Lubo aus dem All!" in Abhängigkeit des Theorienwissens und des Alltagstransfers der Lehrkräfte. In: Heilpädagogische Forschung 42, H. 3, 114-124

Jantzen, W. (2012): Behindertenpädagogik in Zeiten der Heiligen Inklusion. In: Behindertenpädagogik 51, H. 1, 35-53

Kinnen, C., Rademacher, C. (2015): Wackelpeter und Trotzkopf in der Pubertät. Wie Eltern und Jugendliche Probleme gemeinsam lösen können. Mit Online-Material. Weinheim

KMK (Kultusministerkonferenz) (2000): Empfehlungen zum Förderschwerpunkt emotionale und soziale Entwicklung. Bonn

Klauer, K.L. (1989): Denktraining für Kinder I. Ein Programm zur intellektuellen Förderung. Göttingen

Klauer, K.L. (1991): Denktraining für Kinder II. Ein Programm zur intellektuellen Förderung. Göttingen

Klauer, K.J. (2000): Zur Neuordnung der Ausbildung der Sonderschullehrer. In: Terhard, E. (Hrsg.): Perspektiven der Lehrerbildung in Deutschland. Weinheim, S. 45-54

Krowatschek, D., Albrecht, S. & Krowatschek, G. (2007): Marburger Konzentrationstraining (MKT) für Schulkinder. Dortmund

Langfeldt, H.-P. (2009): Über den Umgang mit Trainingsprogrammen. In: Langfeldt, H.-P., Büttner, G. (Hrsg.): Trainingsprogramme zur Förderung von Jugendlichen. Kompendium für die Praxis. Weinheim

Langfeldt, H.-P., Büttner, G. (Hrsg.) (2009): Trainingsprogramme zur Förderung von Jugendlichen. Kompendium für die Praxis. Weinheim

Langfeldt, H.-P. (Hrsg.) (2003): Trainingsprogramme zur schulischen Förderung. Kompendium für die Praxis. Weinheim

Lauth, G.W. (2014): ADHS in der Schule. Übungsprogramm für Lehrer. Weinheim

Lauth, G.W., Schlottke, P. F. (2009): Training mit aufmerksamkeitsgestörten Kindern. Mit Online-Materialien. Weinheim

Linderkamp, F., Hennig, T. & Schramm, S.A. (2011): ADHS bei Jugendlichen. Das Lerntraining LeJA. Mit Online Materialien. Weinheim

Moser, V. (2010): „Bildung" und „Erziehung"? – Historische Betrachtungen zum Verhältnis von Allgemeiner Pädagogik und Sonderpädagogik. In: Ahrbeck, B., Willmann, M.: Pädagogik bei Verhaltensstörungen. Stuttgart, 197-204

Müller, T., Stein, R. (2015): Erziehung im Förderschwerpunkt emotionale und soziale Entwicklung. In: Stein, R., Müller, T. (Hrsg.): Inklusion im Förderschwerpunkt emotionale und soziale Entwicklung. Stuttgart, 216-229

Natzke, H., Petermann, F. (2009): Schulbasierte Prävention aggressiv-oppositionellen und dissozialen Verhaltens. In: Praxis der Kinderpsychologie und Kinderpsychotherapie, 58, 34-50

Opp, G. (Hrsg.) (2003): Arbeitsbuch schulische Erziehungshilfe. Bad Heilbrunn

Palmowski, W. (2010): Nichts ist ohne Kontext. Systemische Pädagogik bei „Verhaltensauffälligkeiten". Dortmund

Petermann, F., Jugert, G., Tänzer, U. et al. (2012): Sozialtraining in der Schule. Mit Online-Materialien. Weinheim.

Petermann, F., Petermann, U. (2017): Training mit Jugendlichen. Aufbau von Arbeits- und Sozialverhalten. Göttingen

Petermann, F., Natzke, H., Gehrken, N. et al.: (2016): Verhaltenstraining für Schulanfänger. Ein Programm zur Förderung der emotionalen und sozialen Kompetenz. Göttingen

Petermann, F., Koglin, U., Natzke, H. et al. (2013): Verhaltenstraining in der Grundschule. Ein Programm zur Förderung der emotionalen und sozialen Kompetenz. Göttingen

Petermann, F., Petermann, U. (2012): Training mit aggressiven Kindern. Mit Online-Materialien. Weinheim

Petermann, F., Petermann, U. (2015): Training mit sozial unsicheren Kindern. Mit Online-Materialien. Weinheim

Schell, A., Albers, L., v. Kries, R. et al. (2015): Prävention von Verhaltensstörungen durch Förderung sozial-emotionaler Kompetenzen im Vorschulalter. In: Dt. Ärztebl. 112, H. 39, 647-654

Stechow, E. von (2013): Evidenzbasierte Förderung und Förderkonzepte von Schülerinnen und Schülern mit sonderpädagogischem Förderbedarf in der sozialemotionalen Entwicklung. In: Herz, B. (Hrsg.): Schulische und außerschulische Erziehungshilfe. Ein Werkbuch zu Arbeitsfeldern und Lösungsansätzen. Bad Heilbrunn, 67-78

Stein, R., Müller, T. (2015): Verhaltensstörungen und emotional-soziale Entwicklung: zum Gegenstand. In: Stein, R., Müller, T. (Hrsg.): Inklusion im Förderschwerpunkt emotionale und soziale Entwicklung. Stuttgart, 19-43

Stein, R., Stein, A. (2014): Unterricht bei Verhaltensstörungen. Ein integratives didaktisches Modell. Bad Heilbrunn

Tänzer, U. (2010): Trainingsprogramme. In: Ahrbeck, B., Willmann, M. (Hrsg.): Pädagogik bei Verhaltensstörungen. Stuttgart, 288-292

Tennstädt, K.-C., Humpert, W. & Dann, H.D. (1990): Konstanzer Trainingsmodell (KTM). Ein integratives Selbsthilfeprogramm für Lehrkräfte zur Bewältigung von Aggressionen und Störungen im Unterricht auf der Basis Subjektiver Theorien. Trainingsprogramm. Göttingen

Walther, P., Ellinger, S. (2008): Effektivität von Förderprogrammen bei Aufmerksamkeitsstörung und Hyperaktivität (ADS/ADHS). In: Fingerle, M., Ellinger, S. (Hrsg.): Sonderpädagogische Förderprogramme im Vergleich. Orientierungshilfe für die Praxis. Stuttgart. 157-192

Willmann, M. (2010a): Schulische Erziehungshilfe. In: Ahrbeck, B., Willmann, M. (Hrsg.): Pädagogik bei Verhaltensstörungen. Ein Handbuch. Kohlhammer: Stuttgart, 67-75

Willmann, M. (2010b): Verhaltensstörungen als Erziehungsproblem: Zur pädagogischen Position im Umgang mit schwierigem Verhalten. In: Ahrbeck, B., Willmann, M. (Hrsg.): Pädagogik bei Verhaltensstörungen. Ein Handbuch. Kohlhammer: Stuttgart, 205-214

Anne Kaplan

6.2 Erziehung durch besondere Maßnahmen und Konzepte

6.2.1 Einleitung

‚Lösungsversuche' in Form besonderer Maßnahmen und Konzepte in den schulischen und außerschulischen Feldern der Pädagogik bei Verhaltensstörungen weisen eine sehr große programmatische und inhaltliche Bandbreite auf. Sie unterscheiden sich je nach ihrer theoretischen Grundlegung, ihrer Vorstellung von Erziehung und menschlicher Entwicklung, ihrer institutionellen Verortung sowie ihren Zielsetzungen.

Damit kann man sie auch als „Suchbewegungen" der pädagogischen Theorie und Praxis beschreiben, die sich in der Erprobung experimenteller Konzepte in der pädagogischen Praxis äußern und dabei immer auch mit der Versprechung verbunden sind, sie seien besonders wirksam in der Reduktion von Störungen, der Förderung junger Menschen, der Verbesserung von Lebensbedingungen usw.

Solche Maßnahmen und Konzepte unterscheiden sich auch in ihrer jeweiligen Problemdefinition, also was sie als ‚Herausforderung' in der Erziehung junger Menschen begreifen. So adressieren einige Konzepte den jungen Menschen und sein ‚Problemverhalten' (z.B. soziale Trainingsprogramme, Maßnahmen der grenzsetzenden Pädagogik), andere wiederum stellen die (schwierigen) Bedingungen der Umwelt und Lebenswelt in den Mittelpunkt (z.B. in der Lebenswelt- und Sozialraumorientierung) oder aber es werden gesellschaftliche Bedingungen als hinderlich für die Entwicklung junger Menschen ausgemacht (z.B. in den Konzepten der Inklusion oder dem Capability Approach).

Damit unterliegen solche Maßnahmen und Konzepte immer auch einem gewissen (pädagogischen) Zeitgeist, der nicht unbedingt mit (neuen) empirischen Erkenntnissen, sondern vielmehr mit „atmosphärischen Verschiebungen in der gesellschaftlichen Großwetterlage" (Göppel 2010a, 29) zusammenhängt. Das erscheint einleuchtend, wenn man anerkennt, dass Erziehung „nur die ihrer Gesellschaft und in ihrer Gesellschaft" (Winkler 2008, 307) sein kann.

Im Folgenden sollen einige dieser Maßnahmen und Konzepte exemplarisch vorgestellt und diskutiert werden. Dazu sollen insbesondere die jeweilige theoretische Verortung, damit verbundene Erziehungsvorstellungen sowie ihr Beitrag zu einer Pädagogik bei Verhaltensstörungen herausgearbeitet und kritisch gewürdigt werden.

Es können hier nicht sämtliche pädagogische Trends der letzten Jahre und Jahrzehnte vorgestellt werden. Die Auswahl beschränkt sich daher auf eine möglichst große inhaltliche Bandbreite, die versucht, einige ‚Schlaglichter' der Pädagogik herauszuarbeiten. Dazu werden Ansätze aus dem Bereich der Handlungsorientierung (Erlebnispädagogik), der Disziplinorientierung (Konfrontative Pädagogik und Bootcamps) und der Lösungsorientierung (Restorative Justice) betrachtet.

6.2.2 Konzepte von Erlebnispädagogik

Erlebnispädagogische Konzepte haben in Deutschland seit Mitte der 1980er Jahre große Verbreitung in der pädagogischen Praxis erfahren, insbesondere in Arbeitsfeldern der Jugendhilfe. Dabei werden solche Angebote häufig als Alternative zu bzw. Ergänzung von bereits bestehenden und etablierten Erziehungs- und Bildungseinrichtungen verstanden (vgl. Ziegenspeck 1996, 51; Fischer, Lehmann 2009, 10).

Die Vertreter der Erlebnispädagogik verorten ihre Wurzeln in der Reformpädagogik (u.a. Michl 2015, 26) und sehen in Rousseau einen zentralen Vordenker erlebnispädagogischer Ideen. Insbesondere Rousseaus Beitrag zu einem handlungsorientierten Lernen, im Sinne der Akzentuierung von Gefühlen, Erlebnissen und Erfahrungen als Bruch zum Vernunftgedanken der Aufklärung, werden als „Grundmauern" der modernen Erlebnispädagogik interpretiert (vgl. Michl 2015, 22; Fischer, Lehmann 2009, 35).

Als Begründer der Erlebnispädagogik gilt Kurt Hahn (1886-1974), der mit seiner „Erlebnistherapie" ein erstes erlebnispädagogisches Konzept vorlegte (vgl. Michl 2015, 29).

Die Definitionen von Erlebnispädagogik sind zahlreich und vielfältig, so dass von *der* Erlebnispädagogik nicht die Rede sein kann. Mit Blick auf die einschlägige Literatur lassen sich aber einige Kernpunkte bestimmen. So besteht Konsens darüber, dass erlebnispädagogische Angebote handlungsorientiertes Lernen ermöglichen sollen, indem (körperliche) Erfahrungen und Erlebnisse bewusst in Lernarrangements einbezogen werden (vgl. Michl 2015, 31). Dabei wird grundsätzlich von einem ganzheitlichen Erziehungsverständnis ausgegangen, das auf die Förderung physischer, psychischer, emotionaler und sozialer Aspekte bei den Adressaten gerichtet ist (vgl. Heckmair, Michl 2008, 115). Zentral ist zudem der Einbezug der natürlichen Umwelt (vgl. Fischer, Lehmann 2009, 10), so dass erlebnispädagogische Angebote häufig in der Natur stattfinden und diese dabei bewusst als Lernfeld gestaltet wird (vgl. Michl 2015, 11).

Elementar ist ferner der Begriff des „Erlebnisses" (u.a. Verwendung bei Michl 2015; Ziegenspeck 1996) bzw. derjenige des „Abenteuers" (Schirp 2013), auf deren Grundlage erzieherisch wirksame Prozesse initiiert werden sollen. Dabei wird in relativer Übereinstimmung davon ausgegangen, dass bewusst gesetzte Erlebnisse die Auseinandersetzung der Adressaten erlebnispädagogischer Angebote mit neuen Situationen und (schnelle) Lösungsfindungen erfordern. Dies wiederum verlange nach Kommunikations- und Konfliktfähigkeit, da Lösungen in der Regel in der Gruppe gefunden werden müssen. Durch die spätere Nacherzählung und Reflexion solcher Situationen können diese Erlebnisse zu Erfahrungen und in die eigene Biografie integriert werden und somit zur (positiven) Persönlichkeitsentwicklung beitragen (vgl. Schirp 2013, 351).

Das ganzheitliche Erziehungsverständnis erlebnispädagogischer Ansätze gründet auf einem ebenfalls ganzheitlichen Menschenbild, welches den Menschen „in seiner inneren und äußeren Komplexität" (Fischer, Lehmann 2009, 99) akzeptiert.

Die Zielgruppen erlebnispädagogischer Aktivitäten sind sehr vielfältig, sie reichen von Kindern und Jugendlichen in schulischen und außerschulischen Einrichtungen bis hin zu Erwachsenen im Beruf. Als Kernzielgruppe gelten dabei nach wie vor junge, sozial marginalisierte Menschen, die Förderbedarfe im sozial-emotionalen Bereich aufweisen (vgl. Schirp 2013, 347).

In den letzten 30 Jahren gab es eine große Zunahme an erlebnispädagogisch orientierten Projekten und Anträgen. Allein der Bundesverband für Individual- und Erlebnispädagogik zählt knapp 150 Einrichtungen, Träger und natürliche Personen, die erlebnispädagogische Angebote vorhalten. Neuerdings erfährt die Erlebnispädagogik auch eine wissenschaftliche Aufwertung durch das Angebot verschiedener Studiengänge in diesem Bereich (z.B. der M.A. Abenteuer- und Erlebnispädagogik an der Universität Marburg).

Die Befundlage zu erlebnispädagogischen Programmen im deutschsprachigen Raum ist als dünn zu bezeichnen. In den USA und Australien hingegen liegen zahlreiche empirische Studien zu „Adventure Education" und „Outward Bound" vor. Hier sind insbesondere die beiden Metaanalysen von Cason, Gillis (1994; USA) und Hattie et al. (1997; Australien) zu nennen. In diesen Studien werden relativ ähnliche Gesamteffekte von erlebnispädagogischen Angeboten gemessen. Allgemein können diese als positiv bewertet werden, da sie insgesamt die gleiche Effektivität aufweisen wie andere pädagogische Maßnahmen (vgl. Hattie et al. 1997, 55). Allerdings variieren die untersuchten Effektstärken in beiden Studien stark und sind somit inkonsistent.

Ein großes Potenzial erlebnispädagogischer Konzepte (nicht nur für die Pädagogik bei Verhaltensstörungen) liegt im Bereich des handlungsorientierten und ganzheitlichen Lernens. Die diesem zu Grunde liegende Methodenvielfalt eröffnet die Chance, Kinder und Jugendliche auf unterschiedlichen Wahrnehmungsebenen anzusprechen und so ihre Mitwirkungsbereitschaft zu fördern oder zu erhöhen (vgl. Gudjons, 109). Insbesondere für Kinder und Jugendliche, die Förderbedarfe in den Bereichen der Motivation sowie des Lern- und Arbeitsverhaltens aufweisen, dürfte hier ein niederschwelliges Angebot liegen (vgl. Heimlich 2014, 136). Förderlich ist sicher auch der mit erlebnispädagogischen Konzepten verbundene Abbau von Beziehungsasymmetrien zwischen Pädagogen, Lehrkräften und Kindern und Jugendlichen. Durch die notwendige erhöhte Eigenaktivität zur Lösung gegebener Probleme (in der Natur) können vor allem Selbstständigkeit und Verantwortung von jungen Menschen gefördert werden (vgl. Gudjons 2003, 110).

Eine Herausforderung besteht dabei in dem erhöhten Aufwand, den erlebnispädagogische Angebote mit sich bringen. So sind oftmals besondere Materialien (Hochseilgarten, Kanus, Baumaterialien etc.) erforderlich und die Möglichkeiten, in freier Natur zu arbeiten, sind im schulischen Kontext oder in urbanen Lebensräumen begrenzt. Hier wären Spielräume für ‚indoor'-Aktivitäten mit geringem Materialeinsatz auszuloten. Ein Beispiel dafür stellt der erlebnispädagogisch ausgerichtete Verein EXIT-Enterlife dar, der seit einigen Jahren ‚indoor'-Angebote in deutschen Jugendvollzugseinrichtungen durchführt und erlebnispädagogische Elemente entsprechend modifiziert hat (hierzu Schneider et al. 2014).

Im wissenschaftlichen Kontext werden erlebnispädagogischen Ansätzen fehlende theoretische Fundierung und Systematisierung vorgeworfen (Schiedeck, Stahlmann 1994, 398; Winkler 2008, 291). Auch wird die zentrale (und überwiegend positive) Stellung des Erlebnisses kritisch reflektiert, da Erlebnisse nicht herstellbar seien und nicht bei jedem die gleiche (intendierte) Wirkung erzeugen könnten (Schiedeck, Stahlmann 1994, 403).

Nach wie vor nicht geklärt erscheint die „Transferproblematik" (Bühler 1986) erlebnispädagogischer Angebote, also die nachhaltige Übertragung von in solchen Projekten gelernten Inhalten bzw. Fähigkeiten in den Alltag der Kinder und Jugendlichen. Somit erscheint auch die mitunter anzutreffende Selbstinszenierung von Vertretern der Erlebnispädagogik als Alternative zu traditionellen Bildungseinrichtungen nicht immer gerechtfertigt (siehe auch Schiedeck, Stahlmann 1994, 401).

6.2.3 Ansätze grenzsetzender Pädagogik

Sowohl die Ansätze konfrontativer Pädagogik als auch die Konzepte sogenannter ‚Bootcamps' lassen sich unter der Überschrift der Grenzsetzung zusammenfassen. Gemeinsam ist ihnen, dass sie die ‚konfliktorientierte Seite' der Pädagogik betonen, die insbesondere auf die Aspekte Fordern, Einschränken, Zumuten und Konfrontieren gerichtet ist (vgl. Göppel 2010b, 102). In Deutschland nahm der Trend zu grenzsetzenden Konzepten seit den 1980er Jahren zu und erreichte etwa Mitte der 2000er Jahre seinen Höhepunkt. Ein Grund für die zunehmende Attraktivität gegenwirkender Pädagogik wird in der unterstellten ‚Hilflosigkeit' Sozialer Arbeit bei grenzverletzendem Verhalten gesehen, da diese seit den 1970er Jahren ihren Kontrollauftrag vernachlässigte und Hilfe überbetont wurde (vgl. Kessl 2011, 138). Parallel dazu verlief der gesamtgesellschaftliche Trend, zunehmend restriktiv mit grenzverletzendem Verhalten junger Menschen umzugehen. Entsprechende mediale und politische Debatten wurden flankiert durch Bücher wie „Lob der Disziplin" (2006) des Internatsleiters Bernhard Bueb und „Das Ende der Geduld" (2010) der Jugendrichterin Kirsten Heisig. Getragen wurden diese Beiträge von dem Tenor, dass Erwachsene nicht (mehr) genügend Mut und Verantwortung zur Erziehung der ihr anvertrauten Kinder aufbrächten (vgl. Heuer, Kessel 2014, 47).

Der Ansatz der konfrontativen Pädagogik hat im deutschen Raum weit mehr Verbreitung gefunden als die Idee der nordamerikanischen Bootcamps. Obschon in beiden Konzepten zentral auf Grenzsetzung als pädagogisches Mittel abgestellt wird, handelt es sich bei ersterem um eine Methode, die in unterschiedlichen pädagogischen Feldern eingesetzt wird und bei letzterem um eine besonders restriktive institutionelle Realisierungsform konfrontativer Elemente, weshalb beide hier getrennt betrachtet werden sollen.

Konfrontative Pädagogik
Der Ansatz der konfrontativen Pädagogik wurde in Deutschland maßgeblich von Jens Weidner beeinflusst, der in den 1980er Jahren das Anti-Aggressivitäts-Training (AAT) in der Jugendvollzugsanstalt Hameln entwickelte. Dabei orientierte sich Weidner an der nordamerikanischen „Glen Mills School", die mit dem Rahmenkonzept der „Guided Group Interaction" (GGI) arbeitet, einer konfrontativen Peer-Support-Methode (hierzu Harstad 1976; Weidner 2010, 31).
Mittels konfrontativer Pädagogik soll Behandlungsmotivation durch Strafandrohung geschaffen werden, da „Straftäter (...) Freundlichkeit und Milde als Schwäche [interpretieren]" (Weidner 2010, 24). Dabei wird argumentiert, dass die jungen Adressaten in der Vergangenheit zu wenig Grenzziehung erfahren hätten und unter einer „verrohten Psyche" leiden (vgl. ebd., 25). Die Vertreter dieses Ansatzes beschreiben ihren Erziehungsstil selbst als autoritativ und sehen sich damit zwischen klarer Grenzziehung und Anteilnahme an den jungen Adressaten (vgl. Weidner 2010, 25; Kilb 2010, 55).
Als Zielgruppe konfrontativer Ansätze werden insbesondere junge Menschen benannt, die aggressive Verhaltensweisen zeigen und deren „,Sprache' selbst die körperliche und sprachliche Konfrontation bei Gewalttaten darstellt" (Kilb 2010, 49). Ausgeschlossen werden junge Menschen mit Suchtproblemen und solche mit starken kognitiven Entwicklungseinschränkungen (vgl. ebd., 49).
Die konfrontative Pädagogik wird von ihren Vertretern nicht als pädagogische Theorie, sondern als Handlungsstil und Methodik verstanden (vgl. Kilb 2010, 38). Diesen liegt ein „kompensatorisches" Erziehungsverständnis zu Grunde, das auf die Förderung sozialer Kompetenzen abzielt – insbesondere Empathie, Frustrationstoleranz, Ambiguitätstoleranz und Rollendistanz (vgl. Kilb 2010, 38; Weidner 2010, 24).
Die Konfrontation als das Kernelement dieses Ansatzes wird als eine mögliche Sanktionsform bei grenzverletzendem Verhalten eingesetzt. Dabei wird der konfrontierende Akteur entweder durch eine (gefühlte) „moralische Rechtsposition" oder durch seine institutionelle Rolle legitimiert (vgl. Kilb 2010, 42f.). Erforderlich ist zudem das Einverständnis des Konfrontierten, zum Beispiel durch einen Teilnahmevertrag. Die Konfrontation kann sowohl als fester curricularer Bestandteil, wie zum Beispiel der „Heiße Stuhl" im AAT, als ritualisierte Folge von Hand-

lungsschritten, wie etwa in der Glen Mills School, oder als situativer Handlungsstil von Pädagogen Anwendung in pädagogischen Settings finden. Gemeinsam ist ihnen die direkte Ansprache der konfrontierten Person. Je nach Einsatz der Konfrontation kann diese eine freundliche verbale Ermahnung beinhalten oder – bei fortgeschrittener situativer Eskalation – auch mit körperlichen Interventionen bis hin zum Festhalten einer Person verbunden sein (vgl. Kilb 2010, 43ff.).

Bekannte und verbreitete Konzepte der konfrontativen Pädagogik sind in Deutschland vor allem das erwähnte und deliktbezogene AAT für straffällig gewordene junge Menschen sowie das Coolness-Training, das in schulischen und außerschulischen pädagogischen Settings eingesetzt werden kann. Bei beiden Konzepten beträgt die Trainingsdauer sechs Monate und beinhaltet eine mehrstündige Gruppensitzung sowie Einzelgespräche pro Woche (vgl. Weidner 2010, 31).

Die Einschätzungen zur Befundlage konfrontativer Ansätze gehen weit auseinander. So konstatiert Weidner (2010, 75) zum AAT, dass dieses „eine sehr gut evaluierte soziale Trainingsmaßnahme" sei. Externe wissenschaftliche Einschätzungen kommen hingegen recht einheitlich zu dem Schluss, dass zu wenige Evaluationen in dem Bereich vorliegen und dass die vorhandenen Studien den Nachweis der Wirksamkeit insbesondere des AAT nicht erbringen können (vgl. Bliesener 2010, 150). Gegenwärtig liegt für den deutschen Raum eine quasi-experimentelle Studie zum AAT vor. Diese kommt zu dem Ergebnis, dass die Rückfallwahrscheinlichkeit bei Teilnehmenden am AAT nahezu identisch ist mit derjenigen bei Nicht-Teilnehmenden (vgl. Ohlemacher et al. 2010, 35).

Konfrontative Ansätze polarisieren die pädagogische Fachwelt. Dies lässt sich unter anderem anhand der vorliegenden Beiträge zur Thematik, die einerseits kritisch Stellung beziehen (z.B. Plewig 2010; Stehr 2014; Herz 2010) und andererseits sehr positive Rezeptionen enthalten (u.a. Wolters 2010), ablesen.

Als zentrale Argumente der Kritiker sind die immanente „Theorienvielfalt", der keine systematische Auseinandersetzung zu Grunde liegt (vgl. Plewig 2010, 154; Scherr 2002, 2), die Stigmatisierung der adressierten jungen Menschen, denen in konfrontativen Ansätzen allein die Verantwortung für ihr Verhalten zugeschrieben wird und die Verletzung der Menschenwürde bei massiven (körperlichen und seelischen) Konfrontationen (vgl. Plewig 2010, 163) zu nennen.

Befürworter des Ansatzes begrüßen daran insbesondere die Klarheit und den Mut zu einer erzieherisch notwendigen Grenzsetzung bei schwierigem Verhalten junger Menschen (vgl. Wolters 2010, 145). Darin mag bei wiederholtem und sehr herausforderndem Verhalten der Zielgruppe tatsächlich das pädagogische Potenzial konfrontativer Ansätze liegen, sind die Herstellung von gegenseitiger Klarheit und Achtung sowie erzieherischer Transparenz und Konsequenz gerade in der Arbeit mit jungen Menschen, die schwieriges Verhalten gezeigt haben, grundlegend für positive Entwicklungen (vgl. Walkenhorst 2010, 89). Dennoch bleibt fraglich, ob die Konfrontation das (einzige) dazu geeignete erzieherische Mittel darstellt.

Hier sei zum Beispiel auf die Methode des ‚Classroom Managements' verwiesen, die proaktive Handlungsformen akzentuiert und Störverhalten deeskalierend gegenübertritt (vgl. Hennemann, Hillenbrand 2010, 273).
Die Bandbreite der hier in diesem Buch beschriebenen pädagogischen Konzepte, Programme und Trainings zeugen ebenfalls davon, dass die Analyse der Vertreter des konfrontativen Ansatzes, die pädagogische Theorie und Praxis sei ‚hilflos' gegenüber schwierigen Verhaltensweisen junger Menschen, nicht ganz zutreffend sein dürfte.

Bootcamps
Das erste Bootcamp („correctional boot camp") wurde 1983 in den USA eröffnet. Seitdem stellen diese dort ein anerkanntes pädagogisches Handlungsfeld für die Bildung und Erziehung junger straffällig gewordener Menschen dar (vgl. Herz 2010, 176). Bis Mitte der 1990er Jahre stieg die Zahl der Bootcamps für Jugendliche und Erwachsene in den USA auf über 120 an und sank dann Anfang der 2000er Jahre auf 51 (vgl. Ashcroft, Daniels & Hart 2003, 2). Offizielle Statistiken zur gegenwärtigen Anzahl und Belegung nordamerikanischer Bootcamps liegen nicht vor.
Als eine mögliche Alternative zu einer Bewährungs- bzw. Gefängnisstrafe (vgl. Wilson et al. 2005, 7) beträgt die Dauer des Aufenthalts in einem Bootcamp zwischen 30 und 80 Tagen (vgl. Beelmann, Raabe 2007, 198). Der Tagesablauf in einer solchen Einrichtung ist sehr rigoros, zumeist werden über 16 Stunden durchstrukturiertes Programm durchgeführt (vgl. Beelmann, Raabe 2007, 199; Wilson et al. 2005, 7). Dieses beinhaltet in der Regel die Förderung von handwerklichen oder künstlerischen Fähigkeiten sowie die Weiterqualifizierung im schulischen und beruflichen Bereich (vgl. Beelmann, Raabe 2007, 199). Gemeinsam ist den Bootcamps, dass dort militärische Aspekte stark betont werden und klare Befehls- und Gehorsamsstrukturen herrschen (vgl. Herz 2010, 177; Wilson et al. 2005, 7). So ist das Tragen von Uniform für alle Pflicht und auf Fehlverhalten erfolgt eine direkte Bestrafung, die zumeist auch körperliche Aktivitäten umfasst (vgl. Wilson et al. 2005, 2ff.).
In Deutschland gibt es gegenwärtig nur eine Einrichtung, die, wenn auch in modifizierter Form, die Idee der nordamerikanischen Bootcamps aufgegriffen hat. Das „Trainingscamp Diemelstadt" in Hessen wurde 2004 von Lothar Kannenberg gegründet, einem ehemaligen Boxer mit eigener Kriminalitäts- und Suchtbiografie, und ist eine anerkannte Einrichtung der stationären Erziehungshilfe gemäß §§ 34 SGB VIII. Das Trainingscamp richtet sich an junge Menschen zwischen 13 und 19 Jahren, die delinquentes Verhalten gezeigt und zumeist aggressiv-verweigernde Bewältigungsmuster für Missachtung entwickelt haben (Durchboxen im Leben e.V., 3). Oftmals haben sie in der Vergangenheit bereits Interventionen durch die Polizei, Justiz, Jugendhilfe oder Jugendpsychiatrie erfahren (vgl. ebd.).

Als eine Hilfe zur Erziehung gemäß § 27 SGB VIII werden die jungen Menschen entweder durch die zuständigen Jugendämter an die Einrichtung verwiesen oder sie werden im Rahmen einer jugendrichterlichen Weisung bzw. Bewährungsauflage (§ 10 Abs. 1, § 23 Abs. 1 JGG) zur Teilnahme verpflichtet.
Der Aufenthalt im Trainingscamp dauert sechs Monate, währenddessen sind die jungen Menschen von der Schulpflicht befreit. Der Tagesablauf ist durchgehend strukturiert, Freizeit ist nicht vorgesehen und das Gelände darf von den jungen Menschen ohne Begleitung nicht verlassen werden (vgl. Durchboxen im Leben e.V., 4). Das inhaltliche Programm umfasst sportliche Einheiten, Sozialtrainings, Ordnungsdienste und Reflexionseinheiten. Bei Konflikten werden unmittelbar Gruppensitzungen einberufen, wobei die jungen Menschen mit ihrem Fehlverhalten konfrontiert werden. Zudem ist ein Stufensystem implementiert, das mit dem Erlangen verschiedener Privilegien verbunden ist (vgl. ebd.).
Die Mitarbeiter des Trainingscamps wenden den sogenannten ‚Code of the Street' an, das heißt sie bewegen sich im Werte- und Normensystem der jungen Menschen, was die Demonstration körperlicher Überlegenheit oder die Nutzung von Kommunikationsstilen wie Beleidigen und Provozieren beinhaltet (Böhle et al. 2011, 142).
Das Trainingscamp Diemelstadt wurde zwischen 2008 und 2012 extern evaluiert. Untersucht wurden die Prinzipien und Wirkmechanismen der Einrichtung sowie die Wirksamkeit des Konzepts (vgl. Galuske, Böhle 2009, 12f.). Demnach liegt die Rückfallquote nach dem Aufenthalt im Trainingscamp bei insgesamt 73,1 %, allerdings ist bei „Nicht-Abbrechern", die das gesamte Programm durchlaufen haben, eine geringere Quote von 59,1 % zu verzeichnen (vgl. ebd., 94f.). Die Auswertung der mit den jungen Menschen geführten Interviews legt nahe, dass die Zeit im Trainingscamp von der Mehrheit als positiv empfunden wird und insbesondere positive Auswirkungen auf die Selbstwirksamkeitserwartung zumindest derer, die das gesamte Programm durchlaufen haben, zu zeitigen scheint (vgl. Galuske, Böhle 2009, 132ff.).
Die vorliegenden empirischen Befunde zu Bootcamps nach nordamerikanischem Vorbild weisen relativ einheitlich darauf hin, dass durch diese gegenüber herkömmlichen Gefängnissen keine Rückfallreduktion stattfindet („Null-Effekt") (vgl. Wilson et al. 2005, 13; Beelmann, Raabe 2007, 199).
Immer wieder werden im Zusammenhang mit Bootcamps die entwicklungsschädlichen und teilweise menschenunwürdigen Elemente des militärischen Drills, des harten körperlichen Trainings und der rigiden Bestrafung bei Fehlverhalten kritisiert (Neubacher 2009, 290; Herz 2010, 177; Petermann, Koglin 2013, 34). Die nordamerikanischen Bootcamps werden zudem mit Missbrauchs- und Todesfällen junger Menschen in Zusammenhang gebracht (hierzu GAO 2008).
Problematisch erscheint auch, dass in Bootcamps nicht auf die individuellen Ursachen delinquenten Verhaltens eingegangen wird und somit zu Grunde liegende

Problematiken der jungen Menschen nicht bearbeitet werden (vgl. Beelmann, Raabe 2007, 199). Zudem sind Bootcamps, das Trainingscamp Diemelstadt eingeschlossen, derart abgeschottet von der Außenwelt, dass ein Transfer des Gelernten in den Alltag der jungen Menschen unwahrscheinlich erscheint (vgl. Beelmann, Raabe 2007, 199; Böhle et al. 2014, 6).

6.2.4 Der „Restorative-Justice"-Ansatz

Einen gänzlich anderen Ansatz stellen die Methoden und Programme von „Restorative Justice"[1] dar. Diese hat ihren Ursprung in den USA und Kanada und ist in Deutschland noch relativ wenig verbreitet (Früchtel, Halibrand 2016, 28).
Restorative Justice basiert auf der Idee, bei schädigendem bzw. straffälligem Verhalten von ‚Tätern' auf die (Wieder-)Herstellung von sozialen Beziehungen hinzuarbeiten und eine ‚Heilung' durch gemeinsames Handeln zu erzeugen (vgl. Früchtel, Halibrand 2016, 17). Dabei geht es im Kern um Wiedergutmachung und Ausgleich zwischen ‚Tätern', ‚Opfern' sowie der ‚Gemeinschaft' mit dem Ziel der Reintegration der ‚Täter' und der Rehabilitation der Opfer (vgl. Matt, Winter 2002, 128; Rössner 2000, 9). Damit stellt Restorative Justice eine Alternative zum herkömmlichen Strafrecht dar (vgl. Lutz 2011, 406). So definiert das etablierte (deutsche) Strafrecht straffällige Verhaltensweisen als eine Verletzung staatlicher Autorität und Gesetze. Restaurative Ansätze hingegen sehen in schädigendem Verhalten eine Verletzung von Menschen bzw. menschlichen Beziehungen (vgl. Früchtel, Halibrand 2016, 32). Zentral sind hier sowohl die Berücksichtigung der Bedürfnisse der ‚Opfer' als auch die Verantwortlichkeit der ‚Täter'. Insofern rückt die Perspektive der Geschädigten in der Restorative Justice viel deutlicher in den Fokus, als das bei dem täterzentrierten etablierten Strafrecht der Fall ist (vgl. Lutz 2011, 407).
International sind drei Formen von Restorative Justice verbreitet: die „Family Group Conferences", die „Healing Circles" und der Täter-Opfer-Ausgleich („Victim Offender Mediation"). „Family Group Conferences" und „Healing Circles" sind Mediationsverfahren, die auf Praktiken indigener Völker im pazifischen Raum bzw. in Nordamerika zurückgehen und einen höheren Grad des Einbezugs der Gemeinschaft aufweisen als der Täter-Opfer-Ausgleich (vgl. hierzu Lutz 2016, 605; Früchtel, Halibrand 2016, 15ff.).
Der Verfahrensablauf ähnelt sich in allen drei Varianten: In der ‚Prämediationsphase' werden Hintergrundinformationen gesammelt, alle Teilnehmenden informiert und ein gemeinsames Treffen verabredet. In der ‚Mediationsphase' können alle Beteiligten ihren Standpunkt darlegen. Es wird gemeinsam eruiert, wie eine vollständige Wiedergutmachung (Entschuldigung, Ausgleichszahlung etc.) erfol-

---

1 Bisher gibt es noch keine hinreichende deutsche Übersetzung für den Begriff „Restorative Justice", so dass die englische Bezeichnung hier Verwendung finden soll (hierzu Lutz 2016; Christie 2016, 4).

gen kann. In der ‚Ergebnisphase' wird überprüft, ob die Wiedergutmachung erfolgt ist (vgl. Lutz 2016, 407). Grundlegend für alle Verfahren sind die freiwillige Teilnahme aller Beteiligten, die Bereitschaft zur Auseinandersetzung mit der Tat, die Verantwortungsübernahme durch die ‚Täter' sowie die aktive Beteiligung der Geschädigten und der ‚Gemeinschaft' (vgl. Matt, Winter 2002, 128).

In Deutschland ist hauptsächlich der Täter-Opfer-Ausgleich verbreitet. Dieser wurde in den 1980er Jahren in ersten Modellprojekten erprobt (vgl. Rössner 2000, 7). Mit der Reform des JGG im Jahre 1990 wurde der Täter-Opfer-Ausgleich als Weisung (§ 19 Abs. 1 JGG) und als Diversionsmaßnahme (§§ 45 und 47 JGG) in das Jugendstrafrecht eingefügt.

Für den Täter-Opfer-Ausgleich nach dem Jugendstrafrecht herrschen in Deutschland keine allgemeingültigen Verfahrensregeln; es besteht jedoch Konsens darüber, dass für seine Durchführung die Zustimmung der ‚Opfer' und der ‚Täter' vorliegen muss, die ‚Täter' geständig sind und der zu Grunde liegende Sachverhalt hinreichend geklärt sein muss (vgl. Horrer 2014, 35). Durchgeführt wird der Täter-Opfer-Ausgleich u.a. von der Jugendgerichtshilfe und von freien Trägern der Jugendhilfe. Basierend auf der grundlegenden Idee von Restorative Justice bestehen auch die Ziele des deutschen Täter-Opfer-Ausgleichs darin, ‚Täter' und ‚Opfer' gleichermaßen in das Verfahren einzubeziehen, gemeinsam Formen der Reintegration zu erarbeiten und Möglichkeiten der Wiedergutmachung zu eröffnen (vgl. Matt 2002, 128).

Des Weiteren hat der restaurative Ansatz im Rahmen von sogenannten „Streitschlichtungsprogrammen" und „Peer-Mediationen", die auf die Vermittlung bei Konflikten und die Prävention von Gewalt und Konflikteskalation abzielen, Eingang in Schulen gefunden (vgl. Übersicht bei Behn et al. 2006).

Als problematisch für die Evaluation von restaurativen Programmen stellt sich die Frage nach den zu Grunde zu legenden Kriterien dar. Insbesondere die Legalbewährung als zentrales Messmerkmal von (jugend-)strafrechtlichen Maßnahmen erscheint als wenig brauchbar, da davon auszugehen ist, dass Beschuldigte, die zu einem Täter-Opfer-Ausgleich bereit sind, ein grundsätzlich niedriges Rückfallpotenzial aufweisen. Insofern dürfte sich auch das Bilden von geeigneten Kontrollgruppen als äußerst schwierig erweisen (vgl. Horrer 2014, 1991). Internationale Befunde zur Legalbewährung nach einem Täter-Opfer-Ausgleich weisen, bei vorsichtiger Interpretation, darauf hin, dass die Rückfallwahrscheinlichkeit nicht höher ist als bei traditionellen Sanktionen (vgl. Übersicht bei Horrer 2016, 37ff.). Ein zentrales Merkmal des restaurativen Umgangs mit schwierigem bzw. straffälligem Verhalten liegt in der besonderen Würdigung der Geschädigtenperspektive. Diese hebt sich nicht nur von den herkömmlichen Maßnahmen des (Jugend-)Strafrechts ab, sondern auch von der Mehrheit von Konzepten zur Prävention und Intervention bei dissozialen Verhaltensweisen, die in der Regel auf die Arbeit mit den jungen verursachenden Menschen gerichtet sind. Dabei bleiben die geschädigten Personen, ihre Wahrnehmungen, Erklärungen und Ängste, weitgehend außen vor bzw. sind sie in einem formellen Strafverfahren auf die Zeugenrolle verwiesen (vgl. Lutz 2011, 406). Zudem werden die verursachenden jungen Menschen in restaurativen Verfahren nicht für ihr Verhalten diszipliniert, sondern müssen Verantwortung für ihre Taten übernehmen und eine Wiedergutmachung leisten. Insofern ergeben sich in diesem Ansatz besondere Entwicklungschancen sowohl für die geschädigten als auch für die verursachenden Personen, da hier zukünftige Formen des sozial verträglichen Miteinanders ausgelotet werden und nicht das vergangene Fehlverhalten fokussiert wird (vgl. ebd.).

Kritisiert wird, dass dieser Ansatz nicht eindeutig theoretisch fundiert ist (vgl. Marshall 1998). Zudem fehlt es an einer Präzisierung des Gemeinschaftsbegriffs, der recht unscharf bleibt (vgl. Früchtel, Halibrand 2016, 29). Zu diskutieren wäre auch der Begriff der Heilung ('healing'), der sich aus dem Verständnis von kriminellem Handeln als Verletzung der Gemeinschaft ergibt. Dieser ist durchaus missverständlich, da er eine therapeutische bzw. medizinische Absicht (vgl. ebd., 35) sowie die Aussicht auf vollkommene Wiederherstellung suggeriert, was beides so nicht zutreffend sein dürfte. Auch die verwendete Terminologie von Tätern und ‚Opfern' ist als problematisch zu bewerten, impliziert sie doch einerseits einen Dualismus und eine begriffliche Eindeutigkeit, die hinsichtlich der Grundideen des restaurativen Ansatzes – die Einbindung der Perspektiven aller und das Zulassen von verschiedenen Deutungsvarianten (vgl. Christie 2016, 9) – widersprüchlich erscheint und die andererseits auch stigmatisierende Wirkung entfalten kann. Bezüglich der Einbindung des Täter-Opfer-Ausgleichs in das deutsche (Jugend-)Strafrecht wird kritisiert, dass damit dem restaurativen Grundcharakter widersprochen wird, weil er nicht mit dem herkömmlichen – punitiven – Strafrecht zu vereinbaren sei (vgl. Lutz 2011, 410).

6.2.5 Diskussion und Fazit

Alle hier vorgestellten Ansätze eröffnen Anknüpfungspunkte für die Pädagogik bei Verhaltensstörungen. Das betrifft sowohl den handlungsorientierten und ganzheitlichen Zugang der Erlebnispädagogik, die Klarheit und Struktur der grenzsetzenden Konzepte, als auch die Zukunfts- und Lösungsorientierung von Restorative Justice.

Allerdings muss auch konstatiert werden, dass keines dieser Konzepte das Versprechen einlösen kann, für alle jungen Menschen, die sich in herausfordernden Lebenskontexten befinden, geeignet und zielführend zu sein: Zum einen sind die jeweils vorgetragenen empirischen Befunde nicht in der Lage, ihre umfassende ‚Wirksamkeit' zu belegen – zumal noch zu diskutieren wäre, welchen methodischen und inhaltlichen Limitierungen solche Untersuchungen grundsätzlich unterliegen (vgl. kritisch Lind 2013). Zum anderen avisieren die vorgestellten Maßnahmen und Konzepte jeweils nur Teile der (menschlichen) Realität (Disziplin,

Erlebnis, Wiedergutmachung etc.), deren Komplexität noch dazu zum Zwecke der praktischen Umsetzbarkeit reduziert werden muss.

Hinsichtlich von Wirkversprechen bestehen auch aus pädagogischer Perspektive einige Einwände und Unschärfen:
Zunächst bleibt zu fragen, welche Wirkung in Bezug auf welche(s) Ziel(e) denn intendiert wird. In der Einleitung wurde dargestellt, dass den verschiedenen Maßnahmen und Konzepten je unterschiedliche Erziehungs-, Entwicklungs- und Problemvorstellungen zu Grunde liegen. Insofern ist zu berücksichtigen, „(...) dass das, was als ‚effektiv' gilt, entscheidend abhängt von Urteilen darüber, was pädagogisch wünschenswert ist" (Biesta 2011, 99). Somit kann keiner der hier vorgestellten Ansätze von sich beanspruchen, universell zielführend und wirksam zu sein, da die Vorstellungen darüber, was ‚pädagogisch wünschenswert' ist, weit auseinandergehen.
Zudem suggeriert die Idee von pädagogischem Handeln als ‚effektive Intervention' ein kausales Wirkmodell von pädagogischen Angeboten und zu erreichenden Zielen (vgl. Biesta 2011, 101). Erziehung ist aber immer Versuchshandeln, denn „Menschen sind nicht das, was die Erziehung aus ihnen machen will" (Oelkers 2001, 266).
Auch wenn hier nicht die Diskussion geführt werden kann, was denn universell als ‚pädagogisch wünschenswert' gelten kann, gibt es doch einige verbindliche normative Leitlinien, die den Spielraum dabei begrenzen. So wären mindestens die Einhaltung der Menschenwürde (Art. 1 Grundgesetz), die Wahrung des Rechts junger Menschen auf Förderung der Entwicklung und Erziehung zu einer eigenverantwortlichen und gemeinschaftsfähigen Persönlichkeit (§ 1 Abs. 1 SGB VIII) und das Recht junger Menschen auf schulische Bildung, Erziehung und individuelle Förderung unabhängig seiner wirtschaftlichen Lage, seiner Herkunft und seines Geschlechts (§ 1 Abs. 1 SchulG NRW) unbedingt zu berücksichtigen. Somit sind auch beschämende, demütigende oder dressierende Praktiken nicht gestattet und verbieten sich daher nicht nur aus Sicht der Pädagogik bei Verhaltensstörungen.
Vor diesem Hintergrund wären die hier vorgestellten Bootcamps nach amerikanischem Vorbild abzulehnen, da sie mit dem hiesigen ethisch-normativen Grundverständnis nicht kompatibel sind. Auch einige Methoden der konfrontativen Pädagogik sowie des Trainingscamps Diemelstadt erscheinen in diesem Lichte zumindest fragwürdig, insbesondere mit Blick auf den ‚heißen Stuhl' im AAT und die Betonung körperlicher Überlegenheit in beiden Ansätzen.
Hingewiesen sei auch noch auf finanzielle Begrenzungen und die damit zusammenhängende Frage nach der Verstetigung und Nachhaltigkeit der erlangten pädagogischen Erfolge, wenn Maßnahmen und Konzepte zunehmenden ‚verprojektiert' und nicht in das Regelangebot von pädagogischen Institutionen implementiert werden (vgl. Werthmanns-Reppekus 2013, 666).

Es bleibt zu konstatieren, dass es *das* richtige Konzept oder *den* Lösungsansatz für den Umgang mit Herausforderungen in der Erziehung nicht gibt. Insofern sind die hier vorgestellten Versuche erst einmal auch als ehrenwerte zu würdigen, wenn sie – durchaus in experimentellen Vorgehensweisen und auf unterschiedlichen Wegen – auszuloten versuchen, wie junge Menschen gefördert, Teilhabebarrieren in ihrem Umfeld abgebaut können und/oder wie ein sozial verträgliches Miteinander ermöglicht werden kann.

Somit bleibt für die Wissenschaft – hier für die Pädagogik bei Verhaltensstörungen – das Recht und die Pflicht zu überprüfen, ob diese Ansätze nach den Erkenntnissen der Erziehungswissenschaften und ihren Nachbardisziplinen unter Wahrung der Freiheitsrechte und der Befähigung zur selbstverantwortlichen Freiheit ihren Versprechungen Genüge leisten.

Literatur

Beelmann, A., Raabe, T. (2007): Dissoziales Verhalten von Kindern und Jugendlichen. Göttingen

Behn, S., Kügler, N., Lembeck, H.-J. et al. (2006): Mediation an Schulen. Eine bundesdeutsche Evaluation. Wiesbaden

Biesta, G. (2011): Warum „What works" nicht funktioniert: Evidenzbasierte pädagogische Praxis und das Demokratiedefizit der Bildungsforschung. In: Bellmann, J., Müller, T. (Hrsg.): Wissen, was wirkt. Kritik evidenzbasierter Pädagogik. 95-122

Bliesener, T. (2010): Gewalttätige Jugendliche – Evaluation von Maßnahmen der Jugendstrafrechtspflege: Soziale Trainingskurse, Anti-Aggressions- bzw. Anti-Gewalt-Trainings. In: Landeskommission Berlin gegen Gewalt (Hrsg.): Berliner Forum Gewaltprävention. Evaluation und Qualitätsentwicklung in der Gewalt- und Kriminalitätsprävention. Dokumentation des 10. Berliner Präventionstages. Berlin. 149-157

Böhle, A., Grosse, M., Schrödter, M. et al. (2011): „Pädagogen sind für mich die größten Opfer..." – Aufbau von Arbeitsbündnissen in Zwangskontexten. In: Der pädagogische Blick 19 (3), 132-145

Bühler, J. (1986): Das Problem des Transfers. Kritisches zur erlebnisorientierten Kurzzeitpädagogik. In: Deutsche Jugend 34 (2), 71-76

Cason, D., Gillis, H.L. (1994): A Meta-Analysis of Outdoor Adventure Programming with Adolescents. In: The Journal of Experiental Education 17 (1), 40-47

Christie, N. (2016): Fünf drohende Gefahren für Restorative Justice. In: TOA-Magazin (Fachzeitschrift zum Täter-Opfer-Ausgleich) 5 (1), 4-9

Durchboxen im Leben e.V. (o.J.): Das Trainingscamp Diemelstadt. Konzept- und Infomappe. Verfügbar unter: http://www.bald-sportmedia.de/joomla_17/images/pdf/konzept/konzept_2016-06-06.pdf [Zugriff am 28.11.2017]

Fischer, T., Lehmann, J. (2009): Studienbuch Erlebnispädagogik. Bad Heilbrunn

Früchtel, F., Halibrand, A.-M. (2016): Restorative Justice. Theorie und Methode für die Soziale Arbeit. Wiesbaden

Galuske, M., Böhle, A. (2009): Erster Zwischenbericht der Evaluation des Trainingscamps Lothar Kannenberg. Verfügbar unter: https://www.uni-kassel.de/fb01/fileadmin/datas/fb01/Institut_fuer_Sozialwesen/SozP%C3%A4d/Zusammenfassung_Abschlussbericht_Homepage.pdf [Zugriff am 28.11.2017]

Göppel, R. (2010a): Pädagogik und Zeitgeist. Erziehungsmentalitäten und Erziehungsdiskurse im Wandel. Stuttgart

Göppel, R. (2010b): Kulturen und „Unkulturen" des Grenzsetzens in der Pädagogik. In: Dörr, M., Herz, B. (Hrsg.): „Unkulturen" in Bildung und Erziehung. Wiesbaden. 101-118

Gudjons, H. (2003): Didaktik zum Anfassen: Lehrer/in-Persönlichkeit und lebendiger Unterricht. Bad Heilbrunn

Harstad, C.D. (1976): Guided Group Interaction: Positive Peer Culture. In: Child Care Quarterly 5 (2), 109-120

Hattie, J., Marsh, H.W., Neill, J.T. et al. (1997): Adventure Education and Outward Bound: Out-of-Class Experiences That Make a Lasting Difference. In: Review of Educational Research 67 (1), 43-87

Heckmair, B., Michl, W. (2008): Erleben und Lernen. Einführung in die Erlebnispädagogik. München, Basel

Heimlich, U. (2014): Inklusiver Unterricht. In: Wember, F.B., Stein, R. & Heimlich, U. (Hrsg.): Handlexikon Lernschwierigkeiten und Verhaltensstörungen. Stuttgart. 135-137

Hennemann, T., Hillenbrand, C. (2010): Klassenführung – Classroom Management. In: Hartke, B., Koch, K. & Diehl, K. (Hrsg.): Förderung in der schulischen Eingangsstufe. Stuttgart. 255-279

Herz, B. (2010): Neoliberaler Zeitgeist in der Pädagogik: Zur aktuellen Disziplinarkultur. In: Dörr, M., Herz, B. (Hrsg.): „Unkulturen" in Bildung und Erziehung. Wiesbaden. 171-190

Heuer, S., Kessel, F. (2014): Von der funktionalistischen Umformatierung von Erziehung auf Menschentraining. In: Sozial Extra 5, 46-49

Horrer, K. (2014): Restorative Justice im Strafrecht. Tübingen

Kessl, F. (2011): Punitivität in der Sozialen Arbeit – von der Normalisierungs- zur Kontrollgesellschaft. In: Dollinger, B., Schmidt-Semisch, H. (Hrsg.): Gerechte Ausgrenzung? Wohlfahrtsproduktion und die neue Lust am Strafen. Wiesbaden. 131-144

Kilb, R. (2010): „Konfrontative Pädagogik" – ein Rückfall in die Vormoderne oder vergessene Selbstverständlichkeit zeitgemäßer Pädagogik? In: Weidner, J., Kilb, R. (Hrsg.): Konfrontative Pädagogik. Konfliktbearbeitung in Sozialer Arbeit und Erziehung. Wiesbaden. 37-60

Lind, G. (2013): Meta-Analysen als Wegweiser? Zur Rezeption der Studie von Hattie in der Politik. Verfügbar unter: http://www.uni-konstanz.de/ag-moral/pdf/Lind-2013_meta-analysen-als-wegweiser.pdf [Zugriff am 28.11.2017]

Lutz, T. (2016): Wiedergutmachung statt Strafe? Restorative Justice und der Täter-Opfer-Ausgleich. In: Dollinger, B., Schmidt-Semisch (Hrsg.): Handbuch Jugendkriminalität. Kriminologie und Sozialpädagogik im Dialog. Wiesbaden. 405-414

Marshall, T.F. (1998): Restorative Justice: An Overview. London

Matt, E., Winter, F. (2002): Täter-Opfer-Ausgleich in Gefängnissen. Die Möglichkeiten der restorative justice im Strafvollzug. In: Neue Kriminalpolitik 14 (4), 128-132

Michl, W. (2015): Erlebnispädagogik. München, Basel

Neubacher, F. (2009): Internationale Menschenrechtsstandards zum Jugendkriminalrecht – Quellen, Inhalte, Relevanz. In: Bundesministerium der Justiz (Hrsg.): Das Jugendkriminalrecht vor neuen Herausforderungen? Jenaer Symposium. Mönchengladbach. 275-296

Oelkers, J. (2001): Einführung in die Theorie der Erziehung. Weinheim, Basel

Ohlemacher, T., Sögding, D., Höynck, T. et al. (2010): Anti-Aggressivitäts-Training und Legalbewährung: Versuch einer Evaluation. Hannover

Petermann, F., Koglin, U. (2013): Aggression und Gewalt von Kindern und Jugendlichen. Berlin, Heidelberg

Plewig, H.J. (2010): ‚Konfrontative Pädagogik'. In: Dörr, M., Herz, B. (Hrsg.): „Unkulturen" in Bildung und Erziehung. Wiesbaden. 151-170

Rössner, D. (2000): Ergebnisse und Defizite der aktuellen TAO-Begleitforschung – Rechtliche und empirische Aspekte. In: Gutsche, G., Rössner, B. (Hrsg.): Täter-Opfer-Ausgleich: Beiträge zur Theorie, Empirie und Praxis, Mönchengladbach. 7-40

Scherr, A. (2002): Mit Härte gegen Gewalt? Kritische Anmerkungen zum Anti-Aggressivitäts-und Coolness-Training. In: Kriminologisches Journal 34 (4), 294-301

Schiedeck, J., Stahlmann, M. (1994): „Tarzan-Pädagogik" oder Der „thrill" als pädagogische Maßeinheit. In: Neue Praxis 24 (5), 397-406

Schirp, J. (⁴2013): Abenteuer- und erlebnispädagogische Ansätze in der Offenen Kinder- und Jugendarbeit. In: Deinet, U., Sturzenhecker, B. (Hrsg.): Handbuch Offene Kinder- und Jugendarbeit. Wiesbaden. 347-358

Schneider, L., Zimmermann, R., Toelle, J. et al. (2014): Erlebnispädagogik Im Jugendstrafvollzug – Alles nur Spaß?! In: Jugendhilfe 51 (5), 359-369

Stehr, J. (2014): Repressionsunternehmen „Konfrontative Pädagogik". In: Sozial Extra 5, 43-45

United States Government Accountability Office (GAO) (2008): Residential Programs. Selected Cases of Death, Abuse, and Deceptive Marketing. Washington

Walkenhorst, P. (2010): Anmerkungen zu einer „Konfrontativen Pädagogik". Weidner, J., Kilb, R. (Hrsg.): Konfrontative Pädagogik. Konfliktbearbeitung in Sozialer Arbeit und Erziehung. Wiesbaden. 87-126

Weidner, J. (2010): Konfrontation mit Herz: Eckpfeiler eines neuen Trends in Sozialer Arbeit und Erziehungswissenschaft. In: Weidner, J., Kilb, R. (Hrsg.): Konfrontative Pädagogik. Konfliktbearbeitung in Sozialer Arbeit und Erziehung. Wiesbaden. 23-36

Werthmanns-Reppekus, U. (2013): Freie Träger. In: Deinet, U., Sturzenhecker, B. (Hrsg.): Handbuch Offene Kinder- und Jugendarbeit. Wiesbaden. 655-662

Wilson, D.B., MacKenzie, D.L. & Mitchell, F.N. (2005): Effects of Correctional Boot Camps on Offending. Campbell Systematic Reviews. Verfügbar unter: https://www.campbellcollaboration.org/library/effects-of-correctional-boot-camps-on-offending.html [Zugriff am 28.11.2017]

Winkler (2007): Versuch einer pädagogischen Kritik der Erlebnispädagogik. In: Becker, P., Braun, K.-H. & Schirp, J. (Hrsg.): Abenteuer, Erlebnisse und die Pädagogik. Kulturkritische und modernisierungstheoretische Blicke auf die Erlebnispädagogik. Leverkusen 289-311

Wolters, J.-M. (2010): Konfrontative Pädagogik – oder: Verstehen allein genügt nicht. Weidner, J., Kilb, R. (Hrsg.): Konfrontative Pädagogik. Konfliktbearbeitung in Sozialer Arbeit und Erziehung. Wiesbaden. 145-162

Ziegenspeck, J. (1996): Erlebnispädagogik. Entwicklungen und Trends. In: Spektrum Freizeit 18 (1), 51-58

Stephanie Blatz

6.3 Zur vermeintlichen Einfachheit von Erziehung – Kritik der Erziehungsratgeberliteratur

Mit der Geburt des eigenen Kindes müssen sich Eltern unweigerlich ihrer Erziehungsaufgabe stellen. „Die Pflege und Erziehung des Kindes ist ihr natürliches Recht und zugleich ihre zuvörderst obliegende Pflicht", so drückt es das Grundgesetz aus (GG Art. 6 Satz 2).
Im Sinne der Familienplanung ist es in der heutigen Zeit grundsätzlich möglich, sich bewusst dafür zu entscheiden, ein Kind in die Welt zu setzen. Auch der geeignete Zeitpunkt kann von Seiten der Eltern weitgehend vorausschauend geplant werden. Die Vorbereitungen für die Ankunft des neuen Familienmitgliedes werden häufig sorgfältig überdacht und umfangreich ausgeführt. Dies gelingt jedoch nicht allen Familien in gleicher Weise, was bereits vor der Geburt zu sehr unterschiedlichen Lebensausgangsbedingungen von Kindern führt.
Eltern eines Kindes zu sein, bedeutet nicht zugleich, dem Recht und der Pflicht dieses Kind zu erziehen auch immer adäquat nachkommen zu können. Es bedarf der Reflexion eigener Erfahrungen mit dem Thema Erziehung, der Unterstützung und Anleitung von erfahrenen Erziehern, der transgenerationalen Weitergabe von Erziehungswissen und der reflektierten Adaption dieses Wissens auf die bestehenden gesellschaftlichen Verhältnisse und eigenen Ziele hin. Junge Eltern und Elternteile greifen zunehmend auf Beratungsformen wie Onlineratgeberportale und Erziehungsratgeberliteratur zurück. Hier wird ihnen eine Vielzahl von Anregungen, Ratschlägen und Tipps offeriert, was dem Wunsch vieler Eltern entgegenkommt, in der Erziehung ihres Kindes alles richtig zu machen, keine Versäumnisse oder gar Fehler zu begehen oder auch, es sich einfacher zu machen. Jedoch kann hierbei meist nicht von einer einheitlichen oder gar fachlich fundierten Grundlage für einen gelingenden Erziehungsprozess ausgegangen werden. So zahlreich beispielsweise die Bücher in diesem Segment sind, so unterschiedlich ist auch deren Ausrichtung.
Um dies darzustellen, soll im Folgenden das Spektrum der Ratgeberliteratur im Segment Erziehung und Pädagogik betrachtet werden.

6.3.1 Darstellung und Analyse aktueller Erziehungsratgeberliteratur

In den Spiegel-Bestsellerlisten vom Dezember 2017 (2017, 29) wurden in der Rubrik „Erziehung und Pädagogik" die 15 Bestseller des Buchhandels ermittelt.

Ein erster Blick soll den Professionen der Autoren gelten. Die 15 Titel wurden zum Teil in Kooperation von Autorenpaaren verfasst. Insgesamt waren es 18 Personen. Unter ihnen befinden sich eine Sonderpädagogin, eine Diplompädagogin, zwei Lehrkräfte und eine Kleinkindpädagogin. Die anderen 13 Autoren stammen nicht aus dem pädagogischen oder erziehungswissenschaftlichen Bereich. Es handelt sich um Journalisten, Mediziner, Psychologen, Psychiater, Psychotherapeuten und um eine Rechtsökonomin. Der weit überwiegende Anteil der Autoren verfügt somit über keine pädagogisch fachliche Expertise.

In der Gesamtschau haben die aufgeführten Erziehungsratgeber eine stark medizinisch-psychologische Ausrichtung. Eltern sollen die Entwicklungsschritte ihres Kindes psychologisch und im Kontext der aktuellen Hirnforschung nachvollziehen können, was wiederum eine positive Auswirkung auf den kompetenten Umgang mit den Kindern haben soll.

Ein Teil der aufgeführten Ratgeber wurde von Eltern verfasst, die ihre eigenen Erfahrungen in der Erziehung ihrer Kinder als Grundlage nutzen, Erziehungstipps und Ratschläge für andere Betroffene zu formulieren, so dass der familiäre Alltag besser zu bewältigen sei.

Das Buch „Das gewünschteste Wunschkind aller Zeiten treibt mich in den Wahnsinn" (Platz 1 der Themenbestsellerliste) wirbt beispielsweise auf dem Klappentext damit, dass „die persönlichen Erfahrungsberichte und konkreten Ratschläge für schwierige Situationen Balsam für gestresste Eltern sind" (Graf, Seide 2016, Einband).

Bereits der Titel beschreibt eine Widersprüchlichkeit, die von den Autoren als symptomatisch für die Situation von Eltern angesehen wird. Das im Superlativ und mit dem rhetorischen Stilmittel des Pleonasmus bezeichnete „gewünschteste Wunschkind" erzeugt bei seinen Eltern die offensichtlich gegenteilige Wirkung. Es wurde ersehnt und gewünscht, sorgt durch sein Verhalten während der Trotzphase allerdings dafür, dass seine Eltern in eine Krise geraten. Diese Krise versuchen die Autoren mit ihrem Buch für die Eltern abzuschwächen bzw. aufzulösen. Theoretische Abhandlungen zu einem Erziehungsverständnis sind nicht Inhalt des Buches. Zunächst wird „Die Wut der Kinder" hirn- und entwicklungspsychologisch erklärt, werden in einem weiteren Kapitel die Reaktionen der Eltern verstehend dargestellt und es wird versucht, das Verhalten der Kinder für Eltern verständlich zu machen. Nachdem auf 20 Seiten darauf eingegangen wird, dass trotz aller Schwierigkeiten die kindliche Autonomie gefördert werden sollte, ohne allerdings theoretisch und damit inhaltlich differenziert zu erörtern, was darunter zu verstehen ist, gibt das Buch eine Vielzahl von „Tipps und Tricks für den entspannten Alltag" (ebd., 6ff.). Entstanden ist das Buch einer Rechtsökonomin und einer Sonderpädagogin aus einem Internetblog heraus, der von monatlich 200.000 Mitgliedern besucht wird (ebd., 15).

Dieses Buch stellt keine Besonderheit dar, denn die Vorgehensweise, sich als Eltern untereinander über die Schwierigkeiten bei der Erziehung der eigenen Kinder digital auszutauschen und vermeintlich essentielle Erkenntnisse dieses Austauschs von Leidensgenossen dann zusammenfassend als Buch herauszugeben, scheint eine zunehmend beliebte Vorgehensweise darzustellen. Auch Susanne Mierau (2017) und Johannes Hayers & Felix Achterwinter (2015) haben dieses Vorgehen gewählt.

Bei Erziehungsratgebern, die auf diese Weise verfasst sind, kommen keine theoretischen Grundlagen zum Gegenstand der Erziehung zum Tragen. Immerhin bezeichnen Hayers & Achterwinter ihr Buch selbst als „nicht seriösen Ratgeber" (Hayers, Achterwinter 2015, 8).

Ziel ist es ausschließlich, dass das von den Eltern intendierte Verhalten bei den Kindern möglichst schnell und ohne Auseinandersetzungen erreicht wird. Die enormen Verkaufszahlen belegen, dass es eine sehr große Leserschaft gibt, die in Erziehungsfragen tatsächlich diese Art des auf Anpassung ausgerichteten, bisweilen manipulativen Handelns in Betracht zieht.

Neben den beschriebenen, wenig reflektierten Handreichungen halten sich unter den Themenbestsellern der letzten Jahre einige Autoren sehr konstant und erzielen hohe Auflagenzahlen. Hier sind der Kinderarzt Remo H. Largo, der Kinder- und Jugendpsychiater Michael Winterhoff und der Gründer des Kempler-Instituts für Familientherapie Jesper Juul beispielhaft zu nennen. Sie alle gründen auf psychologischen und hirnorganischen Erkenntnissen, die sie als Grundlage für das Verstehen kindlichen Verhaltens sehen. Diese Erziehungsratgeber basieren folglich auf theoretischen Erkenntnissen, sind jedoch nur wenig bzw. nur in Teilen pädagogisch fundiert.

Remo H. Largo hebt in besonderem Maße die Eltern-Kind-Bindung hervor und möchte Eltern in der „zuversichtlichen Grundhaltung bestärken, dass sich ihr Kind aus sich selbst heraus entwickeln will" (Largo 2017, 10).

Largo sieht das körperliche und psychische Wohlbefinden des Kindes als Grundvoraussetzung für eine positive Entwicklung und beschreibt das Kind als von Grund auf neugierig, was dazu führt, dass es sich intrinsisch motiviert, in seiner Weise und in seinem individuellen Tempo entwickelt. Der innere Drang zu wachsen, bedingt das Ausbilden seiner Fähigkeiten und die adäquate Aneignung von Wissen. Somit besteht die kindliche Entwicklung in einem Zusammenspiel von Anlage und Umwelt, welche durch entwicklungsgerechte Erfahrungen angeregt und bestärkt werden kann. Diese kindliche Entwicklung ist in ihrer Abfolge der Entwicklungsstadien einheitlich, in der zeitlichen Ausprägung jedoch sehr individuell. Aufgabe der Eltern ist es, ihre Erziehungsmittel an dem jeweils aktuellen Entwicklungsstand und an seinen Bedürfnissen zu orientieren. Grundlage dafür ist die emotionale Bindung des Kindes an die Eltern und Bezugspersonen. Largo formuliert keine verbindlichen Erziehungsziele, sondern beschreibt Maßnahmen wie positives Verstärken, Ignorieren und negatives Verstärken. Das soziale Verhalten und die Wertvorstellungen des Kindes entwickeln sich nach Largo durch positives elterliches Vorbild. Er geht somit davon aus, dass das Gewähren bedeutsamer Erfahrungen, das Steuern durch Verstärkung und das Vorbild der Eltern die Erziehung des Kindes darstellt (vgl. ebd., 34f.). Die positive Wirkung dieser Faktoren belegt er in seinen Büchern anhand von ausgewählten Beispielen.

Auch Winterhoff arbeitet mit einer Vielzahl von Beispielen. Allerdings führt er durchgängig Beispiele aus seiner Praxis als Kinder und- Jugendpsychiater an, die aufzeigen sollen, dass ein falsches Erziehungsverständnis der Eltern zu massiven Störungen führt. Er argumentiert gerade gegensätzlich zu Largo, indem er die Beziehung zwischen Eltern und Kindern grundsätzlich als Risikofaktor für auftretende Verhaltensstörungen darstellt. Winterhoff zeigt keine Ansätze positiven erziehlichen Verhaltens auf, sondern argumentiert ex negativo, indem er ausschließlich auf Beispiele zurückgreift, die aufzeigen, dass Kinder aufgrund von falsch verstandenen erziehlichen Maßnahmen störende Verhaltensweisen entwickelt haben. Dabei kommt er zu folgender Erkenntnis:

> „Bei einem großen Teil dieser Kinder und Jugendlichen, die in allen Lebensbereichen Probleme verursachen, haben wir es nach meinem in langjähriger Beobachtung entwickelten Modell mit Menschen zu tun, deren psychischer Reifegrad in etwa auf dem Niveau von maximal Dreijährigen stagniert. (...) Sie können dadurch keinerlei störungsfreie Beziehung zu ihrer Umwelt mehr aufbauen. Jeglicher Zugang zu ihnen scheint unmöglich geworden zu sein, sie terrorisieren ihre Umwelt mit einem inakzeptablen Verhalten und sind gegen Steuerungsversuche von außen absolut immun" (Winterhoff 2008, 6).

Die Schuld an dieser Entwicklung sieht Winterhoff in Beziehungsstörungen zwischen Kindern und Erwachsenen, die auf Partnerschaftlichkeit, Projektion und Symbiose gründen und in der fälschlichen Annahme vieler Experten, dass sich die Psyche eines Menschen von selbst entwickle (vgl. ebd., 7). Eine Lösung dieser Problematik durch pädagogische Erziehungskonzepte verwirft er:

> „Ich verfolge demgegenüber einen grundlegend anderen, und vor allem neuen Gedanken, um in der Sackgasse der aktuellen Debatte kehrt zu machen und nach neuen Wegen zu suchen, die schließlich auch zu sinnvollen pädagogischen Bemühungen führen können. Um diese Wege zu finden, muss man sich auf das Feld der Tiefenpsychologie und Psychiatrie begeben" (ebd., 8).

Jesper Juul hat in seinen Büchern über die Jahre hinweg vier Grundsätze entwickelt. Die Beziehung zwischen Eltern und Kindern soll in einer „Gleichwürdigkeit" (Juul 2014, 10) der Partner im Sinne eines Zusammenspiels auf gleicher Ebene bestehen. Kinder und Eltern sollen lernen, sich selbst zu bejahen, jedoch Forderungen und Wünsche des Gegenübers auch einmal abzuweisen. Dies nennt er „Integrität" (ebd., 42). „Authentizität" (ebd., 84) nach Juul bedeutet, sich selbst als auch andere in ihrer Einmaligkeit wahrnehmen zu können. Und schließlich ist es Aufgabe der Eltern, die Eigenverantwortlichkeit der Kinder zu fördern, woraus sich in der Folge per se soziale Verantwortung, Hilfsbereitschaft, Empathie, Rücksichtnahme und Respekt auf Seiten der Kinder ergibt. Diesen vierten Grundsatz nennt er „Verantwortung" (ebd., 130).

Eine theoretische Darlegung von Erziehung ist bei ihm kaum zu finden. Ein bewusstes Intendieren von Erziehungszielen stellt er deutlich in Frage. In einem Interview der Süddeutschen Zeitung vom 19.02.2011 formulierte er folgendermaßen:

> „Was uns so anstrengt, ist ja diese Verpflichtung zu erziehen. Dabei kann ich mir auch vornehmen, meine Kinder in den kommenden Wochen einfach zu genießen. Dann lerne ich, dass es auf meine Haltung ankommt. Was Kinder wirklich brauchen, ist, dass sie einfach nur dabei sind und die Eltern sich über sie freuen" (Berndt, SZ 19.02.2011, 22).

Und an anderer Stelle in diesem Interview:

> „Das Allermeiste, was wir unter Erziehung verstehen, erzieht in der Tat kaum. Wie sich unsere Kinder als 20-Jährige verhalten, ist nicht die Folge der Erziehung, sondern unseres Zusammenlebens in der Familie. Wir sind Vorbilder, gute und schlechte, 24 Stunden am Tag" (ebd.).

Auch Juul arbeitet in seinen Büchern vorwiegend mit Beispielen. In seinem Buch „Elterncoaching" behandelt er eine Vielzahl von Problemen, mit denen sich Eltern an ihn als Berater gewandt haben. Die Gesprächsverläufe der Beratungssitzungen sind ausführlich protokolliert und in der Folge formuliert Juul weitergehende Tipps, wie in ähnlichen Situationen von Eltern agiert werden kann und sollte. Sein neuestes Buch, das auch in der Themenbestsellerliste 2017 zu finden ist, trägt den Titel „Essen kommen". Hier wendet er in doppeltem Sinne eine Rezeptologie an, indem er beschreibt, wie das gemeinsame Essen in der Familie stattfinden sollte und indem er zusätzlich Kochrezepte liefert.

Während Largo davon ausgeht, dass Kinder sich von selbst adäquat entwickeln, so lange ihnen sinnvolle Erfahrungen und Vorbilder zur Verfügung stehen, argumentiert Winterhoff gänzlich gegensätzlich dazu und sieht in der ungesteuerten Entwicklung der kindlichen Psyche eine große Gefahr. Aus den Erfahrungen seiner Praxis heraus befürchtet er eine noch weitere Zunahme von Störungen bei Kindern, sofern hier keine bewusste und autoritäre Lenkung und Änderung von gesellschaftlichen Umständen einsetzt. Juul rekurriert in seinen Büchern auf seine Erfahrung in der Elternberatung, stellt beispielhaft Fälle dar, führt seine vier Grundsätze erklärend aus und formuliert selbst, dass Erziehung in erster Linie als ein Zusammenleben zu sehen ist. Was es allerdings bedeutet, wenn Eltern

schlechte Vorbilder für ihre Kinder sind, kann nur seinen Beispielen entnommen werden. Präventives zielgerichtetes pädagogisches Agieren und grundsätzliche Erziehungsziele fehlen.
Die drei dargestellten Ansätze formulieren sehr widersprüchliche Aussagen dahingehend, was Kinder für ihre Entwicklung benötigen. Aussagen hinsichtlich pädagogischer Erziehungsziele und hinsichtlich eines pädagogischen Arbeitens werden kaum getroffen, teilweise sogar deutlich zugunsten psychologischer und psychiatrischer Interventionen abgelehnt.
Diese unterschiedlichen Aussagen der drei sehr häufig gelesenen Autoren entbehren nicht nur essentieller pädagogischer Aspekte. Sofern Eltern überhaupt einen Vergleich der Aussagen verschiedener Autoren vornehmen, ist davon auszugehen, dass sie von den konträren Ausführungen verwirrt werden. Sie werden zudem vor die Aufgabe gestellt, die von den Autoren angeführten Beispiele selbstständig auf ihre eigene Situation zu übertragen. Ob sie hierbei die richtigen Schlüsse ziehen, die Ratschläge auf die eigene Situation angemessen adaptieren können, ist in Frage zu stellen.
Auch neuere Autoren machen die Entwicklungspsychologie und Erkenntnisse der Hirnforschung zur Grundlage ihrer Ausführungen. So liefert Susanne Mierau (2017) einen Überblick über die Entwicklungsschritte von Kleinkindern und widmet sich der für Eltern so schwierigen Trotzphase von Kindern. Sie zeigt auf, wie diese Phase zu meistern ist, wobei sie Anleitungen für den Umgang mit Kleinkindern formuliert. Herbert Renz-Polster (2009), selbst Kinderarzt, hat ein umfassendes Werk zu kindlichen Entwicklungsphasen verfasst, in dem er sich häufig auf die Evolution des Menschen bezieht und in diesem Kontext Erziehungsziele in Frage stellt. So formuliert er:

„Die Entwicklung unserer Kinder – das ist die Kernaussage dieses Buches – wird von Federn angetrieben, die in der Vergangenheit gespannt wurden. Sie richtet sich nicht primär nach den Anforderungen der heutigen Welt – und auch nicht unbedingt nach den Erwartungen, die wir Eltern haben. Kinder kommen vielmehr mit eigenen Erwartungen auf die Welt. Und Eltern und Erzieher tun gut daran, diese körperlichen und seelischen Erwartungen zu kennen. Denn so durchdacht unsere Erziehungsziele und -methoden auch sein mögen – wenn sie nicht zu unserer evolutionären Geschichte passen, können wir uns als Eltern nur die Zähne ausbeißen" (Renz-Polster 2009, 13).

Neben den bereits beschriebenen Ratgebern finden sich weitere Bücher, die sich mit einer spezifischen Thematik im Kontext von Erziehung befassen. Derzeit dominiert die Thematik des Umgangs mit digitalen Medien und den zugehörigen Geräten. Abhängig von der jeweiligen Einstellung des Verfassers werden Tipps und Ratschläge erteilt, wie der Umgang mit den Neuen Medien zu gestalten und von Seiten der Eltern zu steuern ist. Hier sind beispielhaft die Autoren Manfred Spitzer (2014) und Thomas Feibel (2017) zu nennen.

Abschließend sind Ratgeber zu nennen, die einen kulturellen Vergleich zu anderen Ländern anstreben und aufzuzeigen versuchen, warum Erziehung beispielsweise in Frankreich oder Dänemark vermeintlich besser gelingt. Auch hier finden sich keine theoretischen Auseinandersetzungen, sondern vorwiegend situative Beschreibungen, aus denen resultierend Erziehungstipps formuliert werden. Pamela Druckermann (2016) nannte ihr letztes Buch: „Was französische Eltern besser machen: 100 verblüffende Erziehungstipps aus Paris." Jessica Joelle Alexander und Iben Dissing Sandahl (2017) hingegen haben erörtert „Warum dänische Kinder glücklicher und ausgeglichener sind" und stellen sechs „Standardeinstellungen" für Eltern auf, deren je erste Buchstaben das Wort G-L-U-E-C-K ergeben (vgl. Alexander, Sandahl 2017, 177).

6.3.2 Funktionen und Absichten der Autoren von Erziehungsratgebern

Grundlage der dargestellten Erziehungsratgeberliteratur ist vornehmlich psychologisch-medizinisches Wissen. Erziehungsratgeber werden überwiegend nicht von Pädagogen geschrieben. Es findet sich kein Buch, das von einem Erziehungswissenschaftler verfasst wurde, sondern mehr oder weniger reflektierte Handreichungen und Praxistipps von Personen, die sich aus individuellen Gründen dieser Thematik verschrieben haben. So finden sich neben Ärzten, Psychologen, Psychiatern und Psychotherapeuten auch eine Vielzahl von Journalisten und Elternteilen jeglicher Profession, die aus ihren eigenen Erfahrungen heraus formulieren und argumentieren. Keines der Bücher ist wissenschaftlich fundiert oder gar überprüft. Erziehungsratgeber sind Ausdruck der derzeit herrschenden gesellschaftlichen Verhältnisse. So sind im Jahr 2017 unter den Themenbestsellern keine direktiven Bücher und solche mit autoritärem Charakter zu finden. Hier sei an das Buch „Jedes Kind kann schlafen lernen" von Anette Kast-Zahn und Herbert Morgenroth (2002) zu erinnern, das sehr klare und rigide Anweisungen für den Umgang mit Kindern und Säuglingen gab, die Probleme beim Einschlafen aufwiesen. Nach seinem Erscheinen 2002 war es ein Bestseller. Im Jahr 2013 erschien es als neue Ausgabe, was belegt, dass es nach wie vor von Eltern nachgefragt wird.
Grundkonsens scheint derzeit das einfühlende Verstehen in kindliches Verhalten zu sein. Hier sei exemplarisch das Buch „Kindheit ohne Strafen" von Katharina Saalfrank (2017) zu nennen. Sie zeigt diesen Wandel besonders gut auf. Als Super Nanny der RTL-Serie hatte sie in der Fernsehserie noch mit dem Programm Triple P („Positive Parenting Program", auf Deutsch: Positives Erziehungsprogramm) und in diesem Zusammenhang mit rigiden Konsequenzen wie ‚dem stillen Stuhl' und ‚der Auszeit' gearbeitet. Die TV-Sendung suggerierte, dass Erziehung technologisch funktioniert und durch einfache Gehorsamspädagogik mit Maßnahmen der Konditionierung machbar ist. In ihrem 2017 erschienenen Buch plädiert sie nun dafür, dass ein auf Bindung und Wertschätzung basierender Umgang mit Kindern Strafen gänzlich überflüssig macht:

„Das Fatale ist, dass ein Umgang mit Kindern, der auf reine Verhaltensanpassung und auf Lob für gutes Verhalten, auf Strafen und Konsequenzen für ‚negatives', ‚schlechtes' oder von uns nicht erwünschtes Verhalten setzt, zwar ‚funktioniert', jedoch die Beziehungsqualität innerhalb der Familie, insbesondere die zwischen Eltern und Kindern stark belastet. Mehr noch, er kann sogar mit negativen Langzeitfolgen für die psychische Gesundheit der Kinder einhergehen" (Saalfrank 2017, 10).

Ein Reflektieren von Erziehungshandlungen wird durch Erziehungsratgeber bei Eltern nicht ausreichend angeregt. Dies bedürfte der theoretischen Auseinandersetzung mit eigenen Werten und Erziehungszielen, die durch theoretisch fundierte Einlassungen von Erziehungswissenschaftlern angeregt werden könnten. Eltern werden nicht davon entbunden, sich der eigenen Wertmaßstäbe bewusst zu werden, nach denen sie ihre Erziehungsziele ausrichten wollen. Ist es ihr Bestreben, das Kind zur Autonomie im Sinne einer Entwicklung von Authentizität, Aktivität, eines eigenen Willens, eigener Motivation und Kompetenz und zugleich zur Akzeptanz des Anderen, zur kooperativen Bezogenheit, Gemeinschaftlichkeit und zur Verantwortlichkeit für andere zu erziehen (vgl. Speck 1997, 148)? Welche Rolle spielen die in Kapitel 4 des vorliegenden Buches dargelegten Aspekte im individuellen Erziehungsgeschehen?

Erziehungsratgeber entwickeln eine gefährlich eindimensionale Konsekutivität, die Eltern vermittelt, dass sie bei richtigem Handeln in spezifischen Situationen auch die intendierte Reaktion evozieren werden. Erziehung wird folglich nicht als ein Prozess betrachtet, der einem finalen Ziel, nämlich der Fähigkeit zur Verantwortungsübernahme des Einzelnen für die gesamte gesellschaftliche Zukunft dient (vgl. Geissler 2006, 45).

Das Erziehen wird in der Ratgeberliteratur meist rein auf der Verhaltensebene in kleine und kleinste Schritte operationalisiert. Es werden situativ alltägliche Beispiele herausgegriffen, bei denen davon auszugehen ist, dass sie für eine Vielzahl von Eltern eine Herausforderung darstellen. Anhand dieser Beschreibungen werden Anleitungen und Tipps entwickelt, die eine vereinfachte Machbarkeit von Erziehung vermitteln sollen.

Eine Selbstbestimmtheit des Menschen, der nach eigenen Bedürfnissen und Intentionen handelt, wird hier weder bei Kindern noch bei Erwachsenen angenommen. Allenfalls werden Eltern als Vorbilder gesehen, unabhängig davon, ob sie nun positive oder negative Formen eigenen Handelns an die Kinder weitergeben. Es ist davon auszugehen, dass die Zielgruppe dieser Ratgeberliteratur Eltern sind, die sich intensiv und aus eigener Motivation heraus mit der Thematik beschäftigen, ihr Erziehungsverhalten zu perfektionieren und Schwierigkeiten im Familienalltag zu umgehen oder auszubessern suchen. Eltern, die aufgrund ihrer prekären Lebensverhältnisse, aufgrund von eigenen psychischen Erkrankungen oder einer Vielzahl von Problemen in der Erziehung ihrer Kinder tatsächlich überfordert sind, werden diese Ratgeberliteratur kaum in Erwägung ziehen. Gerade hier sollte allerdings überlegt werden, welche Möglichkeiten der Unterstützung präventiv, aber auch intervenierend angeboten werden können.

6.3.3 Möglichkeiten der Unterstützung elterlicher Erziehungsanforderungen

Es sollte dargestellt werden, dass Erziehungsratgeber, entgegen der eigentlichen Absicht, ihre Zielgruppe häufig verwirren sowie auch eine Machbarkeit implizieren, die nicht der Realität entspricht und die so dringend nötige Reflexionsfähigkeit von Eltern hinsichtlich ihrer Ziele in der Erziehung eher schwächt als stärkt. Das Erziehen von Kindern folgt keiner einfachen Konsekutivität. Eine herausfordernde Situation im Erziehungsalltag kann nicht ausschließlich durch vorgegebene Anleitungen bewältigt werden. Diese Anleitungen werden zwar gerne entwickelt, sie greifen in der Realität jedoch nicht oder vermitteln Eltern dann ein subjektives Versagen, wenn sie nicht wie erwartet zum Erfolg führen.

In den ersten Kapiteln dieses Buches wurden die Vielschichtigkeit und Bedeutsamkeit von Erziehung pädagogisch begründet und wissenschaftlich fundiert dargestellt. Es konnte dargestellt werden, dass Erziehung notwendig, jedoch nicht natürlich ist und in einem asymmetrischen Verhältnis stattfindet (Kapitel 2.1). Dies sollte Eltern bewusst gemacht werden, damit sie ihr eigenes Erziehungsverhalten reflektieren, beurteilen und gegebenenfalls anpassen können.

Es wäre wichtig, schon vor der Geburt eines Kindes oder unmittelbar danach Eltern dahin zu führen, zu erkennen, dass es ihre vornehmliche Aufgabe ist, die Emotionen und Bedürfnisse ihres Kindes feinfühlig wahrzunehmen und entsprechend zu befriedigen, damit eine sichere und zuverlässige Bindung zwischen ihnen und ihrem Kind entstehen kann. Dies könnte bereits in Vorbereitungskursen zur Geburt und in Gesprächen mit medizinischem und pädagogischem Fachpersonal oder im Krankenhaus und in der Nachsorge durch Hebammen thematisiert werden. Das Landesjugendamt Bayern hat eine Reihe von 48 Elternbriefen veröffentlicht (http://www.elternimnetz.de/elternbriefe), die alle Eltern nach der Geburt ihres Kindes in festgelegten Zeitintervallen in Bayern zugeschickt bekommen sollen. Deren Absicht ist es, Eltern dabei zu unterstützen, „von Geburt an mit Ruhe, Freude und wachsender Sicherheit die ersten 18 Lebensjahre ihres Kindes zu begleiten" (ebd.). Diese Briefe intendieren ein Verstehen der kindlichen Entwicklung. Anfangs überwiegen dabei medizinische und entwicklungspsychologische Aspekte, die dann zugunsten von pädagogischen Überlegungen, aber auch rechtlichen Aspekten zunehmend geringer werden. Es werden spezifische Fragestellungen passend zum jeweiligen Kindes- und Entwicklungsalter behandelt und altersspezifische Problemstellungen aufgezeigt. Abschluss jedes der 48 Informationsschreiben ist eine Auflistung von fachlich kompetenten Anlaufstellen für Eltern, die eine intensivere Beratung benötigen. Dies kann als ein niederschwelliges Angebot fachlicher Information für Eltern gesehen werden, das ihnen, adaptiert an die Altersstufe ihres Kindes, zur Verfügung steht. Ergänzend zu diesem rein darbietenden Angebot wäre zu überlegen, ob ein pädagogisch-fachlich betreutes Internetdiskussionsforum eine Möglichkeit zum Austausch bieten könnte. Auf diese Weise wäre eine erste Form der Beratung und Anleitung für Eltern geschaffen, für die das persönliche Aufsuchen einer Beratungsstelle eine zu hohe Hürde darstellt.

Viele Kinder besuchen bereits im Alter von etwa einem Jahr Krippeneinrichtungen. Spätestens im Alter von drei Jahren besuchen nahezu alle Kinder eine Kindertageseinrichtung. Hier sollten Möglichkeiten zum fachlich angeleiteten Austausch unter Eltern und zur individuellen Beratung geschaffen werden. Mit der Einschulung kann und sollte dies auch von Lehrkräften angeboten und geleistet werden. Sowohl Kindertageseinrichtungen als auch Schulen haben neben dem Bildungsauftrag auch einen Erziehungsauftrag, der nicht isoliert, sondern nur in Zusammenarbeit und im Austausch mit Eltern geleistet werden kann.

Auf diese Weise können Eltern und Familien darin unterstützt und gegebenenfalls angeleitet werden, ihr Kind als eigenständiges Gegenüber mit individuellen Bedürfnissen wahrzunehmen, das in seinem Wachsen und seiner Autonomieentwicklung Anleitung, Halt, Verständnis, Zuwendung, Grenzsetzungen und zunehmende Möglichkeiten der Verantwortungsübernahme benötigt. Ein gemeinsames Reflektieren des elterlichen Erziehungsverhaltens sollte über die Jahre hinweg als Angebot von Fachkräften bestehen und es sollte ein niederschwelliger Zugang möglich sein. Im Bayerischen Bildungs- und Erziehungsplan für Kinder in Tageseinrichtungen bis zur Einschulung (2016) wird es als eine zentrale Aufgabe von Erziehungseinrichtungen beschrieben, eine Bildungs- und Erziehungspartnerschaft mit den Eltern einzugehen. Zugleich wird in diesem Zusammenhang dargestellt, dass ein zunehmender Bedarf an Elternberatung und Familienbildung festzustellen ist:

> „Kindertageseinrichtungen stehen heute vor der Herausforderung, Eltern in ihrer Kompetenz zu unterstützen und zu stärken. Dass Familien mehr denn je Unterstützung von außen brauchen, um den neuen Herausforderungen einer gelingenden Eltern- und Partnerschaft gewachsen zu sein, legen die Befunde der Familienforschung nahe. Kindertageseinrichtungen bekommen den wachsenden Bedarf an Elternberatung und Familienbildung täglich zu spüren. Sie stehen vor der Aufgabe, Eltern und Familien durch ein angemessenes Beratungs- und Bildungsangebot nachhaltig zu unterstützen sowie Formen der Familienselbsthilfe zu initiieren" (Bayerischer Bildungs- und Erziehungsplan für Kinder in Tageseinrichtungen bis zur Einschulung 2016, 426f.).

Sofern Eltern eine adäquate Selbstreflexion entwickeln und Vertrauen in ihr eigenes Erziehungsverhalten erlangen, können sie herausfordernde Situationen mit ihren Kindern sicherlich besser bewältigen und es bedarf nicht des Rückgriffes auf Rezeptologien und vermeintlich einfach umsetzbare Anleitungen.

Auch können durch das Eingehen einer Bildungs- und Erziehungspartnerschaft, also durch einen kooperativen Austausch von Pädagogen mit Eltern, diejenigen Familien identifiziert werden, die sich aufgrund individueller und/oder sozialer Probleme ihrem Erziehungsauftrag nicht oder nur eingeschränkt stellen können und entsprechend spezifische und zielgerichtete Hilfen zur Erziehung benötigen. Eine entscheidende Rolle für die Vermittlung von Beratungs- und Unterstützungsangeboten könnten auch Kinderärzte spielen, die durch die regelmäßigen Untersuchungen der Kinder ab dem Säuglingsalter zu Ansprechpartnern werden und gerade diejenigen Familien gezielt auf weiterführende Beratungs- und Unterstützungsangebote verweisen können, deren Kinder keine Krippen- oder Kindertageseinrichtung besuchen.

Literatur

Alexander, J.J., Sandahl, I.D. (2017): Warum dänische Kinder glücklicher und ausgeglichener sind: Die Erziehungsgeheimnisse des glücklichsten Volks der Welt. München

Bayerisches Staatsministerium für Arbeit und Sozialordnung, Familie und Frauen & Staatsinstitut für Frühpädagogik München (2016[7]): Der Bayerische Bildungs- und Erziehungsplan für Kinder in Tageseinrichtungen bis zur Einschulung. Berlin

Berndt, Ch. (2011): „Man kann seine Kinder auch einfach nur genießen". In: Süddeutsche Zeitung vom 19.02.2011, 22

buchreport.express Nr.51/52 vom 21.12.2017. 48. Jahrgang, 29

Druckermann, P. (2016): Was französische Eltern besser machen: 100 verblüffende Erziehungstipps aus Paris. München

Feibel, Th. (2017): Jetzt pack doch mal das Handy weg!: Wie wir unsere Kinder von der digitalen Sucht befreien. Berlin

Geissler, E. (2006): Die Erziehung: Ihre Bedeutung, ihre Grundlagen, ihre Mittel; ein Lehrbuch. Würzburg

Graf, D., Seide, K. (2016): Das gewünschteste Wunschkind aller Zeiten treibt mich in den Wahnsinn: Der entspannte Weg durch Trotzphasen. Weinheim

Hayers, J., Achterwinter, F. (2015): Schnall dich an, sonst stirbt ein Einhorn! 100 nicht ganz legale Erziehungstricks. Reinbek bei Hamburg

http://www.elternimnetz.de/elternbriefe/ [zuletzt aufgerufen: 07.01.2018]

Juul, J. (2014): 4 Werte, die Kinder ein Leben lang tragen. München

Juul, J. (2016): Elterncoaching: Gelassen erziehen. Weinheim

Juul, J. (2017): Essen kommen: Familientisch-Familienglück. Weinheim

Kast-Zahn A., Morgenroth H. (2002): Jedes Kind kann schlafen lernen: Vom Baby bis zum Schulkind: Wie Sie Schlafprobleme Ihres Kindes vermeiden und lösen können. Ratingen

Largo, R.H. (2007/2017): Babyjahre: Entwicklung und Erziehung in den ersten vier Jahren. München, Berlin

Mierau, S. (2017): Ich!Will!Aber!Nicht! München

Renz-Polster, H. (2009): Kinder verstehen – Born to be wild: Wie die Evolution unsere Kinder prägt. München

Saalfrank, K. (2017): Kindheit ohne Strafen: Neue Wege für Eltern, die es anders machen wollen. Weinheim

Speck, O. (1997): Chaos und Autonomie in der Erziehung. Erziehungsschwierigkeiten unter moralischem Aspekt. München

Spitzer, M. (2014): Digitale Demenz: Wie wir uns und unsere Kinder um den Verstand bringen. München

Winterhoff, M. (2008): Warum unsere Kinder Tyrannen werden – Oder: Die Abschaffung der Kindheit. Gütersloh

Winterhoff, M. (2017): Die Wiederentdeckung der Kindheit: Wie wir unsere Kinder glücklich und lebenstüchtig machen. Gütersloh

Stichwortverzeichnis

Anerkennung 22f., 28, 40f., 56, 135, 145, 153, 158, 161ff., 164, 166ff., 185, 205, 212
Angst 23, 57, 75, 116, 138, 159, 165, 180, 188, 229
Ängste 37, 74, 108, 136, 152, 227, 281
Asymmetrie 27, 29ff., 96f., 99, 164, 273
Aufmerksamkeit 22, 28, 35, 56, 70, 160, 173, 200, 202, 227, 256, 257
Auftrag, Erziehungs- 33, 76, 83, 85, 113, 127, 136, 164, 183, 186, 295f.
Autonomie 20ff., 26, 31, 33, 38, 42, 48, 52, 55f., 63, 65ff., 98, 137, 211, 214, 229, 240, 267, 287, 293, 295
Bedürfnis 23, 37f., 43, 64, 66ff., 74f., 88, 96, 99, 123ff., 149, 154, 162, 165, 170, 175, 180, 182, 205, 230f., 237, 241, 244, 279, 288, 293ff.
Begegnung 41, 55, 84, 90, 100, 103ff., 110, 160, 227
Behinderung 18, 126, 131, 137f., 193
Benachteiligung 91, 123f., 132, 165, 211
Beratung 76, 119, 126f., 199, 238, 282, 290, 294ff.
Beschämung 31, 158, 161, 163ff.
Beziehung 19, 26f., 29, 31f., 41ff, 46, 50f., 53, 64, 67f., 71f., 84, 86ff., 104ff., 117, 120f., 132, 135, 147, 149, 150ff., 155, 162, 164, 166, 172ff., 180ff., 184ff, 202, 214f., 217, 224, 226, 228ff., 234ff., 265f., 273, 279, 289
Bezug, pädagogischer 197, 214, 237

Bildung 17ff., 30, 35, 37, 63, 67, 76, 83ff., 90, 94, 98, 101, 105, 111, 113f., 122ff., 130, 133f, 136, 158, 161, 164, 166, 170f., 176, 187, 193, 196, 198f., 201ff., 210f., 215f., 221, 224f., 231, 264, 266, 274, 277, 282, 295f.
Bindung 28, 50, 63f., 66ff., 71, 75, 90, 92f., 95ff., 122, 124, 153, 165, 174, 180f., 214f., 242, 288, 292, 294
Coaching 77, 290
Delinquenz 59, 68, 122, 128, 132, 165
Depression 68, 71, 80f., 200
Didaktik 197, 200
Distanz 105, 159, 172, 178ff., 183ff., 212, 275
Emotion 38, 44f., 50, 53, 55f., 64ff., 69f., 73ff., 84, 90ff., 101ff., 107ff., 119, 121ff., 133ff., 146, 153ff., 158, 165, 172, 174, 176, 178, 182, 184, 193, 200ff., 211, 220, 223, 227, 241, 255ff., 259, 262ff, 266f., 272, 288, 294
Entwicklung, emotional-soziale 172, 174, 178, 193, 200ff., 204f., 211
Erzieher 7, 13ff., 18, 24, 26ff., 38, 44f., 48f., 52, 54ff., 82f., 87f., 91, 93, 95f., 98ff., 104, 106f., 111ff., 119, 121f., 126, 128ff., 136f., 146, 150ff., 154, 163, 170, 172, 175, 178, 180, 183, 185ff., 193f., 196f., 200, 202ff., 210, 213ff., 221, 224ff., 234, 236ff., 241, 243ff., 247, 260f., 266, 272, 276, 286, 292
Erziehung 7f., 13ff., 36, 38, 40ff., 44, 48ff., 55f., 63ff., 83ff., 96ff.,

105, 107, 110ff., 119f., 123ff., 132, 135ff., 145f., 148f., 151f., 154, 158, 164, 167, 169ff., 174ff., 180ff., 183ff., 193, 196ff., 210ff., 220ff., 228, 231, 234ff., 242, 244f., 248, 255, 259, 262, 266ff., 271ff., 277f., 282f., 286ff.
Erziehungshilfe: 7, 67, 76, 128, 132, 211ff., 215, 266, 277
Ethik 23, 38, 39, 45, 50f., 57, 98
Evaluation 76, 260, 276, 280
Evidenzbasierung 35, 186, 261
Förderprogramm 35, 256, 257
Förderung 35, 47, 49f., 56, 76f., 122, 125f., 131, 133, 136, 197f., 204, 215f., 255, 256ff., 263f., 266, 271, 275, 277, 282
Fremdbestimmung 174
Führung 22, 98, 177
Fürsorge 31, 54, 99, 126,182
Gewalt 25, 67f., 72f., 79, 123ff., 128, 130, 132, 135, 137, 145f., 148ff., 153f., 160, 166, 180ff., 185, 248, 275, 280
Gewissen 39f., 42, 45ff., 147, 226
Grenze 36, 55, 65, 70, 99ff., 120, 123, 148, 151, 153, 163, 167, 209, 211, 213, 216, 220, 234, 236f., 263, 265ff., 282
Heim 14, 50, 54, 104f., 121, 126, 129, 154,227, 234, 239, 240
Hilfen zur Erziehung 7, 123, 125, 127, 129
Hilfeplan 127f.
Hyperaktivität 270
Impulsivität 68
Inklusion 85, 132, 135, 194, 201ff., 205, 215, 257, 262, 271
Integration 119, 130, 132ff., 182, 196f., 203, 211f., 216, 229, 279f.

Intervention 63, 71ff., 112, 124, 128f., 135, 187f., 197, 200, 202, 204, 223, 228, 232, 257, 259f., 262ff., 267, 276f., 280, 291
Jugendhilfe 3, 123ff., 127ff., 134, 136, 165, 244, 272, 277, 280
Kinder- und Jugendhilfe 7, 49, 123f., 127, 134, 136, 138
Kompetenz 35, 44f., 47f., 50, 63, 66f., 71, 74, 93, 98, 113f., 119ff., 125, 132, 135ff., 164, 173, 209, 211, 256f., 259, 262ff., 275, 293
Konsequenz 29, 43f., 49, 52, 54, 69, 119f., 124, 132, 151, 248, 276, 292f.
Kultur 40, 46, 52f., 55, 58, 89, 101f., 116f., 120f., 139f., 168f., 177, 207, 217, 225, 284f.
Lehrer 13, 52, 54, 82, 84, 88, 95f., 89, 99, 100, 103f., 107f., 110f., 113f., 163f., 197, 201, 210, 224f., 228, 231, 239, 242f., 258, 264, 266, 268
Lehrkraft 215
Macht 28, 30ff., 46, 97f., 101, 122, 124, 145ff., 163f., 166, 170, 181f., 211, 238, 248
Mentalisierung 94, 155, 186
Milieu, therapeutisches 263, 245
Milieu: 24, 31, 135, 196, 211, 234ff., 238ff., 266
Moral 7, 13f., 16ff., 20ff., 30, 35f., 38ff., 67, 93, 121, 123, 159, 161f., 170, 182f., 186, 204, 275
Moralisierung 7, 22, 25, 49, 67
Moralität 25, 35f., 38ff., 42, 44f., 48, 52, 55
Mündigkeit 21, 26, 33, 52, 214
Nähe 92, 172, 178ff., 183ff., 204, 243
Norm 17, 19, 21, 25f., 36, 38ff., 42f., 45f., 48, 51, 65, 69, 99, 112, 119ff., 122, 124, 125, 127, 150, 155,

158ff., 163f., 166f., 183, 211f., 214, 217, 225, 244, 278, 282, 288
Normalität 19, 112, 161
Normativität 183
Ohnmacht 31f., 145f., 152, 154ff.,181, 248
Opfer 118, 132, 170, 181f., 279ff.
Pädagogik 7f., 14, 16, 18f., 21ff., 26f., 29ff., 35, 67, 84, 86, 124, 128, 135ff., 146, 151f., 154f., 158, 165, 169, 171ff., 184, 186, 193ff., 212, 214ff., 220ff., 224ff., 229ff., 234ff., 241, 244, 246f., 255, 263f., 266f., 271ff., 281ff., 286, 292
Persönlichkeit 16, 52, 65, 71, 113, 164, 175, 214, 223f., 243f., 266f., 273, 282
Prävention 53, 63, 72, 75, 77, 122, 124, 130, 197, 257, 259, 262f., 267, 280
Programm 35, 51, 53, 71ff., 76, 84f., 122, 132, 135ff., 152, 186f., 201, 247, 255ff., 271, 273, 277ff., 292
Psychoanalyse 42, 57, 107, 116, 136, 139, 145, 149, 157, 168f., 176f., 188, 198, 205, 207, 232, 236ff., 248ff.
Psychotherapie 8, 77ff., 81, 114, 156, 182, 186ff., 196,223,225f., 231, 249f., 260, 270, 301
Ratgeber 201, 286ff., 291ff.
Reformpädagogik 248, 272,
Sanktion 54, 99, 103, 130, 132, 153, 163f., 275, 280
Scham 46, 134, 158ff.f, 165f., 229
Scheitern 7, 13, 21, 25f., 119, 128f., 133ff., 137, 148, 166, 209ff., 217, 267
Schuld 20, 31, 46, 63, 86, 124, 132f. 135, 155, 159, 164, 229, 245, 261, 279f., 289

Schule 7, 16, 37, 41, 49, 53f., 63, 67f., 71, 73, 76f., 82ff., 91ff., 101, 104f., 107, 109, 112ff., 123, 125, 129, 130f., 134f., 150, 158, 163ff., 170, 181, 185, 187, 193ff., 201, 212f., 215, 220, 225, 227f., 231, 235, 247, 256, 264, 266, 268, 280, 295
Selbstbestimmung 21f., 214, 225
Selbsttätigkeit 17f., 20, 90, 170f., 175, 266
Selbstverhältnis 105f., 111
Sinn 8, 15ff., 19ff., 23f., 26f., 29, 31, 33, 38f., 42f., 46, 50, 52ff., 56, 65, 67, 69, 71, 76, 82, 85, 86, 88, 91f., 97, 101ff., 106, 109ff., 121, 123, 128, 135, 145ff., 150, 153ff., 162f., 167, 170f., 180, 183, 185ff., 194, 200, 203, 205, 210, 214ff., 222ff., 228, 232, 240, 245f., 257f., 262, 266ff., 272, 286f., 289f., 390
Strafe 29, 43, 65, 69f., 103, 112, 129f., 153f., 158, 185, 229, 240, 227, 292f., 296
Tagesgruppe 126, 187
Tagesstätte 125, 127, 187
Täter 122, 128, 139, 161, 182, 275, 279, 280f., 284
Therapie 8, 72, 155, 182, 186f., 195ff., 204, 223ff., 228, 234, 243f., 260, 272, 288
Tipp, Erziehungs- 287, 292
Training 35, 47, 51, 63, 71ff., 114, 129, 136, 164, 201, 255ff., 271, 276ff., 282
Trauma 127, 135, 140f., 154, 169, 178, 180ff., 184, 187, 235, 239, 241f., 244, 246f., 265, 267
Ungleichheit 46, 86, 101, 164
Unterricht 50f., 63, 77, 84, 96, 103ff., 107ff., 112, 114, 131, 165, 173f.,

176,198ff., 215f., 221, 226f., 231, 255, 260, 264ff.
Verantwortung 8, 20ff., 26, 31ff., 36, 51, 53, 89, 92, 94, 97ff., 113, 119f., 126ff., 132, 134, 174, 225, 229, 274, 276, 280f., 290, 295
Verhalten, schwieriges 92, 99, 107ff., 113, 183, 276
Verhaltensstörungen 7f., 14, 16, 19, 21ff., 26ff., 35, 54, 63, 69, 72, 77, 133, 146, 154, 172f., 183, 185f., 193ff., 198ff., 212, 214, 216f., 220f., 227, 231, 255, 260, 262ff., 271, 273, 281, 289
Verlässlichkeit 172ff., 261
Verletzbarkeit 23f., 161

Vernachlässigung 25, 72, 109, 123f., 127, 180, 247
Verstärkung 289
Vertrauen 26, 28, 68, 76, 124, 173, 183f., 222, 230, 235, 295
Vulnerabilität 23, 122, 134, 246
Werte 17, 21, 35, 37ff., 46, 48, 50, 52, 55f., 58f., 65, 69, 153, 160f., 165, 171, 186, 293, 296
Werteerziehung 35, 41, 51, 53, 55f., 59
Wohl 7, 102, 123ff., 162f., 288, 172
Zwang 28, 42, 85, 127, 129, 136, 150ff., 154, 169ff., 175f., 181f., 228

Autorinnen und Autoren im Überblick

Prof. Dr. Bernd Ahrbeck, International Psychoanalytic University, Stromstr. 3b, 10555 Berlin

Stephanie Blatz, Lehrstuhl für Pädagogik bei Verhaltensstörungen, Universität Würzburg, Institut für Sonderpädagogik, Wittelsbacher Platz 1, 97074 Würzburg

Prof. Dr. Werner Bleher, Lehrstuhl für soziale und emotionale Entwicklung, Pädagogische Hochschule Ludwigsburg, Institut für sonderpädagogische Förderschwerpunkte, Reuteallee 46, 71634 Ludwigsburg

Prof. Dr. Markus Dederich, Lehrstuhl für Allgemeine Heilpädagogik, Theorie der Heilpädagogik und Rehabilitation, Universität zu Köln, Department Heilpädagogik und Rehabilitation, Klosterstraße 79b, 50931 Köln

Prof. Dr. Andrea Dlugosch, Lehrstuhl für Pädagogik bei erschwertem Lernen und auffälligem Verhalten, Universität Koblenz-Landau, Campus Landau, Institut für Sonderpädagogik, Fortstraße 7, 76829 Landau

Jun.-Prof. Dr. Stephan Gingelmaier, Lehrstuhl für soziale und emotionale Entwicklung, Pädagogische Hochschule Ludwigsburg, Institut für sonderpädagogische Förderschwerpunkte, Reuteallee 46, 71634 Ludwigsburg

Prof. Dr. Rolf Göppel, Lehrstuhl für Allgemeine Pädagogik. Pädagogische Hochschule Heidelberg, Institut für Erziehungswissenschaft, Keplerstraße 87, 69120 Heidelberg

Prof. Dr. Charlotte Hanisch, Lehrstuhl für Psychologie und Psychotherapie in der Heilpädagogik, Universität zu Köln, Department Heilpädagogik und Rehabilitation, Klosterstraße 79c, 50931 Köln

Prof. Dr. Thomas Hennemann, Lehrstuhl für Erziehungshilfe und sozial-emotionale Entwicklungsförderung, Universität zu Köln, Department Heilpädagogik und Rehabilitation, Klosterstraße 79c, 50931 Köln

Prof. Dr. Birgit Herz, Lehrstuhl für Pädagogik bei Verhaltensstörungen, Universität Hannover, Institut für Sonderpädagogik, Schloßwender Straße 1, 30159 Hannover

Dr. Martina Hoanzl, Lehrstuhl für soziale und emotionale Entwicklung, Pädagogische Hochschule Ludwigsburg, Institut für sonderpädagogische Förderschwerpunkte, Reuteallee 46, 71634 Ludwigsburg

Dr. Anne Kaplan, Lehrstuhl für Erziehungshilfe und soziale Arbeit, Universität zu Köln, Department Heilpädagogik und Rehabilitation, Klosterstraße 79b, 50931 Köln

Priv.-Doz. Dr. Thomas Müller, Lehrstuhl für Pädagogik bei Verhaltensstörungen, Universität Würzburg, Institut für Sonderpädagogik, Wittelsbacher Platz 1, 97074 Würzburg

Prof. Dr. Kerstin Popp, Lehrstuhl für Pädagogik im Förderschwerpunkt emotionale und soziale Entwicklung, Universität Leipzig, Institut für Förderpädagogik, Marschnerstraße 29, 04109 Leipzig

Prof. (apl.) Dr. Heinrich Ricking, Lehrstuhl für Pädagogik bei Verhaltensstörungen/emotionale und soziale Entwicklung, Universität Oldenburg, Institut für Sonderpädagogik und Rehabilitation, Ammerländer Heerstraße 114-118, 26129 Oldenburg

Prof. Dr. Roland Stein, Lehrstuhl für Pädagogik bei Verhaltensstörungen, Universität Würzburg, Institut für Sonderpädagogik, Wittelsbacherplatz 1, 97074 Würzburg

Prof. Dr. Marc Willmann, Lehrstuhl für Inklusive Pädagogik mit dem Schwerpunkt sozial-emotionale Entwicklung, Fachbereich Bildungswissenschaften, Institut für Primarstufenpädagogik, Kaplanhofstraße 40, A-4020 Linz

Prof. Dr. David Zimmermann, Lehrstuhl für Pädagogik bei psychosozialen Beeinträchtigungen, Humboldt-Universität Berlin, Institut für Rehabilitationswissenschaften, Georgenstraße 36, 10099 Berlin